血腥

目击诺曼底登陆

奥马哈

OMAHA BEACH:D–DAY, JUNE 6,1944

D日，1944年6月6日

[英] 约瑟夫 · 巴尔科斯基 著

李晓泉 译

江苏凤凰文艺出版社

JIANGSU PHOENIX LITERATURE AND
ART PUBLISHING, LTD

本书献给1944年6月6日参加奥马哈海滩登陆的美英两国军人，献给那些英勇奋战的生者与死者。

"团结就是力量"

图书在版编目（ＣＩＰ）数据

血腥奥马哈：目击诺曼底登陆 /（英）约瑟夫·巴尔科
斯基 (Joseph Balkoski) 著；李晓泉译 . —— 南京：江苏
凤凰文艺出版社 , 2020.4
书名原文：Omaha Beach:D-Day,June 6,1944
ISBN 978-7-5594-4608-4

Ⅰ . ①血… Ⅱ . ①约… ②李… Ⅲ . ①美英联军诺曼第
登陆作战 (1944) – 史料 Ⅳ . ① E195.2

中国版本图书馆 CIP 数据核字 (2020) 第 033280 号

OMAHA BEACH: D-DAY, JUNE 6, 1944
By JOSEPH BALKOSKI
Copyright:©2006
This edition arranged with Stackpole Books
through Big Apple Agency, Inc., Labuan, Malaysia.
Simplified Chinese edition copyright:
2020 ChongQing Zven Culture communication Co., Ltd
All rights reserved.

版贸核渝字（2019）第 032 号

血腥奥马哈：目击诺曼底登陆
Omaha Beach:D-Day, June 6,1944
[英]约瑟夫·巴尔科斯基 (Joseph Balkoski) 著；李晓泉译

责任编辑	王青
特约编辑	王晓兰
装帧设计	王涛
出版发行	江苏凤凰文艺出版社
	南京市中央路 165 号，邮编：210009
网　　址	http://www.jswenyi.com
印　　刷	重庆长虹印务有限公司
开　　本	787 毫米 × 1092 毫米 1/16
印　　张	34
字　　数	435 千
版　　次	2020 年 4 月第 1 版　2020 年 4 月第 1 次印刷
书　　号	ISBN 978-7-5594-4608-4
定　　价	139.80 元

江苏凤凰文艺版图书凡印刷、装订错误可随时向承印厂调换

目录

地图

---

① 译注：原文为 Stonewallers，指代陆军第116步兵团的官兵，该部原为美国弗吉尼亚州（Virginia）的国民警卫队，在珍珠港事件后被编入陆军现役；而此州的国民警卫队与美国南北战争时期南部邦联绰号为"石墙旅"的弗吉尼亚第1旅有直接渊源，故有此称谓。

序言

他们无法停下来不去想那些大大小小的船只。它们实在是太多了。对于那些当事人来说，先前他们所有的人生经历与之相比都显得微不足道。这是值得讲给你的孙辈听的故事——但是，即使事件按照盟军高层的预期顺利发展，那些船上的很多好人也将无法活着看到当天的落日。所有参与行动的士兵和水兵肯定都想知道，他是否会成为其中之一。

1944年6月6日，在黎明前的黑暗中，船队带着秘密使命，在诺曼底沿岸附近的海面上等待。它们的锚链很快就将轰鸣着滑入距离岸边数英里的大海中，那些海滩阵地的代号分别为"奥马哈"（Omaha）、"犹他"（Utah）、"剑"（Sword）、"朱诺"（Juno）和"金"（Gold）；有史以来一场规模最为宏大、意义最为深远的战斗即将开始。会议讨论、计划和演习现在已经毫无意义：很快，真正的子弹将四处横飞，战士会被杀死，数百万人的命运将取决于登陆行动的成败，简而言之，全世界都将知晓D日。

毋庸置疑，没有哪次军事行动是按照计划展开的，D日也不例外。然而，与第二次世界大战中以往的两栖作战相比，诺曼底登陆基本上可称作极为成功，这在很大程度上要归功于盟军规模极其庞大的兵力集结，以及他们专注细节的精心准备。他们将这次登陆作战视为整场战争中最重要的军事行动。

破晓时分，英国与加拿大军队冲上了剑滩、朱诺滩和金滩，并迅速突破了敌方的海岸防御，尽管为了应对来自盟军的不可避免的进攻，德国人已经准备了4年时间。与此同时，在科唐坦半岛（Cotentin Peninsula）东部的犹他海滩及其后方，来自美国的步兵、伞兵和滑翔机机降部队正在通过步步为营的空降—两栖协同行动瓦解德军抵抗。早期的登陆计划制定者曾认为类似的空降行动太过冒险，无法将其纳入"霸王"行动中。

6月6日上午，首批关于诺曼底作战的情况简报送达德怀特·艾森豪威尔（Dwight Eisenhower）将军的盟国远征军最高司令部（Supreme Headquarters,Allied Expeditionary Force，缩写为"SHAEF"）后，艾克和他的参谋们都松了一口气：在经历了种种疑虑与不安之后，登陆行动显然正在取得成功。但并非所有来自前线的消息都是正面的。在科唐坦半岛的美军部队与东面的英国—加拿大部队之间的关键结合部上，是代号为"奥马哈"的海滩，那里的登陆行动从一开始就伴随着灾难和不幸。整个上午，有关最初波次蒙受惨重伤亡、部队在海滩寸步难行以及敌军防御极其顽强的传言也接连传到盟国远征军最高司令部（SHAEF）。唯一的行动方案就是等待危机结束，希望海滩的战斗人员知晓如何凭借其主观能动性来处理这场混乱，并使登陆行动的时间表重回正轨。

奥马哈海滩上的美国大兵（GI）的确拥有必备的战斗技能来使战局转危为安，这点已经成为美国历史中的基本价值观之一。当时并没有人意识到这一点，特别是那些身处敌军无情的枪林弹雨中的不幸士兵，但是奥马哈海滩终将成为历史上的那些特殊时刻之一：美国人通过他们的行动，证明了他们属于那个无愧于美利坚合众国的立国原则的伟大民族。然而颇具讽刺意味的是，在D日过去60年之后，美国人仍然不知道，在1944年的6月，在美国士兵抢滩登上法国的土地、开始解放欧洲的征程的那个重要日子中的所有细节。

事实上，仅有一个人曾试图完成一部关于此次进攻行动的专题历史—并且在第二次世界大战尚未结束时即已开始做此努力。哈佛大学前历史学教授查尔斯·泰勒（Charles Taylor）中校是一位才华横溢的美国历史学家——他通过其作品《奥马哈海滩》证明了这一点。该书是为军队读者撰写，并于1945年由陆军部出版。但众所周知的是，当奥马哈登陆战所引发的争论尚未尘埃落定时，泰勒的作品即已完成。洞察力对于任何历史学者的工作都至关重要，而泰勒先生对于奥马哈海滩作战这一历史题材的深入研究，也尽可能地还原了历史的真实面貌。

到目前为止，6次前往诺曼底地区的旅行经历使我确信，在《奥马哈海滩》出版近60年后，现在是时候撰写一部关于奥马哈海滩登陆战的新历史了。在那些旅行期间，我还客串过几次参观奥马哈海滩的旅游团的导游，其中有的旅游团主要由二战老兵组成，还有的则是参加美国陆军"参谋人员战场乘骑作业"[①]的美国现役军人，而我的导游讲解也是他们项目的一部分。但是，在回答这些群体所提出的问题时，我很难找出登陆行动期间许多关键事件发生的确切地点。同美国内战战场相比，尤其是同包含有数百座由参战老兵监督建造的纪念碑与标识牌、可以向外行者详尽解释战役经过的葛底斯堡古战场相比，在这个美法两国均称之为"奥马哈"的延伸达4英里（约合6.4千米）的海滩上，只散布着很少的纪念物，而且也缺乏地貌特征，所以，对于D日当天围绕着海滩及内陆浅纵深地区所进行的重要军事行动，根本没有任何地标可供参照。

如果一场战役的历史是由数百次可彼此区分的决定性行动所组成的织锦，那么"奥马哈海滩"这幅织锦格外模糊不清。比如说，D日上午，第29师的诺曼·科塔将军是在哪里率领美军士兵发起冲锋，离开了那片致命的海滩？还有，艾森豪威尔将军亲自坚持要为其追授荣誉勋章的吉米·蒙

---

① 译注：原文Battlefield Staff Ride，实际上对应的是"参谋骑乘作业"（staff ride）这一军事术语，指参谋人员乘骑各种载具（早期是骑马，后来改为驾乘机动车辆）现地进行战术作业，但并无实兵参加，它是介于兵棋推演和实兵演习之间的一种军事训练模式。这种技术的出现，最初是供参谋部与高级指挥员制定作战计划之用，但是在美国陆军中，其研究对象往往是已经发生的历史战役，故有"battlefield"一说。

蒂思（Jimmie Monteith）中尉（他来自美国陆军第1师），他的英雄壮举又发生在何处？为了摧毁阻挡登陆部队推进的一个关键的德军坚固支撑点，拉尔夫·戈兰森（Ralph Goranson）上尉和他的游骑兵战士们又是从哪里攀上了奥马哈海滩西侧的悬崖绝壁？上述这些，以及许多其他尚未解决的问题，其答案，在关于D日的现有历史叙述中显然不存在，但是这本应是未来几代美国人都需要知晓的；正如先前几代美国人由于美国政府在保存与解释美国内战各著名战场历史遗迹方面所做出的决议以及贯彻实施的决心，从而了解了美国内战的重要意义。

　　奥马哈海滩位于美国的边界之外，因此，对历史的物质保留并不可靠。然而，在精神上，发生于奥马哈海滩的故事是完全可以留存于世。基于超过四分之一个世纪的对与登陆行动相关的档案资料的考察研究，我完全相信，完成一部关于奥马哈登陆的详尽历史记录是可行的。但是，积累大量的原始记录只是第一步，事实上这也是相对容易的部分。比较棘手的是对那些记录进行批判性的分析——区分有用信息与无用信息，将其组织成一个连贯和有意义的故事框架，增强信息的可读性并以一种扣人心弦的方式讲述该故事。

　　2001年夏天我和我的家人旅居诺曼底期间，我开始出现了撰写此书的强烈想法。在那段时间里，我们曾一度租住在滨海科勒维尔的一座农场房屋中，周边是典型的诺曼底乡村，而且那里恰好也是D日美军部队的一个关键目标。从科勒维尔农场出发，可以步行到奥马哈海滩上所有具有历史意义的地点，经过无数次令人筋疲力尽的远足，我走遍了上述的每一个地点。我曾在诺曼底黎明的第一缕阳光中开始我的徒步之旅，在这样的环境中，此时海滩与附近的崖壁上空无一人，只有海浪声和风声陪伴在我周围。有一些徒步旅行将我带入了相当偏远的地区，它们很难被归为奥马哈海滩的一部分。在其他的徒步旅行中，我会在一个适当的时间出发，沿着到处都是当地人的岸边漫步数英里，而他们在奥马哈海滩只对游泳和享受日光浴感兴趣。当潮水上涨、沙滩变得非常狭窄时，他们将毯子和遮阳伞从高水位线移到了一道倾斜的石制堤墙上，在57年前的那个6月的早晨，它为成千上万的美国士兵提供了微弱的保护。

　　每次漫步都会令我百感交集，都会触动某种出乎我意料的情绪：当我通过档案记录，追踪并确定了奥马哈登陆战中大多数被遗忘的事件的确切发生位置时，成就感就会油然而生；当我经过每一位战士牺牲的确切地点时，不由得悲从中来；当我意识到那些军人在第二次世界大战的宏伟计划中所取得的成就，我会由衷地充满敬意；当我看到诺曼底当地人的生活是如此波澜不惊，仿佛从未有任何非同寻常之事曾在此发生过，我会惊讶于他们的无知（抑或是冷漠）。于是我下定决心，要在众多战役亲历者仍然健在之时，写就一部以此次登陆行动为主题、内容全面而翔实的书。

　　如今，人们极难想象这片宁静的海岸线曾经为狂怒所笼罩。但是要弄明白究竟发生了什么，我们必须设身处地地想象那时的场景。凭借着亲历者的讲述与官方的 D 日行动报告，我沿着当年曾在奥马哈海滩以及浅近纵深地带奋战的数十个战斗小组的脚步，进入了1944年6月的那些非常残酷的杀戮战场。对于在 D 日沿着相同路线行动的很多战士来说，这是他们生命中最后的旅程。有时我会踏上一条直接穿过科勒维尔郊外的美国军人公墓（the U.S.Military Cemetery）的道路，那里埋葬着牺牲于诺曼底的9386名美国人的遗体。特别难以想象的是，这片纯洁无瑕的阴郁墓园曾是一个战场，而且，许多长眠在那里的战士，距离他们在战斗中倒下的地方只有区区几十码之遥。

　　在奥马哈海滩考察期间所引发的沉思冥想，对于澄清登陆行动中若干晦涩不明的史实具有极大的帮助。从前难以解释的官方报告突然变得清晰；从前以为注定无法寻得的关键事件的发生地点原来是出乎意料的显而易见；在蒙受厄运的最初波次的登陆部队中，那些从一开始就察觉到在由看不见的敌人所制造的致命地狱中无处可逃的美国大兵们的心理状态，似乎也完全可以体会，并且真实得可怕。

对我来说，最终结果就是顿悟：有关奥马哈海滩的充足信息的确可以被汇集起来，从而彻底和连贯地对登陆行动进行翔实记载。在我看来，实现这样一个课题的最明智和最有说服力的方法，是将那些登陆行动的实际策划者与执行者的话语——从将军到普通士兵——直接编撰成一部按时间顺序叙事的作品，因为即便是对最为勤勉的历史学家，也永远无法指望其语言的说服力能与参与者的亲身经历相提并论。

但是我也决定，在使用此类叙述材料上要加以特别选择，因为我担心一本严重依赖于"我当时在场"作为资料来源的书会有明显的缺陷。作为一位严肃的二战战史研究人员，如果说他曾经学到过什么经验教训的话，那就是人类记忆的可靠性在不同的老兵之间差异巨大。在 D 日数十年之后提供的任何亲历者叙述，即便是所述事实无误，也很有可能是不完整的。半个世纪甚至更长的时间足以使人的心智发生微妙的变化，历史学家所面临的最棘手的问题是如何将那些难得的可以得到充分证实的真实叙述与当时那些刻意修饰过的不实之词区分开来。

此外，长期以来，当有关第二次世界大战的各种目击者叙述源源不断地呈现在读者面前时，如果没有对那些事件所处的更广阔的背景进行彻底的解释性说明，那么，这些叙述中所蕴含的大部分情感力量往往就被浪费掉了。在像奥马哈海滩登陆这样波澜壮阔的军事行动中，个人仅仅是战争的宏大全景上的小斑点而已。个人经历通常对于读者很有吸引力，然而，当读者知晓那些经历的确切时间和地点，观察者所属的部队单位，该单位应该完成的任务，它是否真正完成了，以及它又是如何与雄心勃勃的宏大军事行动计划融为一体的，那么，作品就可以更加引人入胜。简而言之，这场战事太过庞大，无法仅凭个体经历来加以阐释。

因此，我并没有将亲历者的叙述作为描写奥马哈登陆战的主要手段，而是决定有选择地使用它们来支持传统叙事。实际上，这些第一人称叙述将为读者提供有力的证据，表明事件确如文字所述的那样发生。此外，它们还有助于澄清奥马哈登陆作战中在海滩和浅近纵深地带的军事行动安排潜在的困惑。最后，适当的亲历者叙述肯定会让故事更加生动，从而让读者感同身受并产生共鸣，因为对那些从 D 日登陆作战中幸存下来的战士们来说，那是一场影响他们终生、难以磨灭的可怕经历。任何未向读者传达这种情绪的书都是不完整的。

在考虑是否在事件描写中插入第一人称叙述时，我遵循了三个简单的原则：首先，必须充分确定叙述中提到的相关事件是在 D 日的特定时间与特定地点发生的，以便它能够符合本书主题的要求；第二，在任何时候，我都会力求确认所有亲历者叙述中最关键的细节，如果其中有哪些重要部分与已被普遍接受的历史真相互相矛盾，我就避免使用它们；第三，也许是最重要的一点，我将尽量使用在时间上更接近于 1944 年 6 月 6 日的第一人称叙述。

任何了解 D 日的历史研究者都知道，最有力和最可靠的第一人称观察资料均生成于 1944 年 D 日之后数周或数月的时间内，当时，从奥马哈海滩的严酷考验中幸存下来的人——有些仍然因 6 月 6 日所受的伤而处于医院康复中——与军方历史学家进行了首次接触。这些原始资料当然就是奥马哈海滩的罗塞塔石碑①。21 世纪的读者可能会对参与奥马哈登陆的单位能够如此详尽地记录他们在 D 日的行动感到惊讶，然而那其实是一个一直持续到 1945 年的过程。通过在对 D 日仍然记忆犹新的时候所记录下来的大量亲历者叙述和部队报告，奥马哈登陆的历史真相得以展现。然而，对于历史学者来说，查找和分析这些档案材料是一项艰巨的任务，是一项需要按部就班地进行调查的过程，耐心在其中不可或缺。

根据常理判断，我认为这些同时期的叙述资料，要比在 D 日发生的几十年后所写的更加中肯和准确。但是奥马哈的故事非常复杂，在 6 月 6 日的

---

① 译注：罗塞塔石碑，the Rosetta Stone，也译作"罗塞达碑"，制作于公元前 196 年，同时用希腊文字、古埃及文字和当时的通俗体文字篆刻了古埃及国王托勒密五世登基的诏书，这使得近代考古学家可以对照各语言版本的内容解读已失传千余年的埃及象形文，从而成为今日研究古埃及历史的重要里程碑。

时间线上，有几个神秘的空缺并未包含于1944—1945年的报告当中。在这些案例中，我必须依靠退伍老兵在D日之后多年对奥马哈登陆的回忆，当然，我还是尽量采纳参战者在他们还是年轻人时所留下的叙述材料。关于这类亲历者叙述的来源，最值得一提的是位于俄亥俄州（Ohio）阿森斯（Athens）的俄亥俄大学图书馆（the Ohio University Library）的"科尔内留斯·瑞安二战文件纪念馆藏"（the Cornelius Ryan Memorial Collection of World War II Papers）。为了编撰其开创性著作《最长的一天》（*The Longest Day*），瑞安从20世纪50年代开始收集有关D日的回忆录，这些收藏品对于任何严肃的D日研究学者来说都堪称是一座宝藏。

简而言之，如果亲历者完成其关于奥马哈海滩的观察记录的时间距离D日越近，那么我就越是会选择相信它。在讲述奥马哈登陆的历史时，本书总共采用了500多份目击者叙述、官方报告、作品摘录、授勋和嘉奖令中的文字，以及策划和参与进攻的人员和单位所生成的其他原始来源材料。这些记录文献中有一半以上来自1944年（或者更早，在涉及登陆行动缘起与背景的章节中）；大约三分之二是在1950年之前生成的，当时亲历者对D日的记忆仍然较为清晰。

在本书中，有12位亲历者，他们或者提供了他们自己有关奥马哈海滩战斗经历的目击记录，或者虽然没有活过那场战争，但其在战场上的真实话语被转述和引用，他们是：卡特（Carter）、费尔（Fair）、费勒斯（Fellers）、费廷格尔（Fettinger）、戈拉斯（Golas）、霍克斯（Hawks）、豪伊（Howie）、**麦格拉斯**（McGrath）、马林斯（Mullins）、纳什（Nash）、申克（Schenk）和席林（Schilling）。其中有5人被埋葬于奥马哈海滩后面悬崖上的美国军人公墓中。在严酷战时条件下写就的亲历者叙述和部队报告，给21世纪的历史学家带来了一些意料之外的问题。其中一些档案文件上的笔迹几乎无法辨认，其他的则采用了令人困惑的措辞，而行文风格也会令他们的高中写作教师大跌眼镜。但是，对于身处前线散兵坑中的普通士兵而言，在刚刚目睹了无法言说的战场实况之后，避免语法错误很难成为他的首要关注点。尽管如此，为了便于本书读者理解参战者关于奥马哈海滩作战的观察资料的内容，当我转录这些叙述和报告时，我纠正了其中的拼写错误与严重的语法错误。此外，有时我会在括号中添加解释性的说明，以帮助读者领会 D 日亲历者所试图表达的内容主旨。除了上述更正和评论之外，我并未引用亲历者个人的评论性文字。

　　每位目击证人的陈述都是由其始发者以及其在书写或口述相应内容时所扮演的军事角色加以确定。对于未具名人员撰写的官方报告，只会提供那些个人所属的部队单位。如果一份叙述材料或报告在 D 日后不久（或在涉及登陆行动缘起与背景的章节中，在 D 日之前）起草，则此份陈述文字出现的具体日期将尽可能加以提供。然而，许多叙述材料的确切来源日期未知，而对于那些在 D 日结束后十年甚至更久才加以书写或口述的材料，我认为其产生的日期与历史叙事本身无关，因此，此类叙述资料并未专门标出提供日期，读者可以查阅"注释"部分以获取更多详细信息。

第二次世界大战美国陆军的编制

　　在与奥马哈登陆战有关的档案文件中，充满了可能困扰现代读者的措辞与表达方式。以下的背景解释，旨在帮助那些不熟悉第二次世界大战军事术语和部队编制的读者。

　　在第二次世界大战中，美国陆军的战力核心就是其各个师级单位，到1944年春，共计89个师，或者已经做好战斗准备整装待发，或者已经参战。奥马哈登陆行动涉及两个师级单位——第1步兵师和第29步兵师，正常情况下，两师各由近14300人组成。在本书中，"步兵"一词通常会从其编制名称中省略，因此就是第1师和第29师。为了 D 日的进攻行动，每师均临时配属了数千人的专业兵种单位。

　　一个步兵师主要由3个3100人编制的步兵团组成：第1师是第16、第18

和第26步兵团，第29师是第115、第116和第175步兵团（第16团和第116团是在D日登陆奥马哈滩的首批步兵单位，在下文叙述中将会被经常提到）。根据陆军长久以来的惯例，在提及团级规模的单位时，"团"（Regiment）这个词本身被认为是多余的，因此像"16th Infantry"（第16步兵团）和"116th Infantry"（第116步兵团）就代表了对应的是团级单位。[①]

每个团配有3个870人组成的步兵营，简称为第1、第2和第3营。步兵营下也相应地编有如下连队：第1营下辖A、B、C、D连，第2营下辖E、F、G、H连，第3营下辖I、K、L、M连。在D日，第16步兵团和第116步兵团的正常编制往往会被打乱，每个团被分成6—7个31人"乘舟组"（boat teams），这一命名代表了单艘突击登陆艇的最佳搭载人数。

美国陆军师中还包括数千名专业兵种的军人，其中包括炮兵、工兵、侦察兵、通信兵、宪兵和医务兵。虽然他们所履行的职责与其步兵兄弟相比似乎有些黯然失色，但是他们在登陆行动中也都发挥了至关重要的作用。

美国和盟国的高级指挥架构

奥马哈海滩登陆作战的策划与执行由美国陆军第5军负责，其下辖第1师和第29师，以及其他数十个不同类别的战术单位。第5军是美国陆军第1集团军的一部分，后者又隶属于由多国部队所组成的第21集团军群。该集团军群总司令为伯纳德·蒙哥马利（Bernard Montgomery）将军阁下，他是二战英国最著名的军事指挥官，同时在艾森豪威尔的D日登陆战役中，他还是地面行动的首席策划师。

盟军主要指挥官一览

乔治·马歇尔将军（Gen.George Marshall），美国陆军总参谋长；

---

① 译注：这里是原书作者给予英语读者的解释，但在译文中，考虑到汉语的表达特点，译者不会作此省略。

德怀特·艾森豪威尔将军（Gen.Dwight Eisenhower），盟国远征军总司令；

伯纳德·蒙哥马利将军阁下（Gen.Sir Bernard Montgomery），第21集团军群总司令；

哈罗德·斯塔克海军上将（Adm.Harold Stark,Commander），欧洲战区美国海军总司令；

奥马尔·布莱德雷中将（Lt.Gen.Omar Bradley），美国第1集团军司令；

阿兰·柯克海军少将（Rear Adm.Alan Kirk），西部特混舰队司令（第122特混舰队）；

卡尔·斯帕茨中将（Lt.Gen.Carl Spaatz），美国驻欧洲战略空军部队总司令；

弗雷德里克·摩根中将（Lt.Gen.Frederick Morgan），盟军最高司令部总参谋长 (COSSAC)；

伦纳德·杰罗少将（Maj.Gen.Leonard Gerow），美国第5军军长；

克拉伦斯·许布纳少将（Maj.Gen.Clarence Huebner），美国第1步兵师师长；

查尔斯·格哈特少将（Maj.Gen.Charles Gerhardt），美国第29步兵师师长；

约翰·霍尔海军少将（Rear Adm.John Hall），"O"突击部队指挥官（第124特混舰队）；

威拉德·怀曼准将（Brig.Gen.Willard Wyman），美国第1步兵师副师长；

诺曼·科塔准将（Brig.Gen.Norman Cota），美国第29步兵师副师长；

威廉·霍格准将（Brig.Gen.William Hoge），特种工程兵旅级战斗群（暂编）指挥官；

卡尔顿·布赖恩特海军少将（Rear Adm.Carleton Bryant），"O"部队，海军炮击集群指挥官；

乔治·泰勒上校（Col.George Taylor），第1师第16步兵团团长；

查尔斯·坎汉上校（Col.Charles Canham），第29师第116步兵团团长；

本杰明·塔利上校（Col.Benjamin Talley），第5军副参谋长兼高级观察员；

多斯韦尔·古拉特上校（Col.Doswell Gullatt），第5特种工程旅旅长；

保罗·汤普森上校（Col.Paul Thompson），第6特种工程旅旅长；

洛伦佐·萨宾海军上校（Capt.Lorenzo Sabin），"O"部队，海军近距火力支援集群指挥官。

军事计时系统

在第二次世界大战期间，美国军方采用二十四小时制时钟来表示时间，本书中所包含的大量报告与目击者叙述均遵循该系统。鉴于原始观察资料的提供者采用这种方式计时，因此我也尽量避免将时间转换成我们更为熟悉的十二小时计时法，即把一天二十四小时平分为上午（A.M.)和下午（P.M.）。然而，在我本人的叙述过程中，我将以传统方式标记时间。

二十四小时制时钟采用四位数字表示特定时间。前两位代表小时，后两位代表分钟。自然，"00"—"11"小时代表上午时间。"12"—"23"小时则代表下午时间。要将"13"及以上的小时数转换为传统时间，只需要简单将此小时数减去"12"即可。

例如，2345 = 11:45 P.M.；0015 = 00:15 A.M.。

在1944年6月，英国采用"英式双夏令时"制，这是一项类似于标准夏令时的战时特殊举措，但是要在夏令时开始时将时钟向前调两小时（而非一小时）。所有盟军的军事组织都遵循这一安排，所以本书编写过程中也与之保持一致。

登陆载具

任何关于第二次世界大战两栖登陆行动的故事都会时常提及盟国所使用的各式各样的登陆舰艇，因为他们需要借助其将部队和装备送到岸上。

提供以下注释是为了让读者对文中所提到的那些登陆舰艇有一个基本印象。下面按照其吨位从小到大的顺序列出。

LCVP（车辆及人员登陆艇）：美国海军与海岸警卫队的基础型突击艇，载员31人。

LCA（突击登陆艇）：英国皇家海军的基础型突击艇，载员31人。与"车辆及人员登陆艇"相比，美国大兵更钟爱这种登陆艇，因为它拥有装甲防护，并且配有可供登陆士兵坐姿乘艇的长凳。

美国海军更钟爱"车辆及人员登陆艇"，是因为其行驶速度更高一些。

LCM（机械化登陆艇）：可运载一辆坦克，但在 D 日当天，机械化登陆艇的典型使用方式为搭载至多50名工程兵以及他们的爆破器材。

LCT（坦克登陆艇）：有多种改型生产，可以运载3—4辆坦克直抵海滩，或者在海上将它们释放下水（针对两栖坦克而言）。

LCT(A)（装甲型坦克登陆艇）：标准 LCT 的改型，配有装甲，在敌火力下可提供一定防护。LCT(A) 是首波抵达奥马哈海滩的登陆载具。

LCT(R)（火箭弹支援型坦克登陆艇）：标准 LCT 的改型，可以安置超过1000部火箭发射器，用于抢滩登陆行动之前对海滩实施近距离火力打击。

LCG（火炮支援型坦克登陆艇）：标准 LCT 的改型，配有火炮用于对岸轰击。

LCI（步兵登陆艇）：可以搭载200名步兵的大型登陆艇，在敌直瞄火力下抢滩很容易被摧毁。

LST（坦克登陆舰）：最大型的登陆载具，可以运载多达20辆坦克和200人的部队，在敌直瞄火力下抢滩很容易被摧毁。

代号

D 日只是一个代号，指盟军发动登陆欧洲的战役的日子。迟至1944年5月中旬，艾森豪威尔仍未确定 D 日的实际日期。最终他选择了6月5日，但是由于恶劣天气而将其推迟到6月6日。在官方报告中，进攻发起时刻（H-Hour）指的是首波登陆部队在诺曼底抢滩时的确切时间，在5月下旬，艾森豪威尔为奥马哈滩指定的时刻为上午6:30。在战斗亲历者叙述和官方报告中，所提及的D或H后加上数字的表示方法，指"进攻发起日"（D-day）之后的第几天，或者"进攻发起时刻"之后的第几个小时。例如，"D+1"表示6月7日，"H+4"表示上午10:30。

"霸王行动"也是一个代号，指的是英美两国对德国占领下的法国发动两栖作战，在法国海岸集结盟军主力部队并建立后勤保障基地，最终将西欧从纳粹统治中解放出来的宏大计划。"海王星行动"则是"霸王"计划的一部分，专指诺曼底地区的两栖登陆战役，也包括了奥马哈海滩的抢滩登陆战。

缩略词

AAA	高射炮（高炮部队）
AAF	美国陆军航空队
AEAF	盟国远征军航空部队
Adm.	海军上将[a]
BAR	勃朗宁自动步枪
Brig.Gen.	准将
Capt.	上尉（或海军上校）[a]
CG	（将级）司令官
Cmdr.	海军中校或空军（内指挥联队以上单位的）将级指挥官[a]
CO	指挥官
Col.	上校
CP	指挥所
Cpl.	下士

CW	（空军）作战联队
DD	双驱动（水陆两栖）坦克
Ens.	海军少尉 [a]
F.O.	野战命令（或前方观察员）
HQ	司令部
Lt.Col.	中校
Lt.Cmdr.	海军少校 [a]
Lt.Gen.	中将
Lt.(jg)	海军中尉（美国） [a]
Maj.	少校
Maj.Gen.	少将
M/Sgt.	二级军士长 [b]
NCO	非委任军官（军士）
PFC	一等兵
Pvt.	二等兵
RCN	加拿大皇家海军
RCT	团级战斗队
RN	（英国）皇家海军
Sgt.	军士 [b]
Sgt.Maj.	一级军士长 [b]
S/Sgt.	参谋军士 [b]
Sub–Lt.	海军中尉（英联邦国家） [a]
T/Sgt.	技术军士 [b]
T/3	3级技术员 [c]
T/4	4级技术员 [c]
T/5	5五级技术员 [c]

USCG   美国海岸警卫队

USN   美国海军

WN   Widerstandsnest（德军抵抗据点）

W.O.   准尉（海军及海军陆战队）[a]

XO   执行军官（副主官）

1st Lt.   中尉

2nd Lt.   少尉

1st Sgt.   二级军士长（连军士长）[b]

a 美国海军，美国海岸警卫队和皇家海军军衔。"captain"在海军中相当于陆军上校级别。

b 二战美国陆军的军士级别，军衔按照从高到低的顺序依次是（二级）军士长（M/Sgt.，Master Sergeant）、技术军士、参谋军士（上士）和普通军士（中士，后者有时也被称为"级别最低的"军士）。二级军士长（1st Sgt.）和总军士长并非军衔，而是连、营或团中用于区分军士级别高低的职位名称。

c 3级、4级和5级技术员的衔级分别与参谋军士、军士和下士相当，但是技术员没有指挥权。

第一章
开始的结束

我军将在法国登陆

我们必须承认,在1944年5月,或许美国人并不像他们自认为的那样真正地了解战争。

珍珠港事件虽已过去了两年半的时间,但在美国陆军中,仅有11个师有过与德军地面部队在战场上交手的经验。肩负全歼德军重任的两位美国将军——德怀特·艾森豪威尔和奥马尔·布莱德雷——在第一次世界大战中甚至没有海外服役的经验,而在珍珠港事件之前,两人也从未指挥过超过800人的部队,也就是说,没有承担过比营长更高的职责。

的确,当美国全力投入军工生产时,她可以胜过世界上的任何一个国家,到1944年5月,美国陆军已拥有近800万名武装人员。但近4年前,当德国军队于1940年6月占领巴黎时,包括陆军航空队在内的美国陆军只有区区19万人,其兵力规模甚至要小于瑞典、瑞士、匈牙利或南斯拉夫等国。当时美国陆军只有少数几个师级单位,若未经大规模扩充和集训,这些单位均无法部署到海外。事实上,对德国占领的法国海岸发动一场袭击行动是一件很难想象的事,因为美国陆海军几乎连在切萨皮克湾(Chesapeake Bay)的某个岛屿上进行一场登陆演习的资源都没有。

数百万匆忙穿上军服的美国平民能否抵挡精锐的德国党卫军、装甲部队和伞兵?能否抵挡那些曾在一个月之内攻陷法国,并用他们的实际行动为全世界定义了"闪击战"（blitzkrieg）这一新名词的百战之师？美国的高级指挥层相信他们可以办到，但某些外国观察家却不以为然：在 D 日开始之前不到一年，英国首相温斯顿·丘吉尔手下的一位备受爱戴的将军哈罗德·亚历山大（Harold Alexander）爵士给美军打上了这样的标签："（他们）在意志力和体能方面都相当弱，而且相当稚嫩。"更重要的一点是：美国能否承受一场伤亡巨大的战役，如同一战中的凡尔登或索姆河？

没有人能未卜先知，但他们很快即将亲眼见证。

普通美军士兵当然已经准备好了迎接这场大考验。陆军最高领导乔治·C. 马歇尔将军也已确信这一点。自格兰特（Grant）和谢尔曼（Sherman）的时代起，美国人一直追求迅速、无情与彻底地赢得战争的胜利——这场战争当然也不例外。几乎每一名美国军人，从最菜鸟的新兵到马歇尔本人，他们都执着于一个明确的军事准则，即最快的回家方式是对敌人施以连续重击直至其彻底灭亡。如果有一项事业值得为之战斗（这一次肯定是），那么是否能以更为明智的方式投入战斗呢？

正如马歇尔所看到的那样，问题在于，盟军部队需要对闻名于世的德军施以一连串重拳打击才能将其彻底消灭，而要让敌人没有任何喘息之机，对美国战争生产力的需求也会大得惊人。然而，鉴于1939年秋欧战爆发后美国在重新武装方面的松懈和迟缓，达到这种生产水平需要相当长的时间。马歇尔将军并非是一个善于夸夸其谈的人，但在战后的岁月里，他曾不无懊悔地宣称，如果美国在1939年（而非1940年）就开始执行积极有力的重新武装计划，那么她本可以让战争提早一年结束，并且还能节省数十亿美元的花销和减少10万美国人的伤亡。

尽管如此，到1944年春，战时经济还是进入了全速运转状态，军队也已做好了准备。马歇尔曾经说过，美国陆军的各个作战师需要差不多两年时间才能完成必要的训练，充分锻炼其战斗精神和战术技巧，以便他们能在战场上击败德日强敌。到1944年中期，陆军89个师中的大部分都已经证明了他们的价值，或者已经准备好了迎接战争的考验。借助谨慎和好运，可以让1943年2月发生在北非战场凯塞林隘口（Kasserine Pass）的灾难不再重演。而且，如果像罗斯福总统和丘吉尔首相所大力宣称的那样，德国——而非日本——是盟国的首要敌人，那么，从马歇尔将军的角度来看，眼下最紧迫的问题是发起一场地面战役，投入尽可能多的陆军师与德国国防军作战。在历史上，毁灭式战争策略曾为格兰特和潘兴（Pershing）所用，现在马歇尔希望这一战略能再度为他效力。只要苏联能够继续牵制德军主力，那么后者不可能扛得住英美军事力量和工业产能的巨大压力。

马歇尔将军早已知晓那场决定性的战役必须要在何处展开。它已不是秘密：1942年5月，在哈德逊河（Hudson River）畔旧马球场附近的一座如同洞穴般的储藏室中，当马歇尔向聚集于此的西点军校毕业生发表讲话时，他公开宣布了这一点。

乔治·C. 马歇尔将军
美国陆军参谋长向美国军官学院即将毕业的学生发表讲话
1942年5月29日

这场斗争将会达成决定性和最终的结局……这是毋庸置疑的。我们必须彻底摧毁日本和德国的战争机器……目前的一系列大事件，让我回想起了国会议员们在12月7日之前向我提出的那些问题，比如说美国士兵可能会被派往何处参战，以及对于正在努力进行充足训练的美国陆军而言，其迫切需求为何……没有人能够预知未来可能对我们产生什么影响，但有一件事对我来说很清楚：我们必须随时做好在任何地方进行战斗的准备。这种可能性并非夸张，因为今天我们美国士兵遍布于整个太平洋地区，以及中国—缅甸—印度战区。不久之前他们袭击了东京。他们在格陵兰和冰岛的寒冬中宿营。他们已经在北爱尔兰和英格兰上岸，并将要在法国登陆。[此时，马歇尔的讲话被持续的掌声所打断。] 我们需要依靠充满活力的青年人，需要依靠青年人的力量、勇气和领导才能来贯彻实施这场大规模攻势行动。我完全相信，你们所拥有的自豪感和伟大决心，再加上西点军校的优良传统，以及我国历史上的先驱者和西点军校前辈的榜样的鼓舞，所有这一切，将会让你们带领这支新型的公民军队到达美国有史以来的巅峰——愿上帝与你们同在。

但是，马歇尔在说服他人接受其战略构想的价值方面耗费了多年时间；而且，从管理美国战力资源方面来看，摆在他面前的还有一个最具挑战性的障碍：在战争同盟中，领导者不可能总是按照自己的心意，追求自己最青睐的军事战略，因此，从实力地位出发与盟友谈判和协商就变得十分必要了。对马歇尔来说不幸的是，在1941年和1942年，与英国和苏联相比，美国军队毫无准备且缺乏经验，这迫使他不得不采取与他决意实施的决定性的毁灭式战争大相径庭的方式来与德意两国进行交战。后来，随着美国军工生产迅速扩大，美国大兵如洪流般涌入英国，马歇尔发现，战争将更有利于按照自己的构想进行。但是与此同时，谦逊的马歇尔也已经学到了具有无可衡量的重要价值的一课：德国的军事机器是如此强大，以至于美国人不能指望单凭自己的力量赢得战争，至少在欧洲是这样。如果没有英国皇家空军的战斗机，他就无法在他所中意的"大规模攻势"中获得空中优势；如果没有皇家空军的轰炸机司令部，德国经济就无法被有效地瓦解；如果没有皇家海军的战舰，就没有制海权；如果没有皇家海军的扫雷舰艇，横越英吉利海峡的航路就会危机重重；而也许最重要的一点是，如果没有英国提供的运输工具、登陆船艇和熟练海员，在法国海岸发动一场规模大到足以突破德国岸防体系的两栖登陆行动是根本不可能的。

然后，还有苏联方面所做出的巨大贡献，尽管间接且遥远，但如果没有这种贡献，马歇尔的大规模攻势就会更加成问题。自1941年6月以来，德军在东线的历次作战中失血甚多，而每一次血流成河的大屠杀都会让西方盟国如马歇尔所愿在法国开辟第二战场时更为有利。

这就是格兰特和谢尔曼所说过的，回家最快的方式。

在历史上的重大军事冲突中，D 日是为数不多的没有使用地理名称进行正式命名，也没有涉及"战役"字眼的行动。事实上，在二战期间流行于英语世界的 D 日这个专有名词，被英美两国的战争策划者用在了欧洲和太平洋地区的数十场不同的军事行动中。D 日显得神秘而简洁，是符合现代战争属性的一种表达，并且，正因为如此，该名词引起了人们的注意并激发了他们的想象力。然而很少有人知道它的实际含义。

尽管在二战中有许多个 D 日发生，但被铭记于史册的只有这一次。对于这样一场举世瞩目的决定性战役，采用这样一个模棱两可的称谓，可能是因为与过去的战争相比第二次世界大战的战役已经变得如此宏大和多维，

"我军将在法国登陆。"1944 年 6 月 12 日，在奥马哈海滩，美国陆军参谋长乔治·马歇尔将军与奥马尔·布莱德雷将军握手。右边是美国陆军航空队的"哈普"·阿诺德（"Hap" Arnold）将军。（美国陆军通信兵部队，国家档案馆）

以至于单用某个地理名称已不再合适。诺曼底登陆行动发生在沿海岸线长达50英里（约合80千米）范围内的5个独立的海滩阵地上。与此同时，美国和英国—加拿大的大批伞兵在距离海岸线后方数英里的地域降落，而且盟国海空军在诺曼底附近的海域和天空中展开了多场相对独立的战斗。同时，法国抵抗运动也在法国内陆地区迅速展开。诺曼底登陆作战所涉及的地域空间的广度是盟军最大的优势之一，因为困惑的德国人一连几天都无法辨别登陆行动的范围与规模。在历史上没有哪场战役能与之相比。

即便是可以将诺曼底登陆战役划分为十几个半独立的作战行动，在过去的半个世纪中，数不清的有关D日的历史著述，也很少专注于局部作战行动的主题上。相反，研究D日的历史学家倾向于将单独的战斗合并成更大的整体。然而，按照其自身的衡量尺度，D日的每一个子战场所具有的极其宏大的规模，以及作为整场战争的有机整体所具有的极其重要的作用，都值得对其展开全面透彻的历史分析。与责备旁观者"只见树木，不见森林"的谚语相反的是，典型的D日研究工作未能以林见树。

美军在滨海维耶维尔和滨海科勒维尔这两个诺曼底村庄之间的沿海地带所展开的登陆行动，即为本书的主题。在那里有一片将永远以"奥马哈"的名字为世人所铭记的海滩。尽管奥马哈海滩登陆战只是D日的众多作战行动之一，但是它本身的规模要比二战之前美国军队参与的大多数战役还要庞大。在美国参与第二次世界大战的1348天中，很少有哪次的伤亡人数超过1944年6月6日美军在奥马哈海滩遭受的伤亡。

奥马哈抢滩登陆战是美军在二战期间参与的军事行动的典型代表：战斗始于一场灾难，成百上千的士兵被看不见的敌人轻易屠杀；迅速放弃无法奏效的预定计划；美国必须坚定自己解决危机的决心；与死硬之敌展开艰苦的战斗；最终取得胜利——紧接着便是精疲力竭、悲痛，以及终极的满足感，虽然遇到了看似无法克服的困难，但是任务仍然圆满完成。

这就是关于登陆行动的故事。

这行不通

D 日是掌管盟国战争资源与力量投送的英美两国高级外交官和军事专家长达数年对话的产物。从概念上讲，登陆作战计划的起源可以追溯到1941年英美同盟建立之时，当时英国人与美国人一致认为，如果美国参战，击败德国必须是他们的首要目标。然而，诺曼底登陆计划的直接起源始于1943年3月12日，当时同盟国参谋长联席会议任命英国陆军的弗雷德里克·摩根中将为未来在欧洲西北部进行登陆作战的首席策划师，并给他加上了"盟军最高司令部总参谋长"的头衔。

从美国参与第二次世界大战之初，作为美国总统富兰克林·罗斯福（Franklin Roosevelt）高级军事顾问的马歇尔将军就曾在讲话中坦承了美国在欧洲战区大战略上的立场：针对德国占领下的法国发动的一次两栖登陆行动，以及接下来的一场直插德国心脏的地面战役，将是盟军在欧洲取得胜利的最有把握和最为迅捷的途径。这次入侵越早发动，战争胜利就来得越快。在摩根中将于1943年3月履职前不久，美国军方领导人才不情愿地承认，进攻欧洲的计划无法像马歇尔所热切希望的那样在1943年展开。幸好，由于丘吉尔的坚持不懈，盟军将于1943年采取地中海战略，希望能彻底击败意大利并迫使其退出战争，同时充分利用首相在1942年11月的战争报告中所称的"轴心国的软腹部"来扩大战果。尽管美国方面做出让步并遵循了有关地中海战略的安排，但马歇尔也坚称，针对西北欧的进攻行动必须要在1944年展开。

另一方面，在以严谨和睿智著称的帝国总参谋长阿兰·布鲁克（Alan Brooke）将军阁下领导下的英军各部首长则坚称，对欧洲的入侵行动不宜操之过急，只有在军事条件有利时才能进行；换言之，即当占领法国与低地国家的德国军队被迫抽调兵力来缓解在其他战场的来自盟军的压力，从而导致当地兵力空虚的时候。英美两方对大战略的分歧可以通过下文中盟军在试图确定1944年进攻法国本土的行动的起始日期时的情况加以明确无疑地揭示。态度坚决的马歇尔不会接受在这个问题上的含糊不清，他的参谋部颇为唐突地宣称，盟军最高司令部总参谋长的指导原则将是"一场在1944年春季发动的全面进攻"。看到该指令后，英方首长在给美方回复时，直接将指令中的限定词"春季"划掉了。美国人立即将"春季"一词再加上，然后原样奉cò，如果没有一方做出妥协，那么这种抠字眼的"乒乓球游戏"将会一直进行下去。最终，商定后的措辞是这样说的："在1944年尽早对欧洲大陆实施全面进攻。"

温斯顿·丘吉尔
英国首相

　　虽然一直以来我都很愿意在一场跨越海峡针对法国海岸的德军防线的正面进攻中与合众国并肩作战，但我不相信此举是赢得战争的唯一途径，而且我知道这将是一个过度且有害的冒险。在第一次世界大战的那些大型攻势中，我们所付出的鲜血与生命的可怕代价，仍然让我铭刻在心。在索姆河、在帕斯尚尔，以及在许多针对德军防线的更大规模正面进攻中流血牺牲的战士，都不应该被时间或记忆所掩盖。

1943年3月，当摩根将军走进布鲁克将军的办公室，接受后者就1944年在法国登陆计划的战略决心所下达的指令时，他从前对盟军最高司令部总参谋长的角色所可能拥有的全部热情肯定都烟消云散了。在向摩根递交经参谋长联席会议一致同意的"绝密"的战略方案时，布鲁克不禁脱口而出："好的，就是这些。它没有什么用，但你必须想方设法让它起作用。"

　　简而言之，摩根中将必须解决两个基本问题：盟军在1944年春进攻法国是否有合理的成功把握？如果有，那么可否在桥头堡上集结足够的兵力和物资，以便在随后发动一场旨在击败西线德军的大规模进攻？总参谋部的全体人员全力以赴去完成解答上述问题的挑战性任务，在1943

年4月的会议上，他们得到了摩根将军直截了当的鼓舞："我的计划就是重新征服欧洲。"

但是，盟军最高司令部总参谋长的工作的不确定性对所有人来说都是显而易见的，因为所谓的"盟军最高司令官"，也就是摩根本应以参谋长身份直接向其汇报的那位，当时甚至还不存在，而且也没有人知道他会是何许人，以及他何时会被任命。更糟糕的是，总参谋长对盟军最后执行登陆计划的兵力与后勤资源几乎没有任何概念，并且也无法准确预估登陆战役发动时德国在欧洲大陆的防守态势将会如何。鉴于此次登陆行动对于盟国反法西斯大业的极端重要性，需要一种独特的方式来进行战争。

弗雷德里克·摩根中将

盟军最高司令部总参谋长，致信英国参谋长联席会议秘书莱斯利·霍利斯（Leslie Hollis）准将

于 1943 年 8 月

基本上，我们在这里所要设法去做的，就是让不可能的目标变得有可能实现……从来没有哪一次，在这么短的时间内，在人手如此之少的情况下，被要求做到这么多的事。

尽管美国人对在法国登陆已经是急不可耐，但是他们几乎从未考虑过具体登陆地点的问题。而英国军事体系最高层的策划者们多年来一直在考虑这个问题，摩根将军与他的参谋部则承继了这一宝贵的基础。英国人经过认真考虑之后，将法国境内的潜在登陆地点锁定为两个：加来海峡地区和诺曼底。最合乎逻辑的登陆地点是加来地区（Pas de Calais 是多佛尔海峡的法文名称，也是此处沿海地带的法国行政区域的名称）。英吉利海峡在这里很狭窄，在晴朗的日子里，从英格兰的土地上用肉眼就可以很容易地看到法国的海岸线。如果两栖进攻行动在加来海峡展开，盟军登陆舰队的航程

战略抉择，1944年

会很短，从而减少了暴露在敌方攻击之下的危险。此外，在这里盟军也可以提供最强有力的空中掩护。

与之形成鲜明对照的是，我们只需看一下西欧地图就可以发现，就作为盟军的登陆场而言，诺曼底与加来地区几乎没有可比性，诺曼底不仅距离英国要远得多，离盟军的最终目标——德国——更远。这里唯一还算不错的港口是瑟堡（Cherbourg），然而它至多只能勉强支撑盟军大量的后勤需求。

但是，英国人认为，不能仅凭地理因素决定军事战略。基于前期其他单位的文件成果以及对预期中两栖进攻行动的进一步深入研究，盟军总参谋部的参谋人员得出结论，诺曼底虽然绝对称不上是一个完美的登陆地点，但它却提供了比加来地区更大的成功机会。在有关盟国称之为"霸王"的作战行动的纲要报告中，他指出："加来海峡是整个法国海岸防御最强的区域。"在建议将诺曼底作为替代选择时，他写道："对于在敌防御薄弱区域登陆以获得战术突然性这一点，我们已经做过尝试……德国人认为在那里登陆不太可能成功。"

由于所获得的有关盟军资源和敌军战力的信息很少，所以摩根的报告必然含糊不清。事实上，盟军总参谋长的作战计划纲要的主体部分只有37个字数不多的段落，除了指定作战行动的预定目标日期，即1944年5月1日，并建议将诺曼底作为登陆地点之外，这些段落中的大部分仅涉及一般性表述。

弗雷德里克·摩根中将
1943 年 7 月 15 日，对盟军最高司令部总参谋长负责的"霸王"计划的附议

我得出的结论是，鉴于我的指令所受资源方面的限制，如需保证在 1944 年 5 月 1 日有合理的成功把握，我们只能集中力量针对巴约[①] 附近的海滩展开一次突击行动。至于那些我们只能间接加以控制的外部条件，我认为有必要在此讲明，战役展开时的现地态势，包括地面战场以及其上方空域的所有事态的状况，须在人力所及的范围之内尽可能将其对进攻行动的不利影响降至最低。高度组织、装备精良

---

① 译注：巴约（Bayeux）是法国卡尔瓦多斯（Calvados）省的一个市镇，位于首府卡昂和卡兰坦之间，距离奥马哈海岸只有一步之遥。

且经过实战训练的敌军部队，在他们大肆吹嘘的所谓"坚不可摧"的防御工事中等着我们前去，而我军部队必须冒着沿途所有的风险横渡海峡之后才能发起进攻，两者之间在战力值方面的巨大差距必须尽可能缩减至最小。尽管要对这些因素施加影响，在英国本土可以通过多种方式做许多事情，但是，从现在开始到进攻发动那天为止，我们在很大程度上也要依赖于其他战场上所发生的大事件，而东线的态势进展首当其冲。

但是，在谈到有关实施登陆行动所在的诺曼底海岸的具体位置的选择时，摩根中将力求全面详尽。盟军总参谋长的报告包括24份附录，其中有一些提供了有关诺曼底海岸线相当准确的细节信息，主要来源于航空摄影，另有来自法国抵抗组织的情报、古旧的法国风景明信片、英国游客在夏季度假时拍摄的模糊不清的照片——甚至还包括拿破仑时代测量的近海水深数据。

摩根建议作为实际登陆地点的诺曼底地区也被称为"卡尔瓦多斯"，这个名字源自一个关于"萨尔瓦多"（El Salvador）号战舰的当地传说，该战舰在1588年西班牙"无敌舰队"经过时于诺曼底海岸失事。在选择有较大成功把握的卡尔瓦多斯海滩作为登陆地点时，摩根将军手下的作战参谋们受到自然因素的严重限制。悬崖绝壁和近海礁石遍布是卡尔瓦多斯海滨很多地方的显著特征，在这些区域实施大规模两栖进攻行动基本不可能。此外，英吉利海峡的天气也以反复无常而闻名。如果在首轮进攻之后的几天内有强烈风暴席卷此地，那么登陆行动很可能会受到影响。最后，诺曼底滨海地区潮汐变化的剧烈程度也是举世罕见。在高潮时，海浪正好会拍打到海堤上，而5个小时后，一名离开登陆艇的士兵可能需要在开阔的海滩上穿行600码（约合549米）的距离才能到达海堤。这是两栖作战策划者的噩梦。

盟军最高司令部总参谋长指定了三个海滩作为首选登陆地点，它们散布在长达25英里（约合40千米）的滨海地带上，且计划中提到的是它们的编号而非名称。摩根为最西端的海滩分配了一个冷冰冰的标签"313滩"，后来被美国人改为了同样沉闷的"46滩"。没有谁会在近距离考察了这个长达4英里（约合6.4千米）的"313滩"狭长地带后还敢大言不惭地说这里是一个易于实施登陆进攻的区域。从近海处向岸上观察，可以发现沙滩后面有一道看似无法穿越的、由悬崖绝壁构成的绿色长墙，对于顽敌而言此处显然是易守难攻。如果像摩根所建议的那样，盟军从卡尔瓦多斯开始其解放西欧的征程，那么就必须登上"313滩"。在诺曼底的这部分区域，实际上根本没有更合适的地方。

1944年4月，美国人重新将那片海滩更名为"奥马哈海滩"。

罗斯福、丘吉尔与他们的参谋长联席会议首长们接受了摩根中将在他的"霸王计划"报告中所做出的结论。但是，如果各方看起来都一致同意，"霸王"行动将成为盟军在第二次世界大战中最具决定性的军事战役，那么必须有一位最高指挥官来讲清楚这一伟大事业所需要的人员与物资的数量。然而，迟至1943年秋，这位最高指挥官仍不知姓甚名谁。实际上，摩根是一个总参谋长的"幻影"——而"幻影"是无法做出任何决定的。

在1943年11月28日—12月1日于德黑兰举行的首脑峰会上，"三巨头"——罗斯福、丘吉尔和斯大林——为将"霸王"行动从一个不精确的战略构想转变为目标明确且详细的战争计划提供了关键性的推动力。此次会议的代号为"尤里卡"（Eureka）。除了一再要求开辟"第二战场"来缓解德国对苏联红军的压力之外，到那时为止，斯大林元帅在 推进"霸王"行动方面并未发挥直接作用。之前他只见过丘吉尔一次，但从未见过罗斯福和马歇尔。但在德黑兰，斯大林热切地加入了讨论。

德黑兰峰会填补了"霸王"计划方案中许多缺失的部分。在"三位一体"的格局中，两票意见相同即为多数。在德黑兰会议上，斯大林毫不迟疑地站在美国一方，支持其关于进攻西欧必须作为1944年西方盟国的首要军事任务——而且进攻必须于那年春季发动——的论点。按照斯大林的说法，除了登陆法国本土之外，所有其他行动都是多余的，这使得丘吉尔感到非常沮丧。以其新奇的军事计划而闻名的英国首相积极支持地中海地区的军事行动，呼吁盟军未来在巴尔干地区投入作战，并希望促成土耳其加入同盟国阵营参战。

"尤里卡"峰会的结论是"霸王"计划必须严肃对待。要做到这一点，必须尽快选定最高指挥官，并且必须做出非凡的努力，来提供取得胜利所需的作战物资。斯大林——作为美国民主领袖的对立面——居然赞同美国军方的战略远见，这就说明了，战争也会造就一些奇怪的政治盟友。

约瑟夫·斯大林元帅

1972 年，苏联最高领导人，于伊朗德黑兰"尤里卡"会议期间

1943 年 11 月 28 日

我们俄方认为，对法国北部或西北部的敌人实施打击会产生最佳的结果。最好的方法就是让"霸王"作战计划成为 1944 年的基本行动目标。

美国总统富兰克林·D. 罗斯福

致信斯大林元帅，1943 年 12 月 6 日

当时已决定立即任命艾森豪威尔将军指挥"霸王"行动。[随附的手写说明如下所示：]

开罗，1943 年 12 月 7 日

亲爱的艾森豪威尔：我想你可以把它作为一份纪念品。在昨天［于埃及开罗］的最后一次会议结束时，我匆忙写就了这份文件，然后总统立刻就在上面签了字。乔治·C. 马歇尔

任何成功的军事行动的指导原则都是作战力量的集中。摩根将军的"霸

王"作战纲要无法实现这一目标，因为它既没有更高级指挥层的授权，也没有得到其支持。然而，当艾森豪威尔于1944年1月调离地中海战区赴英国担任盟国远征军最高司令部首长之后，在为D日行动准备一支拥有足够兵力和资源的部队这一点上，他提供了所需要的强有力的推动。此外，当时盟军最著名的作战指挥官伯纳德·蒙哥马利将军阁下也被调回英国，担任艾森豪威尔麾下的地面部队高级指挥官与两栖登陆作战的首席策划。蒙蒂令人难以忍受的极端自我的个性显然会在指挥层中间产生摩擦，但他是一位经过实战证明的胜利者，他参与"霸王"行动会让那些仍然认为登陆行动很有可能失败的怀疑论者们坚定意志。

　　既然对德国占领下的法国的进攻行动将是西方盟国在第二次世界大战中的决定性军事行动，艾森豪威尔和蒙哥马利于是开始大力游说在进攻之初投入更多的力量，而结果也如他们所愿。一夜之间，原本计划在首轮两栖进攻中投入3个师，现在增至5个师。此外，通过将摩根中将计划纲要中的3个登陆海滩增加到5个，整个登陆战役所涵盖的诺曼底海岸线的长度也增加了一倍。然而，由于新计划需要额外的登陆船艇，这样将迫使登陆行动推迟一个月，从原定的1944年5月初推迟到6月初。没有任何人对这种延迟公开表示反对。

　　1943年春，摩根将军巧妙地处理了他被问到的问题，然而，只有大名鼎鼎的政治家和将军的干预才能提供必要的资源，使即将到来的登陆行动取得成功。之后，摩根会恰如其分地将他的成果描述为"'霸王'行动的前奏曲"。

　　高明的将领们都非常明白"战争无法在纸面上取得胜利"的真实含义。迟早会面对枪林弹雨，肯定会有人流血牺牲。对于美利坚合众国而言，进攻法国的两栖登陆战役将是对美国突如其来的全面武装的效果进行考验的决定性事件。没有人怀疑美国士兵的优秀，但是，他们是否有能力投身于一场旨在击败纳粹的极端凶险和漫长的任务当中，在美国，这个问题几乎影响到了每一个人：从在基尔默营地①削土豆皮的普通大兵到五角大楼的参谋长，从得梅因②的家庭主妇到底特律（Detroit）的军工厂工人，从南太平洋的水兵到国会山③的参议员。

将军乔治·C.马歇尔
美国陆军总参谋长，致信艾森豪威尔将军，1944年5月1日

只需考虑"霸王"计划成功与你所肩负的重担。其他一切都是次要的。

德怀特·D.艾森豪威尔将军
盟国远征军最高司令官，致信总参谋长
1944年1月23日

我现在有机会与我手下的司令官们讨论"霸王"计划。在多次讨论中，我们确信，必须充分重视这样一个事实，即此行动标志着欧洲战争的决定性时刻。每一个障碍都必须克服，每一样麻烦都必须忍受，每一项优先权都必须准许，每一项风险都必须去承担，以确保我们所实施的打击是决定性的。我们无法承受失败的后果。

对于美国人来说，不幸的是，摩根将军命名为"313"的那片海滩看起来确实像是一个两栖作战行动会遭遇失败的地方。避免这种失败显然既困难又代价昂贵。现在，向那些将会在此次登陆行动中面对死亡的士兵们传达他们即将参与的重大事件的时候到了。

---

① 译注：基尔默营地（Camp Kilmer）位于新泽西州，二战期间是派往欧洲战场的美国军人的一个重要转运中心。
② 译注：得梅因（Des Moines）为艾奥瓦州首府。
③ 译注：国会山（Capitol Hill），指美国国会。

第二章
现实主义，而非悲观主义

一位名叫"杰"的男人

　　一位如此默默无闻的将军成功指挥了奥马哈海滩这样具有深远历史意义的战役，这在美国军事史上是史无前例的。D日袭击奥马哈海滩的美国地面部队指挥官伦纳德·T. 杰罗（Leonard T.Gerow）少将的名字，无疑不在美国军事领袖的万神殿中。但是，杰罗的履历将永远记载这样一个事实：他精心策划并领导了一场大获全胜的军事行动，而在此前不久，这一行动还被认为是不可能实现的。此外，虽然作为美国陆军第5军的军长，他只是一位头盔上有两颗星的陆军少将，但在1944年6月，他却指挥了一支由来自各个军兵种的大量官兵所组成的"小型陆军"。

　　杰罗长期以来的默默无闻，很可能是因为D日的军事行动占有如此重要的分量，以至于那些名气更大的领导者，比如艾森豪威尔、蒙哥马利和布莱德雷等人，就构成了公众所关注的全部。时年56岁的杰罗（昵称"杰"）[①]已经达到了美国陆军默认的年龄上限，因此总参谋长马歇尔不知道给他指派实战任务是否是个好主意。

　　杰罗1911年毕业于弗吉尼亚军事学院，比起他的朋友奥马尔·布莱

---

　　① 译注：原文的"Gee"，在这里译作"杰"，作为"杰罗"（Gerow）的昵称。从词源学的角度来看，"Gee"也有"无名氏"的含义，可能作者希望借此造成一种双关语的效果，以加深读者的印象。

德雷和德怀特·艾森豪威尔，他在陆军中服役的时间更长。作为作战策划部门的助理参谋长，1940年12月—1942年2月在华盛顿与马歇尔密切合作的经历似乎应该能为杰罗提供一张通往高级指挥机关的可靠入场券，然而，对艾森豪威尔与布莱德雷给予高度评价的马歇尔将军对杰罗却没有什么特别的表示。尽管杰罗的专业能力很强，但他的表现不怎么抢眼，也没有给大家留下深刻的印象。慢性胃溃疡造就了他冷漠而忧郁的个性特征。更糟糕的是，在珍珠港事件爆发后的两年半时间里，杰罗从未接受过实战的考验，在一支高度重视拥有领兵作战经验的军官的军队中，这是一个难以回避的缺点。

然而除了上述缺点之外，杰罗本身是一个有亲和力的人。他与布莱德雷早在1924年在本宁堡的步兵学校学习时就是同学兼室友，期间他们结下了深厚的友谊；现在后者担任美国第一集团军司令，是杰罗的直接上司。杰罗以班级第一名的成绩毕业，布莱德雷则屈居第二。尽管杰罗缺乏实战经验并且年事已高，但是他与艾森豪威尔之间经久不衰的伙伴情谊促使他的战时职业生涯出现了新转机（在1942年以前，"艾克"一直是杰罗的下属），毫无疑问，这也巩固了他作为第5军军长以及至关重要的奥马哈滩进攻行动首席策划者的身份和地位。有影响力的朋友对一位将军的职业生涯永远是有益无害，而杰罗的好友们恰恰在美国陆军中极具影响力。

伦纳德·T.杰罗少将
第5军军长

在我看来，无私是所有军官最重要的素质，无论他是参谋军官还是指挥官。

德怀特·D.艾森豪威尔中将
欧洲战区指挥官，致信马歇尔将军

"无私是所有军官最重要的素质。"伦纳德·杰罗少将，美国陆军第5军军长，于奥马哈海滩。照片由马里兰州国民警卫队提供。

1942年9月19日

我非常清楚，你并不完全赞同我对杰罗将军能力的高度评价，但我认为他的忠诚、责任感，以及随时准备着全力以赴投身作战任务的军人精神，均非常出色。而且，他与我私交甚笃，仅凭这个原因，他就会竭尽全力满足我加之于他的任何要求。

J. 米尔诺·罗伯茨上尉

第5军，杰罗少将的随从参谋

杰罗理应得到更多回报……他表面看来平平无奇，他没有满足媒体的宣传需要……[他]从来没有用亲昵的语气称呼任何人。那显得太冒昧了。我曾偶然听到布莱德雷或艾森豪威尔叫他"杰"，除此以外，所有人都称呼他"将军"。他是一位不折不扣的老派军人。

德怀特·D. 艾森豪威尔中将
致信杰罗少将，1943年2月24日

我永远无法克制这种感觉，这是自从我成为少尉以来就一直有的感觉，在各方面，你都应该得到远超过我本人的认可……但是你必须知道，正如我自己也心知肚明的那样，我被提拔的原因，某些偶然的因素要远胜任何出类拔萃的优点……

我唯一可以冒昧地提出的一点建议就是，你必须坚强。你可能无法在你的士兵中发现那些将成为最佳战斗领袖的人，但是你可以立即发现那些危及你所全权掌控的战役的胜利的人。他们是懒惰者、倦怠者、平庸者或骄傲自满者。如果你要在以后的人生中书写新的篇章，请务必摆脱它们。

1944年春，在英国举行了一次两栖训练演习，这次演习的效果令人失望，事后艾森豪威尔斥责了杰罗表现出的悲观情绪。据艾克的随从参谋哈里·布彻（Harry Butcher）说："杰说他并不是悲观，他只是比较现实。"鉴于分配给杰罗的挑战性任务，也许现实主义与悲观主义是同义词。事实上，无论杰罗在1944年春对他的职责有何疑虑，都是完全可以理解的：这样一场在第二次世界大战中对美国大战略如此重要的军事行动中，有可能导致海滩作战演变成一场灾祸的许多难题尚未得到解决。到 D 日为止，杰罗在英国指挥军和师一级的部队已有将近20个月的时间。很少会有美军高级将领——包括艾森豪威尔和布莱德雷在内——对敌人恶名昭彰的"大西洋铁壁"（Atlantic Wall）以及美国军队击破它的能力有更多的了解。

在杰罗的所有担忧中，最关键的是从海上发动一场两栖进攻是否有无可置疑的必要性。他无须进行战史学习便可知晓，对早有准备的敌军海岸

防线展开一场两栖攻击，将会有极大的风险。加里波利（Gallipoli）的失利，就像众所周知的达摩克利斯之剑（Sword of Damocles）高悬在他的战争蓝图上。1915年4月，英联邦与法国针对达达尼尔海峡（Dardanelles）的土耳其沿岸地区的进攻行动以难以置信的徒劳无功而收场。在超过8个月的作战中，协约国方面有超过25万人伤亡，除了使土耳其军队蒙受几乎相同数量的损失之外，最终未达成任何战果。即使是最无经验的新兵也明白，与来自海上的进攻部队相比，盘踞于海边悬崖上的守军拥有无法估量的优势。而在奥马哈海滩，杰罗不得不设法克服一个比土耳其军队更强大的敌人，在一个比加里波利更具挑战性的海岸上挖掘掩体。

到1944年初，盟军在第二次世界大战中以往的作战经验清楚地表明，所谓成功的两栖作战原则其实并非一个确定的命题。尽管盟军曾经成功地在北非、西西里岛（Sicily）和意大利半岛登陆，但每次行动都距离失败只有一步之遥。1942年11月在北非登陆时遇到的问题可归咎于经验不足。但是在西西里岛、萨莱诺（Salerno）和安齐奥（Anzio），真正的危机爆发了，当时狭窄的盟军海滩阵地受到了德军的猛烈反击，而且往往还伴随有可怕的装甲单位，威胁着要将"入侵者"赶下海。杰罗确信德国人会设法在诺曼底重复这种操作。

然后还有迪耶普（Dieppe）。1942年8月19日，为了试探法国沿岸的德军布防情况，盟军投入了主要由加拿大作战单位组成的6千余人的部队，对这一几乎位于伦敦到巴黎之间的中点位置的小型港口城市发动了一场大规模突袭。这是盟军需要加以完善的一种作战类型，即从海上发动针对敌方严密防卫的滨海地带的两栖作战。但结果是一场彻头彻尾的灾难，其中参战部队损失了近三分之二的兵力。然而，付出如此高昂的代价，除了获得有关"未来如有此类行动，必须加以更多考虑和演练"的经验教训之外，没有任何实质性的总结用以指导未来的作战行动。

在太平洋，一个以两栖攻防战作为经典样式的战争舞台，两栖作战条令的贯彻执行同样也充满了危险。1943年11月，美国海军陆战队员在塔拉瓦环礁（the beach of Tarawa）的海滩遭到日本守军的火力屠杀。虽然美军经过4天苦战之后取得了胜利，但是，如果杰罗曾经看过那个著名的赤裸裸地展示此役惨状的新闻短片，目睹了影片中众多死去的海军陆战队员肿胀的尸体漂浮在塔拉瓦环礁泻湖浅水区的可怕情形，那么他对奥马哈滩的作战任务抱有悲观看法也情有可原。无论参谋人员为此类作战进行多么周密的计划，从加里波利战役以来，取胜的可能性几乎没有任何变化。

即便是在高级别峰会上得到军政首脑们的批准，两栖作战也具有根本性的风险，这促使杰罗迫切想要知道，此类形式的进攻是否可以执行得恰到好处。失败可能会使盟军的战事进展推迟数月甚至数年之久。这是现实主义，而非悲观主义……

德黑兰（尤里卡）会议
1943年11月29日，会议记录抄本

马歇尔将军说，穿越河流（无论河流有多宽）和从海上登陆的区别在于，穿越河流的失败会导致攻防易位，而海上登陆的失败则是一场灾难，因为后者显然意味着登陆船艇和兵员的毁坏性损失。马歇尔将军继续谈到，他以前所接受的军事教育是基于道路、河流和铁路……然而，在过去的两年里，他一直在接受以海洋为基础的军事教育，他必须从头学起。马歇尔将军说，在这次战争之前，除了橡皮艇之外，他从未听说过任何登陆运输工具。现在他考虑得多一点了。

[苏联红军]元帅[克利门特]伏罗希洛夫答复说："如果你能考虑一下，你就能做到。"伏罗希洛夫元帅说，他希望强调一点，如果在"霸王"行动中，我军部队在没有摧毁敌阵地的情况下就被登陆艇送往敌军据守的海岸，当然不可能取得成功……首先必须用炮火和轰炸摧毁敌阵地……他认为，如果以这种方式实施作战行动，那一定会是一场

辉煌的胜利，而不会导致灾祸的发生。

马歇尔将军强调，谁也不期望灾祸的发生，所有人都在为取得胜利做打算。

亨利·克里勒（Henry Crerar）中将
加拿大第1集团军司令，给加拿大军官们的讲话
1944年6月7日

虽然在当时迪耶普行动的失利与加拿大付出的沉重代价令我们难以承受，但是我相信，当以适当的角度审视这场战争时，可以看出该行动对盟军现有战略构想的重要影响，它让盟国认清了战争进程的艰巨性，迫使各同盟国政府认识到在尝试发动进攻之前必须进行规模庞大的长期准备工作，这就是加拿大对最后胜利的最重要贡献。

尽管希特勒大肆夸耀其在西欧的海岸防线的坚不可摧，但是杰罗手下负责监视敌军动向的参谋人员却提供了出乎意料、令人安心的关于奥马哈海滩德军部署的细节。1944年5月初，美国方面的报告称，在4英里（约合6千米）的海岸线上，负责守卫的只有一个兵力不足1000人的敌步兵营。杰罗将军设想，由于敌方兵力密度较低，沿海防御将会有很多漏洞，可以先通过盟军战舰和重型轰炸机进行火力准备以削弱守军的抵抗，然后由两个训练有素的美军步兵师和两个精锐游骑兵营——共计3.5万人——展开正面进攻，定会予敌以致命打击。

更令杰罗将军鼓舞的是，有报告称，从第716"静态防御"（Bodenständige）步兵师①抽调的海滩防守部队的兵员素质较差。情报部门

---

① 译注：在二战中后期的德国军队中，Bodenständige通常就是二线守备部队的代名词，此类单位严重缺乏机动工具（包括牵引车、卡车甚至是马匹）。有资料称，在标准的"静态防御"师的师属炮兵营中，只配备有可供一个炮兵连使用的牵引运输工具。

声称，至少有40%的人员由非德国籍士兵组成，其中大部分是波兰人，他们应该不会愿意冒着生命危险去保卫"第三帝国"。而且，令杰罗将军颇感意外的是，德军在应对盟军突袭时，其经典战术通常是得到装甲部队支援的迅速而猛烈的反击，这一次似乎无法对美军海滩阵地构成多大的实际威胁。杰罗将军的情报分析人员断言，敌军只有一个营的部署位置足够接近预定登陆场，能够在D日发动反击，且它还没有配备装甲车辆。

显然，杰罗的部队对敌拥有显著优势，也许更重要的是，他们无疑拥有更加高尚的动机。如果战争的胜利仅取决于这两个因素，那么美国人不可能失败。然而，战争并非如此简单。即使敌军兵力薄弱的情报令人鼓舞，杰罗将军仍对敌军的固定防御工事感到焦虑不安：混凝土永备发射点、雷区、铁丝网、堑壕、反坦克壕，以及各式各样的海滩障碍物。所有军务精专的资深军人都会意识到，即便是再厌战的士兵，只要他待在防御工事后面就会拼命开火——他们的防御工事越好，他们的决心就越坚定。此外，盟国登陆作战计划的制定者们非常清楚地了解到，敌军海岸布防工作正处于陆军元帅埃尔温·隆美尔（Erwin Rommel）的监管下，那个狡诈的"沙漠之狐"曾在北非战场上一再挫败英美两国的指挥官。盟军情报表明，隆美尔非常热衷于不断强化"大西洋铁壁"。

杰罗也知道，地形因素肯定会增加敌人的勇气，因为任何一名在奥马哈海滩前方的悬崖顶上掘壕据守且配备有机关枪的德国士兵，都会产生一种己方阵地坚不可摧的强烈信念，而他所操纵的自动武器能轻易杀死几十名在海滩开阔地上无处藏身的盟军士兵，这又会使他在潜意识中认为自己无可匹敌。

将领的指挥艺术在两栖突击行动中少有用武之地——在奥马哈海滩的行动中也不例外。无论第5军为登陆行动所做的计划是多么彻底，都无法绕过这样一个事实：它是一场针对敌永备防御阵地的正面进攻。过去的军事冲突——从皮克特冲锋（Pickett's Charge）到加里波利——的经验预示着此类进攻困难重重且代价高昂，尽管美国人在兵力和士气方面拥有巨大优势，但所承担的风险也同样巨大，失败的可能性不可忽视。

伦纳德·T. 杰罗少将

第5军军长，致信格哈特少将

第29师师长，1944年5月13日

作战行动的全面胜利将取决于指挥官下达命令的速度以及下级军官对其可能受领的任务的熟悉程度……你们不能从纯粹军事理论的角度看待这些问题。这都是些性命攸关的现实情况，必须尽一切努力遵循现实的路线来解决它们。

自1943年7月升任第5军军长以来，在还没有人听说过"46滩"之前，杰罗将军就一直在考虑对希特勒的"大西洋铁壁"进行跨越海峡的攻击的复杂性问题。然而，到1943年晚期，当艾森豪威尔、蒙哥马利和布莱德雷从地中海战区调至英国本土时，杰罗发现自己身处从属于三个新上司的微妙角色当中，每位上司都在北非和西西里岛作为战斗领导者而建立了良好的声誉。在"霸王"作战策划过程中，艾森豪威尔赋予了布莱德雷和蒙哥马利近乎绝对的权力，此二人对如何实施登陆作战提出了各种充满激情的想法，而杰罗有义务遵照他们的想法行事，即便有时他们的观点与他自己的相悖。

但是也有很多共同点。没有人能否认，为初始进攻行动准备比此前摩根将军所建议的更多的兵员和物资将获得更大的成功机会。同样，所有将领都同意，登陆行动必须伴随着军事历史上前所未有的大规模支持火力，在艾森豪威尔的坚持下，这一必不可少的要素将主要由美国第8航空军和英国皇家空军轰炸机司令部提供。

但也许是因为杰罗与实际执行进攻作战的军人们有更紧密的联系，他专注于奥马哈登陆计划的一些更加精细的战术要素。在担任第5军军长之前，杰罗曾指挥第29步兵师，根据计划，该师是在D日登陆奥马哈海滩的两个师之一，因此他对那些要求普通步兵完成的任务保持着密切的关注。对杰罗来说，登陆行动发起前的空军轰炸和舰炮轰击固然令人精神振奋，但它们并不能保证盟军胜券在握。而且第5军上上下下都觉察到，即将到来的对抗会是一场直截了当的步兵战，通过那些使用步枪、手榴弹和爆破筒的战士将德国人从地堡中根除的方式来赢得胜利。一线士兵的作战技能和士气要比优秀的指挥体系更为重要。

在过去地中海与太平洋的两栖进攻战中，盟军从未遇到过与德军在诺曼底的海岸防线类似防御等级的永备工事、带刺铁丝网和海滩障碍物。前所未见的问题需要非同寻常的解决方案，并且，在杰罗的坚持下，第5军在策划作战时花费了大量时间来仔细考虑美军在登陆的头几个小时内破坏这些防御的有效手段。在此种战斗形式中，步兵最好的朋友是工程兵，因此，第5军将战斗工兵单位分配到初始进攻部队中，其规模在历史上的两栖进攻行动中找不到任何先例。仅在D日一天，杰罗就安排了12个工程兵营与步兵部队一同在奥马哈滩登陆——这是一支近万人的战斗工兵力量，实际上达到了师级规模。其中两个营将随首波突击部队登陆，其余部队将在接下来的几小时内登陆。

有人说赢得战争的是适应力强的部队。最明显的证据或许是驻英国的美国陆军通过将士兵从标准步兵转变为突击行动专家从而确实适应了在奥马哈海滩所面临的挑战。几乎所有将在D日登陆奥马哈滩的美国步兵都在英格兰西南海岸德文郡的美国陆军突击训练中心接受了为期3周的严格训练。在那里，他们进行了反复的登陆艇演练，学习爆破技术、扫雷和使用专门武器的攻击战术。

除了增强部队官兵的体能并让他们为即将面临的困难做好心理准备之外，突击训练中心还设法缩小了步兵和工程兵之间的差异。从前只对使用步枪和机枪精通的士兵被教导如何使用以往仅有工程兵会涉及的复杂装备，例如爆破筒、火焰喷射器、铁丝剪和炸药包。但最重要的是，该训练中心赋予了那些即将冲上奥马哈海滩的士兵们信心，即德国海岸防御确实可以被攻克。很快，当那些敌军永备发射点在D日制造出弹如雨下的杀戮战场时，那种信心将有助于让美国人避免一场灾难。

伦纳德·T. 杰罗少将

第5军军长，"霸王"作战策划会议，1943年12月21日

最让我担心的是，被敌军障碍挡在海滩的战士没有携带相应的装备和器材到现场，或者不知道如何在大白天敌军火力之下亲手解决这些障碍。

卢修斯·蔡斯（Lucius Chase）中校

美军陆军突击训练中心首席教官，英国伍拉科姆

以下几乎就是[美军两栖作战手册]针对防御工事所述之全部："在初始突击中应避开筑垒地域并从后方将其夺取。"我们的想法是——如果你能绕道后方那就更好了！

保罗·汤普森上校

美军陆军突击训练中心指挥官，英国伍拉科姆。

1944年6月6日，工程兵部队在诺曼底海滩的登陆进攻作战中做了大量工作。当我提到"工程兵"时，我所想到的不仅是我们所有人都知道的传统意义上的工程兵，而且也包括进攻部队中已接受过工程兵技能训练的步兵，也就是我们所说的"工程步兵"（engineer-like infantry）。这些步兵战斗分队在美国突击训练中心接受过工程兵训练……我们的任务是确保我方赢得最初1000码（约合914米）的战斗，通常来说，这将带领我们穿越海滩，到达海滩出口，直至最近的高地。

艾森豪威尔时常挂在嘴边的一句话是在他手下的美国军人绝对不能停止训练，杰罗将军则严格遵循了这一点。最终，这项方针在奥马哈海滩上获得了红利，这不仅是因为美国军队的作战技能得以增强，而且还因为从突击训练中心走出来的每一位美国士兵都认为自己是一名优秀的战士，而非疲态已现的德国军队所生产的"流水线产品"。美国人已经准备好了。

伦纳德·T. 杰罗少将

第5军军长，奥马哈滩登陆作战计划纲要

1944年5月17日

第5军的计划相对简单……部署周密的坚固支撑点和反坦克障碍物位于海滩和海滩后方的高地区域。所有通往内陆的海滩出口都布有地雷，且有铁丝网环绕的坚固支撑点加以拱卫。其他阵地位于海滩区域两端的高地上。据估计，目前海滩防御阵地由约一个加强步兵营的兵力进行守备。海空力量的火力将对这些防御造成一些破坏，但我们最终还是要依靠步兵突击分队将它们全部清除掉。

没有无法完成的任务

在1943年晚期，为了增加"霸王"行动的兵力而从地中海调往英国本土的7个盟军师级单位中，其中有一个师——美国陆军第1步兵师——将永远与奥马哈海滩联系在一起。"战斗第1师"自1917年以来就一直存在于美国陆军的作战序列当中，该师在1942—1943年的北非和西西里岛谱写了一部繁复、漫长却令人印象深刻的战争史诗。然而，第1师的战斗员对于全员转移到英国本土很难高兴得起来。第1师已经参加过两次值得赞赏的主要两栖进攻行动——说老实话，任何经历过北非与西西里岛作战并且全身而退的步兵，肯定不会没有意识到他们实在是些"幸运儿"。一名士兵没有必要成为一名把握战斗生存概率方面的专家，运气总会有到头的时候，而"46滩"

看起来并不像是一个好运常在的地方。

布莱德雷将军观察到，第1师的许多士兵的表现，哪怕是以最宽容的态度来看都是"明显失当"的。军中流传的一则老话说，美国陆军就是第1步兵师加上800万人的替补部队。在北非战役结束后，曾有一则广为流传的谣言，其信誓旦旦地宣称，前总统的儿子，第1师副师长小特迪·罗斯福（Teddy Roosevelt, Jr.）将军曾告知该师的士兵们，他们不应该向第1师指挥序列以外的其他军官敬礼。还有传言称，第1师师长特里·艾伦少将曾闯入阿尔及尔（Algiers）的一家酒吧，参与了他手下士兵与一些不幸的美军宪兵的一场斗殴。

美国军方并不希望其将领如此行事，在布莱德雷的鼓动下，到1943年8月西西里战役结束时，艾伦和小罗斯福发现自己已被闲置。新任师长是克拉伦斯·许布纳少将，他在陆军中服役已有34年，在前6年里他只是军中的一名普通士兵；现在他的头发已经斑白，而第1师的大兵们很快就会用"教练"的名号来称呼他。许布纳与第1步兵师的关系可以追溯到第一次世界大战，在美国远征军（AEF）1918年5月于法国坎蒂尼的首次进攻作战期间，他的杰出表现不仅在第1师中为众人所知，甚至在整个美国陆军中也广为流传。

斯坦诺普·梅森（Stanhope Mason）上校
第1师参谋长

　　我们刚才体会到了［许布纳］流露出的真诚。他如同父亲般关怀着师里的每一个人，他也不乏幽默感……［在西西里岛，］他召集所有军官和士官，并对他们进行了简短的谈话。他没有讲什么大道理，都是一些发自肺腑的坦诚直言，并且主旨是关于第1步兵师的优秀遗产传承：它在第一次世界大战中所取得的成就，并谦逊地将自己的参战经历一带而过；接下来就是它在第二次世界大战中迄今为止所取得的战绩，以及现在必须要做的事情……许布纳将军拥有一种天赋般的能力，他可以让旁人同时畏惧他、爱戴他和尊重他。

克拉伦斯·许布纳少将
第1师师长，与斯坦诺普·梅森上校的谈话
1943年秋

这个师里有人已经成了狗崽子……我会痛骂它们一顿——如果它们有谁值得留下来，你就去把它们挑出来，确保我们不会失去它们。

对于那些对自己所在的部队特别有自豪感的士兵来说，盟国远征军最高司令部在第1师抵达英国时所下达的第一个命令一定会让他们愤怒不已："战斗第1师"的每位成员都要将自己制服左肩上的单位识别标志——那个让人过目难忘的"大大的红1"（Big Red One）——摘掉，以免在英国各地游荡的德国间谍发现第1师的此次调动。此外，最高司令部高层坚持让第1师的若干单位轮流进入突击训练中心参训，这让那些经历过北非与西西里岛战斗的老兵们感到沮丧，他们很想知道，为什么在敌人枪林弹雨下打了近8个月的仗，所获得的战争教育还赶不上一个普通的训练营。

尽管第1师因为先前作战中的损失而进行了大规模的人员更替，但它仍然保留了在纽约市周边地区近20年的征兵工作所形成的很多区域特征。事实上，作为登陆奥马哈滩先头部队的第16步兵团直到1941年还驻扎在位于纽约港心脏地带的总督岛（Governor's Island）上，甚至到D日，该团花名册上许多士兵的姓氏仍带有纽约传奇般的种族熔炉的鲜明特征：布拉恰莱（Bracciale）、丹恰克（Danchak）、弗里德曼（Friedman）、加拉格尔（Gallagher）、索哈茨基（Sohatski）、斯特雷奇克（Streczyk）、祖科夫斯基（Zukowski）。

克里夫特·安德鲁斯（Clift Andrus）准将
第1师炮兵团团长

训练与策划持续进行，没有任何休息时间。特里·艾伦（Terry Allen）从未有过如此长的时间来打磨他的师，战场经验必须发挥其应有的作用……许布纳将军的行动都针对步兵，每个单位的每个细节都由他严加监督。他亲自操作各种步兵武器，有一次他甚至跳进了一个散兵坑，然后让一辆坦克从散兵坑上面开过去。就像一名步兵战士告诉我的，"老头子对他的活计了如指掌"。

查尔斯·杭施特费尔（Charles Hangsterfer）上尉
第1师第16步兵团第1营

我还记得当时的一些流行语，"没有无法完成的任务"，"没有不可以付出的牺牲""职责第一"等等，这些都是第1步兵师所有士兵一直被灌输的理念。对我们而言，不存在士气问题。我们都会恐惧，但是我们以为，我们所需要做的，就是侧过身来向他们展示我们肩上的"大大的红一"标志——然后他们就都会逃跑。

德怀特·D.艾森豪威尔将军
盟国远征军最高司令部总司令，向第16步兵团官兵讲话，1944年7月2日

你们是我军最杰出的作战团之一。从你们登陆北非和穿越西西里岛的时代开始，我就知晓了你们的赫赫战功。我想，你们团就像是与我同行并且给我带来好运的"罗马近卫军"（Praetorian Guard）。我知道你们都想回家，但是我要求各位，既然我已来到这里，那么就请大家一定随我一起前行。你们已经拥有了取得胜利的充分条件。

作为第二次世界大战中的美国主要的地面作战组织，美国陆军各步兵师本应是相似和可互换的，然而，被布莱德雷选中参加奥马哈滩 D 日进攻行动的第5军序列下的两个步兵师——第1师和第29师——实际上是截然不同的。1944年3月，在英格兰斯拉普顿沙滩所举行的代号为"狐狸"（Fox）的第5军登陆演习期间，"战斗第1师"那些衣衫破旧、胡子拉碴的"威利和乔"[①]们，惊奇而又带有同情地注意到，那些从未见识过敌军子弹的第29师士兵，他们带着天真的热情，严格地遵循着装规定：钢盔带紧扣在下巴处，作战装具佩戴得恰到好处，绑腿也扎得很完美。还有他们的吉普车！菜鸟们是如何让它们保持如此洁净的外观的？更重要的是——为什么要这么做？

第29步兵师于1917年以若干在美国内战中分属敌对阵营的历史悠久的州民兵单位为基础组建而成，因而获得了"蓝与灰"的绰号。该师曾在第一次世界大战的战壕中战斗，1919年胜利归国时，他们在各自当地的国民警卫队的演兵场上受到了英雄般的欢迎。在两次世界大战期间，第29师只存在于陆军部的想象中，而新的第29师将从马里兰州、弗吉尼亚州和哥伦比亚特区国民警卫队抽调人员组成。国民警卫队的成员至多只能接受成为兼职士兵，每周仅有一晚参加操练，每年有一次为期两周的夏季训练，这对基本军事技能的扎实掌握倒也足够。然而，鉴于美国人在20世纪20年代和30年代对所有军事事务都漠不关心，因此精通兵事者可谓是凤毛麟角，当美国突然被卷入第二次世界大战时，那些在作战领域拥有一技之长的人必将得到高度重视。

对于马里兰州和弗吉尼亚州的民兵来说，通往奥马哈海滩的漫长道路始于1941年2月3日，当时陆军部下达动员令，第29师必须接受为期一年的全职服役。在距离义务兵役期结束不到两个月的时候，珍珠港事件的爆

---

① 译注："威利和乔"（Willies and Joes）是美国作家比尔·莫尔丁（Bill Mauldin，1921—2003）于二战期间以自己作为前线普通士兵的经历和所见所闻创作的系列军旅漫画作品中的两位主角。作品深受当时美国士兵的欢迎，甚至得到了艾森豪威尔将军本人的首肯。

发重新定义了每个士兵所须承担的军事义务，并使用了"持续服役"（for the duration）这一不吉利的短语。

"蓝与灰"与杰罗将军之间的长期关系始于1942年3月马里兰州（Maryland）的米德堡（Fort Meade），在那里，他接过了那个充满战斗热情但缺乏准备的步兵师的指挥权。在补充了数千名新应征兵员，并且剔除了数百名年纪太大或身体情况不适合参与战斗行动的原民兵队员后，1942年9月，第29师搭乘冠达邮轮"玛丽皇后"号和"伊丽莎白女王"号前往英国——这是第二次世界大战中第四个踏上跨大西洋之旅的美国陆军师。为了发动1942年11月的北非登陆战役，高层派出了包括第1师在内的驻英国的4个美军师中的3个。只有第29师留在后方。在 D 日行动之前，它要在英格兰停留20个月，在无休止的长期训练期间，它以那个愤世嫉俗的绰号"英格兰本土师"（England's Own）而闻名。

在杰罗被晋升为第29师所属上级组织的第5军军长后，军方高层为"蓝与灰"指派了新师长查尔斯·格哈特少将。作为一名前骑兵军人，格哈特用新的战斗口号"29师，我们出发"将半信半疑的第29师官兵武装起来，并强化该师实力以便其能适应即将到来的进攻欧洲的角色。格哈特感觉到艾森豪威尔和布莱德雷对他的"菜鸟师"的作战能力持怀疑态度，特别是与训练有素的第1师相比，因此，他坚持他的士兵应该有一流军人的表现，并继续杰罗将军的不间断训练的方针。但他也一定想知道第29师的战士在战斗中是否真的能达到第1师老兵的水准。

到 D 日前夕，第29师仍然戴着"国民警卫师"的"帽子"，在陆军的许多圈子中得到的都是极其消极的评价。然而，真实情况是，到了战争的那个阶段，师里只有不到20% 的人员是前国民警卫队的成员，其余人都是应征入伍者和预备军官学校的毕业生，还有一小批在西点军校接受过教育的正规军官。大多数义务兵都是来自马里兰州、宾夕法尼亚州和弗吉尼亚州的当地人，因此该师中保留了两次世界大战期间的许多地域特色。

从1944年6月的第29师花名册上可以看到，官兵中的大多数关键性的领导职位，比如在营连级指挥官、连军士长（first sergeant）、排副和班长等岗位上，充斥着原马里兰州和弗吉尼亚州的国民警卫队人员，他们熬过了杰罗和格哈特严格的淘汰流程，并且精通各类军事技能。此外，第29师还有超过600人在苏格兰的英国"哥曼德"（Commando）突击队学校完成了几乎难以想象的严酷训练课程，并在1943年中大约6个月的时间里保持着"第29游骑兵营"的光荣头衔。虽然陆军在那年10月解散了该单位，并让所有人回归原部队，但是每位游骑兵现在都已成为一流士兵，他们所接受的突击队式的训练将在D日证明其非常宝贵的价值。

悉尼·宾厄姆（Sidney Bingham）少校
第29师第116步兵团第2营营长

第116步兵团的人员［组成第29师的3个步兵团之一］主要来自弗吉尼亚州的乡村，他们在很大程度上仍沉浸在"南部邦联"（Confederacy）的辉煌过去当中。他们自豪于第116团是"石墙旅"（Stonewall Brigade）的直系后裔，而后者正是"石墙"杰克逊在内战期间指挥的第一支部队。他们的训练极其有素，装备精良，对袍泽和上级充满信心，并且对完成指派给他们的任务的能力也同样充满信心。

保罗·里特（Paul Ritter）二级军士长（M/Sgt.）
第29师第110野战炮兵营指挥连

我认为没有哪个单位比我们更加训练有素。在训练中，我们几乎要被他们整死在荒野上，他们逼着我们在运输船的吊货网上爬上爬下……强行军，忍受刺骨严寒，两栖登陆演练，不断重复的模拟战术演习。但这些都是值得的……有一天早晨我们离开营地准备登上登陆艇，当经过第1步兵师的一队人时，我们不断高呼："29师，我们出发！"

他们也不住的地高声回应："前进，29师，我们将紧随你们之后！"

查尔斯·格哈特少将
第29师师长，致信美国陆军军史部门长官
1956年4月26日

为了使新单位赢得成功，下属指挥官必须施以推力。我曾经与亲历"阿尔塔维拉"（Alta Villa）灾难的其中一名指挥官见过面，并与他详尽讨论了相关问题，那场灾难与萨莱诺登陆战相关，[所涉及的]国民警卫队师的番号你肯定知道[来自德克萨斯州（Texas）的第36师]。我们第29师全体官兵决心，那样的东西绝对不能在我们的战史中出现。在[D日行动]的训练阶段，有另一个国民警卫队师[来自宾夕法尼亚州的第28师]曾被选中担负进攻任务，但它没有达到要求，被第1师取代。我们下定决心，决不能也陷入如此的困境当中。

来自诺弗尔·卡特（Norval Carter）上尉
第29师115步兵团1营医官的日志记录
1944年5月31日

我们意识到我们即将出动，D日就在眼前（没有这么早）。我们是经过精心挑选的，被认为是当今美国陆军中最优秀的战士。这不是无聊的吹嘘，这是事实。另一个师也接受了与我们同样良好的训练，他们的优势在于他们已经参加过实战。我们心事重重地上床躺下。每个人都在睡觉，但都辗转难眠。

在杰罗将军的奥马哈滩登陆计划中所列出的那些著名部队里，最与众不同的就是第2和第5游骑兵营。这些游骑兵战士接受了以英国传奇般的"哥曼德"突击队为标准的极其严格的特种作战训练，于是他们也理所当然地认

为自己是美国陆军中的翘楚。整体而言，奥马哈滩登陆行动将会是一次大冒险，但是风险最大的突击任务在很大程度上由游骑兵部队承担，他们的表现将决定他们是否的确无愧于他们的崇高声誉。

查尔斯·帕克（Charles Parker）中尉
第5游骑兵营 A 连连长

> 我被驱动着不断尝试与突破自我的极限。我志愿报名参加伞兵和游骑兵部队。游骑兵的人先到场并接纳了我，感谢上帝……时间得到了充分利用：周密全面的作战训练和体能训练——我们理应成为精英，我们也在努力达到精英的标准……军官没有任何特殊待遇，他们要和士兵一同训练。非委任军官（士官）也被寄希望于有高标准的表现。无论军衔高低，所有麻烦制造者都被开除……就所谓的"团队精神"（ésprit）而言，我曾看到有坚韧粗犷的游骑兵战士在面对被遣送回原部队的威胁时流泪哭泣。我们知道我们是最棒的。

事实上，在杰罗将军部队清单上的每个单位都认为自己是独一无二的。俄亥俄州国民警卫队的一个老单位"克利夫兰（Cleveland）专属"第112工程兵营受领了至关重要的任务命令，要求其在 D 日早晨打通奥马哈滩通往内陆的其中一个海滩出口。另两个工程兵营——第146营和第299营——则受领了几乎不可能完成的任务，即在最初波次的步兵登陆时清除海滩的敌军障碍物。自从1943年晚期以来，第146营一直在美国陆军突击训练中心充当教导队，他们可能比陆军中的任何其他部队都更了解两栖突击战术。而主要由来自纽约州芬格湖地区的士兵组成的第299营1944年4月初才离开美国。

军队总在开发秘密武器，而在 D 日前夕，最大的机密则是双重驱动（DD）两栖坦克。美国陆军中有3个坦克营接受了操纵这项英国新发明装

部队指挥的重任。第29师师长查尔斯·格哈特将军（照片中右边）正与美国陆军第1集团军司令奥马尔·布莱德雷将军交谈。"战斗第1师"师长克拉伦斯·许布纳将军（在布莱德雷身后）正在认真倾听。（美国海军档案，国家档案馆）

备的训练，其中有两个营——第741营和第743营——隶属于杰罗的第5军。这两个单位中技术精湛的坦克手有一项并不值得羡慕但又极其重要的任务，他们要赶在所有登陆部队——甚至是步兵——之前，把他们的坦克带上奥马哈海滩。那肯定会是值得讲给他们孙辈听的好故事——前提是他们要活下来。

在珍珠港事件发生30个月后，美国陆军部队参加的作战仍然很少。布莱德雷和杰罗比较钟爱久经沙场的第1师，不仅因为此部队已参加过两次不同的战役，而且也是因为其参谋部具备注重细节的专业性，并已证明其在战斗的混乱中可以有效运作。尽管第1师是在第29师之后几个月才加入的"霸王"计划，但是盟军高层授予了许布纳将军对D日大多数第29师单位的战术控制权。根据登陆作战计划的安排，格哈德将军直到6月7日才能重新接管第29师的指挥权。

除了第1师之外，杰罗将军的第5军的其他部队并非全然没有作战经验。有几个单位曾参加过在北非和西西里岛的战斗，其中包括第58和第62炮兵营，每营各配备有18门安装在装甲车上的105毫米自行榴弹炮。第58和第62炮兵营将成为D日首批将火炮带到海滩的作战单位。杰罗将军还拥有第20工程兵营，该单位在盟军登陆北非之后不久就恢复了港口设施，让摩洛哥的卡萨布兰卡港重新开放供美国船舶使用。1943年1月，工程兵营为罗斯福、丘吉尔及英美两国军队高层参加的卡萨布兰卡峰会提供了安全保障。但是相比起在20世纪举世瞩目的D日任务——要求他们打通奥马哈滩通往内陆的5个海滩出口中最大的那个——他们早期完成的任务似乎太过容易了。

伦纳德·T. 杰罗少将
第5军军长，对第5军官兵的训话
1944年5月18日

你们已被盟军最高司令官选中执行有史以来世界上最重要的军事行动。你们的任务是消灭盘踞在西欧大门口的纳粹守军，并引领我们的胜利之师前往柏林。胜利之路已为你们开辟——来自洪荒时代的野蛮人已经从海洋中消失，被俄罗斯人大批歼灭，被赶出了非洲大陆，遭到了猛烈的空中轰炸，现在正绝望地等待着你们发出致命的雷霆一击。你们已经做好了充分的准备。没有任何部队在投入战斗时会拥有比你们更完备的训练和更精良的装备。同盟国庞大的海空军力量将全力支持我们。成功有充分的保证。胜利将得到全世界所有热爱自由的国家的永恒感恩。我对你们的职业能力、勇气和决心充满信心。努力战斗，奋勇向前！祝大家好运！

第5军的人员构成是美国种族熔炉的典型代表，而他们已经做好了战争准备。

第三章
欧罗巴堡垒

处处设防等于不设防

主动权——军事成功的首要决定因素——在战争中可以像钟摆一样来回摆动。斯大林格勒（保卫战）、突尼斯（战役）和意大利的投降证明盟军最终遏制了长期以来纳粹德国惊人的胜利势头。从1943年晚期开始，除了维持目前的占领区外，德国既没有资源也没有精力去执行任何积极的军事战略。尽管如此，从希特勒的角度来看，就算钟摆停止摆动也对德国有利，因为1944年德国的成功可以如此加以衡量：在阻止盟军实现其战略目标的同时，纳粹科学家最终完成诸如导弹和喷气式战斗机等希特勒的"奇迹"武器并将其投入实战，这些武器可能最终赢得战争。

即使西方盟国为保护"霸王"计划的秘密做出了最大限度的努力，也无法阻止德国人发现有大批来自美国、英国和加拿大的生力军正在英国本土集结。在1943年初秋一个月多一点的时间里，有4个新的美国陆军师抵达英国，这一情况很难逃过德国情报部门的眼睛。即便是像阿道夫·希特勒那样缺乏战略洞察力的人也能够感受到，如此庞大且仍在不断增加的作战部队，无疑会在1944年的某个时候从海上发动一场对欧洲西北部的大规模进攻。

德国军事战略的转变即将发生。希特勒推断，盟军即将在西方发动的打击，最有可能是以在法国、比利时或荷兰沿海实施登陆行动的方式实现。德国驻军已占领这些国家超过3年时间，对于潜在威胁容易掉以轻心。与随时可能丧命的危险的活跃战线相比，相对平静的西部战区令占领军心满意足，因此以"士兵的休息营地"而著称。然而，按照希特勒的具体命令，这种状况很快就会发生改变。将加紧驻军部队的纪律与训练，加强海岸线的防御能力。此外，元首不再允许从法国与低地国家抽调实力相对较强的德国驻军去填补俄国前线对兵员需求的无底洞——自1941年6月以来，俄国前线一直以惊人的速度吞噬着德国的人力和物资，而且完全看不到结束的迹象。

简而言之，希特勒将竭力使他的"欧罗巴堡垒"（Festung Europa）从虚张声势的恫吓变成一个令人生畏的现实。

阿道夫·希特勒

元首大本营会议，1943年5月

对我们来说最危险的就是（敌）在西方开辟第二战场。你们知道我永远不会屈服，但在这里我必须坦承，敌人在西线的大规模登陆将给我们带来一场全面的危机……最可能的登陆地点是在法国，因为这样他们所需动用的海运运力最少。因此，我们必须为海岸防御做好准备……只要按照"西墙"防线的模式建立一道"大西洋铁壁"，就足以保证欧洲的安全。

埃尔温·隆美尔陆军元帅

与弗里茨·拜尔莱因（Fritz Bayerlein）中将的谈话，1943年7月

你知道，拜尔莱因，我们已经失去了主动权，这是毫无疑问的……我们必须找到一种全新的途径。无论是在西线还是东线，在接下来的几年里都绝无采取攻势的可能，因此我们必须尽量充分利用那些在通常意义上有助于增强防御的有利因素……我们应将主要力量集中于全力击退西方盟国开辟第二阵线的任何尝试之上，我们必须（在可能的登陆地点上）集中防守。如果我们能够让他们的入侵努力失败，那么未来局势对我们来说就会更加光明。

阿尔弗雷德·约德尔（Alfred Jodl）将军
德军总部，总参作战部长，1943年11月

我最深刻的信念是基于这样一个事实：在德意志之巅站立着一位伟人……德国的命运注定只能由他带领我们的人民走向更加光明的未来……我必须指出，他不仅是战争的政治灵魂，也是战争中军事行动的灵魂，他的意志力与他富有创造力的思想使整个（德国）国防军充满了生命力并团结一致。

阿道夫·希特勒
元首第51号令，1943年11月3日

在过去的两年半时间里，为了满足与布尔什维克主义所进行的代价高昂的艰苦斗争的需求，我们的军事资源供给和军事力量投入已经达到极限。东线的这种庞大需求符合威胁的严重性和整体战局。现在情况发生了变化。来自东方的威胁仍然存在，但西方的危险迫在眉睫：英美军队即将登陆！在东方，即使最后迫不得已失去大片领土，广阔的空间也可以确保其不会对德国的生存机会造成致命打击。在西方却不是这样！如果这里的敌人成功地在宽广正面上击穿我军防线，那么在短时间内将会出现极不相称的惊人后果。所有迹象都表明，不迟于来年春季，也许更早，一场针对欧洲西部前线的攻势就会展开。出于这个原因，我认为通过进一步削弱西线来支援其他战场已不具有合理性。因此，我决定加强西部地区的防御，特别是在我们将对英国发动远程作战［使用V型导弹］的地方……

在战役的开始阶段，敌人的整个打击力量必然会针对我军岸防部队。我们必须全力以赴建设防御工事，只有想尽一切办法获取德国本土与占领区所有可用的人力物力，才能在短时间内加强我们在沿海地区的防御。留给我们的时间已经不多了……如果敌人集中其武装力量强行发动登陆作战，那么它必将遭到我军的全力反击……我希望各单位都能尽一切努力，充分利用大战到来之前剩余的每一分钟，为西线的决战进行充分准备。

盟国远征军最高司令部
联合情报委员会报告，1944年3月15日

德国对未来的唯一指望就是使西方盟国蒙受决定性的失败，由此引发政治和军事影响，最乐观的情况是促成一个妥协性的和平，至少也可以让德国军队赢得时间并有机会再度掌握主动权。德国在1944年的首要任务是击败进攻西线的盟国军队，其他所有战略构想和前线作战安排都必须服从于这一任务目标。

如果希特勒的"欧罗巴堡垒"成为现实，那么其被称为"大西洋铁壁"的外壳必须在相当程度上加以强化。"托德"组织（Organization Todt），即主要由外籍劳工组成的劳动大军，将提供工程所需要的大量劳力。而设计构想的灵感来源于陆军元帅隆美尔，1943年12月，在希特勒的吩咐下，他开始对从北海沿岸到英吉利海峡的"大西洋铁壁"展开巡视工作。1944年初，希特勒任命隆美尔担任负责法国与比利时沿海地区防务的集团军群的司令官，该集群由两个集团军组成，部署于根据军事学原则盟军最可能登陆的区域。此举巩固了隆美尔在即将到来的战役中所扮演的角色。作为希特勒当时的宠臣之一，隆美尔的出场象征性地向盟友和敌人表示，现在德国将认真对待欧洲西北部的防御工作。

1944年初德国军事机器达到顶峰的最显著标志就是希特勒任命隆美尔为西线防御的首席负责人。曾经"闪击战"的主宰者被降格到一个主要从事防御作战的指挥岗位上，当然会形成巨大的反差。然而，隆美尔因其惯于采取非常规手段解决军事挑战的才能而赢得了广泛声誉。在关于如何应对未来盟军"入侵"欧洲的一系列难题的分析中，隆美尔仍然保持了他一贯的特色。

军事学的传统观点认为，处处设防等于不设防。鉴于德国陆军需要保卫从挪威到比利牛斯山（Pyrenees）区沿岸长达3000英里（约合4800千米）的海岸线，因此，包括希特勒的西线高级指挥官格尔德·冯·伦德施泰特（Gerd von Rundstedt）陆军元帅在内的大多数德国军官均坚守这一原则——即便是与他们元首的意见相左。然而，隆美尔提供了一种颇具迷惑力的可能性，即在某些特定条件下，"大西洋铁壁"也可以起作用。首先，德国最高统帅部必须在敌军最有可能入侵的各个地点上对现存的海岸防御工事进行大力加强；其次，必须增加这些地区守军的数量，并且提升部队训练等级，以便可以集中各类火力对抢滩登陆的敌军予以顽强抵抗；第三，隆美尔本人必须对位于海岸线浅近纵深处的机动预备队的部署与作战行动拥有全部的控制权，以便在第一时间对敌所有的登陆海滩阵地实施反击。

如果隆美尔是在一位明智的最高统帅手下工作，这些条件或许可以得到满足。然而，即便是这样，它们是否会起作用将永远不会有人知道。隆美尔由于获得晋升而对希特勒感恩戴德；后者是一个缺乏军事常识的心胸狭隘的暴君，是一个多年以来独揽德国军政大权、令曾经高傲的德国总参谋部噤若寒蝉的独裁者。隆美尔的要求无法实现，德国军队最终将在一个高度妥协的防御计划的指导下与诺曼底海滩的盟军作战。

正如接下来发生的事所间接表明的那样，一个妥协性的战略方案或许是最糟糕的战略方案。

埃尔温·隆美尔陆军元帅
"B"集团军群司令，"大西洋铁壁"监察报告
1944年4月22日

敌军很可能会在舰炮和轰炸机的大规模火力准备之后，利用夜色或者大雾为掩护展开登陆行动。他们将使用数百艘船艇，卸下运载的防水两栖车辆和潜水坦克（submersible tanks）[1]。我们必须将它们阻挡在水际滩头，不仅要迟滞它们的推进，还要抢在敌装备靠岸之前将其全部摧毁……我们必须在短时间内取得成功，否则等到敌军登陆部队铺天盖地席卷而来，我军所有防御阵地都遭到他们最猛烈的攻击时就晚了。在历史上，从未有过在如此漫长的海岸线上部署如此严密的防御的先例。必须在敌人抵达我们的主战场之前将其歼灭……

一天又一天，一周又一周，"大西洋铁壁"将变得更加强大，而我军部队的装备也将更加精良。考虑到我军的防御力量，以及我军士兵的勇气、技战术能力和战斗积极性，我们可以极其自信地等待着敌人攻击"大西洋铁壁"那一天的到来。这道钢铁长城必将会使进攻者彻底毁灭，它将在这场对英美两国强加给我们家园的非人道战争的报复行动中立下功勋。

格尔德·冯·伦德施泰特陆军元帅
西方战区总司令，1948年

[隆美尔]是一位勇士，是一位非常有能力的战术指挥官，但他担任高级将领确实还不够格……从南部的意大利边境到北部德国边境的最东端，所涵盖的海岸线总长度超过3000英里（约合4800千米），然而只有60个师可履行守备任务。它们大多数都是战斗力较差的师，其中有一些只是"空壳子"。

---

① 译注：原文如此。

阿尔伯特·施佩尔（Albert Speer）

第三帝国装备与军需部长

鉴于法国、比利时和荷兰漫长的海岸，一条由分布密度足以互相掩护的众多永备发射点组成的完整防线，将远远超过德国建筑业的实际产能。此外，也没有足够的士兵可供在如此多的防御工事中驻守……关于 [大西洋铁壁]，我们在短短两年的紧张建设工作中消耗了 1730 万立方码（约合 1323 万立方米）、总价值达 37 亿帝国马克的混凝土。此外，军工生产单位还因此被剥夺了多达 120 万公吨（120000 万千克）的铁原料。所有这些开支和投入的人力物力都是纯粹的浪费。

盖尔·冯·施韦彭伯格（Geyr von Schweppenburg）将军

西部装甲集群指挥官

"大西洋铁壁"只是一个前哨阵地。因此，希特勒、约德尔和隆美尔的整个防御理论并不合理。自从汉尼拔的时代以来，在前哨阵地上从没有进行过决战。按照他们的观点，希特勒对于军事事务一无所知，隆美尔是纯粹的战术家，而约德尔完全缺乏军事天赋和战略灵感，这让他们所有人觉得自己与 1918 年的堑壕战中的士兵毫无二致。

埃尔温·隆美尔陆军元帅

"B" 集团军群司令，致信阿尔弗雷德·约德尔将军，1944 年 4 月 23 日

如果不考虑敌人的空中优势，在最初几小时内我们就可以成功地将大批机动力量投入受到威胁的岸防区域中，我相信，敌人的进攻会在第一天就被完全粉碎。

在冯·伦德施泰特的指挥体系所涵盖的 3000 英里（约合 4800 千米）前线内，隆美尔的两个集团军守卫着法国与比利时长达 800 英里（约合 1290 千米）的海岸线，如果没有关于盟军登陆地点的准确情报，"沙漠之狐"决定采取全面防御。从布列塔尼的悬崖和海湾到比利时滨海的低矮沙丘带，他所负责的防区之间差异很大。不同的地形决定了隆美尔不同的防御部署：那些只零星分布着狭窄海滩的陡峭曲折的海岸线，特别是那些距离德国本土较遥远的地区，守军部署密度会较低；那些沙滩面积较大且地势平缓的海岸，守军力量将得到加强，特别是那些靠近本土的地区。

从隆美尔的角度来看，诺曼底的卡尔瓦多斯海岸线——盟军 D 日行动的 5 个登陆海滩中的 4 个都在此区域——则处于对手发动"入侵"行动的"合理"与"不合理"的选择之间。与更东边的岸防区域相比，卡尔瓦多斯滨海地区与德国的距离要远得多，也没有任何重要的战略目标（如大型港口等）位于沿海区域的直接打击范围之内。此外，在卡尔瓦多斯 45 英里（约合 72千米）长的海岸线中，有近三分之二被悬崖和近岸礁石区所占据，敌人显然无法在这些障碍地形周边发起大规模登陆行动。然而，作为登陆地点，卡尔瓦多斯显然也有几个区域对盟军有足够的吸引力，因为那里的特点是宽阔的海滩，坚实的沙地和适合大批登陆艇驶入的近海水域。总而言之，隆美尔决心"保卫"卡尔瓦多斯海岸，但不会像对弗兰德斯或加来海峡地区这两块更为明显的潜在登陆地区那样倾注过多的热情。

此外，盟军通过着手实施一项名为"坚毅行动"的巧妙欺敌计划，极大干扰了隆美尔对实际登陆地点的判定，该计划向德国最高统帅部传递了虚假的情报信息，即跨越海峡的进攻作战的目标将是加来地区。即便是 D日进攻从诺曼底海岸发起之时，"坚毅行动"的深远影响还是让希特勒与许多德国军政高层人士认为"入侵"行动只是一次佯攻，并且盟军的主攻行动将于稍后从加莱海峡地区展开。卡尔瓦多斯滨海地区实际上并没有像德国人本应遵循的防御原则那样得到更加强有力的守卫，这在很大程度上要归功于"坚毅行动"的成功。但是，杰罗和许布纳将军即将体验到，德国人即使在防御不完备的情况下也会进行极其激烈的抵抗，他们的脑海中一定会闪过一个颇为庆幸的念头，假使敌方没有在战略层面上当受骗的话，那么他们可能会面对更加糟糕的情况。

从军事观点来看，卡尔瓦多斯海滨最不同寻常的地点就是位于滨海维耶维尔和滨海科勒维尔这两个小村庄之间被盟军作战策划人员私下称为"奥马哈"的海滩。无论是从进攻者还是防御者的角度，这个海滩最明显的特征就是它的孤立：这个海滩的东西两端都是垂直的悬崖，以及堆满沙子和石块、最多只有几英尺宽的带状地带，东西两端的特殊地形在数英里的距离上遥相呼应，登陆部队实际上不可能通过这样的地形向内陆移动。最近的居民地是位于10英里（约合16千米）开外的、没有任何军事价值的巴约镇，而可供大规模两栖登陆使用的最近的海滨区域是以东13英里（约合21千米）的"金"滩。美国第7军将于6月6日登陆的犹他滩距离此地差不多有30英里（约合48千米）。因此，如果D日美军没能突破奥马哈滩的海滩防线，那么在金滩的英军部队和在犹他滩的其他美军部队即使抢滩成功，也几乎无法对他们提供任何支援。隆美尔决心不让盟军在欧洲大陆获取哪怕最狭窄的一片立足点，既然是这样，那么维耶维尔和科勒维尔之间的海滩也应该做好充足的防守准备；可是它所处的偏僻位置，显然让隆美尔将它视作了一个可能性微乎其微的登陆地点而加以忽略。

然而，从盟军的视角来看，4英里（约合6千米）长的海滩是大大小小的登陆船艇向陆上运送突击部队的理想场所。在气候温暖的日子里，在这片以滩平坡缓、潮汐稳静为显著特征的海岸线上，沿着广阔的正面发动一场大规模两栖进攻必然是可行的。没错，它绝不是一个实施登陆行动的完美海滩，但是进攻计划的制定者更担心的是越过海滩之后的地形而非海滩本身。

在东西两端的峭壁之间，海滩划出了一道平缓的曲线，就像是松散地垂悬在两根支杆之间的晾衣绳一样。新月般的形状让整个海岸看起来像一个巨大的圆形剧场：沙滩后方的高地是观众席，近岸海湾则作为舞台。对于观众来说，这个海岸高地"看台"拥有极佳的视角，因为它的海拔足有130

英尺（约合40米）甚至更高，而且距离大海也非常近，俯瞰之下，沙滩和港湾中的一切尽收眼底。确实，即便这片海岸线没有在第二次世界大战的历史中占据如此重要的地位，它也一直会是一个受欢迎的旅游景点，因为它拥有广阔的沙滩和令人惊叹的海景。

在维耶维尔和科勒维尔之间的区域，悬崖峭壁连成一片，除了被盟军登陆计划的制定者称为"冲沟"（draw)的5个缺口之外，其他地方显然都无法逾越。陆地上的水汇集起来流入大海，在数百年的流水侵蚀下形成了冲沟，每条冲沟都具有独特的外观，从陡壁小道到两侧坡度平缓的宽阔谷地。在每条冲沟中，道路质量也各不相同，从狭窄的泥土小径到铺设好的硬化路面，一直从海滩低地延伸到内陆高原。无论是对于进攻者还是防御者，道路体现了冲沟至关重要的价值，因为除了通过其中的一个缺口驾车艰难爬坡后驶入内陆，任何车辆都无法离开海滩——除非车辆在初始登陆后尽快向内陆移动，否则盟军所设想的任何成规模的进攻行动都无法成功。

盖世功业，敢叫天公折服！[1]

总之，奥马哈海滩易守难攻的地形很快就将为世人所熟知，一名士兵可以毫不犹豫地得出这样的结论：当面对的敌人具备较强的作战决心，且其防御工事经过长期的充分准备，针对此区域的一次进攻行动将演变成一场第一次世界大战式的、穿越无人地带展开的正面冲击，如此鲁莽的行动自然会导致损失惨重的后果。位于新月形状的海岸线两端高地上的德国机枪手可以纵向朝着海滩倾泻火力，子弹飞行的方向垂直于盟军的进攻轴线，每次扫射都会击中一些人。此外，对于精通作战技术的德国军人来说，这将是一项相对简单的任务，因为德军会以致命的精准火力，以持续不断的

---

[1]   译注：原文为英国著名浪漫主义诗人雪莱的诗作《奥西曼提斯》（Ozymandias）中的句子："Look on my works,ye mighty,and despair!"

炮兵和迫击炮的弹幕射击，让猬集于海滩的盟军部队遭遇灭顶之灾。实际上，自信满满的德国兵会有充分理由相信，在毫无遮掩的海滩阵地上，从视野良好的高处不间断地发射弹道平直的火力，这两个有利因素相结合，绝对会杀伤相当数量的"入侵者"。

日本驻德国海军武官
1944年5月发往东京的密电，由盟国"超级机密"截获并破译

自从隆美尔于1943年秋季开展巡查工作以来，他的策略就是在濒临海岸的区域摧毁盟军，最主要是在海滩阵地，而决不允许敌人深入内陆……自从隆美尔接管指挥权，沿海防御的加强与部队向濒海地区调动的情况特别引人注目……盟国如按惯常模式发动任何登陆行动，都必将遭受重大损失，并且成功机会十分渺茫。

第5军
情报摘要，1944年3月

"46滩"的凹形弧线可以允许部署于海滩或者其正后方平直带状区域的直射武器实施低伸射击（grazing fire）。部署于佩尔塞激流角（Pointe et Raz de la Percée）的轻重火器和位于科勒维尔以北的坚固支撑点可以向整个海滩和滨海地带施展纵射火力。

战争充满了各种自然与人为的变数，因此，它是不可预测的。到目前为止，在奥马哈海滩最显著的自然变量是潮汐，它在以惊人的力量上涨和回落。就平均而言，低潮会形成500码（约合457米）纵深的开阔海滩，而在某些特定月相条件下，这个数字将再增加100码（约合91米）。5个多小时后，高潮会使沙滩变得如此狭窄，以至于在某些地方，一个人只要躺在沙滩上就会湿到脚。更直观的说法就是，退潮时站在浪潮边缘的一位士兵，在涨潮时将漂浮在23英尺（约合7米）深的水中。

这种剧烈的潮汐变化为德国人提供了一种将非常有利的防守阵地转变为近乎完美的防守阵地的机会。即使是最年轻的德国掷弹兵也可以在混凝土工事的保护下朝外射击，进而发动一场屠杀——假使盟军愚蠢到在退潮时展开登陆，并试图在数十挺机枪的交叉火力下强行通过500码（约合457米）的海滩开阔地。并且，如果敌人在涨潮时登陆，那么隆美尔元帅所部署的由雷区和海滩障碍物构成的难以逾越的防御带将阻止任何登陆船艇抵达岸边。

隆美尔一直痴迷于这样一种观点，即在他的防区中取得防御成功的关键是以前所未有的规模在法国北部和比利时的整个海岸线上布设障碍和雷区。从理论上讲，这个计划几乎是万无一失的，但是通常很少有足够的时间和资源来完全实现一项军事计划——在1944年的德国，该项目是建立在对于物质和劳动力需求的近乎天方夜谭的基础之上。然而，如果隆美尔的构想哪怕能有四分之三在诺曼底地区实现，也会让盟军在D日的登陆变得更加困难，甚至不可能完成。

野心勃勃的"沙漠之狐"设想将有一道无法突破的雷场带，在近5英里（约合8千米）的海岸线上布设数量惊人的2亿枚地雷。沿海水域将以4道钢制障碍物防线作为边界，其中有很多没入水中，它们对于搭载登陆船艇的人员来说是不可见的——即使在诺曼底地区著名的低潮期间也是如此。这些海滩障碍物将与厚重交错的铁丝网带相互联结。

隆美尔偶尔会在纸上勾勒出他所认为的最理想的海滩防御计划草图，其中有一些保留了下来。如果杰罗将军得到其中的某一张图，那么他所谓的悲观主义情绪可能会进一步加剧，因为隆美尔的绘图给人们的印象是，无论潮汐条件如何，对这种堪称完美的防御线的两栖进攻都会变成一场自杀。隆美尔的草图令人印象深刻的一点是，他的岸防计划首先取决于无生命的物体，而非活生生的士兵。如果一切都按照计划进行，大多数敌人的登陆船艇都将在海上失事，而德国守军只需要肃清那些好不容易到达海滩的茫然无措的幸存者。

埃尔温·隆美尔陆军元帅
"B"集团军群司令，"大西洋铁壁"监察报告
1944年4月22日

雷场将包含各式各样的地雷，并且可能会非常有效。即使敌人最后踏上了陆地，那么越过雷区进攻位于其内部的防御工事将是一项极其困难的任务。他们将不得不在我军所有炮兵部队的防御火力中穿越死亡区……[海滩障碍物]包括各种形制，上面安放有准备引爆的地雷或炮弹。将尽一切努力将它们安置于深处，确保其在所有潮汐状态中都有效……敌人给我们留的时间越多，障碍物的防御力就会越强大，迟早所有单位都会如期报告他们的海岸防御屏障拥有足够的密度、拥有足够的纵深和配备有足够多杀伤力的爆炸物。

本杰明·塔利上校
负责作战策划的第5军代理参谋长，致信美国陆军军史研究工作者
1948年2月18日

除了雷场、带刺铁丝网与反坦克壕沟外，德国人还在悬崖顶部的正下方悬挂了数百个10英寸（约合254毫米）和12英寸（约合305毫米）的高爆弹，彼此的间隔约为100—200英尺（约合30.5—61米）。据一些拆弹小队报告，关于这些炮弹的引爆方式，有的是通过增加悬线拉力使其处于准备引爆状态，在拉发线上的拉力释放时引爆；有的是在悬崖边垂下一条没有挂装爆炸物的"假线"，但如果触动它就会引爆一颗炸弹。

最后，隆美尔没有得到他所需要的足够的时间。美国人于1944年6月6日在奥马哈海滩抢滩登陆时，德国人的实际防御状况与隆美尔的愿景大相径庭。他计划中的海滩障碍物只安装了不到一半，而德国人最早建成的防御"入侵"的岸防障碍设施已经开始朽坏，并且由于海浪的不断冲击和诺曼底地区天气的影响而无法起到应有的作用。最后，配属防御此区域的第716步兵师并未如隆美尔所设想的那样部署足够的地雷和铁丝网，而只是部署了其中的一小部分。这样一来，在D日退潮后不久上岸的美军最初波次的登陆部队并没有类似的纯粹的物理障碍对他们造成影响。

埃尔温·隆美尔陆军元帅
"B"集团军群司令，"大西洋铁壁"监察报告
1944年4月22日

在很多地方，我注意到军事单位似乎没有认识到时间的紧迫性，很多人甚至没有遵循上级下达的指示。还有报告说我的具体命令也没有被遵守，例如海滩上布设的所有雷场均应保证随时可用……我不想每天都发一些不必要的指令。我只会在必要的时候发号施令。但是，我希望我的命令能够得到迅速和严格的执行……

在防线最终完成之前，还有很多事情必须要做。目前，大多数营仅完成了少量地雷的布设，而且只是简单地放置于地面上；海滩障碍物太过薄弱，甚至连小艇都挡不住。下至连级的指挥官都必须监督工事建造工作，并确保各自防区的所有防御装置都是密集和有效的……

《陆军论坛》（Army Talks magazine）杂志
美国陆军，欧洲战区，1944年5月31日

他们［德国人］希望你们认为他们已将欧洲的整个海岸线组织成一个强大的巨型堡垒——延伸至内陆数英里纵深的永备发射点，覆盖整

个海岸线的重型岸防炮，一种环绕欧洲的"齐格弗里德防线"（Siegfried Line）。实际上，这种令人沮丧的场景直接来自于他们的宣传工厂。他们的确已经构筑了强大的防线，但是欧洲的海岸线很长，他们必须将他们的兵力平摊开来，因此具体到某一地区的防御就很薄弱。我们可以选择我们想要进入的地点。我们可以攻克他们构筑的永备工事……

特别战术研究第30号
英国方面，有关德军视角下的诺曼底登陆战的情报[①]
1944年11月28日

肩负沿海防御职责的部队士兵由于连续的野外劳作而不堪重负——在入侵前的几周里，他们被强令从黎明干到黄昏。哨兵，特别是新入伍的17岁新兵，常常因疲倦而在站岗时睡着。

考虑到德国对"种族纯洁性"的坚持，被选中守卫卡尔瓦多斯海滩以抵御盟军入侵的单位被认为"作战价值有限"。尽管第716步兵师是德国陆军正规部队的一部分，但它包括有相当多的非德意志人，其中主要是波兰人和从东线战场俘获的战俘中吸收的来自各个民族的士兵。出于这样或者那样的原因，这些缺乏战斗热情的战士只是被迫屈服于严酷的德国军旅生活，否则就只能在纳粹占领下的家乡面对着不确定的未来。他们的部队番号暴露了其在德国陆军（Heer）中的地位很低，因为番号在700系列中的师通常机动能力极差，部队人员不是太年轻就是太老，配备的武器性能也很一般。德国最高统帅部意识到了第716师的缺点，将其战斗值（Gefechtswert）评定为"等级 III"，也就是仅适用于静态防御任务。

虽然第716步兵师可能是由二流士兵组成，但隆美尔认为，一流的沿海

---

① 译注：此处为来自德军的情报，因此本书原文实际是译自德文，请读者批判阅读。

防御工事可以弥补他们人员的不足。德国在维耶维尔－科勒维尔沿海地区的防御计划并未努力以第一次世界大战的战线的模式建立连续防御带，也没有试图为这些阵地提供任何纵深。相反，在"托德"组织劳工的协助下，第716步兵师的士兵们建造了15个半独立的坚固支撑点（Widerstandsnest，或称"德军抵抗据点"，缩写为WN），从东到西的连续编号为WN60至WN74。这些阵地大多数都集中在地面上，扼守着从海滩通往内陆地带的5条冲沟，因为德国人认为入侵之敌必然会设法通过这些缺口离开海滩。然而，沿着冲沟之间漫长的悬崖脊线，第716师却几乎没有进行任何建造坚固防御工事的努力，因为他们认为敌军主力部队不可能在那些被视为"禁地"的斜坡上移动——这一决定将对D日行动产生深远的影响。

凭借6年来作为希特勒主要军事承包商所获得的专门技能，"托德"组织知晓如何建造复杂的防御工事。奥马哈海滩几乎所有的德军抵抗据点（Widerstandsnest）都包括一个或多个"托德"式永备发射点，其中的一些构造庞大，拥有数英尺厚的倾斜混凝土立面，内部空间足以容纳大口径火炮。一般来说，只有重型舰炮炮弹直接击中才能穿透混凝土，但是直接穿过暗堡观察口的火箭筒射弹或者火焰喷射器喷出的火苗都可能会杀伤内部的守军。然而，德国人构建的防御系统将使盟军步兵非常难以接近这些暗堡。

隆美尔完全明白，盟军的任何海上登陆行动在发起之前都会有大规模的海军舰炮火力准备，因此德军有许多海岸永备发射点巧妙地位于地面上的岩层褶皱中，这样它们从海面上几乎是不可见的，也几乎不可能被舰炮火力摧毁。永备发射点狭窄的射击口只能向侧面射击，火力横向覆盖整个海滩而非直接射向海面。此类型的纵射火力不仅对敌水兵来说难以发现，对于穿越海滩的盟军陆军士兵也会更为凶险。德国人通常会在五个海滩出口通道上或在紧邻这些出口的区域建造最坚固的永备发射点，它们的生存力得到了极佳的保证，直到今天大多数仍然完好。此外，德军各防御阵地之间可以构成交替掩护的火力射界，因此，所有试图向冲沟处移动以离开海滩的盟军士兵，将

C滩（"查理"） 绿D滩 白D滩 红D滩 绿E滩 红E滩 红F滩 绿F滩

第146工程兵营
第743坦克营

第299工程兵营
第741坦克营

第2游骑兵营C连

第116步兵团A连 第116步兵团G连 第116步兵团F连 第116步兵团E连
第116步兵团

第16步兵团E连 第16步兵团F连 第16步兵团L连 第16步兵团I连
第16步兵团

8—12英尺（约合2.4—3.7米）（倾斜45度）的木质海堤

6—8英尺（约合1.8—2.4米）（某些缺口）

阿梅尔（奥普雷特尔，"D日"行动前，德军平了很多住家）

维耶维尔冲沟（D-1）
勒穆三冲沟（D-3）
圣洛朗冲沟（E-1）
科勒维尔冲沟（E-3）
卡堡冲沟（F-1）

60号德军据点
61号德军据点
62号德军据点
63号德军据点
64号德军据点
65号德军据点
66号德军据点
67号德军据点（火箭炮阵地）
68号德军据点
69号德军据点
70号德军据点
71号德军据点
72号德军据点
73号德军据点

卡堡
科勒维尔
圣洛朗
滨海维耶维尔
教堂
奥梅尔农场

至圣人阿尔
至奥克年
至福尔米尼

■ 德军坚固支撑点

1944年6月6日奥马哈海滩

如德国守军所期待的那样，遭遇无法逾越的交叉火力的炽烈打击。

隆美尔并不认为诺曼底的卡尔瓦多斯海岸是盟军最可能的登陆地点，但是他不得不考虑他们这样做的可能性。在1944年3月15日之前，这个长达45英里（约合72千米）的前线地带仅由第716步兵师单独驻守，这对于一个兵力不到1万人且机动能力几乎为零的师级单位来说实在是太长了。在从维耶维尔到科勒维尔的4英里（约合6.4千米）前线上，可用于海岸防御的士兵只有区区600名，且在最初的24小时内几乎没有获得增援的任何希望。隆美尔元帅在3月15日承诺派遣机动能力更强更为善战的第352步兵师前往卡尔瓦多斯执行海岸防御任务，这一决定几乎使奥马哈滩的守军数量增加了一倍。即便如此，在美英部队实施大规模抢滩登陆时，德国人显然没能提供足够的兵力来抵御这一势不可挡的激流。按照预定计划，在D日，仅在奥马哈滩登陆行动发起后的第一个小时内，美国方面即应投入几乎达德国驻军7倍的兵力。不错，德国人确实拥有近乎完美的防御地形和强大的防御工事，但是除非他们的海滩障碍物和雷场能够得到显著增强以满足隆美尔预定防御计划的要求，否则他们迟早会落于下风。

有人误入歧途

在登陆行动开始的头两个小时的混乱中，有一位美军情报官员在审讯了奥马哈海滩的第一批德军战俘后，得出了一个惊人的结论：盟军情报部门曾信誓旦旦地许诺，德军海滩守军的数量很少且战斗力很弱；而且同一份报告中还声称，哪怕是得到了作为生力军的第352步兵师的支援，该师要从他们位于圣洛的宿营地赶赴海滩区域，最早也得在6月7日。美国大兵肯定想知道，为什么在看似无所不能的盟军情报部门的全力支持下，精心准备的登陆作战计划会遗漏了整整一个德国师的存在。在奥马尔·布莱德雷的情报部门中某个小伙子错过了这个信息——但是如果他们能错过如此重要的事情，他们还有什么不能出错的呢？

有传言说，第352师是一支具备高超军事素养的机动部队，其中有许多久经沙场的东线老兵，相对于第716"静态"师而言，其配备的武器更为精良。对于那些因为在登陆最初几个小时内出乎意料地遭遇敌军凶猛抵抗而急切想要寻找解释的美国人来说，第352师的存在，为他们提供了一个有些草率（恐怕也并非完美）的答案。在对海滩首批来自第352师的战俘进行审问之后，美方审讯人员颇为不快地断定，美国士兵只是在D日行动中受到了大剂量厄运的侵袭。根据俘虏的说法，第352步兵师并没有被部署在海岸上，但巧合的是，当美军登陆行动开始时，他们正在现场举行反登陆演习，于是被迅速卷入激战当中。

第1师第16步兵团
1944年6月，作战训练科（S-3）D日行动报告

从D日行动的首批德军战俘中可以得知，为了进行实战演习，在D-1日[6月5日]，第352步兵师就从圣洛周边地区前往奥马哈海滩的滨海区域。在D日的06时30分，当第16团级战斗队[Combat Team]向奥马哈海滩发动冲击时，第352步兵师正在沿岸坚固支撑点的后方，而防守这些战术要点的是来自第726步兵团[第716师]的人员。

尽管在D日之后数十年中，这份报告所述内容得到了长期和广泛的接受，但它完全是不真实的——当时有几位盟军军官深知这一点。事实上，在盟军登陆前差不多3个月，即1944年3月15日，隆美尔即将第352步兵师从圣洛调往了卡尔瓦多斯海岸，此举既未被当时盟军视为最高机密的"ULTRA"[①]所截获，也没有通过他们惯常的情报渠道设法探知到。第352师前出向海岸线靠拢以支援（而非替换）第716步兵师的事实，或许在一定程

---

① 译注：指二战期间盟军成功破译纳粹德国"恩尼格玛"（Enigma）密码系统一事。

度上对盟军掩盖了其调动情况，但是对于像登陆奥马哈海滩那样重要的军事行动，盟国却未能侦知有一个完整的德国师已直接进入作战区，这恐怕是他们在战争期间最值得注意的情报工作疏漏之一。

汉斯·海因策（Hans Heintze）中尉
第352步兵师第916步兵团第5连

这些法国人和其他人很快就知道了我们与整个 [第 352] 师的调动情况……我很难相信法国地下组织没有泄漏此消息，并且盟国情报机构没有通过他们获取到这些信息。据说，盟军只知道第 716 师在那里守卫，我们也被部署 [至海岸区域] 的情况，完全出乎他们的预料。我简直无法想象。谨言慎行在我们部队中根本不存在。相反，在此地区，我们与当地的法国人互相交往，维系着良好的关系，所以这里根本没有秘密可言……除非他们[1] 真的在工作时睡大觉，否则我不相信没人知道这个情况。

海因茨·齐格尔曼（Fritz Ziegelmann）中校
第352步兵师，助理参谋长

越来越清楚的是，入侵可能会发生，尤其是在 1944 年夏季的第 352 步兵师的防区……在我的师长 [迪特里希·克赖斯（Dietrich Kraiss）将军]5 月份与隆美尔陆军元帅——他们两人关系不错——的一次谈话中，元帅预计入侵行动有可能在 8 月初开始……隆美尔陆军元帅的业余爱好之一就是给预备队编组。按照他的观点，他可以粉碎敌军针对主防线的一次正面进攻——也就是说，在水际滩头。步兵部队的所有重型武器都被安置于防御设施中，或者早就成了新建工事中的配备火

---

[1]　译注：指盟国情报人员。

器。在 5 月他来视察时，我受到了批评，因为我没有将预备队部署到离海岸足够近的地方。他希望每个士兵都能够集中火力向水面射击。我质疑说，由于师防区正面的宽度（53 千米）以及我们后方防御的弱点，敌可能从兵力相对薄弱的地区渗透和突破，作为应对手段的用于反击的预备队必须部署于战线后方。然而我的质疑没有得到回应……我的师长同意我的看法。

第5军
情报处（G–2）的情报评估，1944年3月15日

敌军可能的动向：1."46滩"的坚固防线由第726步兵团（属第716师）的一个营驻守；2. 会有连级规模的反扑以试图重建海滩防线。

自第二次世界大战结束以来的历史基本未能还原这一真相，即迟至1944年6月4日，盟军情报最高层已正确地推断出，敌第352步兵师部署于卡尔瓦多斯海岸，并且肯定会在 D 日晨参与奥马哈滩和金滩上的战事。然而此时距登陆行动发起只有约30小时，即使是如此规模的重大情报，也不可能影响即将到来的作战行动按照预定计划发起。虽然登陆作战发起的最初几小时中敌军在海滩的抵抗会比预期的更加激烈，但是更改登陆计划和重新设定 D 日行动目标时已晚。根据布莱德雷的首席情报官、绰号"隐士"的本杰明·迪克森（Benjamin "Monk" Dickson）上校的说法，这一关键情报"已发往第5军 [杰罗] 和第1师指挥部 [许布纳]"，然而他们均已登上了驶往诺曼底海滩的美国运兵船"安肯"号（USS Ancon）。

即使杰罗或者许布纳曾采取任何行动来回应这一令人震惊的消息，历史上也没有任何记录。他们可能认为，在最后时刻通知下属单位这是不切实际的，而横渡海峡期间所保持的强制无线电静默也让此举根本无法实现。或者他们可能已经感觉到，传达如此令人不安的信息会对进攻部队的士气

造成严重打击，其导致的负面影响不能用其可能的正面影响弥补。无论出于何种原因，在登陆行动开始时，第1师师部以下的所有部队都没有意识到，德军第352师已经在诺曼底海岸包括"金"滩一部分和奥马哈滩全部的防区内部署。即使在战争结束后，也很少有人了解到这一事实，即从3月以来，第352师就已部署就位。

在杰罗将军得知第352师在海岸地区的存在之前，他的登陆作战计划假定行动之初在奥马哈海滩抵抗美军的德国守军只有600人。考虑到第5军的进攻正面将覆盖超过4英里（约合6.4千米）的范围，杰罗将军认为区区600人的二流岸防部队在面对多达3.5万名美军时根本不堪一战，而在D日抢滩的美军主力部队很快就会涌上海滩。比起德国守军的"微不足道"的威胁来，他更担心美国大兵受到众多障碍物和雷场的阻挡而止步不前。

直到6月5日，杰罗对于隆美尔早在3月就将第352师调遣至海岸地区，从而在很大程度上改变了攻守方兵力对比的事实一无所知。守方实际兵力并非600人，实际数字更可能是1100人，并且是由德国最高统帅部所评定的战斗力等级最高的部队组成，这意味着他们具备充分的机动力并且能够发动大规模进攻。此外，盟军在最初的情报评估中已声称，在奥马哈海滩后方只有敌军一个营的预备队可投入D日的反击。但是当第352师调到海岸区域时，这个数字增加到至少5个营。

第21集团军群
情报评估，1944年6月4日

一段时间以来，在其他地方，各海防师已在缩小其防区，而那些到目前为止被误认为是后备力量的各师级单位已在小心翼翼地逐渐前出，以填补各海防师负责区域缩减之后所留下的缺口……就第716师而言，其左翼相对薄弱的情况也证实了这一点；如果我们发现该师有两个团在一线，另有一个团在后方充当预备队，而在其左翼的第352步兵师则是一个团前出、另外两个团处于休整中也就不足为奇了。

根据隆美尔的说法，即使将第352师部署到海岸区域也不足以阻止盟军的进攻——他是对的。虽然1100人的守军肯定要比600人好，但他们最多只能减缓盟军登陆行动的速度。如果盟军同时在几个不同的地点登陆，正如在现实中他们做的那样，那么第352师5个营的预备队将只能根据不同的威胁分散兵力，也就几乎不可能将敌人赶到海里。隆美尔真正需要的是在海岸附近部署几个装甲师，但是奥马哈海滩附近并没有——最近的装甲师位于近30英里（约合48千米）之外的卡昂——这对杰罗来说是幸运的。

像阿道夫·希特勒的大多数有缺陷的军事计划一样，理论与现实并没有在"大西洋铁壁"上相吻合。根据希特勒的命令，德国在几年内为海岸防御工程投入了大量资源，但没有人敢告诉元首该计划的根本缺陷：到1944年春，除了比利时沿海和加莱海峡区等最显而易见的可能的登陆地点外，德国军队根本无法投入足够的人力来充分防御整个海岸线。当盟军最高司令部总参谋长摩根将军推荐将诺曼底作为一个登陆地点，而盟军最高层接受了他的提议时，希特勒所寄予厚望的将阻止盟军在西北欧建立一个稳固立足点的"大西洋铁壁"的命运即已确定：它仅经过一次打击就被瓦解。"大西洋铁壁"抵挡盟军进攻的能力很有限，特别是在诺曼底地区，完全无法与其庞大的成本相匹配。

第四章
勇者得天助

大自然母亲的战士

在像"霸王"计划这样复杂的军事行动中，凡人的意愿通常都要屈从于顽固的自然法则。事实上，如果对诺曼底的自然条件特征没有深入了解，盟军就无法实现其登陆；而对艾森豪威尔、蒙哥马利、布莱德雷和杰罗等将领而言，对诺曼底地区的潮汐、天气与海流情况的驾轻就熟，与战略上的决断力同样重要。在战争中，大自然是中立的，但是盟军战略策划者设法通过精心选择具体的进攻日期与时间，让诸多自然条件暂时对进攻方有利，从而使大自然变为己方的盟友。

丘吉尔和罗斯福曾在德黑兰会议上向斯大林许诺，登陆欧洲的计划将于1944年5月1日实施。这是盟军尽一切努力加以维系的一项保证，因为斯大林也相应地承诺，苏联会同时在东线发起一场策应性的攻势。然而，随着1944年年初计划中的登陆行动范围的扩大，盟国远征军最高司令部得出结论，进攻必须推迟一个月进行，以便盟军可以搜集到更多的登陆船艇，因此艾森豪威尔将6月1日暂定为预定登陆日期，并宣布该日期为"Y日"（Y-Day），其代号为"翡翠鸟"（Halcyon）。

1944年4月，随着盟军司令部（SHAFF）对德国在卡尔瓦多斯地区的防御情况有了更多的了解——特别是对在海滩上构筑的大量障碍物——盟军对登陆目标日期的选择变得更成问题，因为在高潮或中等潮位期间，任何进攻行动都可能被这些障碍物所挫败。因此，为了争取大自然作为盟友，5月初，艾森豪威尔及其高级指挥官决定于Y+4日（6月5日）、Y+5日（6月6日）或者是最后的选择——Y+6日（6月7日）发动进攻。在日出或接近日出时，这三天都会有低潮出现，这样第一波登陆船艇在拂晓后不久就能抵达敌人的海滩障碍防线附近。在上涨的潮水淹没这些障碍物之前，它们可以被工程兵拆除，以便随着潮汐的回升，后续船只可畅通无阻地抢滩登陆。此外，6月6日还有满月，这是夜间飞行的重要辅助手段，有助于黎明前在战区上空投放伞兵，以及重型轰炸机编队在英格兰上空的集结。在6月6日之前和之后的两三天里，夜间也会有明亮的月光。

奥马哈海滩的自然条件
"比戈 – 尼普顿"最高机密专述，1944年4月21日

6月6日天亮时间：上午5:16

6月6日日出时刻：上午5:58

6月6日日落时刻：下午（晚间）10:10

6月6日天黑时间：下午（晚间）10:48

6月5日月升时刻：下午（晚间）8:33（月落时刻：6月6日上午5:31）

6月6日月升时刻：下午（晚间）9:44（月落时刻：6月7日上午6:04）

6月6日 第一次低潮：上午5:18〔高于潮位基准面4英尺（约合1.2米）〕

6月6日 第一次高潮停潮：上午9:42至下午（午间）12:40〔高于潮位基准面22英尺（约合6.7米）〕*

6月6日 第二次低潮：下午5:41〔高于潮位基准面3.5英尺（约合1.1米）〕

6月6日 第二次高潮停潮：6月6日下午10:00至6月7日上午（午夜）1:00〔高于潮位基准面22.7英尺（约合6.9米）〕

日间最高平均气温：66 ℉（约合 18.9℃）

日间最低平均气温：55 ℉（约合 12.8℃）

海水平均温度：56 ℉（约合 13.3℃）

日间最高平均气温：66 ℉（约合 18.9℃）

1 英尺（约合 0.3 米）以下碎波出现概率：57%

1—4 英尺（约合 0.3—1.2 米）碎波出现概率：28%

4—8 英尺（约合 1.2—2.4 米）碎波出现概率：1.5%

8—12 英尺（约合 2.4—3.7 米）碎波出现概率：1.3%

高于 12 英尺（约合 3.7 米）碎波出现概率：0%

离岸风作用下的中度碎浪出现概率：12%

* 由于贝桑港（Port-en-Bessin）[奥马哈海滩] 附近的高潮停潮期的特点，标出高水位的准确时间是不可行的，因此在这里给出了高潮停潮开始和结束的时间。
注："高潮停潮"定义为高潮水位存续的时间段，在此期间潮汐水位变化不超过1英尺（约合0.3米）。潮汐高度以所谓的"潮位基准"平面为参考，大致相当于低潮期间的最低水位。

　　如果说艾森豪威尔在某一方面害怕德国人，那就是他们面对盟军进攻可能发动的快速反击。盟军司令部理所当然地会认为，敌军将在 D 日当晚或者在接下来的一两天内对盟军海滩阵地实施反攻，因此，盟军司令部的登陆行动方案中最无法变通的一点，就是要在日出后尽快从所有 5 个海滩同时展开进攻，进而在近17个小时中——也就是诺曼底地区在一年中的那个时候的全部白昼时长——使尽可能多的作战部队上岸，如此一来，即使是最凶猛的敌军反击也无法摧毁其海滩阵地，无论其所占据的海滩是多么的狭窄。

　　所以，盟国远征军最高司令部在向所有参与登陆作战行动的陆海空指挥官传达了以下指令：D 日将是6月5日、6日或7日。但是，如果恶劣天气或者其他一些不可预见的情况迫使行动推迟，那么下一次具有适当潮汐条件的登陆日期将不会早于6月19日、20日或21日。然而在后面的日子里，夜间根本没有月光。此外，推迟行动将给敌人多留两周的时间来改善其海滩防御，这可能会造成毁灭性的后果。

5月8日，随着可选择的登陆开始日期缩小到3个，艾森豪威尔分别向5个目标海滩的进攻部队指挥官征求意见，希望了解他们对各自战区的进攻行动确切日期和时间的意见。答复必须在一周内交到最高司令部的手中，以便最终敲定登陆计划。盟军总司令部在调查中得知了一个情况：在5处登陆地点中，每处的潮汐情况都很独特，于是艾森豪威尔被迫允许各处的登陆进攻部队可采用不同的进攻发起时间，即所谓的"H时刻"。然而，艾森豪威尔将最早与最晚的"进攻发起时刻"之间的最大时间差限定为65分钟，从而减小了由于登陆行动不同步而可能导致的任何不良影响。

在5月13日杰罗针对艾森豪威尔的有关奥马哈滩登陆发起时间的简短回复中，他对自己的意见进行了总结：

伦纳德·T. 杰罗少将

第5军军长，提交盟国远征军最高司令部的备忘录，1944年5月13日

任务目标：

A. 从进攻发起时刻到海滩障碍物开始被上涨的潮水淹没，至少要留出20分钟的时间。

B. 从黎明的第一缕曙光出现起，到进攻发起时刻，至少要留出87分钟的时间，以便海军舰炮轰击和空中轰炸等火力准备工作展开。注：在盟国空中力量关于部署重型轰炸机的计划中，从黎明的第一缕曙光出现开始算起，机群到达目标区域至少需要57分钟，而实施轰炸又需要30分钟。

C. 允许两栖 [双重驱动] 坦克在夜暗条件下登陆。

D. 允许装甲型坦克登陆艇首波登陆并卸载作战装备。

D 日和"H 时刻"

1.Y+4 日 [6 月 5 日]，06:10，这一时间刚好能满足目标 A，但如果实际行动中稍有延迟，则不敢保证。如果它要满足目标B，需再晚34分钟。该时刻可以满足目标C和目标D。

2.Y+5日［6月6日］，06:45，这一时间刚好能满足目标A。如果重型轰炸机执行预定任务的时间从估计的87分钟减少为83分钟，那么这一时间也能满足目标B。该时刻满足目标C。两栖坦克会在日出前12分钟登上海滩。

3.关于Y+6日［6月7日］或Y+7日［6月8日］，目标A、B、D可以被满足，这些日期的决定性因素是目标A，也就是在水下障碍组成的屏障中打开缺口。目标C将无法被满足。对海滩坡度的研究表明，任何备选日期中都可以满足目标D。

建议：

我们建议，如航空部队确保重型轰炸机能够完成其任务，可将D日设为Y+5日［6月6日］，进攻发起时刻为06:35；要不然就是在同一天的06:45。

艾森豪威尔没有如杰罗所愿，5月17日，最高司令官选择将Y+4（6月5日）定为D日。讽刺的是，当艾森豪威尔因恶劣天气被迫将D日推迟24小时到6月6日时，杰罗先前在5月13日向盟军总司令部提出的关于登陆行动确切时间的要求实际上又得到了满足。

少年老成

盟军作战计划人员将"霸王行动"中关于盟军在诺曼底沿岸初次登陆的那部分命名为"尼普顿行动"（Operation Neptune）。作为一场两栖进攻作战，"尼普顿行动"是陆海空三军的一次通力合作。从海军的角度来看，"尼普顿行动"最危险的阶段是（护送与运输）大量地面部队（从海上）的通行，这些部队挤在缓慢而脆弱的运输船上，从公海前往诺曼底海岸。在第二次世界大战中，海上登陆作战的全面成功将完全取决于这一阶段行动的完成，然而当它的进程无懈可击，并将部队按时投放在目标海滩上时，历史通常会将此阶段忽略，至多只是将其视为更加令人关注的地面战役的前奏。

在1944年，由于德国海空军的驻地就在海峡对岸，所以英吉利海峡对于盟军舰艇来说通常并非安全水域。喜欢说俏皮话的美国大兵们显然意识到了这些危险，他们声称他们更偏爱陆地，因为还没有人搞明白如何才能在水中挖掘散兵坑。由德国潜艇或者巡逻快艇发射的一枚可怕的鱼雷可以在几分钟内将其中一艘大型运输船送到海底——再加上船上搭载的1000多名官兵。1944年4月28日，在英国南部近海区域为即将到来的犹他滩登陆行动举行的一次演习中，参演的一支美国护航船队遭到了德国鱼雷快艇的袭击，有两艘大型登陆舰艇被击沉并导致749人丧生，这表明敌人确实有制造这种大屠杀的能力。如果一支敌军小部队就可以给实训演练中的盟军造成毁灭性的打击，那么德国人在 D 日又会取得何种巨大的战果？

英吉利海峡并没有路线图，但是约翰·霍尔（John Hall）海军少将恰恰需要引导他麾下的作战力量——"O"部队成功穿越海峡抵达奥马哈海滩。霍尔的"O"部队由包括50种船型在内的近700艘舰船组成，这一数字不包括在穿越海峡期间固定于这些船只的吊艇架上的数百艘小型登陆艇。此外，"O"部队还搭载了来自第1步兵师和第29步兵师的3.5万名官兵，以及数十个规模较小的陆军单位，所有这些兵力均将在 D 日登陆奥马哈海滩。霍尔是一位头发斑白的美国海军老兵，他在地中海战区获得了大量有关两栖战术的专门经验，但是"尼普顿"任务的艰巨性，导致这项任务即使对他来说也是一项望而生畏的挑战。

从英格兰到诺曼底的航程只有约120英里（约合193千米），但是在航程中需要穿越据称足有5英里（约合8千米）宽的难以对付的德军水雷带，如果他们前面没有扫雷舰艇执行扫雷任务，那么运输船队将会蒙受严重损失。甚至专门的扫雷行动也不能保证万无一失。鉴于敌人喜欢使用新的"神奇武

"没有任何部队在投入战斗时会拥有比你们更完备的训练和更精良的装备。" **1944年6月，在英格兰普利茅斯附近的某个地方，来自第29师115团的士兵走向他们的登陆艇，开始前往诺曼底的旅程。（美国陆军通信兵部队，国家档案馆）**

器"，所以有这样一种不可忽视的可能：无论盟军多么小心地清扫雷区，许多船只仍然会被无法探测到的水雷炸沉。此外，在这个时候的欧洲北部地区，夜晚持续时间特别短，因此"O"部队穿越海峡行程的大部分时间都是在白天——并且伴有敌海空袭击的各种危险。

然而，敌军并不是威胁霍尔船队的唯一因素。"O"部队必须与驶往其他4个登陆海滩的共计2000艘盟军战舰和运输船分享有限的行动水域，尽管护航舰队在黑暗中航行的时间并不长，但夜间的交通堵塞和碰撞将会是严重的安全隐患。更糟糕的是，为了最大限度地降低敌方水雷的威胁，尼普顿计划规定，在他们航程的中点附近，诸如"O"部队等参与进攻行动的舰船编队将进入一条长达40英里（约合64千米）的"雷场通道"——其宽度只有400码（约合366米）。因此，护航舰队的航行时间表必须预先仔细地加以安排并严格遵照执行，即使这样，霍尔将军麾下的大量船只也只能排成长达20英里（约合32千米）的紧密纵队缓慢前行。如此漫长的航行队伍很难加以保护。

"尼普顿"计划不是一项菜鸟水手可以胜任的行动。

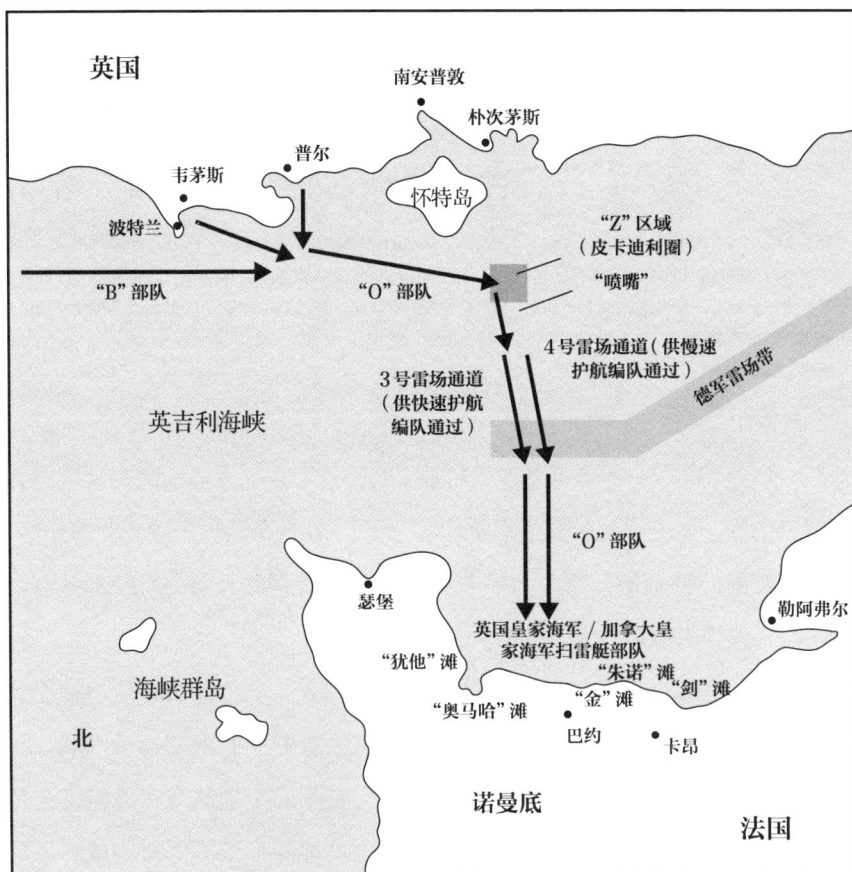

1944年6月5日"O"部队向诺曼底的运动

约翰·霍尔海军少将

"O"部队指挥官，尼普顿行动的战斗报告，1944年7月

我部的几位下级指挥官针对进攻编队超长所带来的运作不便和易受攻击的情况提出了批评意见。部队指挥官在制定行动计划时即承认了这些事实，但是并没有办法改变它们。他只能接受这些超出其控制的因素……按照部队指挥官的观点，敌人错过了一个千载难逢的好机会，因为在护航船队以极易遭受攻击的编队穿过通往运输船卸载区的雷场通道的狭窄水域时，他们并未发动袭击。实际上，由鱼雷轰炸机发动的一次坚决果断的攻击无法加以阻止，哪怕它们最终被逐退，但只要它们能够炸沉几艘大型运输船，那也将造成非常严重的损失。

第9航空军

第9战斗机司令部，D日行动报告，1944年7月

P-38型战斗机已被选中用于为主要航线及其侧翼提供掩护，因为它们相对容易识别，这样就可以保证不被友军火力误伤。[P-38战斗机以其"闪电"的绰号而著称，它具有非常独特的双垂尾设计。参加"尼普顿"行动的P-38战斗机的机翼上都有交替的黑白条纹的特别涂装。]来自第9航空军的两个飞行大队，以及第8战斗机司令部 [隶属第8航空军]的4个飞行大队被分配执行这项任务。从D-1日 [6月5日] 1600起，以4个飞行中队的兵力 [每中队有16架P-38，共计64架战机]持续进行空中掩护，在3000—5000英尺（约合914—1524米）的高度或在云层下方展开巡逻行动。每个巡逻编队将在护航船队区域上空逗留90分钟。

1944年5月25日，在午夜前不久，霍尔海军少将与所有持有必要的接触保密材料许可的海军军官奉命打开了他们手中的最高机密文件——有700页之多、厚达3英寸（约合7.6厘米）——里面有措辞简单但极为重要的指令："实施'尼普顿'行动。"虽然距离艾森豪威尔指定的登陆发起日期（6月5日）只有一个多星期的时间，但是水手们还有许多复杂的任务需要完成。分布于不列颠和北爱尔兰各地的众多港口中的军舰、运输载具和登陆船艇必须驶至英格兰南部港口波特兰（Portland）和普尔（Poole）集结，"O"部队也将从那里出发前往诺曼底；登陆部队须安排登船并装载充足的弹药和物资；最重要的是，所有的人，从海军将领到最年轻的水手，都必须为他们在D日的角色做好准备。

J. J. 特伦内拉（J. J. Terranella）海军少尉
554号步兵登陆艇 [LCI(L)][①]**副艇长，554艇战斗报告，1944年6月20日**

我们都觉得我们有工作需要做，希望我们不必待命太长的时间。看到陆军部队上船是一种解脱，现在我们知道，我们没有必要像已在这里等待了几个月的其他船只那样继续等待。虽然我们尚未接受任务简报，但是陆军部队已不允许下船，而自从我们的行动也都被限制在船上之后，我们在与陆军官兵的谈话中了解到了很多关于D日的计划。他们的消息非常有助于提升我们的士气。我们的登陆艇起锚后，我们兴奋而又惊奇地看到，当我们沿英国海岸前行，而后穿越海峡时，有许多舰船不断加入我们的行列。我们头顶上庞大的机群也让我们的信心不断增长，我们坚信这次登陆行动将取得巨大成功。那天晚上我们所有人都试图睡觉，但大多数人都难以入眠。

乔治·布赖恩中尉
第29师第116步兵团第2营指挥连，1944年7月

---

① 译注：此处的LCI(L)，对应英文为Landing Craft Infantry (Large)，其满载排水量近40万千克，可运输200名全副武装的士兵，"L"标记主要是用于和不能进行远海航行小型登陆艇区分。

船上很拥挤，但额外的食物配给让这些人很高兴上船。大部分时间都花在重调装备和下船卸载演练方面。每个人似乎都兴致勃勃地想要确保他自己和他的装备处于最佳战备状态。

截至6月3日傍晚，"O"部队完成了所有准备工作。几小时后，第一批护航船队开始驶往诺曼底。然而，艾森豪威尔因恶劣天气取消了6月5日的登陆行动，于是所有船只都被匆匆召回波特兰和普尔。6月4日，英吉利海峡的气象条件确实很糟糕，以至于许多船只好不容易才顶着强劲的西风返回港口。6月5日早些时候，盟军总司令部传达的消息称，登陆行动将于第二天进行，因此在波特兰和普尔停留了数小时之后，"O"部队的护航运输队重新开始了他们前往诺曼底的旅程。

《陆军论坛》杂志
美国陆军，欧洲战区，1944年5月31日

在你们向前推进的时候，看看你们周遭的毁灭与苦难，你们要感谢上帝，你们自己的土地没有经历过被纳粹德国占领的恐怖。欧洲人民遭受了深重的苦难。尽一切可能让他们知道，你们的到来，他们的苦痛将得到缓解，并且可能很快就会结束……请记住，我们集结于英国准备发动的这场行动——登陆欧洲——必须取得成功，否则我们就输掉了第二次世界大战。好好想一想吧。

来自诺弗尔·卡特上尉
第29师第115步兵团第1营医官的日志记录
1944年5月31日

很好，已经接受了进一步的任务通报。不仅可以坐下来听取计划，还可以观看军官们的面部表情，这真是很有趣。除了一名军官外没有

人微笑。每个人都极其严肃，面容冷峻，眉头紧锁。年轻人突然变得老成。没有人表现出恐惧，没有人紧张地用手指敲击，只是安静地、一动不动地陷入沉思。

劳伦斯·布尔（Lawrence Bour）上尉
第1师第16步兵团第2营指挥连

就个人而言，让我感到不安的是离我踏上征程到底还剩下多少时间。直到最后一分钟我才放下心来。接下来登船时，我发现第二天就是最初计划中的 D 日 [6 月 5 日]。那天晚上我独自在甲板上待了一个小时，调整自己的精神状态以直面未来可能发生的各种情况。

海军专业（动力机械）一级士官克利福德·刘易斯（Clifford Lewis）
美国海岸警卫队，94号步兵登陆艇 [LCI(L)–94]，1944年6月5日的
日志

大约 1700，我们起航出发。艇长把我们所有人召集到艇员住舱区，并在餐桌上铺开了一张宽幅的海滩作战图纸或航拍照片，上面有所有的永备发射点、机枪火力点、雷区、铁丝网和其他障碍物。我们的目标海滩是 "红 D"，毗邻的则是 "绿 E"。他说我们会遭遇大量的水雷，敌水面舰艇和潜艇也会很活跃。预计会有新式武器出动，敌军有 1950 架战机可用于对付我们。他祝我们好运，然后米德先生核对了我们所有人的名字，以确认我们的军人编号与抚恤金受领人对应无误。

航程的第一段是简单的部分："O" 部队共编为5个护航运输队，每队又分为快速（12节）集群和慢速（5节）集群，所有编队先是紧靠着英国南部海岸向东航行，径直驶往 "尼普顿" 作战命令所指定的 "Z 区域"——英方命名为 "皮卡迪利圈"（Piccadilly Circus）。"Z 区域" 位于怀特岛东南海面上，是

一个假想中的直径10英里（约合16千米）的环形海域。在这里，"O"部队的任务变得复杂，因为参与登陆行动的2700余艘盟军舰船将在此环形海域内进行90度大转弯，且需要在12小时内全部完成。除非所有的水手都清楚地知道他们在做什么，否则混乱不可避免。

而且危险也随之出现：在"Z区域"转弯90度之后，"'O'部队"将从绰号"喷嘴"的位置南下驶向狭窄的水域通道，直接进入可怕的德军水雷带。

约翰·霍尔海军少将
"O"部队指挥官

> 我曾作为休伊特海军上将的参谋长参加过在法属摩洛哥的两栖登陆行动，并且在西西里岛和意大利作战中担任过登陆突击梯队指挥官，所以穿越海峡对我而言或许并不像对那些第一次参加的人那样具有里程碑式的重要意义。我们主要担心的是敌方的布雷区。我方船只是否能一致通过清除水雷后的水道？如果无法彻底扫雷，那么火力支援舰只是否可以在水域中获得有效的支援战位？

与被誉为第二次世界大战期间全世界最优秀的扫雷力量的皇家海军不同的是，美国海军认为水雷战是一项"不名誉"的工作，而且在1944年，他们很难应付欧洲战区中敌军不断增加水雷的威胁。结果，在参与"尼普顿"行动的盟军扫雷编队中，只有约10%的扫雷舰艇来自美国，其中只有4艘曾有在实战中扫雷的经验。如果有任何美国人想要证明单凭美国自己不能赢得第二次世界大战，那么在搭载美军进攻部队前往奥马哈海滩的护航编队中没有任何来自美国海军的扫雷舰这一点就可以充分证明。相反，英国和加拿大扫雷舰艇履行了他们的职责，并且他们的工作堪称完美。

扫雷是一项通常只有遭受失败才会被注意到的任务。"O"部队之所以能够在不向敌人泄露其真实登陆地点的情况下完成其复杂而危险的扫雷任务，这不仅要归功于英国与加拿大水兵的精湛技能，而且也是因为敌军实施攻势布雷行动的彻底失败。事后来看，当时德国方面瓦解盟军登陆行动的最好机会就是水雷。然而，盟军非常担心的5英里（约合8千米）水雷带竟然几乎空无一物！盟军扫雷舰在整个水雷屏障区仅排除了29枚水雷——其中没有任何一枚位于"O"部队所设定的两个雷场通道当中。

哈罗德·斯塔克海军上将
欧洲战区美国海军总司令，关于"尼普顿"扫雷行动的报告，1945年

为了确保（在水雷带中）开辟的通道处于合适的位置，有10个水下声呐浮标部署就位，以标记突击梯队进入通道中敌方水雷屏障的边界。所部署的这些浮标在D-1日［6月4日］启用，它们会作为浮动标识，确保扫雷舰艇可以从正确的位置开始，在水雷带中清理出一条通道。

《特别战术研究》（ Special Tactical Study ）第30号
英国方面，有关德军视角下的诺曼底登陆战的情报[1]
1944年11月28日

沿海岸水域布设水雷的工作没有得到海军的协助，所以这项任务并没有做好。

在战争早期，希特勒就已命令他手下的许多科学家研发"无法被排除"的水雷，到1943年，他们设计了一种被称为水压水雷的巧妙装置。这种武器可以隐蔽地布置在水面之下，用固定于海底的锚链系留，它配有一种特殊引信，敌方船只经过其上方导致水压改变时，它就会被引爆。盟军意识到了这种武器的存在，但是不管如何尝试，他们都没能发展出有效的排除手段，除非采

---

① 译注：此处为来自德军的情报，因此本书原文实际是译自德文，请读者批判阅读。

取类似"自杀式"驳船那样简陋的应急措施。如果德国人将这种武器布设在诺曼底附近的水雷带中，就算不能彻底瘫痪盟军的登陆舰队，也肯定会对其造成严重阻碍。然而，这种战术手段只有在德国人提前预知盟军在诺曼底登陆时才会有用——这是他们没能预估到的。相反，希特勒已下令禁止部署水压水雷，直到盟军登陆行动开始之后，他才指示德国空军直接在英国和盟军海滩阵地之间的航线上投放数百个水压水雷。实际上，德国人在 D 日之后的几周内首度使用水压水雷时，盟军的扫雷舰艇在行动过程中遇到了很大的困难。然而为时已晚，它们已经无法对战役进程产生任何重要影响。

阿道夫·希特勒
元首大本营会议纪要，1944年5月17日

　　海军总司令宣布了他的新设想，他将使用各种类型的水雷，在英国南部海岸，在入侵行动各个可能的出发港口近海增设布雷区。他对使用水压水雷表示了疑虑……因为这个秘密存在着被发现的危险……元首赞同此想法，并指示帝国元帅［赫尔曼·戈林（Hermann Göring）］留意，在任何情况下都要避免因为在近岸水雷部署过程中的粗心大意而导致此新型水雷落入敌手的可能。

　　英国和加拿大的小型扫雷舰艇身后拖着长长的扫雷缆慢速穿过德军的水雷障碍带，一直驶到奥马哈海滩1英里（约合1.6千米）之内。没有探测到一个水雷，这对跟随在扫雷舰艇之后的数百艘船只上的所有人来说都是一个令人振奋的发现。当他们接近法国海岸时，扫雷舰艇在黑暗的掩护下劳作，德军海岸哨兵未能注意到在如此靠近海岸的水域中有如此密集的敌方活动，而德国海岸雷达也没有探测到这样一支庞大舰队的逼近，这是盟军此次行动确实出敌意料的第一个确凿证据。不久之后，"O"部队的很多船只就会停泊在海滩近岸海域。横渡海峡的航程结束，登陆行动即将开始。

阿兰·柯克海军少将（Rear Adm. Alan Kirk）

西部特混舰队（Western Naval Task Force）司令，"尼普顿"

行动作战报告

1944年7月25日

　　我们可以用毋庸置疑的态度宣称，扫雷任务是这次行动的基石。所有水域都适合布雷……扫雷编队的表现堪称伟大。

编年史中的短暂时刻

　　"O"部队的灵魂就是它的15艘运兵船，上面搭载着向奥马哈海滩发起首轮猛攻的一万名步兵。其中有8艘船挂着英国旗帜航行，再次证明了奥马哈海滩登陆战的地面行动虽然仅限于美军部队，但就整体而言，它实际上也是一次多国联合行动。英国运输船上载有76艘皇家海军的突击登陆艇，吊装固定在左右两舷的吊艇架上。船上的水兵都是些老手，他们已经有过在地中海战区面对顽敌进行两栖作战的经验，因此对登陆行动的危险有充分了解。事实上，由皇家海军负责输送美军部队到达的目的地，恰恰是奥

"O"部队的灵魂——英国皇家海军运兵船"帝国标枪"号（Empire Javelin）运载第116步兵团的一个营前往诺曼底。皇家海军突击战分舰队将使用挂载于两舷的突击登陆艇将美国大兵送上海滩。（照片由英国皇家海军提供）

马哈海滩最凶险的三处地点：海滩的最东头和西部侧翼，两者都处于几乎无法靠近和看似坚不可摧的敌永备发射点的严密掩护之下；还有奥克角（Pointe du Hoc）的垂直悬崖，美军游骑兵将在这里展开一次半独立的作战行动，抗击敌军的打击。"O"部队的其余7艘运兵船都来自美国，有6艘由美国海军提供，另一艘则由美国海岸警卫队提供。

霍尔海军少将无比珍视他的15艘运兵船，并且尽其所能来保护它们。整个登陆行动的成败取决于这些关键船只的存留，如果可以避免的话，在任何情况下霍尔都不会让它们身处险境。在关于"尼普顿"行动的全面情报的概要中，已经准确定位了卡尔瓦多斯海岸线上的若干门德军重型岸炮的坐标；当配备了指南针和地图的军官们通过图上作业标出这些敌炮的精确射程时，他们得出的结论是，距离奥马哈海滩11英里（约合17.7千米）以内的盟军船只，特别是停船驻锚并且满载陆军部队的运输船，将处于其火力打击范围之内。霍尔将军不敢想象，一艘无装甲防护的运输船被俯射的重炮炮弹击中，将会触发一场多么可怕的灭顶之灾。因此"尼普顿"计划规定，15艘运输船都必须在离奥马哈海滩11英里（约合17.7千米）处停泊，然后突击部队将离开大船登上登陆艇。然而，这一方案最主要的缺陷是，那些小型登陆艇每艘都必须满载约30名全副武装的士兵航行11英里（约合17.7千米）才能抵达海滩。包括部队上船和在海面上打转的时间，整个行程将在波涛汹涌的海面上、在大部分时间都是漆黑一片的夜暗条件下持续3个小时，某些情况下可能会多达4小时。这样的航程肯定不会让登陆艇上的乘客们保持什么战斗激情。

海军上将伯特伦·拉姆齐（Bertram Ramsay）阁下
盟国远征军最高司令部高级海军司令官，"尼普顿"行动报告
1944年11月

　　在具体的作战意图中，在避开敌远程岸炮火力射程的前提下，应让［登陆艇］的"换乘位置"①尽可能靠近海滩。因此，在东部特混舰队［英国—加拿大］的负责区，船只是在距离海岸 7 英里（约合 11.3 千米）的位置上驻泊。然而，美国军队倾向于选择离岸 11 英里（约合 17.7 千米）的位置。实际上，人们发现东部特混舰队的［运兵船］没有受到敌炮火的威胁，并且在这种令人不快的处境中，英国军人对缩短乘坐登陆艇到海滩的航程肯定会非常欢迎。

　　命令要求，海军方面须在奥马哈滩突击行动的前 3 分钟内向预先指定的 7 个海滩区域投送 92 艘登陆艇。在很大程度上，登陆行动的全面成功将取决于海军是否能够在"尼普顿计划"所规定的区域内准确地投送相应的登陆艇分队；时间上则要尽可能接近早上 6:30。由于夜暗条件会妨碍航程中的大多数时间里对海岸线的观察，所以完成这项任务需要登陆艇操作人员出类拔萃的导航技能。从早上 5:58 日出开始，白昼就已到来，但是黎明时分的光照强度就连照亮海岸线上的几个显著地标都很勉强。此外，在给海员的指令中还附加了一条醒目的警告：当心海流！有情报称，在首波登陆发起的时刻，有一股离岸流将以约 3 节的速度向东流动。令人惊讶的是，6 小时之后，它将以相同的速度朝相反方向流动。在如此显著的不利条件下，有人悲观地认为一旦突击行动开始就会立即引发混乱，也就不足为奇了。

奥马哈海滩离岸流情况报告
"比戈—尼普顿"最高机密专述，1944 年 4 月 21 日

　　　早上 5:30：海流方向东，流速 0.2 节

　　　上午 7:30：海流方向东，流速 2.7 节

　　　上午 9:30：海流方向东，流速 1.6 节

---

① 译注：lowering position，指运输舰艇到此停驻，突击部队在此换成小型登陆艇向海滩冲击的出发位置。

　　中午：海流方向西，流速 0.1 节

　　下午 1:30：海流方向西，流速 2.7 节

　　下午 3:30：海流方向西，流速 2.5 节

　　下午 5:30：海流方向西，流速 0.2 节

注：此处数据为离岸5英里（约合8千米）的海流速度估测。

　　霍尔海军少将需要竭尽全力防止这种混乱。"尼普顿"计划要求指定几艘美国海军的小型战舰作为指挥艇[①]，因为这些舰只的吃水只有7英尺（约合2.1米）或更浅，每艘指挥艇都奉命在黎明前航行至近岸区域预先选定的位置上，并用浮标标出通往其相应海滩区域的正确路线。每艘指挥艇都会悬挂一面独一无二的识别旗。类似的舰只，甚至吨位更小的工作艇，它们中的大部分均配备有精密的雷达装置，这些雷达装置确保了即使在夜暗和烟雾中也能识别沿海地标，从而引导登陆艇群直抵正确的海滩区域。

理查德·克鲁克（Richard Crook）海军少尉
"O"部队553号巡逻艇（PC-553）副艇长

　　巡逻艇[PC]的工作要求是充当登陆艇编队的基准点，所以我们所处的位置必须准确。我船安装了英国制造的 QH[无线电导航（radio navigation）]装置，它是美国"罗兰"（LORAN）导航系统的先驱。该装置能够拾取无线电信号，而这些信号为我们提供了一些定位线。我们如果绘制出了那些定位线的交点，就可以获得一个确定的导航位置……登陆船艇在到达控制艇的位置之前已进行了长时间的航行。在行经充当基准点的巡逻艇时，各个波次的（车辆及人员）登陆艇将确定自己的方位并在必要时进行修正，以便最终在预定的海滩区域抢滩。

---

① 译注：在登陆作战中用于控制和引导海上交通。

没有哪个军事计划能产生如此之多的文件。对于参战者来说，厚厚的一沓属于"O"部队的"尼普顿"作战计划书给予了他们某种自信——这一精心构思的行动当然已经处理了所有可以想到的意外事件。计划内容以复杂的地图、海图和各类部署图为特色，详细描绘了突击船艇的位置和运动线路，就像是大型芭蕾舞剧的舞台与舞蹈设计。为舰艇指挥官和陆军军官提供的绝密的奥马哈海滩地图极为细致全面地描绘了水文和沿海地形的诸多特征。这些地图在登陆行动开始的前几天还根据从航空照片获取的信息进行了更新，据说它们显示了敌方所有不同类型的海滩障碍物，以及永备发射点、带刺铁丝网带和雷场的确切位置。沿着地图底部叠印了详细的海岸线全景素描图，绘图视角为距离海岸1英里（约合1.6千米）处的海面。全景素描图与地图的比例精确匹配：如果想要确定地图上的任何点，从驶近岸边的登陆艇的角度观察到底是什么模样，舵手只需要瞅一眼全景素描图上所对应的细节就可以了。

1943年拍摄了关于"313滩"（奥马哈海滩）的质量极佳的航空照片。照片中显示的区域是圣洛朗冲沟（E-1）。这张照片拍摄完之后，德国人将在径直通往内陆的道路右侧（西侧）的悬崖上构筑一个难以对付的坚固支撑点（WN65）。（照片由马里兰州国民警卫队提供）

奥马哈海滩地图

比戈－尼普顿，比例尺 1 ∶ 7920，1944 年 4 月 21 日

舵手和引航员注意事项：建筑物地标，特别是在海滩附近的，可能会在任何船艇登陆之前即被摧毁，因此，来自全景海岸线素描图的显著地标对目视导航更加可靠。

第 9 航空军第 67 战术侦察大队

月度报告，1944 年 3 月

第 67 战术侦察大队完成了被认为是战争中最机密的照相任务，期间没有一架飞机损失或受到损伤。任务是拍摄约 180 英里（约合 290 千米）长的法国海岸线的"默顿式"倾斜航空照片……在很多照相飞行地段，照相侦察机都必须直线飞越防守严密的高炮防空区，甚至要在高炮有效射程之内的高度上飞行。在照相飞行期间，照相侦察机必须维持 3500 英尺（约合 1067 米）的恒定高度，并在预定航向上沿着笔直的航线平均飞行 4 分钟。显而易见的是，地面上的高炮炮手做梦都想遇到这样的空中目标。

第 9 航空军第 10 照相（侦察）大队

月度报告，1944 年 5 月

本月已完成任务的列表的开头……是本部队在西欧各海滩区域上空所进行的"切片"[1]任务的数量。本部队使用 F-5 型照相侦察机[2]执行这些任务，它们安装了一个 12 英寸（约合 30.5 毫米）焦距的机鼻摄像机，可以直接朝着航线前方并以与地平线呈约 10 度夹角的角度进行照相拍摄。这些任

---

[1]　译注：Dicing，本意为对目标区划分成小块分别进行高清拍照并合并汇总的航空摄影手段，军语中特指在严密设防地区中所进行的超（极）低空航空照相。

[2]　译注：与今天的美国空军不同的是，二战美军航空部队采用"F"代表照相侦察机（photographic reconnaissance planes），因为 photo 在速记中可简写为 foto；当时美军航空部队用"P"代表战斗机，因为在第二次世界大战中和战前，战斗机被称为"驱逐机"（pursuit plane）。F-5 型照相侦察机就是以上文所提到的 P-38"闪电"战斗机为基础改装而成的。

务都是以极低空飞行的方式完成的，有些任务执行期间的飞行高度甚至只有 25 英尺（约合 7.6 米）。这些都是在欧洲战场这一区域中所进行的第一批此类飞行任务。作为这些任务的成果之一，有两位机组成员被授予"杰出飞行十字勋章"（DFC），其中一名飞行员被列为"行动失踪人员"（MIA）。

第 9 航空军第 10 照相（侦察）大队
低空照相任务 31/419，1944 年 5 月 19 日

贝桑港到维尔河河口［包括奥马哈海滩地区］。此次照相任务的飞行员为鲁弗斯·（NMI）［无中间名或首字母缩写］·伍迪〔Rufus (NMI) Woody〕，O-672919，第 31 照相侦察中队，于当日 1650。

弗里茨·齐格尔曼（Fritz Ziegelmann）中校
第 352 步兵师，助理参谋长

我必须要说，在我的整个军事生涯中，从来没有哪一次像我拿到［缴获的］美国第 5 军团的行动命令时那样让我留下如此深刻的印象。

有了这些详尽的信息，"O"部队的水手们和第 5 军团的士兵们可以清楚地了解这片他们从未踏足过的地区。1944 年 6 月 6 日，朝阳开始照耀这片海岸的时候，他们可以辨认出这里所有的自然和人工地标。然而，有一个看不见的敌人正潜伏在海滩上的某个地方，这是一个花了 4 年的时间研究己方情报报告并据此准备防御的对手。无论盟军的奥马哈海滩地图和全景图有多么完备，也无法改变这样一个事实：不经过一场激战，休想拿下海滩阵地。

在奥马哈海滩实施早期登陆行动的士兵被隔离在他们的运兵船上长达一周之久。他们在船上几乎无所事事，只能将时间用于思考，或者说是胡思乱想；但是到 6 月 6 日黎明之前，"O"部队的船只在距离奥巴哈海滩 11 英里（约合 17.7 千米）处停泊时，许多人肯定会想他们是否能活着看到第二天

的太阳。这种情绪通常不利于振奋军人的士气。但不知何故，当美国大兵在黑暗中在甲板上集结，准备登上各自的登陆艇，然后长途跋涉抵达海滩时，大多数人对其所属单位完成任务的能力表示非常自信。有人意识到，黑暗不仅遮挡了士兵所处的真实环境，也掩盖了即将到来的危险。

瓦尔特·席林（Walter Schilling）上尉
第 29 师第 116 步兵团 D 连连长，0200 时
1944 年 6 月 6 日

这才是"真正的麦考伊"。① 枯燥的模拟演习不会再有，两栖突击训练也画上了句号。能领导这个连队参加战斗我很自豪……快速穿越海滩，夺取高地并进入环形防御圈……我今天晚上在伊西尼② 点名时，我希望每个人都回答"到！"祝好运！

罗伯特·普拉特（Robert Pratt）中校
第 5 军作战部（G-3）助理，1944 年 9 月

一支漂浮在水面上的庞大陆军展现出了它无可匹敌的威力，我当然很自豪能够参与其计划和行动的一小部分。"巴纳姆和贝利"③ 已经失去了"举世无双之伟大演出"的称号。"编年史中的短暂时刻"指的就是它。

约翰·莫利亚（John Moglia）上尉
第 1 师第 16 步兵团反坦克连

---

① 译注："The Real McCoy"为英语世界的一句习语，其来源有多种解释，有"货真价实"之意，在此处显然是指"经过漫长的等待，行动终于真正开始"。
② 译注：Isigny，应指距离奥马哈海滩路程约20千米的市镇滨海伊西尼（Isigny-sur-Mer），可能为该部 D 日的行动目标。
③ 译注：此处应指"玲玲马戏团"（Ringling Bros.and Barnum & Bailey Circus），该马戏团是一家成立于1871年的美国马戏团，曾是世界三大马戏团之一。近年来随着观众群的变化和法律的限制，导致经营状况每况愈下，于2017年5月21日在纽约州举行告别演出后宣布解散。巴纳姆（Barnum）和贝利（Bailey）实际上是作为其前身的另一马戏团的两位创始者，其中巴纳姆可谓是近代动物马戏的先驱。

有些人相信他们熬不过去——"平均律"法则总有一天会轮到他们头上。在海滩阵地建立之后，有位朋友递给我两支雪茄。我告诉他留一支烟，等以后我们一起抽。他说到时候他将不会在我身边，所以请我替他抽这支雪茄。我确实这样做了。

威廉·麦克林托克（William McClintock）技术军士
第741坦克营指挥连

我睡了大概4个小时。我的装备状况良好。我本以为我对自己将要做什么了如指掌，结果证明我知道的并非像我所认为的那么多。

约翰·斯波尔丁（John Spalding）少尉
第1师第16步兵团E连

我们在互相鼓劲，也在相互壮胆——大家都在谈论，战斗命令要求航空部队将海滩区域"夷平"，并清除所有的反步兵与反坦克地雷等爆炸物，同时航空炸弹制造的弹坑还可以充当我们的散兵坑，以帮助我们穿过海滩的暴露地带。我们曾被误导，以为我方海空力量的火力打击将令德军胆战心惊。我们知道得越少，我们的信心就越强！海军向我们许诺，我们会被轻而易举地卸到岸上，甚至连鞋都不用湿。

罗伊·史蒂文斯（Roy Stevens）中士
第29师第16步兵团A连

雷［史蒂文斯的孪生兄弟］说他并不害怕，但是我很害怕……我们特别郑重地相互确认，我们登陆后一定会在维耶维尔的交叉路口相遇。我准备离开［"帝国标枪"号运兵船（Empire Javelin）］，当时他站在一旁。他主动伸出手来想要和我握手，我却说："我到那个交叉路口再和你握手吧。"然而这一幕并未出现，我很后悔没有与他握手，因为那是我最后一次见到他。

第五章
地球上最宏大的表演

陷入火海的海滩

从地中海战场中幸存下来的"威利和乔"们得到了一个血的教训：德国佬太厉害了，这是毫无疑问的。突尼斯和西西里战役的整个征程都艰苦卓绝，每一英尺土地的易手，都会付出人员伤亡的代价，都会有太多的好小伙流血牺牲。到1944年春，那一警示已经传到了遥远的英国的训练营，对于那些注意到这一点的士兵来说，这并不是令人鼓舞的消息。如果德国人在欧洲外围地区的作战尚且如此凶猛，那么当他们要竭力保住对法国的占领和守卫德国本土时，他们又会进行多么顽强的抵抗？更重要的是，鉴于"大西洋铁壁"已经建造了有将近4年的时间，被卷入击垮那座铜墙铁壁的作战任务中的盟军士兵又会有多大的生还概率呢？

对于敌军到底会爆发出多么坚韧的战斗力，人们几乎无法抑制住自己的好奇心。到D日的预定日期为止，仅有11个美国陆军师曾参与过在非洲、西西里岛和意大利的作战行动——在历时数月的战斗后，他们中大多已损耗严重，无力再战。相比之下，德国军事行动的规模似乎大上许多。1941年6月入侵俄国的大规模作战中，希特勒动用了153个轴心国作战师共计超过350万人的兵力。

在一支军队中，消极情绪可以像瘟疫一样蔓延，并引起潜在的灾难性后果。如果生还机会很渺茫，盟军士兵还会履行他们的职责吗？参与

"尼普顿行动"的盟军将领们认识到了这个问题所造成的深远后果及影响，而他们的答复将是：首先，要像敌人了解他的工作那样充分了解你自己的工作，如此可大幅提升你的生还机会；第二，你将得到来自空中、海上和陆地前所未有的火力支援，无论德国人有多厉害，他们都会被打得落花流水。

奥马尔·布莱德雷中将
美国陆军第1集团军司令，"霸王"计划会议，1943年12月21日

进攻发起前要展开轰炸，轰炸可能会持续6小时。换言之，目前的计划是，大不列颠境内的每架轰炸机都将投入此行动……将有铺天盖地的轰炸机群飞越此区域，并投下难以计数的炸弹……他们将使用各式各样的大家伙，包括被称为"街区破坏者"（blockbuster）的巨型航弹。[这]可能对周边[德国军人]的士气造成一定影响。

联合作战司令部
关于迪耶普突袭战的经验教训的报告，1942年10月

最重要的一点是，在进攻初始阶段需要实施包括近距离战术支援在内的压倒性的火力支援……[通过]大中型水面舰艇的炮击，通过空中行动，通过在近海作业的特种装备或船只，以及直接来自于仍处于海运途中的突击部队的火力。

第5军
"霸王"作战计划会议摘要，1944年2月3日

可用于观察海滩情况的所有房屋和其他建筑物都将被摧毁。此外，还包括所有可以被摧毁的永备发射点。

哈里·布彻海军上校

美国海军派遣的艾森豪威尔将军的随从参谋，日记记录，1944
年4月28日

杰罗似乎有点悲观，最后艾克告诉他应该乐观一点，因为在他背
后的是地球上所集结的最强大的火力。

悉尼·宾厄姆少校

第29师116步兵团第2营营长

奥马尔·布莱德雷将军在1944年5月底造访第29师时曾说："大家
应该意识到你们足够幸运，并且值得为此而庆幸。你们会在环形看台
上观赏这场地球上最宏大的表演。"

对那些很快即将经历战斗的士兵而言，他们在一个充斥着死亡的战场
上只是作为旁观者，乍听起来似乎很奇怪，但是布莱德雷的观点具有说服
力：他所说的"表演"将是一场轰动性的空中与海军火力的展示，会使战前
人类所见证的一切事物都相形见绌。美国军队的进攻指向哪里，哪里就会
有战舰和飞机向海滩轰击，如果行动如计划预期的那样，德国海滩守军甚
至都不知道是什么击中了他们。如果不是想到他们都是该死的纳粹分子的
话，"威利和乔"们甚至都有点同情那些"可怜"的混蛋。

布莱德雷将军是艾克的"自信心学校"的首席毕业生，但他对奥马哈
海滩的火力运用的期望明显过于自信。即使在极为有利的条件下，近代军
事史上也几乎没有单凭火力就能克制永久性防御工事的案例。而且，在经
过长达数月的关于使用超大规模火力"覆盖"海滩区域的热烈谈论之后，
布莱德雷的"地球上最宏大的表演"受到登陆计划当中不可挑战的几个方
面的严重限制。最为重要的是，布莱德雷决定在黎明之后尽快展开在奥马
哈海滩的登陆行动，以确保战术突然性，并在当日夜幕降临前让尽可能多

的美国大兵上岸。要遵循如此严格的登陆时间表，肯定会严重缩减艾森豪威尔和布莱德雷长期以来向部队所承诺的、由海军和陆军航空队所提供的巨型水准的火力支援的效能。

若首批部队按计划于早晨6:30在奥马哈海滩抢滩上陆，那么盟军海空力量在突击登陆行动之前只能安排半个多小时的时间对海滩实施轰击——沉浸其中的布莱德雷几乎没有考虑过这一问题。在1943年11月的塔拉瓦环礁登陆战中，海军在火力准备期间进行了近3个小时的猛烈炮击，但完全未能削弱日本守军的防御系统。更糟糕的是，奥马哈海滩的火力准备将在拂晓时分光线不良的情况下进行，即使是最有经验的舰炮炮组和轰炸机投弹手也无法充分发挥其战斗力。在时间表的严格约束和自然条件的限制下，海军和空中力量只能迫使德国人进入掩体躲避，而他们摧毁敌人经过专业伪装的混凝土永备火力点的概率几乎为零。

罗伯特·谢罗德（Robert Sherrod）
随同美国海军陆战队抵达塔拉瓦的随军记者，1943年11月

我们必须直面现实的残酷：或许再多的炮击与轰炸也无法避免还是要派遣步兵进行最后的战斗……没有什么万全之策可以规避人员的流血牺牲。

约翰·霍尔海军少将
"O"部队指挥官，"尼普顿"行动的战斗报告，1944年7月

总的来说，据信为登陆前火力准备所留出的时间并不充足。德军防御阵地得到了良好的伪装且非常坚固。普遍认为，这些阵地应在登陆之前通过近程精瞄火力予以摧毁。当登上海滩的陆军部队面对着沙滩雷场、铁丝网带、反坦克壕以及其他类似障碍物时，临时性的压制火力显然是远远不够的。

如果对奥马哈海滩的火力打击将成为地球上最宏大的表演，那么美国第8航空军将成为中央舞台上的主要角色。自1942年秋以来，第8航空军的B-17"飞行堡垒"和B-24"解放者"编队一直在对敌方目标实施经常性的轮番轰炸，这代表了一种新的战争形式。但是如果驻扎欧洲的美国陆军航空部队的大人物卡尔·斯帕茨中将在D日前夕曾梳理过第8航空军的短暂历史的话，那么他的内心肯定不会平静。从积极的方面来说，第8航空军已经稳步发展至可在适度的晴好天气状况下定期派出千余架轰炸机对德国工业目标实施大规模空中打击的程度。更妙的是，美国的轰炸机制造产业为斯帕茨提供了近乎无限的装备资源，而这是敌人永远望尘莫及的一点。亨利-福特公司设在底特律郊外的"威洛伦"（Willow Run）工厂，以每月500架B-24"解放者"轰炸机的生产量，向世人提供了无可辩驳的证据。在这种无穷大的生产能力的支持下，来自美国的战略空中力量的支持者认为，可以单凭第8航空军以及英国皇家空军轰炸机司令部所实施的大规模空中打击来迫使德国最终屈服。

然而，困扰斯帕茨中将的是理论与现实的巨大差异。数年来，美国陆军航空部队的轰炸机投弹手们一直在吹嘘，他们可以将航弹从高耸的云端投放到地面上的"泡菜桶"中，但是前几年所备受珍视的这种精确轰炸战术现在几已销声匿迹。事实上，对德战略轰炸这一空中战役中的每个要素从一开始就以这种或那种形式受到了严重的负面影响。德国的抵抗极其凶猛，美军伤亡人数一直居高不下。纳粹似乎总是对美军的各种谋略都有着有效的应对手段。由于空战仿佛看不到尽头，第8航空军偶尔还需要与消沉的士气做斗争。但是现在已经无法回头：美国陆军航空部队的高层人士决心将精确轰炸持续到战争结束。因此，不管怎样，第8航空军要么适应这种作战模式，要么选择死亡。

布莱德雷要求第8航空军在D日的奥马哈海滩上所做的事对后者来说是史无先例的挑战。奥马哈海滩可比一个泡菜桶大得多，而且由450架"解放者"组成一整个轰炸航空师，肯定有能力将德国岸防部队彻底消灭。然而，布莱德雷对在 D 日使用战略空中力量的构想与第8航空军的惯常战法罕有相容之处。在布莱德雷严格、无法妥协的登陆行动时间表之下，第8航空军能够满足布莱德雷要求的概率几乎为零——而且有些航空部队的人士也知道这一点。

第8航空军
关于诺曼底登陆战役中战术支援行动的作战报告，1944年7月

在以近距离支援地面部队为目的的重型轰炸机行动所涉及的战术概念中，有许多细节与第8航空军常规的战略轰炸活动大不相同，在集结、编队、确定航线、装载航弹、安装引信和云上轰炸技术等方面提出了各种问题；必须制定有关任务简令和任务报告的细则；与其他航空队单位以及海军策划层须进行远超以往程度的协调合作……最重要的是，地面部队的战术需求必须转化为可行的空中支援计划，地面部队指挥官必须充分了解重型轰炸机的能力所在和局限性。

从航空兵的角度来看，哪怕德国空军没有露面，"尼普顿"行动也将会是一次令人胆战心惊的冒险。为了在指定时间抵达诺曼底海岸，B-24轰炸机不得不在黑暗中起飞并聚集成一个紧凑的大型编队。第8航空军从未接受过执行此战术所需要的训练，而且也很少组成像"尼普顿"计划所要求的这样大规模的编队。此外，很有可能出现"10/10云量（分布）"——飞行员用来描述全阴天气的习语。在拂晓之后的几分钟内光照仍然很弱，敌高炮部队可以在轰炸航路上编织致命的防空火力网。

总而言之，"解放者"们必须从高空对他们的目标实施精确的定点打击，因为对德战略轰炸中所获得的所有经验教训都清楚地表明，在欧洲北部所盛行的天气条件下很难进行精确轰炸。此外，当数千枚航弹中的第

一批倾泻到奥马哈海滩时，第一波突击部队与航弹落点之间的距离还不到3000码（约合2743米），随之导致的可怕后果是，假使有轰炸机的投弹手不小心犯了一个错误，那么偏离轨迹的航弹在D日所消灭的美国人可能要比德国人多得多。当攻击对象是纳粹德国的城市时，精确轰炸失败是一回事，而当成千上万的友军部队可能成为一次失误的受害者时，这又是另一回事了。

卡尔·斯帕茨中将
美国驻欧洲战略空军部队总司令，引自其1944年1月23日的信件

这里的天气状况是所有（不利）因素中最令人沮丧的，我敢说它肯定会让我愁得把仅存的头发都掉光，或者至少会让剩下的红发变成白发。没有什么比管理一支由于天气原因持续限飞或停飞的航空部队更令人恼火的了。

时钟的嘀嗒声从不曾停歇，英国各地的盟军参谋人员正在紧张地利用除睡眠之外的所有时间反复地检查他们手头具有最高机密的"尼普顿"行动命令文件。1944年5月初，在发动诺曼底登陆几星期之前，杰罗的第5军已经精心指定了第8航空军必须予以压制的奥马哈海滩目标，虽然航空兵方面知道这是一项艰难的任务，但他们在原则上同意安排第8航空军序列下的由超过400架B-24"解放者"组成的第2轰炸机师来完成。他们究竟会如何完成任务，航空兵方面并未细说。1944年5月，在地面部队与航空部队的指挥官之间举行了一次极其重要的会议。相关的会议抄本中并未提及飞行员为避免误伤友军而采取的措施，也没有提到在D日可能出现的云层密集度为10/10（10/10 overcast）全阴天候所导致的破坏性影响。显然布莱德雷将军很乐意将这些细节留给飞行人员自己去处理。

弗雷德里克·史密斯（Frederic Smith）准将
盟国远征军航空部队作战部部长

我向[陆军指挥官们]解释说，每位指挥官都有权决定其所负责的特定海滩的火力打击效果。他可以告诉我们他想要达到的效果：是杀伤敌有生力量，切断地表的有线通信（线缆），或是其他——告知我们即可……我们会规定载弹量来达成此目标。[我们]花了一整天时间才搞清楚他们想要达到的轰炸效果的细节。基于上述情况以及我们对航空弹药的了解，我们在5月下旬为D日准备好了战机的载弹方案，并将它们下发到所有的部队中。

第5军
会议，关于"尼普顿"行动的空中支援，1944年5月17日

就对第5军负责的海滩的敌防御目标展开轰炸的详情达成以下共识：关于第5军的空中支援，第8轰炸机司令部将投入75个飞行中队，每中队有6架重型轰炸机，共计450架飞机。以下是每个目标的轰炸行动详情：

任务目标	飞行中队番号	投弹量（吨位）	引信类型	射击时间
佩尔塞激流角	6中队	129000千克	延时引信	进攻发起时刻前25到前5分钟（H-25 to H-5 minutes）;
筑垒房屋/谷仓	6中队	88200千克	瞬时引信	进攻发起时刻前25到前5分钟（H-25 to H-5 minutes）;
维耶维尔（D-1）冲沟	6中队	88200千克	瞬时引信	进攻发起时刻前25到前5分钟（H-25 to H-5 minutes）;
阿梅尔 - 奥普雷特尔	6中队	129000千克	延时引信	进攻发起时刻前25到前5分钟（H-25 to H-5 minutes）;
勒穆兰（D-3）冲沟（西侧）	6中队	88200千克	瞬时引信	进攻发起时刻前25到前5分钟（H-25 to H-5 minutes）;
勒穆兰（D-3）冲沟（东侧）	6中队	88200千克	瞬时引信	进攻发起时刻前25到前5分钟（H-25 to H-5 minutes）;
圣洛朗（E-1）冲沟（西侧）	6中队	88200千克	瞬时引信	进攻发起时刻前25到前5分钟（H-25 to H-5 minutes）;
圣洛朗（E-1）冲沟（东侧）	6中队	88200千克	瞬时引信	进攻发起时刻前25到前5分钟（H-25 to H-5 minutes）;
科勒维尔（E-3）冲沟（西侧）	6中队	88200千克	瞬时引信	进攻发起时刻前25到前5分钟（H-25 to H-5 minutes）;
科勒维尔（E-3）冲沟（东侧）	6中队	88200千克	瞬时引信	进攻发起时刻前25到前5分钟（H-25 to H-5 minutes）;

续表				
卡堡(F-1)冲沟	6中队	129000千克	延时引信	进攻发起时刻前25到前5分钟(H-25 to H-5 minutes);
贝桑港(西侧)	4中队	86000千克	延时引信	进攻发起时刻前20到前5分钟(H-20 to H-5 minutes);
贝桑港(东侧)	5中队	107500千克	延时引信	进攻发起时刻前20到前5分钟(H-20 to H-5 minutes)

第8航空军

与约翰·德拉西(John De Russey)上校的访谈,第8航空军联络官,1945年

德拉西上校出席了 D 日之前在英格兰南部海滩进行的那次轰炸训练任务。他回忆说,艾森豪威尔、蒙哥马利和布莱德雷等盟军将领,以及来自航空部队的高级军官斯帕茨、阿瑟·特德(Arthur Tedder)爵士、特拉福德·利马洛里(Trafford LeighMallory)爵士等人当时都在场。野战条令中规定,在某个截止时间之后,投弹动作须绝对禁止。在截止时间过后,[奥维尔·]安德森(Orville Anderson)将军[第8航空军,作战部部长]问德拉西上校他是否确定没有其他单位会继续投弹。德拉西回答说,野战条令明确规定了在截止时间后不允许任何飞机继续投弹。艾森豪威尔将军急于前往海滩查看轰炸效果。[德拉西]回忆说,就在他们准备离开观察所时,又有一群轰炸机飞过来投下了炸弹,这引起了一阵惊慌,随后就是令人难堪的局面。还出现了另一个糟糕情况,有一组轰炸机的投弹落点近了数百码,反弹的破片溅落在观察所周围,迫使所有的观察员都立即卧倒在地。

然而,布莱德雷所坚持的一个细节是:如果在占领奥马哈海滩阵地之后,由第8航空军的轰炸行动所制造的数百个弹坑散布在沙滩上,那么布莱德雷为杰罗将军的部队深入内陆向圣洛(St.Lô)推进而提供的大量吉普车、卡车和坦克就难以按时驶离海滩地带。由于奥马哈海滩仅有的可通行的出口就是那5条狭窄的冲沟,航弹制造的弹坑可能引发远比纽约第42街和百老汇

的高峰时段更严重的交通拥堵，这相当不利于超越海滩的作战。布莱德雷因此认为，避免在海滩区域制造弹坑是轰炸计划的一个强制性的约束条件。然而，航空兵方面告诉他，实现这一目的所需要的特定型号的航弹和引信，在对付坚固阵地（例如混凝土火炮掩体）时实际上完全无效。

因此，"解放者"轰炸机将主要投掷100磅（约合45千克）重的高爆及破片杀伤航弹（high explosive and fragmentation bombs）——这是第8航空军库存中最轻量级的弹药。当配备瞬时引信而非延时引信时，这些炸弹对混凝土的永备发射点造成的影响相当于用手枪子弹向它射击。但是，瞬时引信会让航弹直接向外炸开而非向下引爆，这对开阔地上的部队非常致命，并且对雷场、铁丝网和其他海滩障碍物也具有相当的破坏效果。最重要的是，带有瞬时引信的小型航弹不会造成布莱德雷迫切需要规避的弹坑。

对外行来说，100磅（约合45千克）重的炸弹似乎是一种可怕的武器。然而并不是。在航弹总重量中，爆炸物只占了很小的比例，通常是TNT和硝酸铵。这种航弹只会产生相对较小的爆炸效果。站在离爆炸点15码（约13.7米）远的地方的士兵很有可能毫发无损，如果他们是卧姿状态或者身处散兵坑，他们的生存概率还会进一步增加。在混凝土永备发射点或地下掩蔽所中会极其安全，因为这种航弹完全无力摧毁它们。

将军必须做出艰难的决定，而对布莱德雷来说，还有一些困难的选择摆在他面前。他必须平衡突击部队在D日的战术需求与整场战役的战略达成目标，这一次战略目标占了上风。严格的"霸王行动"时间表要求海滩登陆场必须快速扩张，而航弹对海滩的严重破坏肯定会使这种努力濒临破产。如果布莱德雷要想在D日之后寻求证据证明他的这种担忧，他只需要前去检视位于奥马哈西部数英里处的奥克角的德国坚固支撑点，该处曾多次被配有延时引信的重型航弹击中，结果那里到处都是巨大的弹坑，即使在今天仍会让到那里去过的人印象深刻。如果奥马哈海滩被重型航弹炸成了那样如月球表面的景观，很难相信有什么机动车辆能在登陆发起后的24小时内离开海滩。

第8航空军

关于诺曼底登陆战役中战术支援行动的作战报告，1944年7月

直接命中火炮掩体的概率不会超过投弹吨位数的2%，并且强调了在大多数情况下所造成的损伤都极为有限……一致认为空中支援的主要目的是削弱敌前线部队的士气，并在可能条件下顺带破坏铁丝网和其他障碍物。

来自海上的雷霆

布莱德雷的宏大表演将在黎明前不久展开，只要霍尔海军少将的"O"部队中参与炮击行动的舰只可以辨认出分配给它们的海岸目标。杰罗将军的奥马哈海滩目标单相当完备，清单中细化到了单独的房舍和永备发射点。每个目标都分配有一个编号、注释说明和X-Y轴的地图坐标，以便海军舰炮的炮长们可以在他们的奥马哈海滩详细地图上精确定位其射击对象。杰罗选中了大约60个目标，每个目标都由分配了至少一艘实施火力打击的战舰。但是，如果日出时间是上午5:58，那么最初波次的地面部队将在6:31抢滩。海军对海滩的炮击只能持续约35分钟，之后就必须向内陆地区延伸。

霍尔海军少将的"O"部队炮击集群的主力包括18艘战舰，其中有包括老旧战列舰"得克萨斯"号（USS Texas）与"阿肯色"号（USS Arkansas）在内的11艘属于美国海军。霍尔曾经担任过"阿肯色"号的舰长，她是当时美国海军中最古老的战舰，但在其32年的服役生涯中从未经历过实战。战列舰和巡洋舰将从离岸约4英里（约6.4千米）处向岸上目标开火，他们要比运兵船下锚驻泊时与岸边的距离近7英里（约11.3千米）。吨位较小的驱逐舰与海滩距离还不到2英里（约合3.2千米）。为了增进舰炮火力的准确性，美国海军组建了一个特殊的校射机中队，该中队配备了英国制造的"喷火"式（Spitfires）战斗机，并将从英国南部的机场起飞执行任务。将会有一个"喷火"式战斗机的双机编队持续飞越奥马哈海滩上空，并通过无线电直接向战舰报告其舰炮射击的准确性。当"喷火"战机燃油不足时，他们将被另一组双机编队替换，随后返回英国本土机场。

"O"部队，海军炮击集群
C. F. 布赖恩特海军少将，集群指挥官，1944年6月6日
战列舰

美国海军"得克萨斯"号，美国海军"阿肯色"号

轻巡洋舰

皇家海军"格拉斯哥"号（HMS Glasgow），"蒙特卡姆"号（HMS Montcalm）（自由法国）

皇家海军"女战神"号（HMS Bellona），"乔治 - 莱格"号（HMS Georges Leygues）（自由法国）

驱逐舰

美国海军"弗兰克福"号（USS Frankford），"哈丁"号（USS Harding）

美国海军"麦库克"号（USS McCook），"萨特利"号（USS Satterlee）

美国海军"卡米克"号（USS Carmick），"汤普森"号（USS Thompson）

美国海军"多伊尔"号（USS Doyle），皇家海军"塔纳特塞德"号（HMS Tanatside）

美国海军"埃蒙斯"号（USS Emmons），皇家海军"塔利邦特"号（HMS Talybont）

美国海军"鲍德温"号（USS Baldwin），皇家海军"梅尔布里克"号（HMS Melbreak）

霍尔还组建了第二个"火力支援集群"，由加装火箭弹发射装置和小口径火炮的登陆船艇组成。这些船只的吃水很浅，因此可以比大型战舰甚至比机动灵活的驱逐舰更接近它们的目标。事实上，这支部队承担了一项艰巨任务，就是利用最近由英国皇家海军向美国方面移交的16艘装甲型坦克登陆艇在进攻发起时刻将美军坦克输送至奥马哈海滩。这些坦克登陆艇都进行了专门改装，不但配备了额外的装甲，同时还加高了平台甲板，这样登陆艇在驶向海滩的途中，上面装载的"谢尔曼"坦克就可以开火射击。在波涛汹涌的海面上，所有的坦克登陆艇都是些适航性很差的"蠢家伙"，并且在前往诺曼底的旅途中，大多数都要经历跨越海峡航行的严峻考验。其中一艘已经沉没，另有几艘因为无法跟上其护航编队而未能及时赶到。

此外，"O"部队的火力支援集群中还有9艘笨拙丑陋、不太引人注意的火箭弹支援型坦克登陆艇。这些是经过改装的坦克登陆艇，每艘都配备有1080枚5英寸（约合127毫米）火箭弹，如果霍尔要用密集火力覆盖奥马哈海滩，那么这些就是完成此项工作的船只。按照火力支援计划，每艘火箭弹支援型坦克登陆艇都将航行至距离岸边约1.5英里（约合2.4千米）的位置，此时第一波突击部队离海滩只有3分钟航程——即上午6:27。如果登陆行动是按照时间表进行的——那么坦克登陆艇将会持续发射火箭弹，直到全部弹药耗尽为止。其目的是在突击部队前方铺设一道火墙，摧毁挡在前进路线上的所有障碍物和带刺铁丝网，杀死任何敢于抬起头来的守敌士兵。从理论上讲，火箭弹的齐射可以在几秒钟之间夷平一块面积超过40英亩（约合16万平方米）的地区。然而，最根本的问题在于艇长们是否能够击中他们所瞄准的目标。可能性并不大。由于火箭弹道发射架刚性固定于甲板上，艇长们只能通过操纵登陆艇本身进行机动这种极其不科学的方法来改变火箭弹的发射方位和射程。鉴于严格的进攻时间表和火箭弹支援艇开火时天色仍然昏暗的情况，这将是一项几乎不可能完成的任务。

在真实的历史中，是德国人打响了奥马哈海滩之战的第一炮。凌晨5:30，拂晓来临前东方地平线上逐渐泛出的淡红色微光中显现出了盟军舰队朦胧的侧影，于是一些德国火炮从位于登陆海滩以东约4英里（约合6.4千米）的贝桑港附近的沿海炮台开始射击。除了帮助"O"部队锁定了敌炮台的方位之外，这场开火没有任何效果，事实上，它促使了一些盟军战舰比预定时间提前20分钟开火。

在凌晨5:50，也就是拂晓前8分钟，讨厌的敌火炮被打哑后，舰队开始针对其预选的海滩目标实施更加猛烈的集火打击。但是光线仍然太弱，德国永备发射点伪装工作做得太好，以至于盟军水兵无法确认他们发射的炮弹是否具有预期的效果。日出并没有让情况得到改善，因为光照只是显示了支离破碎的小片海岸线，其余的则被飘浮的烟云所遮挡。从搭乘小型登陆船艇前往岸边的攻击部队的受限视角来看，海滩区域弥漫的浓厚烟云有益无害，因为如果盟军看不到什么，那么敌人看到的可能更少。更值得期待的是，在那些烟云内或者后方，也许海军的重炮炮弹正在粉碎德国守军的一切。

事实上，海军炮击对登陆行动的主要贡献就是大大提高了突击部队的士气。如果舰队既没有足够的火力也没有足够的时间来消灭海滩上的德国守军，那么至少可以为那些被迫忍受3小时甚至更长时间的海上旅程的士兵们提供坚实的鼓励——他们像牲畜一般拥挤在摇晃和颠簸的登陆艇中，强劲的西南风猛烈地打在他们的脸上，胃部的剧烈疼挛所导致的呕吐与前往海滩的航程同样难受，但是肯定要比成为岸炮火力持续的炮击目标要健康得多，或者至少看起来是这样……

突击部队一开始可能看不到提供火力支援的舰队，因为他们是在完全黑暗的环境中登上登陆艇并驶向海滩的。在他们距离岸边六七英里的地方，当黎明前昏暗的微光显现出战舰的存在时，尽管它们的影像非常模糊，但所有部队的士兵都可以辨认出庞大的"德克萨斯"号战列舰、位于其右边几英里处的一艘英国巡洋舰、另一艘战列舰"阿肯色"号，以及位于它们左

美国海军"得克萨斯"号战列舰（未按比例尺距离显示）

巡洋舰"格拉斯哥"号

装载第116步兵团的运输船队

"塔利波特"号驱逐舰（对霍克兹角火力打击）

"哈特利"号驱逐舰

"汤普森"号驱逐舰

"麦库克"号驱逐舰

"卡米克"号驱逐舰

424号火炮支援型坦克登陆艇

426号火炮支援型坦克登陆艇

449号火炮支援型坦克登陆艇

366号火箭支援型坦克登陆艇

447号火箭支援型坦克登陆艇

450号火箭支援型坦克登陆艇

452号火箭支援型坦克登陆艇

464号火箭支援型坦克登陆艇

473号火箭支援型坦克登陆艇

483号火箭支援型坦克登陆艇

567号巡逻艇

568号巡逻艇

1225号巡逻艇

618号巡逻艇

1360号猎潜艇

553号巡逻艇

552号巡逻艇

1291号猎潜艇

1307号猎潜艇

811号火炮支援型坦克登陆艇

687号火炮支援型坦克登陆艇

"帝国标枪"号运兵船（皇家海军）

"T.杰斐逊"号运兵船

"C.卡罗尔"号运兵船

"昂里科"号运兵船

"S.蔡斯"号运兵船

"海岸警卫队"号（美国海岸警卫队）兵船（皇家海军）

装载第16步兵团的运输船队

所有运兵船都在离岸11英里（约合17.7千米）处下锚（图上未按比例尺距离显示）

"安妮-阿伦德尔"号运兵船

"多罗西娅-迪克斯"号运兵船

"塞缪顿"号运兵船

装载游骑兵部队的运输船队（图上未按比例尺距离显示）

"鲍德温"号驱逐舰

"哈丁"号驱逐舰

"梅尔布里克"号驱逐舰

"萨特利"号驱逐舰

"塔纳特塞德"号驱逐舰

"多伊尔"号驱逐舰

"乔治-莱特"号轻型巡洋舰

"蒙特卡姆"号轻型巡洋舰

"阿肯色"号战列舰

阿萨尔-奥普雷特尔

维耶维尔

维耶维尔东冲沟（D-1）

73号德军据点

72号德军据点

71号德军据点

70号德军据点

69号德军据点

68号德军据点

勒穆兰

勒穆兰东冲沟（D-3）

66号德军据点

65号德军据点

圣洛朗冲沟（E-1）

64号德军据点

62号德军据点

张冲沟（E-3）

科勒维

61号德军据点

60号德军据点

卡堡冲沟（F-1）

"O"部队：兵力运送和舰炮轰击

边的两艘法国巡洋舰。到目前为止，舰队的存在似乎没有多么特别——因为舰炮还没有开始怒吼。在短短几分钟后，战舰会开火，周遭登陆船艇上的士兵绝对不会忘记它们所发出的巨大炮口焰的闪光，以及在海面上所形成的猛烈震动。

罗伯特·普拉特中校
第5军作战与训练部（G–3）助理，1944年9月

环顾我们周围，涌动着的黄色烟雾笼罩在战列舰和巡洋舰的上方，当它们加速驶往近岸水域，最终带着灰黑色的涡流消失在烟云中后，我可以追循着鲜艳的示踪剂所留下的弯曲航迹……舰炮炮弹爆炸时的持续沉闷的雷鸣，使不详的梦魇般的氛围在周围弥漫。除了这一魔鬼的交响乐之外，还有许多飞机发出悦耳的和声，在我们头顶来回穿梭，执行它们的协助与保护任务。随着燃料产生的废气被不断增加的压力挤入水中，未装消音器的船舶发动机中不时发出粗粝的"突突"声，还有扩音器中所发出的沙哑的喧嚣，为这一可怕的华彩乐章增添了令人战栗的韵律。

维克托·希肯（Victor Hicken）海军少尉
2227号装甲型坦克登陆艇[LCT(A)–2227]指挥官，"O"部队火力支援集群

当我们恰好驶到"德克萨斯"号战列舰的船首正前方时，她的舰炮进行了一轮全齐射。它就像一扇巨大的门被砰的一声关上，它真的令我感到震撼。你甚至都能看到炮弹在空中划着弧线飞往岸边。

唐·怀特黑德（Don Whitehead）
美联社记者

我们正驶向海滩，我注意到我们船上的每个人都在剧烈地颤抖。我知道每个人都很害怕——但不会害怕到这种程度。我意识到，颤抖的出现是由海军重型舰炮产生的激波所引起的。巨响令周遭的空气为之颤动。

当登陆船艇越过战列舰的位置并进一步靠近海岸时，太阳的出现曝光了整个宏大的场面。搭载突击部队的大批船艇从战舰编队所留出的宽阔航道中接近岸边，8艘来自英美两国的驱逐舰停泊在离海岸约3000码（约合2743米）的地方，用平直弹道的火力急速射击海岸上的防御工事。通过飘浮的烟云间隙，海滩后方绿色的陡峭崖壁在正前方隐约可见。9艘配备大量火箭弹的火箭弹支援型坦克登陆艇停泊在离岸不远处，当第一波登陆艇驶过它们的位置并摆成一线时，无须任何告知，所有人都心知肚明，进攻发起时刻已近在眼前。然后成千上万枚火箭弹一齐发射，呼啸着直接从步兵人员的头顶上飞过，让那些焦虑不安的晕船士兵们又惊慌躁动起来。这个令人印象深刻的场景，就是布莱德雷将军在他的鼓动性演说中所提及的"地球上最宏大的表演"时的含义。几分钟后，地面部队将直接在舞台中央登场。

但是除了制造出一场宏大的烟火表演外，火箭弹地毯式轰击的实际效果几乎为零。根据一些目击者的说法，大多数火箭弹落到了距离岸边不远的海水中，没有造成任何杀伤，也没有破坏任何障碍物或铁丝网。其他观察者并未在视野之内看到有任何火箭弹落地，这似乎表明有某些火箭弹支援艇将火箭弹射到了预定目标的后方。

所以这恐怕也仅仅是一场"地球上最宏大的表演"而已。

爱德华·麦克纳布（Edward McNabb）中尉
第29师第116步兵团H连，1944年7月

有多艘战舰在不同距离上开始发射重型火炮和迫击炮，近岸的火箭弹支援船正在暴击海滩后方的峭壁和峭壁后面的内陆地区。有一位相当乐观的一等兵说，那些航空炸弹和舰炮火力肯定会把那片海滩炸得稀巴烂。当时听到这种说法，感觉简直是棒极了……这看起来就像是在斯拉普顿沙滩附近举行的又一场大型战术方案的演练，但是在我脑海中挥之不去的想法是，这将是又一次持续两天的悲剧性行动，并且以一场炽烈的血与火的洗礼而告终。

美国海军战列舰"德克萨斯"号
炮击行动作战报告摘要，1944年6月6日

射击时间	任务目标	舰炮口径	弹种
05:50—06:24	奥克角	14英寸（约合356毫米）口径	115发穿甲弹，100发高爆弹
06:26—06:30	奥克角	14英寸（约合356毫米）口径	11发穿甲弹
05:50—06:24	维耶维尔冲沟	5英寸（约合127毫米）口径	91发高爆弹，99发普通弹

穿甲弹（AP: Armor piercing），普通弹（COM: Common shell），高能炮弹（高爆弹）[HC: High capacity (high explosive)]

美国海军"多伊尔"号
作战报告，1944年6月6日，06:30

对目标［卡堡冲沟］进行间瞄射击……以协助肃清现已完全被烟尘所遮蔽的海滩出口。

吉尔伯特·默多克（Lawrence Gilbert）中士
第29师第16步兵团A连，1947年

当我们驶向海滩时，我们可以看到［海军］为标记航道而设置的照明装置。当我们在水中待了将近两个小时之后，就在经过最后一个照明装置时，"德克萨斯"号战列舰开火了。我们可以看到（炮口的）闪

"我们在沙滩上的窝没戏啦！"一艘美国海军的火箭弹支援型坦克登陆艇正在开火齐射。（美国陆军通信兵部队，国家档案馆）

光，然后听到头顶上炮弹呼啸而过的声音，然后才听到炮弹出膛的报告，然后又看到岸上的闪光，最后听到了炮弹爆炸的巨响……火箭弹支援艇让我们体验了第一次真正的惊吓。它们开始发射它们甲板上堆积的大量弹药。它们似乎是在船体发生上倾横摇时开火，发射的大量火箭弹就落在我们前方几百码处，而当时我们离岸还有2英里（约合3.2千米）远［他搭乘的登陆艇当时实际上离海岸大概300—400码（约合274—366米）］。有一个人喊道："我们在沙滩上的窝没戏啦！"

最妙的策划常常都会落空

在奥马哈登陆战役的美国幸存者中，最经久不衰的回忆之一是他们对海滩上没有出现弹坑的失望。虽然早在登陆发动之前布莱德雷将军即已断言在进攻地域中不需要有任何弹坑，然而在登陆部队的集结待发区中却有小道消息在美国大兵间不胫而走，说奥马哈海滩将遍布由第8航空军所制造的弹坑。按照流言中的说法，如果德国人能够从致命的密集弹雨中幸存下来，那么弹坑即可成为美国大兵们用于寻求掩护的散兵坑。因此，当第一波突击部队接近海滩，看到沙地和台球桌一样平坦时，他们大摇其头，咒骂又有一个军队把事情搞砸了。他们是对的：局面确实非常混乱——但美国大兵们无法想象这种局面是怎么造成的。

1944年6月5日距离午夜只有几分钟的时候，第8航空军第2轰炸机师的所有空勤人员都被唤醒，以了解《第328号野战条令》（Field Order 328）的细节。如果第8航空军真的能够进行精确轰炸，那么他们现在必须要证明这一点，因为《第328号野战条令》规定由数百架B-24组成的轰炸机编队要在第一波登陆艇抢滩的几分钟之前用投掷的大量航弹覆盖奥马哈海滩区域，为D日行动的突击部队铺平道路。这样的使命从未成为第8航空军工作列表中的一部分，而且由于此类任务会让飞行员分心，影响他们履行摧毁德国工业的主要工作，所以对轰炸机部队在D日所扮演的角色，斯帕茨并没有像布莱德雷那样高的热情。尽管如此，第8航空军仍将忠诚地履行其在D日的职责，但对斯帕茨而言，奥马哈海滩的任务就像要求一垒手投球一样：或许可以做得到，但不要抱太大希望。

《第328号野战条令》就像是打开了一扇通向战争艺术的秘密花园的窗户，它肯定也曾让艾森豪威尔和布莱德雷等传统步兵出身的军人感到困惑。该命令签发于6月5日下午3:25，它对第2轰炸机师的每个"解放者"轰炸机组应如何成功地实施对奥马哈海滩的空袭行动都做了精确到每分钟的详细规定。该文件以其大量难以解释的行业术语和首字母缩略词而著称，例如Buncher[集束（信标）]、PFF bombing（"探路者"部队的轰炸引导）、Splasher（弹着检测者）、"H2X雷达"（一种机载微波轰炸雷达）、GEE（一种无线电导航系统）、Step Down Trails（撤出路径系统）等。

　　《第328号野战条令》的巨大悖论在于，"解放者"机组需要一丝不苟甚至是完美无缺地执行这项复杂且极其危险的任务——而且不能有一枚炸弹落到奥马哈海滩周边的任何地方。在D日结束时，奥马哈海滩的地面部队都想知道，说好的轰炸机群到底在哪里？飞行员的答复则是：我们做了我们告诉过你们的我们所能做的事情，而且我们做得绝对没问题！

　　难以接受此事实的布莱德雷将军后来公开表示对第2轰炸机师未能削弱敌方抵抗而感到震惊，并将这一大跌眼镜的结果归咎于飞行员的胆怯。然而，布莱德雷本应更加宽容，因为他自己设计了一个缺乏灵活性的登陆计划："解放者"轰炸机群飞抵海滩区域上空投放炸弹时，投入首波行动的数千人的陆军部队和数十艘登陆艇到岸边的距离仅有甚至不到2英里（约合3.2千米）。在那样的情况下——以及D日诺曼底上空的云层所带来的额外的危险——人们很难责备飞行员的担忧，因为哪怕航空炸弹的投放只是不小心早了几秒钟，也有可能导致数百名盟国军人的死亡。布莱德雷将《第328号野战条令》的细节留给航空部队来完成，他允许航空兵方面决定为避免误炸友军而采取的手段。航空部队对这个问题的看法与布莱德雷大相径庭，而且由于缺乏相反的具体指令，第2轰炸机师将采取特别的预防措施来避免友军的伤亡。

　　如果D日当天天气晴好，那么布莱德雷与航空兵方面的分歧会明显缩小。但是6月6日诺曼底区域是阴天，因此，B-24机群被迫只能透过云层进行非目视轰炸。当轰炸机的投弹手无法看到他们的投弹目标时，精确轰炸就在很大程度上失去了意义，尽管到1944年随着一种被机组成员亲切地称为"米奇"（Mickey）的相对简陋的H2X型机载雷达的出现，可以让轰炸机尝试一下此种作战模式。在整个第8航空军内部，有关D日前的作战简令均强调，如果机组人员必须使用"米奇"系统透过阴云实施轰炸，那么轰炸员必须将其"投弹完毕"的指令延迟5—30秒，延迟时间取决于轰炸机通过目标上空的时刻与进攻发起时刻有多接近——"解放者"飞越海滩的时间越接近进攻发起时刻，延迟时间就要越长。对于航空兵来说，这种预防措施是完全符合逻辑的；而对于布莱德雷而言，却仿佛是多此一举。

第8航空军第2轰炸机师第96作战联队
特别指令，1944年6月5日

将尽最大可能来防止航弹的意外投放，并确保所有航弹落点超越预定地点，避免因投弹距离过近而导致盟军伤亡和登陆场的破坏。在空袭期间，地面部队离岸距离为400码—1英里（约合366—1609米）。

第8航空军
D日重型轰炸机编队的行动，作战报告，1944年6月

据信，采取进一步的预防措施以防止炸弹落到友邻部队的头上是可以实现的……因此，我部经与盟国远征军航空部队司令部（A.E.A.F.）联络后决定，如果天空中覆盖的云量导致无法进行目视同步，那么可以根据"探路者"施放的指示信号进行投弹，否则可能需要延迟投弹，直至其平均弹着点距离水上航行中的突击部队的最前波次不少于1000码（约合914米）。

第8航空军
作战报告：关于诺曼底登陆战役中的战术支援行动，1944年7月

［第8航空军的］安全措施代表了一种最终的妥协：一方面，地面部队宁可冒着伤亡的风险，也希望能立即利用轰炸对敌军士气的削弱来扩张战果；另一方面，航空部队则倾向于进一步加大投弹区与地面部队之间的间隔，以尽量减少可能因投弹失误而造成的危险。

6月5日，第2轰炸机师的官兵返回他们简陋的宿舍之后，他们没有意

识到在几小时内将有重大事件发生。但是，当作战室的电传打印机因接收《第328号作战指令》而急速运转时，军官们突然被召集在一起，接受令他们大感意外的午夜作战简令，而且下达简令的军官告诉他们的第一件事就是即将到来的任务他们必须向他们的机组成员保密，直到"解放者"升空之后才能告知。屋里充斥着"终于来了"的低语。带有一沓电传打字机输出的文件和教鞭的简令官开始巨细靡遗地解释起他们任务当中的每一个细节。

菲利普·阿德里（Philip Ardery）中校
第8航空军第2轰炸机师第2作战联队，作战处处长

我们在当晚23时左右接受了作战简令：我们将在凌晨1:30驾机起飞。在当时的任务通报中，我看到机组人员的第一反应是表现出了真正的发自内心的热情。当宣布进攻行动终于开始时，将近一分钟，持续的欢呼声打断了下达简令的军官的讲话。机组人员在欢呼，仿佛是在欢呼战争的结束。

现在是高效的第2轰炸机师地勤人员为他们所钟爱的"解放者"们进行加油与武器配备的工作时间了。机组人员驾驶他们的轮式拖车，挂上了一长列上面堆满了100磅（约合45千克）和500磅（约合227千克）航空炸弹的平板车，然后将弹药从炸弹堆集所运到机场。在这里，它们在需要装载航弹的飞机旁被卸下。在英格兰寒冷的春夜中，战士们在黑暗中仔细地将长长的引信插入航空炸弹的弹头，然后又小心翼翼地将其转动到适当的设定位置。

只有经验丰富的机组成员才能达到最高效率，战士们迅速完成了一系列繁重而精细的工作：他们将航空炸弹搬到手推车上，然后将手推车推到B-24低矮的炸弹舱底下，用千斤顶抬起手推车，再将炸弹转移到机舱的炸弹架上。每颗炸弹都被安置在指定的位置，并像对待新生婴儿一样给予它

们周到的照料。每颗炸弹被嵌入弹槽时，地勤人员都会在弹头上安装保险丝，据称这可以防止炸弹引信被意外激活——万一发生，如此的灾难性事件会使飞机和机上乘员立即汽化。装满弹药后，飞机的正副机长极其明智地进行了安全检查。正常来说，地勤人员会为每架B-24装载52枚配有瞬时引信的100磅（约合45千克）炸弹，设定在炸弹触地的那一刻引爆。

飞机无法在没有燃料的情况下飞行，而"解放者"在短时间内就会消耗大量燃料。从D日大清早开始，第2轰炸机师的每个飞行大队的加油车就沿着机场来回奔忙，不时停下来为某架B-24轰炸机加满2400加仑（约合9085公升）的高辛烷值汽油。成千上万的盟军飞机在D日飞往战区，其中有很多甚至执行了两次或多次任务，第8航空军在后勤工作方面所付出的巨大努力的确令人赞叹。

《第328号野战命令》中规定了一个由数不清的最后期限所组成的时间表，每错过一个最后期限，都会让已经很具挑战性的任务变得更加艰难。12个参战的轰炸机大队的起飞时间为凌晨1:55—3:00，每队只有17分钟时间让它的全部36架飞机升空。指定时刻到来时，在每个机场的控制塔顶都有一名驻守于此的军官给出示意任务开始的信号。此信号一发出，各轰炸机大队的领队驾驶员立即操纵着他的B-24"解放者"滑行至其起飞地点，加大油门，沿着跑道不断加速，最后轰鸣着飞入黑暗中。飞行大队的其余战机以45秒钟的间隔逐架升空。腕上的手表是当晚第2轰炸机师最有价值的工具之一。B-24的副机长负责地面与空中的对时工作，他们专心地盯着手表，进行倒计时读秒，并在倒计时为零时大声报数，以便提示机长起飞时间。升空后，命令中严格标明飞行速度应为每小时155英里（约合249千米），爬升率应为每分钟300英尺（约合91米）。

在6月6日凌晨，"解放者"的机组人员对夜晚的恐惧要远甚他们对德国人的恐惧。第8航空军以其密集编队飞行而闻名，但是像指令要求的那种"靠拢"（close up）飞行，即使在白天也是危险的事情，在夜间它更是无比糟糕——就像在隧道中驾驶没有开大灯的汽车一样。当晚是满月，但是在2500英尺（约合762米）高度上的云层严重遮挡了月光。机翼灯（Wing lights）以及由机尾射击员操纵的阿尔迪斯灯①也会有所帮助，但用处不大。

第8航空军第2轰炸机师第96作战联队
特别指令，1944年6月5日

未能与飞行编队会合的单架飞机将直接飞往目标区，但在可行条件下应于飞行途中加入（友邻）编队并在编队中实施轰炸。如果未能找到飞行编队，落单的战机将轰炸次要目标。

起飞之后，"解放者"会以所谓的"赛马场环形航线"（racetrack course）在它们起飞的机场上空盘旋。这部分任务在简令下达室里听起来很简单，实际却不然。它涉及与友邻飞机距离很近的状态下的急转弯，与此同时所有飞机都在快速爬升，而且还被几乎难以穿透的黑暗所笼罩。此外，也不允许使用无线电通话广播来告知何时执行转弯动作。各机的副机长再次发挥了关键作用，因为他们正在警觉地用自己的手表为即将到来的下一个转弯倒计时。当倒计时到零时，飞行员会操纵 B-24 猛烈倾斜，同时飞机上的每个人都祈祷相邻的其他"解放者"也会照做。

根据集结计划，各大队将以环形航线在他们的机场上空盘旋，并且爬升至预先设定的高度，通常为1万英尺（约合3048米）左右。在满载弹药的情况下进行爬升绝非易事，特别是当严寒导致冰积聚在机翼和发动机上时。飞行员所不了解的是，积冰很容易使飞机超过其飞行载重上限。尽管奥马哈登陆行动发起时距离夏至仅有两周时间，但实际上积冰现象仍在爬升过

---

① 译注：阿尔迪斯灯（Aldis lamps）指一种供舰艇或飞机之间目视联络用的定向闪光信号灯。

程中给"解放者"造成了一定的麻烦。在大约8000英尺（约合2438米）处，警觉的飞行员通过他们驾驶舱外的闪光灯①首先注意到了积冰的迹象，并通过略微降低爬升速率来予以缓解。然而，积冰问题导致了此次任务中唯一的B-24的损失，这架来自第389轰炸机大队的经验丰富的副领队飞机，在其起飞的赫瑟尔机场（Hethel airfield）以北约20英里（约合32千米）处坠毁，机上10名机组人员全部丧生。进攻奥马哈海滩作战中的第一批阵亡者既非陆军士兵也非舰上水兵，而是飞行人员——他们的死亡事件发生在距离诺曼底地区比较远的地方。

到目前为止，尽管危机重重，但是任务才刚刚开始。接下来的工作就像任务开始时一样危险，它们将进一步集结成为更大规模的轰炸机群，从36架的飞行大队到108架的飞行联队，直到约450架的轰炸机师，最后到整个第8航空军的超过1350架"飞行堡垒"（B-17）和"解放者"（B-24），它们将沿着不到10英里（约合16千米）宽的空中走廊飞行。这是航空史上最危险的空域，一个繁忙的21世纪的大城市机场与之相比都显得空空荡荡。

以其先进技术而闻名的第8航空军在野战命令指定的地面站上建立了被称为"集束"（Bunchers）或"洒溅器"（Splashers）的高频无线电脉冲信标系统。飞机可以沿着无线电信标波束指定的航向飞行，而无线电信标信号本身则是通过加密频段传送的。第8航空军中的每个飞行联队都配有一个指定的"集束"地面站，每次任务时其无线电传输频率都会改变。军方高层认为"集束"（信标）频率是高度敏感的信息，坚持要求这一数据只能在"起飞前一分钟"发布。根据第8航空军内部流传的说法，这些信息打印在如剃刀一般薄的米纸上，如果飞行员面临即将被俘的危险，则要立即把它吞下去。但正如一名飞行员所指出的那样："到那个时候谁能想到把它作

---

① 译注：此处用于观察积冰的闪光灯实际上就是上面提到的wing light，它们是位于机翼处的两个单光束灯，用以照明机翼前缘及发动机进气口，可用于检查机翼及发动机进气口的结冰情况，在实际航行中该灯应一直处于打开状态。

为食物吞下去？"为了在"集束"信标周围维持整齐的编队，"解放者"的领航员将他们的目光聚焦在无线电罗盘的刻度盘上，上面准确指示了轰炸机当前相对传输波束的方位。如果轰炸机直接越过"波束"，刻度盘上的指针会突然翻转180度（以提示偏航）。轰炸机的生存取决于维持集中编队和机组成员完美的团队合作。

在 D 日，乱糟糟的大片云层阻碍着机群的集结——而且对于二战时期的任何轰炸机飞行员来说，云都是厄运的传播者。幸好坏运气没有现身，第8航空军的任何飞机都没有发生空中碰撞事故。然而，好运的代价也相当高昂：紧密的编队已在云层中被打散，大多数轰炸大队在进入轰炸航路之前无法恢复组队。

沃伦·波尔金（Warren Polking）中校
第8航空军第2轰炸机师第32轰炸机联队，D 日任务评价，1944年6月13日

我们的编队一度维持得非常好，直到我们在"5号集束"上方遭遇了一大片云。我们没有注意到云层的出现，我们飞到那里时已别无选择。我们径直飞入云层。当我们驶出时，只有 3 架轰炸机随我机前行。

劳伦斯·吉尔伯特（Lawrence Gilbert）中校
第8航空军第2轰炸机师第392作战联队

B-17 轰炸机的性能决定了他们可以维持比我们更紧密的飞行编队。我们的飞行队常以松散的队形加入轰炸机的飞行纵队，而 B-17"飞行堡垒"的队形则非常紧凑。大多数 B-24 飞行员会告诉你，B-24 是一种难以在飞行中保持既定队形的飞机。驾驶它对飞行员的体力要求很高，在高海拔上连续飞行 20—30 分钟后，你已经疲惫不堪。

轰炸机爬升得越高，飞得越远，时间的紧迫性就不可避免地造成越来越大的压力。这不是它们惯常执行的轰炸任务，所有机组成员对此都心知肚明。他们哪怕晚几分钟到达奥马哈海滩阵地上空，那么最好就不要将炸弹扔在主要目标上。那时海滩上已经出现了许多美国大兵——如果他们犯错的话，等待他们的将会是军事法庭。

第8航空军第2轰炸机师第20作战联队，特别指令，1944年6月5日

　　各机将以6分钟的间隔从其集结高度飞离"7号集束"。各大队的领航机将在"-194分钟"[即凌晨3:16]飞离"7号集束"。

当B-24机群在空中集结并盘旋时，沉睡的东盎格利亚（East Anglian）农民被一阵以分钟为单位、越来越强烈的有节奏的轰鸣声所惊醒。很多英国老百姓认为美国人当晚会干一些特别的事情，并希望他们能把希特勒那个坏家伙好好揍一顿。但是发动机的巨大轰鸣声最终消失在了西北方——似乎是完全错误的方向。第2轰炸机师在D日作战任务的一大悖论是，"解放者"在轰炸奥马哈海滩之前在空中滞留了超过一半的时间，他们实际上先是直接向北飞行，远离诺曼底的登陆场。然而，由于盟国远征军最高司令部要在6月6日一次性投入盟军在不列颠的全部空中力量，所以当极其繁忙的夜空迫使参谋人员必须制定独特的飞行计划时，第8航空军必须为此付出代价。如果B-24轰炸机从他们的英国基地直接飞往诺曼底，他们就会在一小时内到达，然而，在实际任务中，"解放者"在到达目标之前已经在空中飞了将近4个小时。

　　最后，在凌晨4:30左右，第2轰炸机师形成了4个巨大的纵队，每个纵队中有100多架"解放者"，其中每3架轰炸机为一组，排成若干个"V"字队列，并径直向南前往奥马哈海滩空域。配备新型H2X"米奇"雷达的20架"探路者"B-24轰炸机充当编队的先锋，每隔一分钟发射一枚色彩鲜艳的曳光弹，引导许多迷航的飞行员驾机返回在编队中的预定位置。

约翰·吉布森（John Gibson）上校
第8航空军第2轰炸机师第14作战联队第44轰炸大队

你可以试着将它想象成一个漏斗，就像你用来往汽油箱中加注油料的一样。广口的末端朝向苏格兰。随着我们的［向南］前行，我们所占据的空域也越来越小，最终我们刚好穿过漏斗的颈部。这将是我们离开英格兰海岸并开始飞越海峡的地方。

当机群沿着第2轰炸机师的空中走廊如同洪流一般全速南下，飞过了英格兰南部海岸，从怀特岛东端掠过，然后直奔奥马哈海滩时，东方泛出的淡红色微光预示着日出的到来——此时只剩下30分钟的航程。"探路者"的H2X雷达很快就接收到了有关诺曼底近海区域的盟军登陆舰队的信号，雷达显示器上呈现出一片数不清的白色光点，每个光点对应一艘船，所有亲眼见到的人都会感到非常震惊。那些从轰炸罗马尼亚的普洛耶什蒂（Ploesti）和对"大 B"（The Big B）——柏林的空袭行动中幸存下来的久经考验的"解放者"飞行人员，他们曾在欧洲的天空中目睹了许多奇妙的景象，但这里出现了一些全新的东西，一种他们肯定再也不会看到的盛况。

任务到此时为止，天空中的云仍然很密集。破晓时分，第2轰炸机师接近诺曼底海岸，面容冷峻的飞行员们看到天空中阴云密布。轰炸必须透过完整的云层进行。如此说来，引领"解放者"轰炸机编队到诺曼底的20架"探路者"导航机，虽然数量占比很小，却极其重要，因为他们的 H2X 雷达是让机组人员在奥马哈海滩区域确定适当的航弹投放点的唯一手段。根据"探路者"发出的信号，B-24很快就会投下超过230万磅（约合104万千克）的炸弹，所以整个任务都依赖于那些投弹手、领航员和对 H2X "米奇"系统有充分了解的雷达操作员。哪怕犯下一个错误，灾难就会降临。

联队机动空域

第96作战
飞行联队

第14作战
飞行联队

第2作战
飞行联队

第20作战
飞行联队

北海

第96作战飞行联队

第14作战
飞行联队

第2作战飞行联队

第2轰炸机师
的各个机场

第20作战飞行联队

英国

东盎格利亚

返回基地(的航线)

伦敦

多佛尔·

多佛尔海峡

南安普敦

加来

普尔

怀特岛

波特兰

英吉利海峡

法国

瑟堡

勒阿弗尔·

海峡群岛

"奥马哈"海滩

卡昂

诺曼底

巴黎

CW : 作战 (飞行) 联队

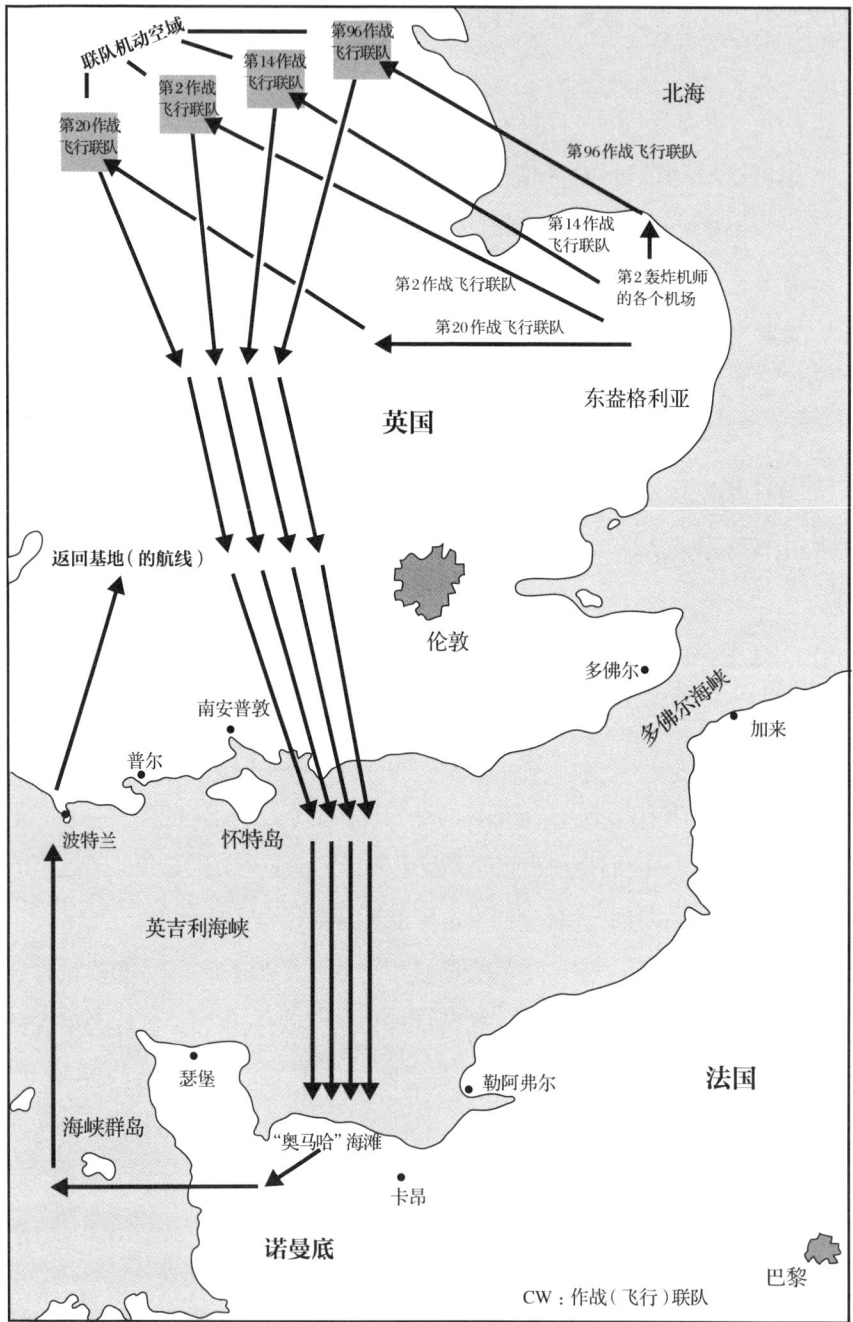

第8航空军: D 日第2轰炸机师

H2X 是一种简单的天线装置，它在发射高频无线电脉冲的同时不断旋转。在最新型的"解放者"轰炸机上，H2X 雷达罩取代了机腹炮塔，它可以根据需要伸出和收回。H2X 设备所接收到的电子脉冲回波，在"米奇"操作员的雷达显示屏上呈现出雷达扫描区域的地表无线电图像。地球表面与 H2X 设备之间的雷达反射波强度是关键：返回的脉冲波数量越多，雷达显示器上的图像就越亮。受过训练的操作员可以轻松识别城市区域，因为建筑物鲜明清晰的轮廓会产生高频的脉冲反射波，从而在雷达显示屏上产生非常明亮的光斑。相比之下，诸如海洋或者草场等平坦区域则只会产生微乎其微的回波，呈现在雷达显示屏上就是一片黑暗。

随着"探路者"们接近奥马哈海滩，"米奇"设备操作员注意到，他们的 H2X 显示屏呈现出了大片高亮的回波图像。海滩后方的沿海悬崖很容易识别，所以尽管阴云密布，但是投弹手可以凭借这一参照相对精确地校准其投弹目标。"解放者"机群迅速接近这些目标，飞行员打开炸弹舱门做好投弹准备。然而，在执行任务的450架 B-24轰炸机中，只有20架"探路者"改型机配备了 H2X 雷达设备，这意味着有20名空勤人员将肩负着决定何时进行投弹的重任。任何一架"探路者"掉队，其编队中的其他所有 B-24也将随之掉队。如果有轰炸机落后于他们的领航机并且无法看到投弹点，那么"探路者"也会释放彩色发烟弹，向掉队飞机清楚地标明投放炸弹的位置。

B-24"探路者"带领着轰炸机群抵达奥马哈海滩上空。机组人员在任务前的简令中接收到严厉的警告，应绝对避免因投弹距离过近而导致误伤友军的情况发生，所以现在"探路者"的投弹手将他们的视线转移到他们的手表上，而非立即投放炸弹。表盘上的秒针仿佛走得特别慢：5秒，10秒，15秒，20秒。20秒左右，有时甚至会超过30秒，他们终于按下了炸弹释放按钮，并发出了机组成员等待已久的广播指令："投弹！""探路者"飞行员从他们的驾驶舱中往外看那些紧随其后的 B-24轰炸机编队，并满意地观察到所有飞机都与其领航机一起投下了炸弹。

成千上万的航弹从炸弹舱中倾泻而出，穿过云层消失在视野中。机组成员们无法看到航弹的炸点，也就对它们实际上被投到哪里一无所知。但任务已经接近尾声，显然这项工作做得很好。夜间集结进行得无懈可击，敌军几乎没有抵抗。更庆幸的是，除了有一架飞机在起飞后坠毁以外，其余全部轰炸机均安全返航回到基地。这是一次完成得再好不过的"例行飞行任务"（milk run）了。

利昂·约翰逊（Leon Johnson）准将
第8航空军第14作战联队，联队长，D日任务评价，1944年6月13日

我个人认为，我们的计划执行得很完美。

菲利普·阿德里中校
第8航空军第2轰炸机师第2作战联队，作战处处长

我呼叫投弹手，询问他对这次投弹的效果感觉如何。当然，除了看到我们投下的炸弹消失在下方的云层之外，其他的我们一无所知。"长官，"他回答说，"如果这次轰炸的效果不好，那么我再也不会说自己是投弹老手。我想我们投下的所有炸弹都能正中目标。"

但是数据为我们讲述了一个不同的故事：B-24机群以接近100码/秒（约合329千米/小时）的巡航速度快速掠过了大片土地。20秒或者更多的投弹延迟会导致所有炸弹落点至少偏离预定目标1英里（约合1.6千米）。

这并非是登陆行动的一个良好开端。

奥马尔·布莱德雷中将
美国第1集团军司令官，自传《一个士兵的故事》（A Soldier's Story）

在透过阴云实施轰炸时，航空兵有意推迟投弹，以减少航弹爆炸波及正在靠近海岸的登陆船艇的危险。这种安全边界破坏了这一重大

空中任务的效力。对于晕船的步兵来说……这次轰炸的失败意味着在
奥马哈海滩上更多的人员伤亡。

洛伦佐·萨宾上校
美国海军，"O"部队火力支援集群指挥官

在［海军］炮击行动期间，罗伯特·李·史密斯（Robert Lee Smith）
海军上尉……近程火力支援集群的作战处长大声喊道："飞机在哪里？"
当时没有人能回答这个问题。在空袭期间，我军飞机没有将任何一枚
炸弹投到奥马哈海滩上。

第六章
孤注一掷

一种被称为"双重驱动"（Duplex Drive）的装置

自从1939年德国人发动"闪击战"以来，美英两国的将领们开始相信坦克是任何进攻性军事行动的必要组成部分。但盟军最初不得不从海上发起进攻以获得在欧洲的立足点，而在这样的作战企图中，坦克似乎很少或根本无法起到直接的作用。然而，像"尼普顿"计划那样危险的作战行动，需要采取创新的解决方案来应对向敌对海岸输送大规模军事力量的巨大挑战，如果美国能够找出一种在两栖突击行动的早期阶段使用坦克的方法，那么"尼普顿"计划成功的机会将大大增加。盟军需要付出巨大努力来设计和生产能够使坦克随第一波登陆部队抢滩的特殊装备，但如果那些特种坦克可以协助打垮"大西洋铁壁"，这种努力将是非常值得的。

多年以来，英国一直主张在两栖作战中使用特种装甲车辆，在他们的帮助下，杰罗将军和布莱德雷将军决定，在第一名步兵踏上法国土地之前，首先向奥马哈海滩输送112辆经过特别改装的美国陆军"谢尔曼"式坦克。根据杰罗的计划，16艘美国海军坦克登陆艇将在离岸3英里（约合4.8千米）处将其搭载的共计64辆"双重驱动"的"谢尔曼"式坦克放下水。这些坦克将凭借自己的动力向岸上航行，并于凌晨6:25——即进攻发起时刻前5分钟在奥马哈海滩登陆。与此同时，另外16艘装甲型坦克登陆艇将直接驶向海滩，在海滩浅水区抢滩，然后所有48辆"谢尔曼"坦克将通过登陆艇放下的船首跳板驶上沙滩。

如果这个雄心勃勃并且前所未有的计划真正起作用，那么几分钟后，从人员登陆艇上冒出来的美国大兵会非常高兴地看到，有若干辆谢尔曼坦克以约60码（约合54米）的间隔在海滩上扬起滚滚沙尘向前推进，它们所配备的75毫米大口径加农炮和机枪将使敌众多永备发射点被飞溅的碎石、硝烟和火焰所笼罩。即使这些永备发射点中的守军在坦克的猛烈火力下幸存下来，当步兵部队匆匆穿越海滩时，谢尔曼坦克本身在面对敌火力时也会成为步兵极佳的活动防护掩体。如果敌方铁丝网或障碍物阻挡了步兵的前进，那么坦克也可以轻易地在其中开辟通道。许多人相信（两栖）坦克可能是一种划时代的产物，它让两栖登陆作战的天平向有利于进攻方的一端倾斜。但是关于这个坦克登陆的计划，也有人疑虑重重，因为它显得太过一厢情愿了。

伦纳德·T. 杰罗少将
第5军军长，"霸王行动"会议，1943年12月21日

　　我不知道它是否已得到充分验证：那些两栖坦克被投放到3—4节流速的海流中将会发生什么？……我怀疑我们是否有能力让这种坦克在海上航行时克服海流的影响，而且它们在海上的导航定向也是未知数。

在以一场技术革新而闻名的战争中，两栖坦克是第二次世界大战最奇妙的产物之一。当时的人们无法想象一辆重达33000千克的谢尔曼坦克能够从驻泊于近海的坦克登陆艇上驶入海中，然后凭借自己的动力航行至岸上，然而这正是两栖坦克被期望完成的工作。由金属框架支撑并用橡胶和帆布制成的浮渡围帐使坦克能够漂浮在水上；双重驱动传动装置可为两个推进螺旋桨提供动力，这两个螺旋桨也可起到方向舵的作用，尽管其水上航速仅为每小时5英里（约合8千米）。登上陆地之后，驾驶员会切换变速

一种被称为"双重驱动"的装置。一辆竖起帆布围帐的美国陆军两栖坦克正驶入水中。当坦克完全进入水中后，有两个水上推进器将提供水上航行的动力。（美国陆军通信兵部队，国家档案馆）

器，将动力提供给坦克行走系统的主动轮而非螺旋桨，于是坦克就可以在坚实的地面上行驶。

1944年初，美国人从英军那里学会了如何操纵两栖坦克之后，他们对坦克（在训练时）的表现感到满意。两栖坦克的浮渡围帐在水中升起后，坦克本身几乎全部位于水平面之下，只有不到1英尺（约合25.4厘米）高的帆布位于水面之上，以防止海水倒灌淹没整车。对外行来说，无法想象在帆布后面会隐藏着一辆坦克，因为两栖坦克在海上航行时的外观略显滑稽，它就像是一个浮动的浴缸，很难与军事上的应用产生关联。

威廉·邓肯（William Duncan）少校

第743坦克营作战训练科负责人，有关两栖坦克的最高机密报告，1944年4月30日

以下是两栖坦克的受限之处：A）它使用较为脆弱的帆布围帐提供

浮力。帆布很容易被撕开……大于 1 英尺（约合 25.4 厘米）的裂口就可能导致坦克下沉。B）两栖坦克至多只能在 3 级风浪及海况下使用。C）据信如有坦克登陆艇、支援登陆艇或其他较大型船艇从航行中的两栖坦克旁边经过，掀起的波浪就会导致其沉没。D）在离岸 4000 码（约合 3658 米）或更远处下水的两栖坦克的浮渡演练中，有 6 例一氧化碳中毒的情况发生。未造成人员死亡。

迪恩·罗克韦尔（Dean Rockwell）海军上尉
美国海军第35坦克登陆艇大队指挥官，针对两栖坦克的评估
1944年4月30日

我打算提供以下建议……A）陆军方面将被立即告知分配给各个坦克营的坦克登陆艇的数量。这对为准备 D 日行动而进行的下一步训练工作来说是至关重要的。B）鉴于陆军希望在 D 日条件允许的情况下尽可能多地从海上投放两栖坦克，那么对此型坦克的局限性和特殊性有透彻了解的陆军军官就应该在海面上风大浪急时决定是仍从海上投放两栖坦克还是直接将其送到海滩上。C）须在 D 日使用两栖坦克。

邓肯和罗克韦尔以这些用于登陆行动的新型秘密武器为基础，装备并训练了3个坦克营。在奥马哈滩将投入两个坦克营：第741坦克营将有32辆两栖坦克通过浮渡航行在海滩东半部登陆，第743坦克营也将有32辆在海滩西半部登陆。

爱德华·斯莱奇（Edward Sledge）中尉
第741坦克营 A 连

［回想起来］战士们对我们的坦克充满信心……我们在英国的所有训练中没有损失一辆两栖坦克。

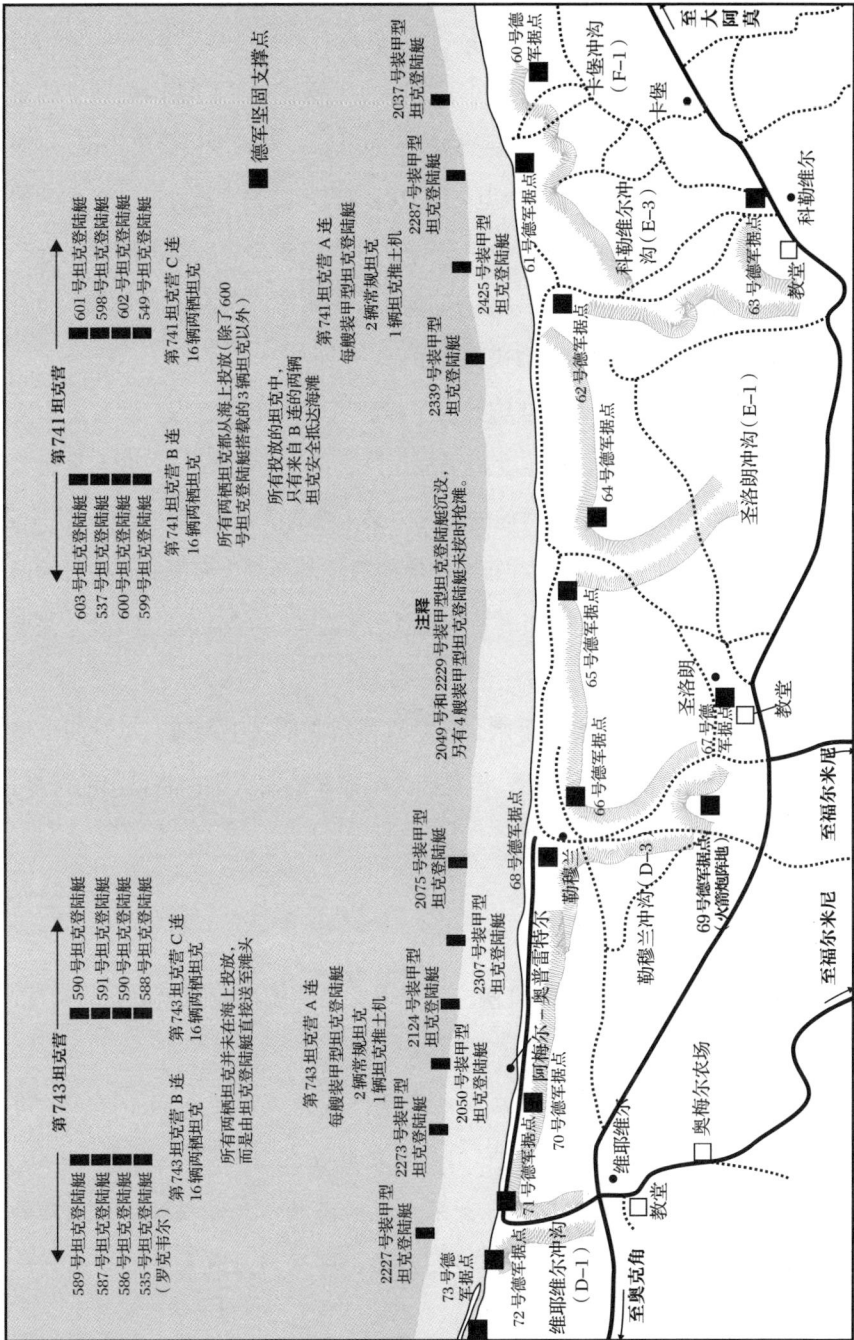

进攻发起时刻（H-Hour）：第741 和第743 坦克营

这两个坦克营几乎无法区分：他们使用同样的装备，遵循同样的训练程序，并且分担了同样的使命。然而，他们在 D 日的经历却完全不同。第741营和第743营的精干坦克兵们都迫不及待地想要展示他们的两栖坦克的价值，但是他们也意识到这都是些结构精密的机器。邓肯少校曾警告说，4级或4级以上的风力和海况对两栖坦克的航行而言可能是灾难性的，而那些留心此警告的坦克兵和海员肯定会注意到 D 日拂晓时分战区附近海域正处于4级风力与海况的气象条件下——风速为11—16节，浪高3—5英尺（约合0.9—1.5米）——预言的情况看来出现了。

装载两栖坦克的坦克登陆艇经历了横渡海峡的艰苦旅程。随着进攻发起时刻的临近，手头的任务也变得更加艰巨。第741营和第743营有至关重要的使命要去完成，但鉴于目前的海况，必须要有人做出某些艰难的决定。凌晨5:30，随着以4节的速度在夜暗中穿越波涛汹涌的大海颠簸驶往目的地的坦克登陆艇航行编队抵达距奥马哈海滩约3英里（约合4.8千米）处，需要做出决断的时刻来临了。

是在海上将两栖坦克放下水，还是直接将它们送上海滩？尽管两个坦克营有着极其相似的成长经历，但是因为陆海军的军人们即将做出的选择，他们的命运会发生巨大的偏离。

美国海军"O"部队
"尼普顿行动命令"最高机密，关于坦克登陆艇搭载两栖坦克的情况，1944年5月

如果天气允许的话，在距离海岸约6000码（约合5486米）的海面上将两栖坦克放下水，它们应在进攻发起时刻前10分钟（H-10）左右登上海滩［上午6:20］。如果当时的海况不允许在海上投放两栖坦克并让其凭借自己的动力驶往海滩，那么则应随第一波登陆部队将其送上海滩。

第741坦克营

给602号坦克登陆艇（搭载第741坦克营的4辆两栖坦克）的扩音器广播信息

0520时，1944年6月6日

你们距离海滩5500码（约合5千米）。现在是你们两栖坦克出动的时候了！

J. H. 梅特卡夫（J. H. Metcalfe）海军少尉

作战报告，601号坦克登陆艇（搭载第741坦克营的4辆两栖坦克）

1944年6月

坦克部队的战士们对直抵海滩十分自信。

第741坦克营

战斗后报告，1944年7月19日

在进攻发起时刻前约60分钟（H-60）[上午5:30]，载有B连和C连两栖坦克的坦克登陆艇编队在距离奥马哈滩约6000码（约合5486米）的近海海域就位。B连由詹姆斯·桑顿（James Thornton）上尉．指挥，C连由查尔斯·扬上尉（Capt. Charles Young）指挥。桑顿上尉成功地通过无线电与扬上尉取得了联系，两位连长讨论了从海上投放两栖坦克的可行性，当时海况极其恶劣——要比两栖坦克以往经历的所有使用环境都恶劣得多……两名连长都同意，从海上投放两栖坦克所将获得的优势表明了有必要在风高浪急的情况下冒险投放两栖坦克。于是，在进攻发起时刻之前约50分钟（H-50）[上午5:40]下达了投放两栖坦克的命令。

J. G. 巴里海军上尉（Lt. (jg) J. G. Barry）

作战报告，549号坦克登陆艇（搭载第741坦克营的4辆两栖坦克）

1944年6月

我没有从陆军那里收到有关他们的行动意图或任何其他的信号。当我努力通过目视信号联系下一位陆军高级军官时，他已经开始投放坦克了……甚至在投放之前事情就已经很明显，在离岸如此远的海面上，对于两栖坦克而言风浪实在太大。

威廉·邓肯少校
第743坦克营，作战训练科科长（S-3）

任何四级海况都伴随着波涛汹涌以及2英尺或超过2英尺高的海浪，这自然非常危险，不过洛克威尔中尉、美国海军，以及他所搭乘的坦克登陆艇上的船员都经历过充足的训练，他们非常清楚这种危险。然而，陆军方面指示，各营实际参加两栖坦克登陆行动的资深上尉（连长）将在现场做出是否从海上投放坦克的决定。第743坦克营C连连长耐德·埃尔德（Ned Elder）上尉（一名出色的军官）决定：由于海面上波涛汹涌，海军的坦克登陆艇应该直接将第743营的坦克输送到海滩。

迪恩·罗克韦尔海军上尉
美国海军第35坦克登陆艇大队指挥官，作战报告，1944年7月14日

很明显，当时的海况不适合投放坦克。在离开波特兰之前，指挥部即已提出，如果因海面风浪太大而无法投送坦克，那么下一步应如何行动。尽管指挥部坚持要求应有一名陆军高级军官为两个坦克营做出相关的决定，但最终投放坦克的决定权还是留给了各营的高阶军官，具体到这次，则是由第741营的桑顿上尉和第743营的埃尔德上尉负责。这一决定得到了第741营营长斯卡格斯（Skaggs）中校和第743营营长厄珀姆（Upham）中校的同意。上午5:05，指挥部经由坦克上的无线电台与埃尔德上尉取得了联系，并且我们完全同意，运载第743营坦克的各坦克登陆艇不从海上投放坦克，而是直接将其送到指定的海滩上。

保罗·拉根（Paul Ragan）上士

来自第741坦克营 B 连，搭乘600号坦克登陆艇，1945年7月

我看到升起了黄旗，意味着开始投放坦克。船首跳板放下，第一辆坦克下水。我看着船首跳板"清空"，接着转过头去向其他车组下达指令，就在那时，在我们搭乘的登陆艇旁边发生了一次大爆炸，船上搭载的所有坦克都相互挤压碰撞，浮渡围帐也被撕裂……[我看到]仅有的一辆从坦克登陆艇上下水的坦克已经沉没了。海上波涛汹涌。我去对船长说我们必须搭救落水人员……我们把他们打捞上来，我也注意到还有不少人在救生筏上，但是我们只能继续驶往海滩并在那里让坦克直接抢滩；我们做到了。

R. L. 哈基（R. L. Harkey）海军少尉

作战报告，602号坦克登陆艇（搭载第741坦克营的4辆两栖坦克）

1944年6月

我不会因这样的事实感到骄傲，没有让登陆艇将所有坦克一路送上海滩，这让我一直很后悔。

在549号坦克登陆艇（LCT–549）上，有一位巴里海军上尉对此表示不安，他很怀疑登陆艇上搭载的两栖坦克可以被顺利放下水并在海上航行，但是坦克兵们决定无论如何还是试一下。从549号坦克登陆艇（LCT–549）的船首跳板驶入海中的前3辆坦克仅航行了约100码（约91米）就沉入水中。即使目睹了这场灾难，LCT–549艇上的第四辆也就是最后一辆两栖坦克的车长约翰·塞尔特尔（John Sertell）仍然不顾坦克上的帆布围帐已有明显裂口的事实，决定强行操纵坦克下水。大吃一惊的巴里说："这完全是痴心妄想。"那天晚些时候，另一艘坦克登陆艇打捞出了塞尔特尔的尸体。

从海上投放第741坦克营的两栖坦克被证明是一个灾难性的决定。C连的全部16辆坦克都在驶向海滩的途中沉没，还有相当数量的人员损失。只有B连的两辆坦克凭借自己的动力航行上岸；此外，在亨利·沙利文（Henry Sullivan）海军少尉和P. J. 奥肖内西少尉（P. J. O'Shaughnessy）明智地达成一致意见后，600号坦克登陆艇（LCT–600）后来将其余3辆坦克直接送上了海滩。因此，第1师的步兵部队将缺失32辆两栖坦克中的27辆，而原本军方高层承诺这些坦克将在进攻发起时刻在海滩上等待他们。"大红一师"的战士们将会非常想念它们。

但是，由于有埃尔德和罗克韦尔的果断决定，搭载第743坦克营B连和C连所有坦克的8艘坦克登陆艇并未从海上投放任何两栖坦克，而是载着它们直接冲上了海滩。全部8艘登陆艇在上午6:40左右成功抢滩，仅比两栖坦克在预定计划中的登陆时间稍晚一点。罗克韦尔麾下有一些坦克登陆艇在卸载坦克时遇到了一定困难，因为海滩现在处于猛烈的敌火力之下；但从宏观层面来看，第743营的大部分两栖坦克都越过了浅水浪区，向横亘在它们正前方的由敌海滩障碍物所构成的凶险地带冲去。坦克实际上岸的位置与计划基本相符，而第29师的美国大兵们非常需要他们的支援。

去那里，再一次

杰罗将军对两栖型谢尔曼坦克的质疑——现在证明绝非杞人忧天——促使他制定了一项奥马哈海滩的登陆行动计划，该计划完全不依赖于双重驱动技术在海滩步兵部队前部署坦克。有一个补充性方案规定了在进攻发起时刻将投入16艘原属英国的装甲型坦克登陆艇，这些登陆艇在原有基础上增加了额外的装甲板，并且仍然使用皇家海军登陆船艇所常用的以白色为主的迷彩涂装。每艘登陆艇可运载3辆坦克直接抢滩，船首跳板也专门进行了加长，这样可以让坦克在岸边水较深处下船时更容易一些。每3辆坦克中有2辆是常规型谢尔曼坦克，另有1辆是加装推土铲的特种谢尔曼坦克，以用于清除铁丝网和海滩障碍物。为了使这些坦克顺利上岸并在大约7英尺（约合2.1米）深的潮汐和浪涌中作业，它们经过特殊的防水处理，并且配有大型金属进气口和排气管，它们的形状就像倒置的鱼钩，安装于坦克尾部的发动机舱处。

被分配到一艘配备附加装甲的舰艇上的水兵有理由怀疑，他们就是别人口中所说的登陆行动中的"小白鼠"——他们猜得没错。杰罗的进攻宏图不可能更直接了：装甲型坦克登陆艇将成为首批在奥马哈海滩抢滩的登陆船艇。情报摘要也同样直言不讳：德国人在永备发射点中部署了许多大口径火炮，其中一些据称是火力凶猛的"88炮"，在北非战场上，它们可以凭借惊人的准确度，在1英里（约合1.6千米）甚至更远的距离上，用88毫米穿甲弹轻易切开盟军坦克的装甲。如果突击行动前的空袭和海军炮击未能取得有效战果，那么装甲型坦克登陆艇上的艇员们在奥马哈海滩的预期生存时间可能会非常短。

然而搭乘登陆艇的陆军坦克兵却没有那么悲观。坦克本来就是作为先锋为步兵铺平道路的，因此他们对D日任务的艰巨性和危险性有充分的心理准备。如果有德国守军从轰炸和海军炮击中幸存下来，登陆的坦克分队可以散开，利用波浪和岸边的水深处作为掩护，并从那里开火射击，将敌人消灭掉。对于那些被卷入登陆行动最艰难任务之一的军人来说，坦克兵对成功有着超乎寻常的强烈信心。

但该计划从一开始就濒临解体。在黎明前的黑暗里，横渡海峡的艰难航程让许多登陆艇在奥马哈滩近海海域中分散开来，事实证明，他们不可能在驶往海滩之前在他们专属的集结区进行集中。

洛伦佐·萨宾上校
美国海军，"O"部队火力支援集群指挥官，作战报告
1944年7月3日

由于我们落后于时间表，所以所有船只都以最高速直接驶向海滩，并没有尝试先在运输舰卸载区前方就位，然后再向海滩进发。

除了危机四伏的基本任务外，不堪重负的登陆艇艇长还被要求在通往海滩的途中延伸扫雷具——这项任务在某种程度上被直接忽略了。他们还要负责在横渡海峡的过程中拖曳大型的机械化登陆艇，而这一任务无疑会进一步破坏其集结时间计划。在距离海滩约3英里（约合4.8千米）的近海水域，登陆艇上搭载的排爆工兵人员应被转移到机械化登陆艇中，在夜暗环境下的卡尔瓦多斯沿岸波涛汹涌的海面上，这是一项很棘手的操作。随后两种登陆船艇将分别驶往海滩。

由于承担了上述多重危险任务，萨宾麾下的16艘装甲型坦克登陆艇中只有10艘按照预定计划于上午6:30抢滩并成功将搭载的所有坦克送上岸，萨宾对此毫不奇怪。登陆艇一上岸，德国人便立即用射程内的各种轻重火器给予他们迎头痛击。对于各登陆艇来说，任务的风险陡然增大。

洛伦佐·萨宾上尉
美国海军，"O"部队火力支援集群指挥官，作战报告
1944年7月3日

在逼近海滩的过程中，2229号装甲型坦克登陆艇[LCT(A)-2229]在距离"红D"滩约2英里（约合3.2千米）处的海面上沉没，失事原因可能是船体进水。人员损失包括2名军官、4名（海军）士兵和另外3名陆军人员……在登陆艇抵达海滩之前，敌岸防部队并没有太多的动静，而在抢滩的那一刻，机枪、迫击炮和其他地炮所构成的密集火力朝我们袭来。

维克托·希肯海军少尉
2227号装甲型坦克登陆艇[LCT(A)–2227]指挥官，"O"部队火力支援集群

我们恰好准时[上午6:30]登上了"绿D"滩，按照英国人的说法就是"smack on"。在"绿D"区域，有一个小岬角从沙滩上伸出来，我们在那里抢滩，然后立即吸引了敌方的迫击炮与机枪火力。坦克已经卸载完

毕，但是我们无法操纵绞车起锚。我们都挤在有装甲防护的驾驶室内，听凭机枪子弹噼噼啪啪不停地打在外面。一发迫击炮弹炸飞了船首跳板，从那一刻起敌火力开始减弱。我想是因为第 116 团 A 连 [第 29 师] 正在登陆，所以敌军的打击目标发生了转移。从某种意义上说，正是他们的牺牲让我们得救……我永远都会记得，当时有一名水兵从底舱冒出头来大声喊："床垫着火了！"我用脚踹他的钢盔，告诉他赶紧下去灭火。他照做了。

埃德温·考夫曼海军（Edwin Kaufmann）少尉
2124 号装甲型坦克登陆艇 [LCT(A)–2124] 指挥官，"O"部队火力支援集群

在沙滩上，2124 号装甲型坦克登陆艇被敌守军的一门岸防炮所发射的接近 57 毫米口径的炮弹至少击中了 10 次。最严重的问题是被刺穿的舷侧油箱和船锚的损失，后者是因为一发炮弹切断了锚索。我们最终收回了锚链，但是在离岸约 1 英里（约合 1.6 千米）处丧失了动力，原因是油箱里混入了海水。

在海滩的开阔地上，谢尔曼坦克几乎没有任何机会去对抗位于制高点上的筑垒阵地中的敌反坦克炮，所有这些工事都轻而易举地躲过了针对海岸沿线的轰炸与海军炮击。譬如第 743 坦克营的一辆两栖坦克，根据埃尔德和罗克韦尔的命令被 LCT–591 号登陆艇直接送上海滩，然而就在它驶下船首跳板之后的短短几秒钟内，它就被一发呼啸而至的敌反坦克炮弹击毁。为了摧毁敌人的永备发射点，坦克必须与步兵协同作战，但由于缺乏后者的支援，它们被困在没有出口的海滩上，就像人们常说的"桶中之鱼"一样被逐一摧毁。为了推迟这一宿命，大多数坦克在浅水浪区中寻求隐蔽，并利用上涨的潮水这点可怜的掩护开火还击。然而，在纵深超过 400 码（约合 366 米）的海滩开阔地带上，得到良好伪装的敌方永备发射点几乎无法被发现，而此时美军坦克兵除了等待更有利的时机重新发起攻击外——假如他

登陆先锋。残破的美国海军第2273号装甲型坦克登陆艇 [LCT(A)=2273]，指挥官为劳埃德·麦克维伊（Lloyd McVey）海军少尉，D日上午在奥马哈近海区域。可以看到在她的甲板上有两辆谢尔曼坦克和一辆坦克推土机。该艇断成两截，并在当天晚些时候沉没。（美国海军档案，国家档案馆）

们能在这段时间内幸存下来的话——几乎完全束手无策。对布莱德雷和杰罗来说，不幸的是，在进攻发起时刻（H–Hour）之后仅几分钟，德国守军证明了自己完全有能力挫败美军在第一波登陆中所投入的大量坦克。至少在这次，坦克不会打破两栖登陆作战的平衡，使局势变得对进攻方更有利。

W. C. 库克（W. C. Cook）海军少尉
586号坦克登陆艇 [LCT–586] 指挥官，作战报告，1944年6月

[抢滩后，] 机枪火力来自四面八方……我离开海滩时，有一队半潜于水下露出炮塔的坦克正在开火。

H. 怀特（H. White）海军少尉
713号坦克登陆艇 [LCT–713] 指挥官，作战报告，1944年6月

我们在D-1出口 [维耶维尔冲沟] 稍微偏左的位置抢滩。就在我们正前方，有一座用混凝土和红砖建成的敌永备发射点，它有两个发射口。

托马斯·费尔（Thomas Fair）上士
第741坦克营 A 连，1944年6月

船首跳板在相当深的水中落下，于是我们离开了登陆艇。我在1号坦克，拉森中士在2号坦克，坦克推土机则是3号。海水淹过了我们的炮塔座圈。我们终于在海滩上停了下来，但仍然留在水中以便获得充足的掩护。在我们搜索敌反坦克炮与永备发射点的方位的同时，我车的航向机枪手（指坦克驾驶员右侧的副驾驶／机电员所操纵的固定于车体上的机枪，因为通过坦克行驶所获得的航向来获得射界，故有此称）和炮长开始分别用各自战位上的 .30 口径（12.7毫米）机枪向林地和山坡上泼洒子弹。

S. 席勒（S. Schiller）下士
第741坦克营 A 连，1944年6月

[加埃特拉.] 巴塞罗那（Gaetera Barcelona）中尉绰号为"永驻我心"的坦克在逼近海滩的过程中持续向目标射击。主要目标是位于 E-1 出口右侧的一座房屋，该处中了数发炮弹。离开登陆艇后，我们的第一个目标是一座部署有75毫米 [反坦克炮] 的永备发射点，在 [我们发射的] 几轮高爆弹打击后，该处火力点被打哑。

第743坦克营
D 日战斗后报告，1944年6月23日

在登陆场最右端的坦克登陆艇顺利将 [4辆属于B连的] 坦克送上了岸。旁边的一艘 [查尔斯·] 埃姆卡（Charles Ehmka）上尉搭乘的坦克登陆艇突击登陆时，守军在其正面的维耶维尔出口处部署有一门88毫米炮。它在坦克登陆艇抢滩之前就将其击沉，随船沉没的也包括埃姆卡上尉的坦克。埃姆卡上尉和两名中尉阵亡，另一名军官战斗中负伤。[哈罗德·] 比弗斯（Harold Beavers）中尉是 B 连仅存的军官。

陆军五级技术员罗伯特·贾维斯（Robert Jarvis）
第741坦克营 B 连

我们一从登陆艇的船首跳板驶下，便立即开始射击我们所能看到的任何永备火力点和其他目标。作为副炮手①，我没有太多时间从我的潜望镜中观察外面的情况，[因为当时]我正在给75毫米火炮和.30口径机枪装填弹药。我会接到口令，装填穿甲弹[AP]用于摧毁永备发射点，或者装填高爆弹[HE]用于对付看起来像是战壕或机枪掩体的目标……我终于在射击间隙有片刻闲暇来环顾四周的情况。我一度认为，经过我们的开火射击，海滩应该已经得到巩固……然而在我向外观察的时候，海浪把一具水兵的尸体冲上了岸，就在我们的坦克旁边。我认出这个人是我们登陆艇上的艇员之一……就在那时，我意识到一切都并没有按计划进行。

这些坦克兵被封闭在他们的座车的钢制车体内，视野严重受限，仿佛与世隔绝。接下来将会发生什么？谁也不知道——但是如果坦克没有尽快清除海滩的守军，那么它们很有可能变成一堆陷入烈火中的残骸。来自美国大兵的援助还在路上了。

---

① 译注：原文为assistant gunner，此处应指装填手。

第七章
重大时刻

登陆艇上的关键人物

对于那些即将强袭"欧罗巴堡垒"的步兵来说，首次从近距离观察法国海岸线上的图景令他们震惊不已。轰炸机在哪里？军方高层曾承诺，海岸线将在第8航空军倾泻的无数炸弹下变成一片焦土，但是现在的海滩显然完好无损，就像石板一样光滑。不错，海军的炮击行动是令人印象深刻，但是它持续的时间不够长，取得的战果也很有限。

随着海滩越来越近，从他们的登陆艇的舷侧向外窥视的陆军士兵和水兵们可以分辨出他们在接受战前简令时被加以详细说明的那些显著地物特征——但是除了看到一些在浅水浪区中奋力挣扎前行的友军坦克外，海滩和沿海悬崖上都没有显示出有任何活人存在的迹象。参谋军官向美国大兵们保证，守卫海滩的都是德国的二线部队，或许短暂的海军弹幕射击就会让大多数敌军落荒而逃。然而，德国人在这里存在的证据是显而易见的：数百个凶险的海滩障碍物突然从海浪上冒出来，其中包括木桩、钢制四面体和笨重的金属"门"——据称大多数都布设有诡雷。如果敌人确实从海军炮火打击中幸存下来，那么第一波登陆的美国大兵就肯定会发现，在敌火力下穿越那片开阔的海滩区域并不容易。过不了多久德国人就会宣告他们的存在。

首波登陆部队全速冲向海滩，现在只剩几百码就要上岸了，突然，从交错的登陆艇编队中间的海面上冒出了带着泡沫的白色喷泉：敌迫击炮和榴弹炮正在向他们开火射击。还没出现机枪开火——但是登陆行动显然不会轻而易举取得成功。

舵手操纵着登陆艇乘风破浪，向着海滩上的预定登陆点疾速前进。他们从运兵船驶向岸边的3个小时的悲惨航程即将结束，许多被晕船折磨得近乎绝望的士兵已无法继续忍受，只要能够再次踏上坚实的地面，就算赴汤蹈火都无所畏惧。在这样的时候，典型的士兵式的喋喋不休似乎有些不合时宜——只需要投给同船伙伴一个鼓励的眼神，或者对此报以微微一笑，或点头致意就可以了。登陆艇的发动机产生的噪音实在太大，无法正常交谈。神经紧张的步兵又一次调试他们已经调试过十几次的装备，他们的船在一声巨响中猛地震动并停下来后，他们紧紧抓住他们的武器，准备完成他们受训去完成的工作。

吉米·格林（Jimmy Green）海军中尉
皇家海军第551突击支队，艇波指挥官，输送第116步兵团A连登陆

现在已经接近将登陆船艇排成一线向海滩发起最后冲刺的时间了。我发出信号并告诉信号员韦布（Webb）停止抽水并寻找掩护。[舵手]马丁（Martin）拉下了他头顶上的盖子，并在我的带领下穿过狭窄的通道进入他的装甲驾驶舱……现在，在正确的时间和正确的海滩，我们与其他人隔离开来。泰勒·费勒斯（Taylor Fellers）[第 116 步兵团 A 连连长] 想要在通道 [维耶维尔冲沟] 的右侧抢滩。我们全速前进，直到距离海岸线约 20—30 码（约合 18—27 米）、船底触到沙地停下来为止，此时我们与最近的海滩障碍物有 100 码（约合 91 米）的距离。

保罗·麦考密克（Paul McCormick）一等兵
第1师第16步兵团E连

在搭乘一艘"车辆及人员登陆艇"驶向岸边的途中，其中一个

"重要时刻来临。"来自第1师第16步兵团1营的部队正搭乘美国海岸警卫队的"车辆及人员登陆艇"前往奥马哈海滩。乘舟组组长,一位军官,正从船首跳板处向海岸方向张望。(美国海岸警卫队档案,国家档案馆)

大男孩抬头看着我说:"麦克,当一颗子弹击中你时,它会径直穿透你的身体吗?"

约翰·斯波尔丁少尉
第1师第16步兵团E连,1945年2月

海军一直在开炮,炮弹破片扬起的尘土再加上清晨的薄雾让人很难看到海岸上的情况……我们进入战场时,岸边和海上都充斥着巨大的噪音。前往岸边的途中,我们从几艘黄色橡皮艇旁边经过。橡皮艇上有人,但我们不知道他们是谁。后来知道他们是已经沉没在水中的

两栖坦克的车组成员……大约在0630，我们抵达了进攻出发线。有人发出信号，然后我们各艘登陆艇摆成一线。我们离岸边约200码（约合183米）时，船停了下来，有一名海军船员叫嚷着让我们放下船首跳板。我和弗雷德·A.比斯科（Fred A. Bisco）上士用力踹向船首跳板，将它放了下来。

那些幸运地从奥马哈登陆行动中活下来的参与第一波抢滩的步兵战士们此后将会永远用进攻开始的最初几分钟的经历来定义他们视角下的D日。第一波部队已被运送到他们的目的地，他们将面对他们的宿命。运输载具是50艘小型登陆艇，其中超过四分之一来自英国。每艘登陆艇至少搭载31名士兵，这共计1550余人的兵力承担了引领美国军队踏上打击占领法国的德国军队的征程的重任，而此时恰好为进攻发起时刻之后1分钟（H+1minute），即上午6:31。

奥马哈海滩是一个很大的地方。第一波部队将在超过4.5英里（约合7.2千米）宽的正面上登陆。分散在如此广阔的战场上，首批登陆部队一开始或许会感到孤立无援，但是马上就会有成千上万的战友接踵而至。在50艘登陆艇中，有24艘搭载第1师第16步兵团的部队在海滩的东半部登陆，另有24艘则搭载第29师第116步兵团的部队在海滩的西半部登陆，剩下2艘登陆艇将把第2游骑兵营C连运送到奥马哈海滩的最西端，"尼普顿"计划的制定者们将那里命名为"查理"①。

美国陆军在第二次世界大战中创建其精锐的游骑兵部队时，C滩恰恰就是他们可以大展拳脚的那种类型的战场。这是一个令人感到不安的孤立地区，看起来像是被海洋与高达100英尺（约合30米）的悬崖所包夹的"绝地"（cul-de-sac）。在高潮水位时，除了几英尺宽的巨石区以外没有任何沙地存

---

① 译注：查理，Charlie，即字母"C"在美军军语中的代字，后面将译作"C滩"。

在。但是游骑兵们已经接受过相应的训练，他们认为悬崖和巨石只不过是暂时性的障碍。事实上，C连冲上奥马哈海滩的同时，另外3个来自第2营的游骑兵连也计划在奥克角攀登类似的悬崖，那是一个位于卡尔瓦多斯海岸以西4英里（约合6.4千米）处的重要目标。

C连是一支信心满满的作战团队，这一点通过以下事例可以证明：当皇家海军的两艘突击登陆艇运送他们前往海滩时，其中一艘船上，游骑兵们一齐给瓦尔特·格尔东（Walter Geldon）中士唱歌庆祝他的第三个结婚纪念日。格尔东不到一小时后就将阵亡。

拉尔夫·戈兰森上尉
第2游骑兵营C连连长

在我低调的自豪感中，我很幸运能够拥有第2营中最好的一支游骑兵团队。我也认为皇家海军及其登陆艇队是最棒的。他们遵循我军的指令，按照预定时间在最佳地点将我们送上岸。他们为此付出了沉重的代价。

连绵的沙滩在被当地人称为"佩尔塞角"（Pointe de la Percée）的岩质岬角戛然而止。在那里，德国人在悬崖顶上构筑了一个看似坚不可摧的支撑点，由至少4个被两道带刺铁丝所环绕的永备发射点组成。只有一个高度自信的士兵才敢于想象凭借65名从海上登陆的战士在白天夺取这样的阵地，然而这正是C连的职责所在。如此危机四伏的任务，只能交给那些确切知道自己在做什么的士兵来完成，但戈兰森确信在他的连队里到处都是这样的人。这项任务至关重要。在奥马哈海滩上，美军部队的一举一动，位于佩尔塞岬角上的德国守军都看得一清二楚。戈兰森的游骑兵将负责让敌人丧失这种优势。

詹姆斯·鲁德尔（James Rudder）中校
第2游骑兵营营长，与戈兰森的谈话，1944年5月

你的任务是整个海滩上最棘手的。

戈兰森上尉设计了两个不同的进攻方案。根据方案一，假使第29师已经打通了维耶维尔冲沟，那么C连将在登陆后向海滩东侧移动，并通过已经肃清的海滩出口进入内陆。然后游骑兵将沿着海岸公路向西移动，并从内陆一侧攻击敌人的坚固支撑点。然而，如果第29师的人尚未夺取冲沟，戈兰森将启用方案二，这是一个更具挑战性的计划，要求游骑兵在向内陆的坚固支撑点周边移动之前首先登上可以俯瞰C滩的悬崖。可是，哪怕只有少数德国守军从密集的炮火打击中幸存下来并从悬崖顶上向美国大兵开火，方案二都将非常难以执行，尤其是当戈兰森的人员缺乏在奥克角投入战斗的其他游骑兵单位所配备的大部分专用攀岩装备时。

戈兰森所乘的突击登陆艇位于50艘第一波登陆舟艇编队的最西端，因此，它吸引了德国岸防部队的注意力，而他们确实从盟军炮击中幸存了下来。当游骑兵接近奥马哈海滩时，他们下意识地不再哼唱那些他们熟悉的曲调。

第一军士长亨利·戈拉斯（Henry Golas）
第2游骑兵营C连，1944年6月6日，0630时

快点，小伙子们，他们正在朝我们背后开火！

拉尔夫·戈兰森上尉
第2游骑兵营C连连长

我告诉战士们要尽可能快地从水际边缘转移到顶部向外突出的悬崖脚下，因为那里比较安全……就在我们抢滩时，我们至少遭受了88

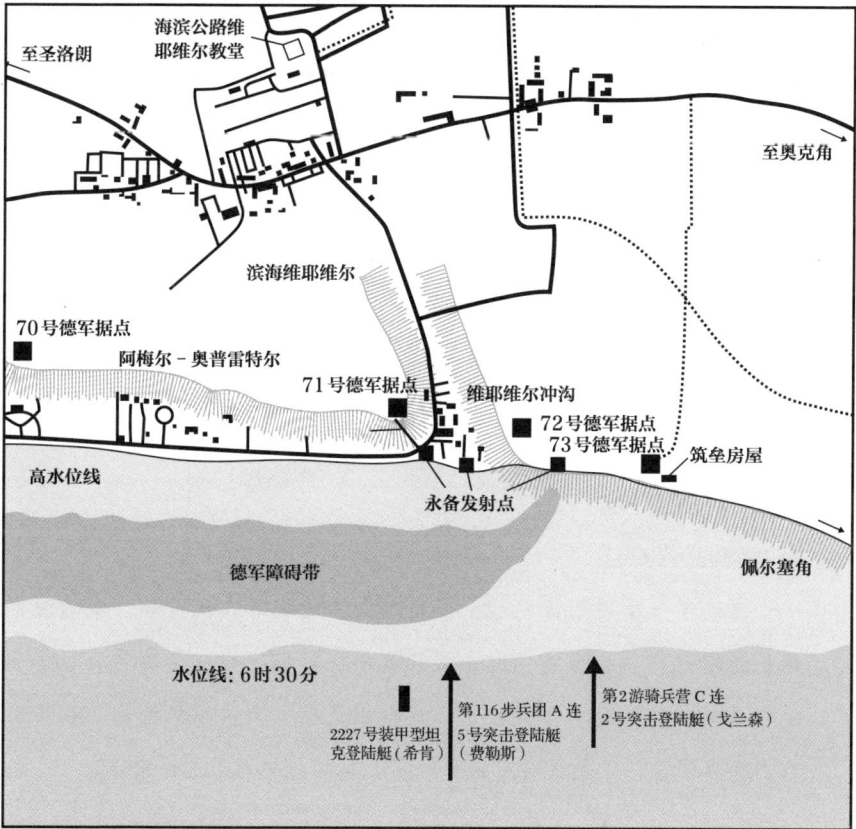

至圣洛朗

海滨公路维耶维尔教堂

至奥克角

滨海维耶维尔

70号德军据点

阿梅尔 - 奥普雷特尔

71号德军据点

维耶维尔冲沟

72号德军据点

73号德军据点

筑垒房屋

高水位线

永备发射点

德军障碍带

佩尔塞角

水位线：6时30分

2227号装甲型坦
克登陆艇（希肯）

第116步兵团A连
5号突击登陆艇
（费勒斯）

第2游骑兵营C连
2号突击登陆艇（戈兰森）

进攻发起时刻：维耶维尔冲沟

毫米炮的3—4次射击。第一发炮弹射失，但是第二发把船首跳板炸飞了，第三发打在船尾，第四发则落在船体中央。

游骑兵之前最担心的情况已然变成了现实：敌人显然很活跃，他们似乎已经将每一英尺海滩都进行了射程标定，以便随时投放快速精准的火力。戈兰森有一艘被摧毁的突击登陆艇和十几名伤亡人员证明了这一点，到目前为止，还没有哪怕一名游骑兵在奥马哈海滩上立足。难道另一场迪耶普就在眼前吗？

在 C 连的第二艘登陆艇上，当皇家海军的舵手操纵发动机全速运转开启前往海滩的最后一段航程时，悉尼·萨洛蒙（Sidney Salomon）中尉注意到突击登陆艇的侧面传出了尖锐的金属碰撞声：那是被机枪火力击中发出的声音。当突击登陆艇抢滩时，萨洛蒙第一个穿过狭窄的装甲门，放下了船首跳板。奥利弗·里德中士紧随其后，但立即被一颗子弹打中倒地。在登陆艇上的其他战士费力地离开突击登陆艇时，萨洛蒙抓住了里德的衣领，将他从齐腰深的水中拖到干燥的沙地上。但最糟的情况还未到来……

悉尼·萨洛蒙中尉
第2游骑兵营C连

前进了一小段距离之后，一枚迫击炮炮弹落在我身后，我的迫击炮炮组非死即伤，爆炸的冲击波让我向前扑倒。我以为我要死了……就在那时，沙子扬到了我脸上，我猜测是有一个敌军机枪手正在其射程内向我射击，于是我决定换个地方。我起身跑到了悬崖脚下。

纳尔逊·诺伊斯（Sidney Salomon）一等兵
第2游骑兵营C连

我们离开登陆艇踏上海滩，德国人用各种轻重武器对准了我们。我们在大约1英尺（约合30厘米）的水中涉水前进……我们所有人都要尽快跑过海滩。当我们冲入来自右侧和前方的敌交叉火力时，我向前跑了大概100英尺（约合30米），然后卧倒在地。

由于携带的装备与浸水的制服的沉重负担，游骑兵发现他们很难快速移动穿过松软的沙地，因此包括第一中士长戈拉斯和中士格尔东在内的许多人被德国守军射倒。到达悬崖脚下的幸存者一时没能从刚才的打击中回过神来，但是他们注意到，原本全连的65名游骑兵中有超过一半未能跑完全程。在位于其左侧的维耶维尔冲沟的前方，戈兰森可以观察到坦克和第29师的部队正在遭受更加猛烈的敌火力打击。

如果游骑兵尚有用武之地的话，那么显然需要正确的行动路线。威廉·穆迪（William Moody）中尉向戈兰森投去一个眼神，问道："二号方案？"戈兰森回答说："对。"现在C连只剩下约30人，但游骑兵们仍决定爬上悬崖。

在朱利叶斯·贝尔彻（Julius Belcher）中士和奥托·斯蒂芬斯（Otto Stephens）一等兵的陪同下，穆迪中尉沿着悬崖底部向西行进了约300码（约合270米）。在那里，他们发现了一段相对容易攀登的峭壁。斯蒂芬斯率先攀爬，并将他的刺刀不断刺入悬崖的岩壁中，以便在攀爬过程中随时将其作为抓手使用。贝尔彻和穆迪紧随其后，他们随身携带着四盘带有抓钩的绳索，并将抓钩一端牢牢固定在悬崖顶部，从而降低了后面的战士们攀爬的难度。游骑兵部队的战争将从那里开始。

奥托·斯蒂芬斯一等兵
第2游骑兵营C连，杰出服务十字勋章的嘉奖词
1944年6月

冒着海滩的密集火力，斯蒂芬斯一等兵爬上了100英尺（约合30米）高的悬崖，并将绳索固定在悬崖顶部供后面的指战员攀登所用。在其他战友登顶之前，斯蒂芬斯一等兵单枪匹马向那里的敌军阵地发动了进攻。

拉尔夫·戈兰森上尉
第2游骑兵营C连连长

当我们穿越海滩并在向外倾斜的悬崖底部卧倒隐蔽时，我听到有人喊道："上尉，土豆泥！土豆泥！"那是［一等兵］迈克·加尔加斯

（Mike Gargas）在警告我，因为有一颗"马铃薯捣碎器"手榴弹[1]落在了我的两腿之间。我手脚并用设法爬出了足够远的距离，所以当它爆炸时并没有伤到我。在战争中接下来的日子里，"土豆泥"的绰号一直与迈克形影不离。

费勒斯上尉的小伙子们

抢滩登陆计划的成功取决于迅速夺取维耶维尔冲沟，但是受领此任务的第29师部队却与C滩上的游骑兵单位一样，面临着几乎具有同样挑战性的战术难题。杰罗非常重视维耶维尔冲沟，因为它是奥马哈区域最佳的海滩出口，冲沟中有一条硬化过的良好道路，并且在内陆仅500码（约合457米）处与维耶维尔重要的滨海公路相连通。

敌人当然也意识到了冲沟的重要性，并且将那里打造成了整个奥马哈海滩的防御最强点。在只有600码（约合549米）的狭窄正面上，德国人选取地势极其险要的位置构筑了3个独立的坚固支撑点，任何试图沿着冲沟向上移动的部队都将陷入致命的交叉火力中而致全军覆没。在冲沟的入口处，有一道9英尺（约合2.7米）高、6英尺（约合1.8米）厚、125英尺（约合38.1米）长的混凝土墙从位于海滩上方的路堤上的一个大型永备发射点中伸出，将通往内陆的道路完全封锁。另一个永备发射点位于同一个路堤以西约100码（约合91米）处，其上有两个射击孔，可以从东西两个方向朝海滩区域开火。

冲沟前方的整个防御阵地被铁丝网和雷场所包围，各个火力点之间通过战壕相互连接。凭借德国人举世闻名的高效率，他们完全可以让第一波登陆的所有美国士兵止步于维耶维尔冲沟之前。

---

[1]　译注：Mashed Potatoes，指当时德国军队使用的标志性的长柄手榴弹。

"橡树之心。"皇家海军第551突击艇支队，运载第116步兵团第1营于进攻发起时刻在"绿D"滩登陆。吉米·格林海军中尉坐在前排（箭头所示）。位于格林右手边的第二位军官是T.E. 阿利奇（T.E. Arlidge）海军中尉，他在上午7:00左右命令将他麾下的3艘突击登陆艇转向朝东航行，并因此挽救了许多美国人的生命。（照片由吉米·格林提供）

吉米·格林海军中尉
皇家海军第551突击支队，艇波指挥官，输送敌116步兵团A连登陆

我们靠近岸边时，我分辨出了一个外观丑陋的永备发射点，我希望它里面现在空无一人……我注视着[永备发射点]，想到如果里面有德军士兵在操作武器，我们就会遇到大麻烦。我的右耳畔突然有一声巨响，我转头看到有一艘火炮登陆艇[可能是美国海军第424号火炮登陆艇（LCG-424），由皇家海军陆战队的炮组成员操纵火炮]正在用4.7英寸（约合120毫米）火炮开火，数发炮弹直接命中了永备发射点。我本以为它还能多停留一段时间，但是它的消失与它的出现同样迅速。

接受这一不可能的使命的作战单位是第116步兵团下辖的A连。第116步兵团的前身是一支历史悠久的弗吉尼亚州国民警卫队单位，拥有值得高度珍视的宝贵传统，它可以追溯到美国内战时期的杰克逊将军与他传奇般的"石墙旅"，而这两者正是南部邦联"注定不会成功"（Lost Cause）的标志性组成部分。在蓝岭山麓风景如画的贝德福德村庄长大的A连老兵们将他们的团队集体称为"奥特诸峰步枪队"（The Peaks of Otter Rifles），而"奥特诸峰"是在他们故乡附近的3座山峰的统称,以其自然美景在弗吉尼亚各地广为人知。1941年2月3日,A连突然从一个由98名兼职民兵组成的队伍转变为美国陆军的现役单位之一。到D日行动发起时,也就是三年多以后,陆军已经将A连改造得焕然一新,而经过此次转型后留下来的贝德福德前国民警卫队成员只有区区35人,在总兵力210人的连队中仅占一小部分。然而,该连的大多数关键领导者,包括连长泰勒·费勒斯上尉、副连长雷·南斯中尉(Lt.Ray Nance,)以及第一军士长约翰·威尔克斯(1st Sgt. John Wilkes)都是贝德福德当地人,众多资深士官也是如此。

泰勒·费勒斯上尉
第29师第116步兵团A连连长,写给他母亲的家信,1943年

一开始,我以为很难将一个贝德福德男孩锻造成一名士兵……能指挥这支来自老家的老连队,我真的很自豪。我唯一的希望就是带领他们顺利地熬过这场战争,并把他们全部都带回家。

格林中尉指挥下的6艘皇家海军突击登陆艇全部来自英国运兵船"帝国标枪"号,他们奉命在进攻发起时刻(H-hour)将费勒斯上尉的A连送至"绿E"滩。费勒斯当时正在遭受令人讨厌的鼻窦感染的折磨,并且这几乎让他错过此次行动。他要求格林将他的人员输送到维耶维尔冲沟正面的两侧,每一边将各有3艘突击登陆艇抢滩。格林做出了正确的推测,即沉默寡言的费勒斯因其所要执行的任务的重要性和危险性而深受困扰。事实上,费勒斯不久前曾有一次对南斯中尉脱口而出:只需要为一名德国步兵配备一挺机枪,并将其部署在冲沟两侧的高地上,就足以阻挡整整一个连的兵力——如果海军炮击和轰炸不奏效的话,那么A连将被消灭殆尽。与杰罗一样,费勒斯也是一个现实主义者。

约翰·申克上士

第29师116步兵团A连，写给他妻子的家信，1944年4月

> 现在拯救我们的只有上帝、运气和我们藏身的散兵坑。而且散兵坑必须足够深。

格林发誓会提供充分的支持。他的登陆艇艇员勇敢而且能干，他们会按照计划将美国人带到他们想去的准确地点。与美国海军的"车辆及人员登陆艇"不同的是，格林中尉麾下的来自英国的突击登陆艇配有装甲，可以挡住步枪和机枪子弹。此类登陆艇还提供了一定的顶部防护，并且配有极具识别特征的长凳，在前往岸边的数小时航程中，美国大兵可以采取较为舒服的坐姿。然而，一旦费勒斯的人员下船，格林的登陆艇队将不得不离开——后续任务只能靠A连自己完成。

就在登岸前不久，厄运降临在A连的头上，紧跟在格林之后的一艘突击登陆艇在距离岸边约1000码（约合914米）时因船体大量漏水而沉没。随着那艘突击登陆艇逐渐被海水淹没，船上的士兵们启动了二氧化碳充气罐给他们的救生衣快速充气，并在海水吞噬他们之前拼命摆脱身上背负的沉重装备。只有一人被淹死，他是无线电操作员吉姆·帕德利（Jim Padley）一等兵。人们最后一次看到他时，他随着海浪被推出水面，而后永远地消失了。其余落水者后来都被格林的船救了上来，并被送回"帝国标枪"号运兵船。现在只剩下5个乘舟组，费勒斯上尉本来就已经非常困难的任务突然间变得更为艰巨。

约翰·巴恩斯（John Barnes）二等兵

第29师第16步兵团A连

> 我没有听到任何噪音，也没有感受到任何冲击或震动。船体在快速下沉，我在用力挤压救生衣上的二氧化碳充气管。但就在充气时，

我的救生衣从我身上弹开。救生衣的搭扣断开了。我的身体正在下沉。我转身抓住身后一位士兵的背部。我借助他的浮力，在恐慌中重新浮出水面……战斗已经开始，而我并不在场。

正如所承诺的那样，英国皇家海军将A连准时投送到冲沟入口正面的两侧。在安全抵达岸边的5艘登陆艇上，每艘艇上面都有一名艇员踢开钢甲门并将船首跳板放入近岸浅水中，跳板砸向海面溅起了一阵水花。男人们渴望立即下船，但在英国的突击登陆艇上，他们必须要有耐心。船首的钢甲门很窄，只允许士兵一个接一个地鱼贯而出，而不是像美国的"车辆及人员登陆艇"那样成三列纵队下船。在费勒斯上尉的带领下，伴随着来自英国人的简短鼓励语"祝你们好运"，美国士兵们背负着沉重的装备，沿着跳板斜坡拖着脚走进齐腰深的寒冷海水中，并将武器高举过头顶。尽管没有证据表明第8航空军已经"到访"过这片海滩，但是这些人仍然希望大部分德国守军在瞥见庞大的盟军舰队时掉头就跑。这会是真的吗？到目前为止，德国人只发射了一些大多缺乏准头的迫击炮弹。格林观察到每个士兵都安全地离开了登陆艇，并在海浪中向水际海滩前进——敌人的机枪仍然没有开火。在完成任务后，格林命令他的无线电通信员给"帝国标枪"号运兵船发报："登陆遭遇轻微抵抗。已捕获目标。"

A连的士兵从水中冒出来并向岸上逼近。在左边，一些谢尔曼坦克在海浪中清晰可见。有大量德国障碍物杂乱地分布于正前方，就像是随机摆放在那里的一样。在他们前方近300码（约合270米）处，维耶维尔冲沟正张开血盆大口等待着他们。A连只需控制那道冲沟就能完成他们的使命。但是两个危险的敌永备发射点横亘在美国大兵和他们目标之间的路堤上，它们显然完好无损。如果这两个地堡突然喷吐火舌，那么对于费勒斯和他手下的士兵来说，300码（约合270米）的距离恐怕要长得多。

当格林准备返回"帝国标枪"号运兵船时，他注意到"绿D"滩有过短暂的平静，只能隐约听到海浪拍打岸边的声音，以及不时传来的高声呼喊命令的声音。海滩上，A连士兵们在距离海滩障碍区不远处卧倒，构成一条锯齿状的战线，战线最右边的费勒斯正与他的一些士官进行商量。与此同时，上涨的潮水冲刷着岸边，似乎在敦促美国人继续前进。

然后是枪声大作。

没有人能分辨出敌人的机枪火力来自何方，只能听到它们在射击时所制造的类似撕裂破布的独特声音。但是它所造成的显著效果不容忽视，难以计数的机枪子弹在被惊呆的美国大兵中间扬起无数喷泉般的沙柱，有许多人立即就被击中。一挺德国机枪每分钟可以射出1200发子弹，按照这个速度，它可以在短时间内杀死很多美国人——特别是在缺乏掩护也没有弹坑的海滩开阔地上。

费勒斯可能是最先阵亡者中的一员，但是我们无法确定具体情况，因为他所在的31人乘舟组全员阵亡。这是一场屠杀。在刚刚离开突击登陆艇的155名A连官兵中，有近100人死于奥马哈海滩，其余幸存者也大多带伤。死者中有19人是来自贝德福德，其中包括一对兄弟。其余少数人之所以幸存下来，只是因为他们迅速退回到齐脖深的海水中，或者躲在位于水际边缘的一些坦克后面。

第29师第16步兵团A连
美国陆军军史部门，对利奥·纳什一等兵的访谈
1944年9月

爱德华·蒂德里克上尉冲向沙滩，但在距离利奥·J.纳什一等兵约15英尺（约合4.6米）处猛然倒下。他挣扎起身给纳什下达了命令。纳什听到了他的话，而且看到从他喉咙里往外流血："用铁丝剪向前推进！"这是徒劳的。纳什没有剪线钳，而在蒂德里克下达命令时，他立刻让自己成为目标，纳什看到成串的机枪子弹将他的头部和

上身打烂。沿着悬崖顶部部署的德军机枪手现在正朝着正下方的我军部队猛烈开火。

第29师第16步兵团A连
美国陆军军史部门，对一等兵纳什、默多克和格罗瑟的访谈，1944年9月

　　一艘搭载医疗小分队的登陆艇进入了蒂德里克登陆艇的右侧区域。[这可能是A连的第7艘突击登陆艇，由副连长雷·南斯中尉领导。它原计划在前6艘突击登陆艇之后30分钟登陆，可是它提前了约12分钟抢滩。它搭载的3名医护兵中有两人阵亡。]德国人用机枪射杀了该区域中的所有人。[少数人幸存下来，包括南斯和仅存的医务兵塞西尔·布里登（Cecil Breeden）下士。]他们的尸体漂在海面上，随着潮水上下起伏。到了这个时候，失去领导的美军步兵已经放弃了任何与敌人正面对抗的企图，如果何处有人在移动，那么他们肯定是努力想要拯救他们可以够得到的某位战友[有目击者注意到布里登在密集火力下为A连的几位伤员做急救处理]。水中的战士们将伤员推到他们前面，以便让他们尽快上岸。

　　与费勒斯上尉一同牺牲的贝德福德本地人之一是埃尔默·赖特（Elmere Wright）上士，他是第116步兵团中最有成就的运动员之一。赖特是一位出色的棒球投手，曾带领第116步兵团的棒球队参加了1943年的欧洲战区锦标赛，并取得了27胜0负的绝佳战绩。战前他曾在圣路易斯布朗（St.Louis Browns）队中打过美国职业棒球小联盟的比赛，他在1943年的杰出表现令世人瞩目，之后他很高兴听到布朗队的一位高管说，重返美国本土后，他很有可能开始他的大联盟职业生涯。在一张1943年的球队照片中，我们可以看到赖特的表情是欢快的，这一点显示出他的确是在热切期待那个机会。可是敌人让他永远失去了成为大联盟明星的机会。

此战 A 连幸存下来的士兵寥寥无几，因此战时的美国陆军历史学者几乎无法准确判定这场溃败到底是如何发生的。然而，近年来，A 连的命运的真实情况开始变得愈加清晰。费勒斯上尉是对的：只有少量德军——可能是 2—3 个机枪组——就让该连队几乎全军覆没。屠杀的主要源头可能是位于维耶维尔冲沟以西约 200 码（约合 183 米）处的悬崖上的一个敌永备发射点，它被巧妙地构筑于岩层褶皱中并得到了完美的伪装。这个永备发射点只能向东射击，通过它的射击孔，A 连进行抢滩登陆的海滩区域一览无余。在大约 400 码（约合 366 米）的射程上，一个德国兵只要架好一挺机枪，进行一轮精准的侧射，就几乎不可能失手。

贝德福德每周通讯

"战争离我们越来越近。" 1944 年 7 月 20 日

星期一，我们中的许多家庭接到官方的正式通知，得知他们的儿子、兄弟或丈夫在诺曼底海滩牺牲时，战争已与贝德福德人民如此接近。在战争中，只要是有亲人在军中服役的家庭，都无法摆脱这种担惊受怕的情绪和氛围，而当我们 6 月初得知随同第 116 步兵团 A 连离开贝德福德的家乡子弟兵要在 6 月 6 日早晨登陆法国的进攻部队中担任前锋时，这种不安和恐惧就开始进一步加剧。我们无法奢望他们中所有人都能逃脱死亡或重伤的厄运。

来自贝德福德的战士们已经训练了将近三年半的时间，但是他们却在几秒钟之内就像镰刀割麦子一样被子弹纷纷射倒。尽管军方高层承诺将为登陆部队提供前所未有的巨大支持，但是 A 连却独自面对了死亡的命运。第 8 航空军的炸弹没有落到海滩上，海军的重炮也没有摧毁敌人的永备发射点，除了有几十个游骑兵战士在他们右边的悬崖上奋力攀爬外，视野中也没有任何友军的步兵单位存在。

吾曹此地长埋，幸未辱命

　　进攻计划从纸面上看似乎非常简洁：在进攻发起时刻（H-Hour），来自第29师第116步兵团的3个连队——G连、F连和E连将同时在与A连毗邻的东面登陆，并将A连的左翼沿着海滩延伸大约1英里（约合1.6千米）的长度。其中有许多人都是来自弗吉尼亚州南部靠近北卡罗来纳（North Carolina）边界地区的老国民警卫队队员。3个连队共计有约560人，他们将由来自"托马斯·杰斐逊"号（Thomas Jefferson）运兵船[①]的18艘美国海军的"车辆及人员登陆艇"送上海滩。如果一切按计划进行，全部4个连队将齐头并进穿过海滩，而每个连的全体官兵都会因为来自侧翼其他单位的支援而获得信心。在来自第743营的坦克的伴随下，如此勇敢无畏而又协调一致的攻击行动肯定会令那些在空袭和海军密集炮击中幸存下来的、据说都是由二流部队组成的德国守军闻风丧胆。

　　但是在两个因素的共同作用下，这个计划早在任何一个美国大兵踏上海滩之前即已步入歧途，而且它们与德国人没有任何关系。首先，海军炮击使位于最西端两道冲沟之间的悬崖上的草地着了火。这场火灾产生的浓烟向东漂移，遮蔽了海军舵手们在行动前仔细记忆的海岸地标。然后就是臭名昭著的离岸流，在进攻发起时刻，它以惊人的力量无情地将登陆艇推向其前进方向的左侧，或者说是东边。

　　在破晓时分的微光中，来自"T. 杰斐逊"号运兵船的登陆艇的舵手们发现，当他们靠近海岸时，前方的景象在他们的脑海中是如此陌生，因此他们感到困惑和无助。结果，他们将E连输送到偏离目标地域以东超过1英里（约合1.6千米）的海滩，以至于随后的D日作战经历成了第1师的，而非其所属的第29师。至于F连和G连，海军艇员在驾驶他们的12艘登陆艇向海岸前进的途中设法识别出了靠近勒穆兰冲沟的一些地标，但即便如此，他们还是在指定的海滩区域以东的地方放下了其所搭载的部队。

---

　　① 译注：即上文提到的"T. 杰斐逊"号。

除了费勒斯上尉蒙受厄运的 A 连之外，第116团的第一波登陆船艇被严重分散。当费勒斯于进攻发起时刻（H–Hour）在维耶维尔冲沟前上岸时，G 连原本应该位于与他的 A 连紧挨着的左边，但是海军却把 G 连投送到一个完全错误的地方，以至于费勒斯完全看不到 G 连的任何一个人。

F 连和 G 连在上岸时的实际情况与下发的作战指令中理想化的简要规定大相径庭。当这些人以三列纵队从他们的登陆艇上鱼贯而出涉水前进时，军官和士官们意识到他们被放在了错误的地方。目视可见在悬崖断口之间分布着十几个拥挤的海滨度假屋，这一特征表明这里一定是勒穆兰冲沟。在冲沟朝向海滩一面靠近入口处的位置，有一个连队官兵所不熟悉的地标——一栋三层高有着复折式斜顶（mansard roof）的房屋——这更能证明两个单位登上的是错误的海滩。

约翰·罗伯逊（John Robertson）一等兵
第29师第116步兵团 F 连

我的同船战友大多数都在晕船。我记得当时我从船舷探出头来，有人就喊道："低下头！你会被打死的！"我说："反正我已经都要死了！"瞧瞧我们，所有人都被颠簸的海上旅程搞得七荤八素，充当先头部队孤军深入，在沙滩上没有弹坑用于掩护，径直冲入机枪火力的密集火网。我想就是地狱也不过如此吧。

奥古斯特·布鲁诺（August Bruno）一等兵
第29师第116步兵团 G 连，1944年9月

我们原本以为不会在海滩上遇到任何麻烦，并且被告知不要跑动。

罗科·拉索（Rocco Russo）二等兵
第29师第116步兵团 F 连

我们从 3—4 英尺（约合 0.9—1.2 米）深的水中上岸，登陆艇的船首跳板一开始未能放下来。我们的中尉向技术军士喊道："上士①，我们要怎么做？"上士高声回应道："从船舷翻过去，中尉！"我们所有靠近中尉的人都互相抓住对方的手腕，用我们交握的前臂为他提供踏脚点，然后把他托举到船舷一侧。大概在 [他] 爬到船舷顶部时，跳板下落，我们开始离开登陆艇……我们中的许多人跌倒在水里，但我们有保险圈（life preservers）[实际上是救生衣]，所以并没有被淹死。

尽管第一批美军士兵在开始离开登陆艇时没有遭遇敌方火力，但勒穆兰前方的海滩很快将成为一个充满危险的地方。德国人并没有被从他们的永备发射点中赶走，美国人不得不直接穿越这些筑垒工事前方 400 码（约合366 米）的开阔地。就像他们在维耶维尔冲沟那里所做的那样，德国人将耐心等待，直到大多数登陆艇上的人员均已下船，并且登陆部队穿越近岸浪区进至德军布设的第一道海滩障碍区时，他们才会开火。

没有地方可以躲藏，若干来自 F 连和 G 连的士兵就像他们 A 连的兄弟一样，在敌人开火的那一刻就被射倒了。一些战士奋力向前，其他人则在沙滩上卧倒并匍匐前进，以在障碍物后面寻求庇护。他们无法长时间待在那里，因为迅速上涨的潮水迫使他们要么前进要么淹死。

虽然这两个连队遭受了严重的伤亡，但有几个因素使他们免于 A 连几近全军覆没的厄运。草地上火灾所生成的浓烟在一定程度上遮挡了德国机枪手的视线，否则他们将会拥有更加完美的射界。此外，这一海滩区域的悬崖崖壁恰好正对他们进攻的方向（即悬崖顶沿线与其前进方向垂直），因此敌守军无法像在"绿 D"滩上所做的那样，对他们施以致命的侧射火力。最后，来自第 743 坦克营的几辆谢尔曼坦克成功地在此区域登陆，而且还有

---

① 译注：技术军士（tech sergeant）在当时的美国陆军中相当于上士军阶。

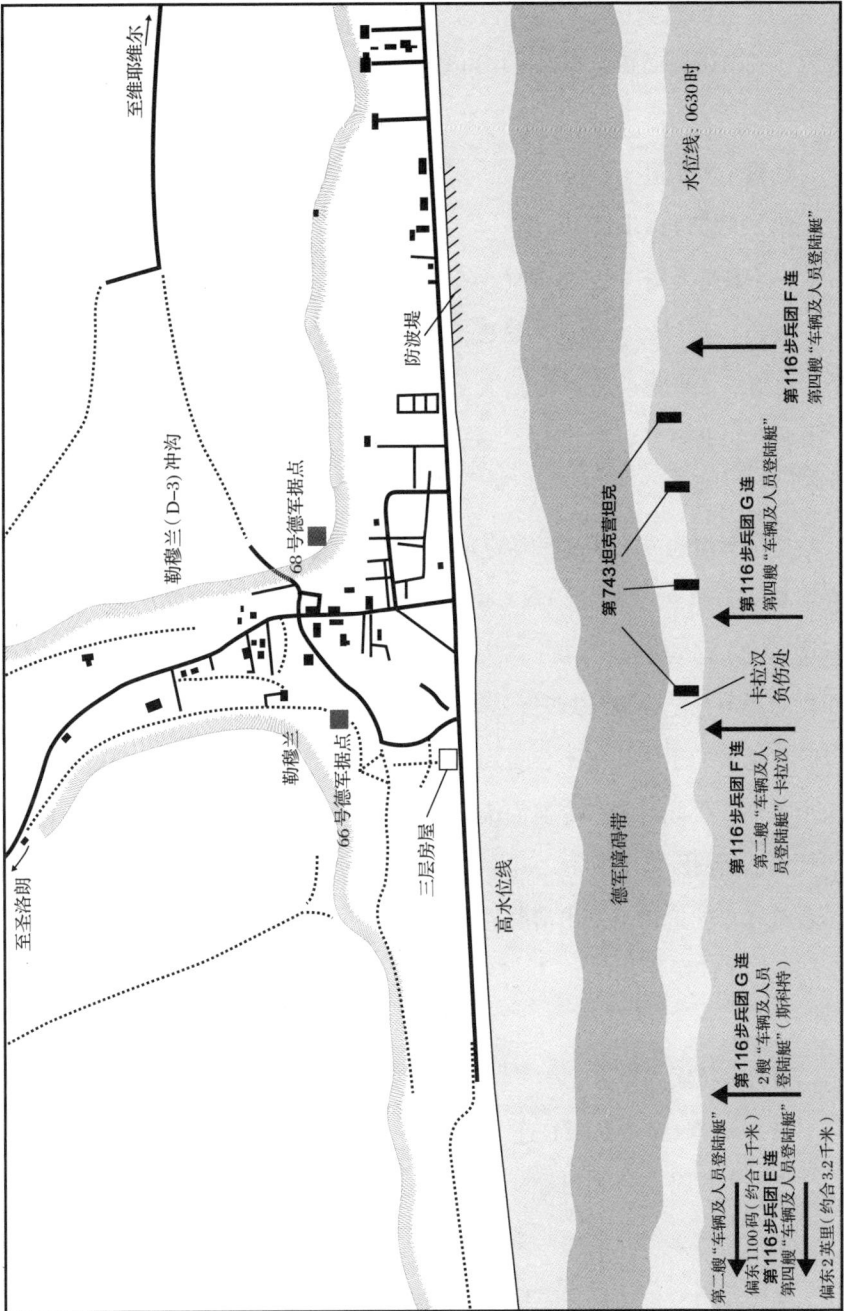

进攻发起时刻: 勒穆兰冲沟

更多的坦克即将到达。当坦克慢慢地穿过敌军的海滩障碍地带时，附近的美军士兵可以紧随其后并得到其相当程度的掩护。

约翰·罗伯逊一等兵
第29师第116步兵团F连

我背负着重达60磅（约合27千克）的多枚60毫米迫击炮弹投入行动。我们的迫击炮炮组已全员阵亡。有辆坦克从我身后开了上来，当时我正卧倒于水际边缘，我立即起身冲向海滩。看起来像是自杀之举，但总比让坦克从身上轧过去好得多。

那些幸运地成功穿过海滩的人，在一道坡度很陡的堤坝底部进退两难。堤坝有6英尺（约合1.8米）高，由成千上万块苹果大小的风化严重的灰白色石块构成。这里就是所谓的"堤墙"（shingle），奥马哈区域的地形特征之一，在先前研习登陆作战计划时，部队官兵们已经很熟悉了。在堤墙靠海一侧以卧姿隐蔽的士兵几乎不会受到敌步机枪火力的任何影响，但是高射角的迫击炮却不受此限制。令他们庆幸的是，目前还没有炮弹落到此处，但是老兵们都明白，精于战争之道的德国人肯定不会放弃这样一个绝佳的机会。随着敌守军的迫击炮发出清脆的撞击声，迫击炮弹射向天空，然后呼啸着落到他们中间爆炸。

罗科·拉索二等兵
第29师第116步兵团F连

当我向我的右侧看时，我发现我的朋友约翰·库尼（John Cooney）中士低头歪倒，他的头盔掉在沙滩上。他已经死了。他是我在奥马哈海滩见到的第一位死去的战士。在驻扎英国期间，他曾与我一起望过弥撒。[我]前往海堤，不停奔跑直到对面守军开火，接着扑倒在地短暂隐蔽,然后（在开火间隙）继续向前冲。我花了很长时间才抵达目标,然后我倒在沙滩上歇息。

在堤墙的另一侧,德国人已经布设了两道看起来难以逾越的铁丝网,美军士兵非常气愤地注意到,进攻前的火力准备并未对其造成任何破坏。铁丝网后面是一条与海滩平行的泥土路,一直延伸到第1师的作战区域。穿过小路后约35码（约合32米）开外的海滩出口东侧处,有一栋显眼的三层房屋。敌人已经把房屋变成了一个坚固支撑点,一旦美国人发起攻击,这里显然会成为美军的初始目标。从F连和G连士兵所在的堤墙处,一个强有力的士兵本可以在那样的距离上投掷手榴弹精准命中那栋房屋,然而却无人能够完成,除非部队可以离开海滩——但是他们无法离开,除非他们能在铁丝网中开辟出通道。

威廉·卡拉汉（William Callahan）上尉
第29师第116步兵团F连连长

我随西奥多·兰姆（Theodore Lamb）中尉指挥的3号突击分队行动……在穿越海滩的过程中我们历尽艰险,不仅是因为敌军的猛烈火力,还有人员体力与精力的急剧消耗。由于无法通过无线电联系上［第743坦克营的］坦克,于是我返回海滩以便直接为它们引导射击。这是一个错误。当我爬到一辆坦克顶上指引其开火时,我的双腿和右臀部受伤。在试图返回堤墙时,我又被击中了面部和双手。

第一个先决条件是组织起来。主要指挥官或死或伤,水和沙子堵塞了武器,各乘舟组的凝聚力已经不复存在。震惊且不知所措的幸存者们不知道下一步该做什么。在勒穆兰海滩出口的前方,G连仅存的几位指挥官只能聚拢连队中的4个严重减员的乘舟组（最初出发时共有6个）,并且决定设法带领这些士兵沿着堤墙向右移动1000码（约合914米）抵达G连原本的预定登陆地点——位于维耶维尔冲沟到勒穆兰冲沟中途的海滩区域。但是海滩上的任何行动都会吸引敌军的全部注意力，而在这场危机重重的旅途中，本已严重减员的G连蒙受了更多伤亡。沿着海滩向东行进了约400码（约合366米）后，有一系列石制和木制的防波构造物垂直于堤墙并向大海一侧突出，实际上完全挡住了G连前进的道路。在这里，G连残部在防波堤中间寻求庇护，消极地等待着事态的发展。G连共有6个31人乘舟组，理论上每个乘舟组都是一个独立的战斗单元，然而此时他们已经彻底丧失了他们经过艰苦训练才得以维系的凝聚力。

西奥多·费廷格尔中士
第29师第116步兵团G连，1944年9月

士兵们以不同的登陆艇小队进行区分。他们被告知步兵连的编制将被登陆艇小队所取代，可是一旦他们开始沿着拥挤和激战中的海滩向右移动，各小队之间无可避免地会混在一起，小团体开始逐渐消失，连队又成了一个整体。

F连的损失要比G连大得多（F连的伤亡名单中还包括其连长），目前根本无力完成任何作战任务。F连精疲力竭的幸存者们别无选择，只能留在堤墙下的掩蔽处。在勒穆兰两侧悬崖顶上的无法观测到的敌守军毫无疑问地占据了战场主动权，美军士兵试图切断铁丝网进入海滩上宽阔出口的任何企图都会导致一场屠杀。根据登陆计划，第116步兵团的后续波次将很快抵达，他们可以帮助重新点燃快要熄灭的攻势。但是，那些卧倒在堤墙后面情绪低落的F连士兵意识到，如果战事在短时间内没有转机，连队中的所有人都会在这里被干掉。

罗科·拉索二等兵

第29师第116步兵团F连

不久之后，[弗朗西斯·]瑞安中士（Francis Ryan）抵达堤墙，在我的旁边停下来。瑞安当时大概有30岁，他比我们的年龄都要大，我非常尊重他。瑞安建议我们清理我们的步枪，我们照做了……当下一发炮弹在靠近我的地方爆炸后，我低下头，看到我的腿上粘了一大块血肉。它先是溅到我穿的冲锋夹克的上部，接着又掉到我腿上。我被吓坏了，然后指给瑞安看。他问那是不是我身体的一部分。我告诉他我不这么认为，但我很害怕，而且我也不是百分之百肯定……瑞安军士和我一起四处窥探，发现了一个我们认为可以爬上去并离开海滩的地方。由于没有足够的人来帮我们，所以直到有更多士兵接近堤墙后我们才开始行动。

第三波抵达

在奥马哈海滩的东半部，第1步兵师即将开始他们在过去19个月里的第三次进攻。与该师即将经历的苦战相比，此前的两次登陆行动似乎显得有些"小儿科"。不错，北非和西西里的战役已经让战局朝着有利于盟军的方向转变，而第1师也为实现战局逆转助了一臂之力，但是毫无疑问奥马哈海滩将产生更为强烈的历史共鸣，并且将在后来被确立为该师参与第二次世界大战的历史遗产。对曾经在阿尔泽（Arzew）和杰拉（Gela）[①]战斗过的饱经战争创伤的老兵而言，他们很难想到，发生在奥马哈海滩之前的战事，只是即将发生的另一场军事行动的预演。

此前第16步兵团曾两度在第1师的登陆行动中充当先头部队，而在6月6日它还将再次这样做。该团在地中海战区曾取得了辉煌的战绩，此时，在

---

① 译注：阿尔泽（Arzew）为阿尔及利亚一港口城市，杰拉（Gela）则为西西里岛南部一港口城市，在北非"火炬"行动和西西里岛登陆战役中，第1师曾在这两地作战。

远离战争的更加辉煌的10个月间歇期之后，重新焕发活力的第16步兵团已准备好了迎接新的挑战。第16团的团长乔治·A.泰勒（George A. Taylor）上校时年45岁，他是一个蓝眼睛的俄克拉荷马人（Oklahoman），1922年毕业于西点军校后，他开始了自己作为步兵指挥官漫长的军旅生涯。到D日行动时，泰勒已担任第16团团长超过一年的时间，并通过在1943年成功领导他的部队赢得了两次危机重重的战斗——分别是在突尼斯的523高地和在西西里岛的特罗伊纳城——提升了他作为步兵战术专家的声誉。战争中，经验很重要——在奥马哈，没有任何人可以指责泰勒没有经历过战斗考验。

乔治·泰勒上校
第1师第16步兵团团长，1944年5月

在［海军］打完他们的炮弹后，还会有大量德国人安然无恙地存活下来。我们必须把他们找出来用刺刀和手榴弹将其消灭掉。

第16步兵团的登陆进攻计划就是位于其右翼的第116步兵团的同类计划的翻版：总共包括近750名官兵的4个连队，将由24艘登陆艇运送到海滩上，并在近2英里（约合3.2千米）的海滩正面上展开。根据登陆作战时间表，来自运兵船"昂里科"号（Henrico）上的12艘美国海军的"车辆及人员登陆艇"将于上午6:31准时输送E连和F连分别在圣洛朗冲沟入口处两侧登陆。同时，来自"帝国铁砧"号（Empire Anvil）运兵船军队的12艘英国的突击登陆艇将运送I连和L连至奥马哈海滩区域的最东端、科勒维尔冲沟的宽阔入口对面登陆。从理论上讲，构成第16步兵团矛头的作战单位有一个简单明了的任务：推进至圣洛朗冲沟和科勒维尔冲沟，瓦解从进攻前的火力打击中幸存下来的所有敌孤立阵地的抵抗，并为后续波次步兵和工程兵开辟离开海滩的通道。然而，据称在第16步兵团的进攻正面，德国已经按照其惯常的战术积极性在海滩区域严密设防。如果泰勒上校是正确的，那么第16团要及

时完成他们的使命并非易事。

泰勒的部队将在 D 日登上的海滩，与第116团的进攻地域明显不同。奥马哈海滩的东半部是一个近乎原始的海岸线，只有少数人类居住与活动的迹象，并且在大部分海岸线上，覆草沙丘和遍布各处的岩石海堤界定了沙地与土壤地之间的界限。没有人造海堤或防波堤提供掩护。

第16步兵团负责的两道冲沟将难以被夺取。圣洛朗冲沟实际上是一个死胡同，在它尽头是大片的树林和茂密的灌木丛，在某些地方几乎完全无法穿透。海滩出口通往内陆仅有一条狭窄的泥土路，它沿着陡峭的冲沟西坡延伸至圣洛朗村，但是在冲沟入口两侧的高地上，敌军构筑了两个难以对付的坚固支撑点，从而在实际上完全封锁了海滩出口。雷场、铁丝网和灌满水的长壕沟使得对这两个坚固支撑点的任何正面进攻都异常困难。

同样，邻近的科勒维尔海滩出口处的纵深达500码（约合457米）的区域是一个暴露的火力毁伤区，如果敌人在冲沟两侧居高临下构筑的看似无懈可击的大型坚固支撑点没有被消除，那么进入这里的美军部队肯定没有任何生还的希望。更糟的是，在将近1英里（约合1.6千米）的海岸线上，科勒维尔冲沟是奥马哈区域最长的海滩出口通道，假使敌守军在此顽抗，那么沿着冲沟向上以科勒维尔市镇附近的滨海公路为目标的正面攻击可能会徒劳无功，而且它还会像"皮克特冲锋"一样致命。

虽然第116步兵团的作战区域内的两个海滩出口都有路况良好的硬质道路，但是泰勒负责的海滩区域硬质路面却不存在。因此，在圣洛朗冲沟和科勒维尔冲沟中开辟可供车辆通行的道路将是工程兵部队的一项艰巨工作。但是在工程兵开始完成这项任务之前，第16步兵团必须首先消灭附近的德国守军，非洲和西西里的经历让泰勒手下的部队官兵充分意识到——永远不要低估他们的战斗力。根据老兵们的说法，德国军人总会以某种方式令你大吃一惊。

第16步兵团在进攻发起时刻的登陆行动中遇到了与其右翼第116步兵

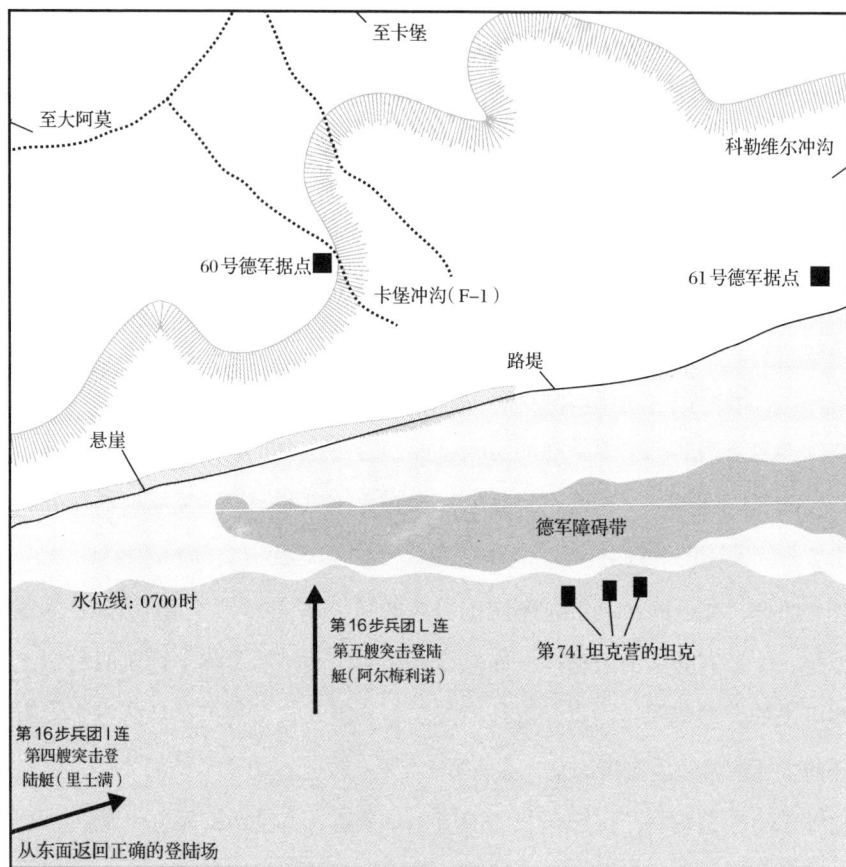

至卡堡

至大阿莫

科勒维尔冲沟

60号德军据点 ■

61号德军据点 ■

卡堡冲沟（F-1）

路堤

悬崖

德军障碍带

水位线：0700时

第16步兵团L连
第五艘突击登陆
艇（阿尔梅利诺）

第741坦克营的坦克

第16步兵团I连
第四艘突击登
陆艇（里士满）

从东面返回正确的登陆场

进攻发起时刻：卡堡冲沟

团相同的困难。强大的近岸横向海流不断推动登陆艇向东移动，尽管在"尼普顿"行动计划手册中针对此情况有专门的警告，但有一些舵手显然未能充分弥补海流所导致的航向偏离。此外，草地起火所产生的浓烟的飘动使海军登陆艇的艇员难以识别沿海地标。最终结果是，第16步兵团第一波登陆的所有部队都在距离其指定登陆点以东很远处上岸，而且他们也没有以固定间隔按照不同梯次全线推进，而是在一个多小时的时间里打乱次序集中于少数几个小区域上岸，这使得德国人可以将火力集中在美军士兵上岸的相对狭窄的海滩区域，并且，利用海滩后方的高地所提供的绝佳观测位置和射界，他们可在每个登陆艇小队抢滩时任意转移他们的火力。

登陆区域的被动东移，让I连和L连不用执行攻击预定登陆场前方的科勒维尔冲沟这一危险任务。然而，由于海流导致登陆艇编队的航线向左偏离，I连和L连相互独立地抵达了海滩，并且都比预定时间晚了很久，因此他们所要面临的是比按照原计划展开行动时更加变幻莫测的情况。不知何故，6艘来自"帝国铁砧"号运兵船的突击登陆艇在运送I连官兵前往海岸时向东偏离其预定区域超过1英里（约合1.6千米）之远。这样的错误是可以理解的，因为恰好从科勒维尔冲沟以东开始就是往东面延伸很远的连绵不断的悬崖峭壁，由于缺乏明显的地形标志物，在黎明的微光下，离岸的目视导航很容易发生偏差。但是当突击登陆艇队靠近岸边时，人们可以清楚地看到它们已经偏离航线，因为前方没有海滩——只有一线连绵不断的灰绿色悬崖。

第1师第16步兵团第3营
D日战斗后报告，1944年6月23日

就在即将登陆时，警觉的I连连长[金博尔·里士满（Kimball Richmond）上尉]注意到了海军方面的错误，于是他命令登陆艇将部队带到正确的海滩。在途中，分别运载富琴中尉的第4乘舟组与坎宁安中尉的第5乘舟组的两艘登陆艇在被海浪没过后开始下沉。落水人员被一艘控制艇救起，并被送到另一艘军舰上。时间现在是0700，里士满上尉联系上营长[查尔斯·霍纳（Charles Horner）中校，并告知了I连当前的处境。然后[霍纳]命令由K连接手I连的作战任务。

I连其余4艘突击登陆艇在上午8:00左右上岸时，他们已经比预定时间晚了约90分钟，而此时，第16步兵团大多数后续波次的部队也已完成登陆。

　　离开"帝国铁砧"号运兵船之后，L连也经历了类似的艰苦卓绝的旅程，其6艘突击登陆艇中的一艘由于进水而在离海岸数英里处沉没。其余5艘船在波涛汹涌的海面上艰难前行，并于上午7:00到达海滩——迟到了30分钟。与参加D日行动的所有其他单位相比，该连的实际登陆场位于奥马哈海滩上的一个更为偏东的区域，并且很不幸的是，他们的下船地点恰好是在位于高达130英尺（约合39.6米）的悬崖顶上的一个德军坚固支撑点的对面，该支撑点拥有绝佳射界。

第1师第16步兵团第3营
D日战斗后报告，1944年6月23日

　　[L连的]突击登陆艇队在几排水下障碍物的前方抢滩。在敌守军的步机枪、迫击炮、大炮与反坦克武器的密集火力下，我军指战员奋力涉水穿越200码（约合183米）长的海滩开阔地带。有很多人还在水中就被击中负伤。该连在一段陡峭的悬崖底下获得了相对安全的藏身处，分队指挥官试图在敌军向海滩倾泻的火力所造成的混乱中重整旗鼓。连队在此阶段的损失很大……连队卫生兵表现突出：他们暴露在敌火力之下奋不顾身地救助伤员。

约翰·斯维尼（John Sweeney）一等兵
第1师第16步兵团L连

　　英国海军的舵手突然说我们将要抵达海滩。我们在沙滩上登陆，并快速从登陆艇鱼贯而出，[吉米·]蒙蒂思中尉冲在最前面。我和其他人离开登陆艇奔向悬崖脚下。我必须跑过20—30码（约合18—27米）的开阔地。突然间，我被左前方的一挺敌机枪射中。我被打得转了个圈，我所携带的"巴祖卡"火箭筒上全是弹洞，而我穿的救生衣也被完全从我身上扯了下来。我倒在了沙滩上，但我心里对自己说：我不能

"屠杀与毁灭的惨况令人难以置信。"在进攻发起时刻后不久，第16步兵团第3营的部队聚集在奥马哈海滩最东边的悬崖下面。在短时间内，这一区域的潮水将上涨到悬崖底部。（美国陆军通信兵部队，国家档案馆）

这样待在这里。战友们纷纷在我周围倒下，于是我爬起来继续奔向悬崖。不知怎的，我成功了。直到过了好一会儿，我才意识到我的手臂和腿部被子弹击中了。屠杀与毁灭的惨况令人难以置信——水中的尸体，毁坏的登陆艇，一片混乱。

L连茫然不知所措的幸存者挤在悬崖底下，在恐慌情绪稍稍得到平复之后，他们开始分析他们现在的处境。他们现在孤军身处奥马哈海滩最与世隔绝的地区之一。峭壁大概有12—15英尺（约合3.7—4.6米）高，它提供了一种虚假的安全感，因为德军步枪和机枪火力够不到躲在下面的美国人。然而，落点精准的手榴弹或迫击炮弹可以造成严重伤亡，而且在高潮水位下——现在只剩下两个多小时——这里除了几英尺宽的礁石区之外将全部被海水淹没。如果后续波次向这里投送更多的人员，那么就会导致过度拥挤；而如果德国人发现这一点，那么结局很可能是一场大灾难。

唯一的选择是向内陆移动。但是怎么做？攀登悬崖将很困难——并且是在敌火力点的直射范围内，毫无疑问是自杀之举。向右，或者说向西转移是唯一的指望，因为在那个方向上，悬崖峭壁被一道看起来不是那么险峻的路堤所取代。然而，在那条路堤的顶部，敌人已经布置了铁丝网屏障，而且底下的一举一动，从上方的德军工事中都可以看得一清二楚。无论 L 连决定做什么，危险总会如影随形。

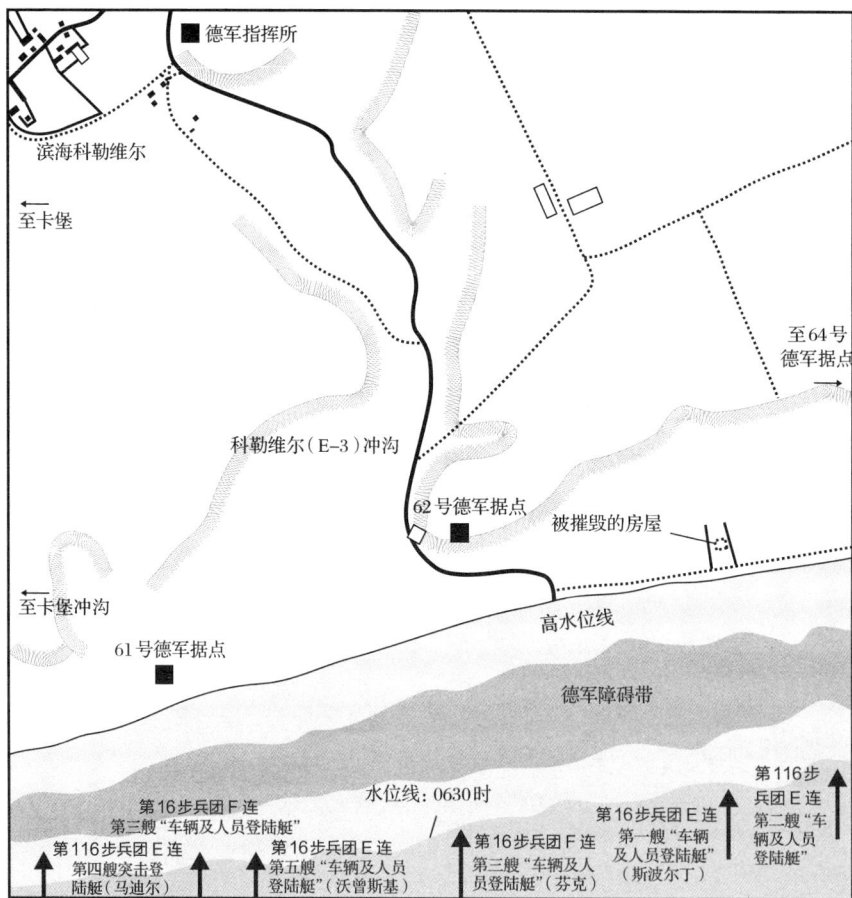

■德军指挥所

滨海科勒维尔

至卡堡

至64号德军据点

科勒维尔（E-3）冲沟

62号德军据点

被摧毁的房屋

至卡堡冲沟

高水位线

61号德军据点

德军障碍带

水位线：0630时

第16步兵团F连
第三艘"车辆及人员登陆艇"

第116步兵团E连
第四艘突击登陆艇（马迪尔）

第16步兵团E连
第五艘"车辆及人员登陆艇"（沃曾斯基）

第16步兵团F连
第二艘"车辆及人员登陆艇"（芬克）

第16步兵团E连
第一艘"车辆及人员登陆艇"（斯波尔丁）

第116步兵团E连
第二艘"车辆及人员登陆艇"

进攻发起时刻：科勒维尔冲沟

持续推进

在运气不佳的 L 连的右翼大约400码（约合366米）处，有15艘队形混乱的"车辆及人员登陆艇"在科勒维尔冲沟正前方直接闯入岸边，船底触碰到沙滩发出一阵阵刺耳的巨响。船上的士兵大为震惊，他们十分明确他们原本的登陆地点，而海军舵手将他们丢在了距离预定目标很远的东边。第16步兵团的 E 连和 F 连是这一波杂乱的登陆部队中的主力，但同时也包括了属于第29师第116步兵团 E 连的4艘彻底迷航的登陆艇——偏离奥马哈作战计划中为他们指定的登陆区域有近2英里（约合3.2千米）之远。

爱德华·沃曾斯基（Edward Wozenski）上尉
第1师第16步兵团 E 连连长

当登陆艇接近岸边，地标可以很容易地被加以识别的时候，显然我们连队即将在偏离预定登陆点的左侧约 1000 码（约合 914 米）处上岸。至于为何会有人在接收到战前简令后还会犯这样一个错误，我不得而知，因为那个作为 [圣洛朗冲沟的] 标识物的孤立房屋正在起火燃烧，并且清楚地显示出它独特的轮廓。

第一军士长 L. 菲茨西蒙斯（L. Fitzsimmons）
第1师第16步兵团 E 连，1944年7月

士兵们不停地对舵手大喊："你正在往左面开！"他无视他们的提醒，仍保持原来的路线。我们的登陆地点偏左很远——都到了第 3 营区域的附近。我们只能看到位于我们右边不远处的 2 号艇和 3 号艇。

那些背负着沉重装备从登陆艇跳入涌动的近岸浪区（surf）中的步兵尚未摆脱晕船的影响，而且身处困境，显然，从一开始就诸事不顺。在错误的海滩上登陆已经够糟糕了，而在德军两个居高临下且得到重兵守卫的坚

固支撑点的正对面抢滩上岸则更是无比糟糕，他们原本以为那些守军是些素质极差的二流部队，盟国海空力量在登陆前的火力打击即可将他们中的大多数人驱离。

保罗·麦考密克一等兵
第1师第16步兵团E连

我们连有一位名叫墨菲（Murphy）的BAR自动步枪手，正靠在海滩上的一个柱状障碍物旁边射击。他正向一个永备发射点开火时，突然间他与那个柱子一起消失得无影无踪。德军在那个柱状障碍物的顶上布设了诡雷，它爆炸了……我最好的朋友，[一等兵] 唐纳德·弗赖丁格（Donald Freidinger）[阵亡]。6月5日晚间我们登艇时，唐纳德和我互相嘱咐，如果我们中有谁没能从登陆行动中幸存下来，那么另一个人就要去拜访对方的家人。我在1946年履行了那个承诺。

第1师第16步兵团F连
美国陆军军史部门，对F连多位士兵的访谈，1944年7月4日

第5小队由奥托·克莱门斯（Otto Clemens）中尉和他的副手——技术军士雷蒙德·斯特罗伊尼（Raymond Strojny）指挥……克莱门斯中校说："让她靠岸！让我们离开这艘该死的船！"船向岸边移动，敌机枪子弹噼里啪啦地打在船首跳板上。船靠岸时，敌机枪不停地射击，但船首跳板无法放下来。当船首跳板终于开始下落时，敌机枪手可能没子弹或者正在更换枪管（所以停止射击）。在机枪重新开火之前，大多数人都以良好的状态下了船。

爱德华·沃曾斯基上尉
第1师第16步兵团E连连长

船艇在匆忙中被清空，士兵们冒着密集的机枪反坦克炮火力跳入齐肩深的水中。最后一名士兵刚刚离船，登陆艇就被一门敌反坦克炮直接命中两次，我记得当时它起火燃烧并且被完全炸毁。现在，连队中的所有人都在由机枪、步枪、反坦克炮和迫击炮所构成的密集火网中涉水前进。由于海边的大浪、强劲的离岸流以及士兵们的沉重负荷，没人能跑起来。这只是一次常规的慢速行军，在居高临下的敌军阵地面前，在毫无遮掩的开阔地上。士兵们纷纷倒下，海水被鲜血染红。有人触发了埋设在水底的地雷，被炸上了天。其他人则在遍布障碍物的海滩开阔地上蹒跚前行……不时有士兵在我周围倒在海滩上，但幸存者仍然向前移动，并最终到达了高水位处的一段堤坝位置。这里可以短暂地保护他们免遭敌方凶残的近距离直射火力的打击，但是迫击炮弹仍在制造伤亡。

对第116步兵团 E 连的迷途分队来说，到处都乱作一团。他们身处何方，只有天知道，但是肯定与第29师的部队离得很远。无论这里是哪片海滩，目前守卫在此的德国军队的顽强表现都在先前盟军上下的预料之外。但从积极的方面来看，周围的许多美国大兵都看到了他们的肩上佩戴的传奇般的"大红一师"肩章，如果有谁知道下一步应该做什么，那非他们莫属。

第29师第116步兵团 E 连
美国陆军军史部门，对 E 连多位士兵的访谈
1944年9月

连长劳伦斯·马迪尔（Lawrence Madill）上尉在穿越海滩的途中即已负伤。他发现瓦尔特·马斯特利是迫击炮组中唯一的幸存者，虽然他带着迫击炮，但却没有任何弹药。马斯特利自愿表示要返回海滩搜集

一些弹药，但连长吩咐他架设迫击炮，弹药由连长本人去取。他捡起了一些弹药，但在返回途中，他被连发的机枪子弹击中两次随后倒地。他最后的话是："士官长，把人带离海滩！"

瓦尔特·史密斯（Walter Smith）中士
第29师第116步兵团 E 连

　　我还记得当时离开登陆艇的情况，我试图在其中一个海滩障碍物后面躲避敌军火力。马迪尔上尉在我和其他人身后出现，他命令所有人向岸边发起冲击。我抬头看着他，他的左臂几乎被完全炸掉了。

与此同时，在第1师第16步兵团 E 连中，有一个由约翰·斯波尔丁少尉指挥的乘舟组不知何故与该连的其他5艘登陆艇分开，独自在圣洛朗冲沟和科勒维尔冲沟之间的区域上陆。虽然斯波尔丁的小队在穿越海滩前往路堤的途中吸引了大量敌军火力，但与此同时，他们也在偶然中发现了敌军奥马哈海滩防御中的一个薄弱的结合部。斯波尔丁与他刚毅的高阶士官——技术军士菲利普·斯特雷奇克（Phillip Streczyk）很快就会最大限度利用这一有利机会。

第1师第16步兵团 E 连
美国陆军军史部门，对 E 连多位士兵的访谈，1944年7月4日

　　斯特雷奇克的小分队促成了 D 日最勇敢无畏的行动之一，而那里恰巧是 F 连本来应该登陆的地方（登陆地点由斯特雷奇克小队中的幸存成员和斯特雷奇克本人在访谈期间 [1944 年 7 月] 加以确认）。斯特雷奇克在沙滩上聚拢了 32 名士兵，在穿过海滩时敌轻武器火力造成了 12 人伤亡，穿越海滩后，他立即率领剩下的 20 名士兵继续前进。

约翰·斯波尔丁少尉

第1师第16步兵团E连，1945年2月

斯特雷奇克中士和卫生员乔治·鲍恩（George Bowen）二等兵扛着一架18英尺（约合5.5米）长的梯子，这架梯子原本是用来穿越反坦克壕，或供任何其他可能的需求来使用的。当我正遇到大麻烦，试图在水中挣扎着漂浮起来的时候，他们俩也在水中艰难前进。当梯子到我旁边时，我抓住了它。斯特雷奇克喊道："少尉，我们不需要任何帮助！"但是，该死的，我正在忙着寻求帮助，而不是给予帮助。我告诉他们把这个东西扔下，于是它被遗弃在水中……我吞下了大量的海水，觉得自己快要窒息了……我们的第一个伤亡来自水际边缘。步枪手威廉·罗珀（William Roper）二等兵在突击登陆时被轻武器火力击中。他一直试图解下绑腿，但是够不到绑腿带，所以我帮他脱下了绑腿……此时我注意到我手下的许多士兵都登上了沙滩，他们都站起身来准备穿越海滩。他们全身都被海水浸透，无法跑动，但他们尽最大努力加快行动速度。他们看起来仿佛是在顶着强风艰难行走。我们越过路堤前往一所位于内陆边缘地带的房屋。我们停下来的第一个地方是一栋残破的建筑物，在它周边有一些小规模交火。我们受阻于第一个斜坡上的一片雷场。

所以，尽管登陆行动已经开始，但是没有人敢说它的开局很顺利。海空力量的火力打击给敌军造成的损伤微乎其微。大多数单位都没能及时上岸。敌人从几乎无法发现的隐蔽抵抗据点中轻而易举地大批杀伤整个海滩上的美军官兵，在他们中间，有很多的维尔切克、霍巴克、沙利文、迪保拉、申克和史蒂文斯被击倒在沙滩上默默地死去。在他们的弥留之际，在大脑的最后闪回中，他们肯定会想到他们的家乡：卡纳西（Canarsie），或者贝德福德（Bedford），或者法姆维尔（Farmville），或者"地域厨房"（Hell's

Kitchen），或者任何有人会为他们哀悼的地方。[①]他们一定会认为这真是浪费——他们的人生有着无限的可能，然而现在一切都迟了……要是……就好了……然后汹涌的大潮将他们的尸体卷向激荡着泡沫的海水中，翻滚的碎浪无情地托举着他们不断向前，最终将它们搁浅在高潮水位线处，排成整齐的行列——这是他们在有生之年无法到达的地方，但他们很快就将聆听最后的熄灯号。

---

① 译注：卡纳西和"地域厨房"均为纽约市的街区名，贝德福德和法姆维尔则为弗吉尼亚州的市镇名。

第八章
扫清通路

时间紧迫

1944年4月9日，是伦纳德·杰罗将军注定要铭记终生的一个日子，因为在那天，德国人把一个谚语中时常提及的"猴子扳手"直接扔进了"尼普顿"行动那部运行良好的机器当中。4月9日，新冲洗的有关卡尔瓦多斯海岸的航空照片被送达第5军总部，照片中显示，敌人正积极在奥马哈海滩各处修筑难以克制的障碍物。杰罗宁愿收到在海岸防线上有一个营的德国生力军入驻的情报，也不愿收到这一令人震惊的消息。难道这个秘密已被揭开，德国人已经以某种方式了解到盟军登陆的具体地点？沉思者杰罗将军对这种可能性表示严重怀疑。自从隆美尔于1944年初抵达法国以来，敌人一直在法国与比利时的海岸线上的各处建造海滩障碍物。德国人迟早会把注意力转移到卡尔瓦多斯海岸并在那里构筑障碍物，他们的做法完全合乎情理。无须恐慌……至少从目前来看是如此。

然而，敌人的沿海障碍带将迫使已经精疲力竭的第5军登陆行动的策划者重新回到他们的办公桌前，重新考虑"尼普顿"计划中的几个要素。在一个无法想象的先进武器层出不穷的时代，隆美尔各式各样奇怪的海滩障碍看起来非常古怪，就像可能放置于中世纪城堡外的阻止敌人进攻的守城装备一样。根据隆美尔的计划，在盟军可能策划实施登陆行动的每个海滩上都会安排布置数百个类似的障碍物，其中大部分障碍物上面都会安放诡雷。

它们的具体安置地点是至关重要的,因为随着潮水上涨,它们应该能被淹没,并且驾驶登陆艇前往岸边的盟国海军艇员基本无法看到。

要确保部队与装备在 D 日源源不断地稳步上岸,德军的海滩障碍带绝对不能挡路。杰罗充分意识到,如果登陆艇在高潮甚至半高潮水位的条件下被迫从水上直接越过障碍带,那么很可能会造成一场大屠杀。船艇底部可能会破损进水,更糟的是,暗藏的爆炸物会将这些船只及其搭载的乘员炸成碎片。在第一名美军士兵踏上奥马哈海滩之前,会有大量的盟军战士在上岸途中死去。

杰罗的参谋部人员不得不迅速解决海滩障碍物所制造的困境。如何在障碍带中清理出通道?陆海军部队应该从哪里进行突破?如果该计划失效怎么办?隆美尔布置的大量简单的、无生命的海滩障碍物确实要比一个营的部队更有价值,因为"尼普顿"计划几乎每个要素都完全依赖于为大小不一的登陆船艇提供前往海滩的安全通道。如果做不到那一点,第5军的其他目标就不可能实现。

优秀的将领总会未雨绸缪。他们预测敌人的动向,并准备合理的反击策略——而杰罗正是这样做的。甚至在德国人于奥马哈海滩上设置第一道屏障之前,杰罗已经指示他的参谋部人员思考海滩障碍物所造成的潜在问题,并准备一个可以在需要时实施的应急计划。该计划于3月31日完成,并提交上级总部批准。结论是:该项工作困难重重,但是可以做到。但是他们仍然抱有一丝幻想,假如敌军不在奥马哈海滩上构筑任何障碍物,那么就不需要该计划。

然而,在美国人详加研讨的同时,德国人也正在积极行动。当杰罗于4月9日第一次审查上述航空照片时,他可能不会像大多数人那样惊讶。尽管如此,他可能是第5军中最焦虑的人,因为他完全明白当前的破障计划虽然无可否认是彻底的,但并不完全切合实际,必须根据新的照相证据进行广泛的修改。整个奥马哈突击行动依赖于该计划的顺利执行,但该计划所需的部队与装备目前并没有到位；更糟糕的是，在突击训练中心进行的测试工作尚未确定清除海滩障碍物的最有效方法。假定可以按时组建足够的部队，但如果相应的训练教官自己还在学习中，他们又如何能在几周内让他们的学员也达到必要的专业水平？这是一场高速运转中的战争——而且杰罗知道这一点。尽管如此，除了继续进行规划以外别无选择。

伦纳德·T. 杰罗少将

第5军军长，致信美国第1集团军的威廉·基恩（William Kean）准将，1944年4月10日

我对在清除水下障碍物的有关培训方面的现有进展情况感到不安。时间紧迫……就我所关注的具体问题，举例来说，我发现在美国接受过专门培训的工程兵营尚未抵达英国。此外，也没有得到关于其训练或装备状况的信息。另一个值得关注的问题是坦克推土机的齐备情况。根据先前的情报，我已经安排配备12辆这样的坦克，用于开辟海滩出口这一必不可少的任务。我现在发现其数量将减少为8辆。

威廉·基恩准将

美国第1集团军参谋长，致信伦纳德·杰罗少将，1944年4月13日

我收到了4月10日你有关排除水下障碍物的工作的来信，我可以向你保证，对于目前的实际进度，我们与你一样深感不安。针对使用师和军的配属工兵，而非集团军［级别］的工兵部队的构想，就你方，以及第7军和海军方面所提出的建议，我们正在加紧进行有关技术和战术的现场测试……我意识到整个问题的解决已经有些太晚了。但是，您可以放心，我会倾尽全力推动此事，我们将尽可能地利用好仅剩的时间。

由于局势的紧迫性，以及情报工作的进展，到4月29日，第5军已准备了一部新的破障计划。尽管存在后勤与人员需求方面的巨大挑战，但该计划简单明了：在第一波坦克和步兵单位于低潮后不久登上奥马哈海滩仅仅数分钟后，大约1000名受过专门训练的爆破工兵和水兵将紧随其后登上海滩。如果登陆计划可以得到严格执行，并且德国人没有在海滩上增设过多的新障碍物，那么到时候障碍带将处于远离水位线的未被海水淹没的沙滩上。然后爆破小队会立即执行他们的任务，在障碍物上敷设炸药并将其炸毁。经过改装后的在车体前面安装大型推土铲的16辆坦克，将于进攻发起时刻（H–Hour）从搭载其登陆的装甲型坦克登陆艇中驶上海滩，以协助清除障碍物。如果计划奏效，最终的结果将是打通若干条穿过多道障碍的登陆"走廊"，这些"走廊"都设有明显的标记，以便在后来的登陆艇波次即使在涨潮时也可顺利到达岸边，而不用担心被水下障碍物毁伤。

第5军司令部
突破海滩障碍物的计划，1944年4月29日

一致同意，该计划在登陆行动之初就必须开辟出16个缺口，每个缺口的宽度不小于50码（约合46米）……美国海军代表表示，可以提供一支由36艘机械化登陆艇组成的船队。36艘机械化登陆艇将分别由16艘装甲型坦克登陆艇和16艘普通型坦克登陆艇拖曳前进。

在为了突破初始阶段的16个缺口而进行的详细组织中，美军将部署24个爆破小队，每3个小队负责打通2个缺口……突击作战将与破障行动同时展开。在这种情况下，当前的步兵、两栖坦克、普通M4坦克和坦克推土机的突击波次将在进攻发起时刻登陆，并将得到大量海空力量的支援。突击步兵将在坦克和海军火力的掩护下前进，而爆破分队将在进攻发起时刻后5分钟（H+5）登陆，用坦克、坦克推土机和爆破装置排除障碍，以便为即将到来的登陆艇波次开辟足够的缺口，供初始阶段的进攻行动之用。

最后，进一步指出，突破障碍带是一项艰巨的任务，必须在最有利的情况下进行，而针对在奥马哈海滩所面临的具体情况，就是趁着障碍物还没有被水浸到的时候。

盟军的作战策划者比德国人更担心时间因素。6月6日上午6:30的进攻发起时刻是在进入退潮水位的一个多小时后，各爆破分队也将在此时登上奥马哈海滩。到那时，潮水将迅速上涨。虽然海水还没有接触到障碍物，但部队必须迅速进行爆破作业，因为诺曼底地区的潮水会以惊人的速度上涨。在30分钟的登陆过程中，岸边的碎浪将拍打在美军尚未拆除的大部分障碍物的基部周围。潮水以每10分钟升高约1英尺（约307厘米）的速度上涨，将在上午8:00完全淹没大部分障碍物。

即使德国人弃守奥马哈海滩，完成这样的任务也是困难且危险的。如果爆破工兵被迫在敌火力下作业，那几乎是不可能完成的任务。在突击行动的各项任务中，没有哪项会比障碍物清除计划更依赖于登陆前舰炮与航空兵的火力准备，因为如果德国人没有被逐出他们的永备发射点，或者甚至没有在破障作业进行时被暂时压制住，那么那些在海滩执行任务的不幸的工兵战士的预期存活时间肯定很短。

R. K. 麦克多诺（R. K. McDonough）上校
第5军工程兵部队总长，1944年3月29日

[关于爆破计划] 军方提出的反对意见包括：预留的排障时间不足以确保成功；兵力不足难以承受人员伤亡，因而存在任务失败的可能性；舰炮轰击和航空兵轰炸无法为各工兵分队提供足够的掩护火力……陆军和海军的爆破分队在敌火力下实施水中作业的效率值得怀疑。

D日行动改变了两栖战争的规则。根据美国在太平洋和地中海战区实践

过的作战原则，美国海军承担了大量清除海滩障碍的职责，并且，在1943年中期，海军在佛罗里达州的皮尔斯堡（Fort Pierce）建立了一所教授爆破技术的学校，学员来自志愿参加的海军水兵。6人一组——海军标准橡皮艇所能承载的人数——进行训练，毕业生们组成了海军战斗爆破队（NCDU）。然而，D日行动的严峻性使得"尼普顿"行动的策划者们看清楚一个事实，就是陆军必须参与海滩爆破。陆军有很多专事爆破工作的工程兵，事实上，在突击训练中心，作为其中一个示范性单位的146工程兵营，已经成了奥马哈登陆作战所需要的那类爆破工作的专家能手。

总共有21个美国海军战斗爆破小队，以及陆军第146和第299工兵营将执行奥马哈海滩的清障作战计划。第299营主要由来自纽约西部的兵员组成，是成百上千个指定参与"尼普顿"行动的陆军单位中的最后一批其中之一，在皮尔斯堡与海军一起共事一段时间之后，该营于4月6日离开纽约，经过为期11天横渡大西洋的航行前往英国，并于4月24日，也就是D日开始仅仅6周之前，与第5军一起进行训练。对于一个像工兵部队在奥马哈海滩上所面对的一样困难的工作，他们需要在很短的时间内学习很多东西。第299营的成员仍然沉浸在对百老汇不久前的美好回忆当中，需要经过严酷的洗礼才能投入战争。

"尼普顿"行动
奥马哈海滩工程兵作战计划，1944年5月24日

[16个]间隙地突破组（gap assault teams）将在进攻发起时刻后3分钟（H+3 minutes)[上午6:33]离开搭载的机械化登陆艇，进行准备并标记从低潮线到高水位线之间的宽50码（约合46米）的间隙地。在铁丝网带上打开最初突破口后，他们将扩大突破口的宽度和纵深，以清除海滩上的所有障碍物。[8个]间隙地支援分队和[2个]指挥分队将按照指令在进攻发起时刻8分钟以内（H+8 minutes)[上午6:38]登陆，并按照指令协助突击组。

第1步兵师师部
特种工程兵特遣队，作战计划，1944年5月22日

基本上，每个间隙地突破组都包括一个得到陆军人员加强的海军作战爆破小队[9名水兵加5名陆军士兵]和一个分队[25名陆军士兵、2名医务兵和1名军官]，细分为2个探雷组（mine crews）和2个爆破组（demolition crews）[共计42人]……坦克推土机将在进攻发起时刻[从装甲型坦克登陆艇]上登陆并进行排障工作，通过轧碎、推移或拖曳，或者三种操作的任意组合将其排除。第一优先级被赋予破除木质障碍物。

比戈–尼普顿最高机密：奥马哈海滩地图
注解，1944年5月22日

在离岸边约275码（约合251米）处将遭遇水下障碍物。在这些障碍物中间将清理出若干通道。这些通道靠近大海的一边将有插着绿旗的浮标作为标记，海滩上的距离刻度则标记出了通道中点的大致位置。

米尔顿·朱伊特（Milton Jewett）少校
第299作战工兵营营长

每个爆破队员的钢盔外面都缠着五六支配有导火索的雷管——每支雷管足以炸掉一只手，但如果它在钢盔周围爆炸，只会让携带者感到一阵头疼而已。他肩上的背包足有40磅（约合18千克）重——内装C-2混合（塑胶）炸药和特屈儿（tetrytol）-TNT混合炸药（比普通TNT的威力更强大）——外加步枪或卡宾枪。有一些人携带爆破筒。所有人都携带着成卷的导爆线，然而它们只不过是缠绕包裹TNT炸药的绳子而已。还有一些人携带紫色发烟罐，以便在准备爆破时向步兵发出警示。

韦斯利·罗斯（Wesley Ross）少尉
第146战斗工兵营，第8小队指挥官

　　木造障碍和钢架障碍物（Element C）将用2.5磅（约合1.1千克）重的C-2混合塑胶炸药块予以摧毁，炸药块装在被称为"哈根森便携包"（Hagensen Pack）的装置中，以其设计者美国海军中尉卡尔.哈根森（Carl Hagensen）的名字命名……对重型钢制菱形拒马（hedgehog）来说，装填有特屈儿-TNT混合炸药的15磅（约合6.8千克）炸药包将是爆破的首选……特屈儿-TNT混合炸药和C-2塑胶炸药之所以被选择，是因为它们比普通TNT的威力更强，非常稳定，通常不会被轻武器火力所引爆。

　　如果24个爆破小队要完成他们在D日的重要使命，那么海军将必须准时将他们准确运送到奥马哈海滩的预定目标地点，因为登陆时间表完全没有机动的余地，以至于只要在上岸时间和地点上稍有差池，都会使排障作业几乎不可能完成。然而，6月5日爆破部队的跨越海峡之旅相当缺乏秩序。不同于搭乘相对舒适的运兵船穿越海峡的第一波步兵部队，爆破分队的美国陆军士兵和水兵在坦克登陆艇的开放式甲板上，在拥挤的人员和坦克中间，在恶劣天气下波涛汹涌的颠簸海面上，经历了常人无法想象的艰苦旅程。在坦克登陆艇上，最简单的行为，例如睡觉和进食，都非常困难。对于那些对登陆取得成功至关重要的工程兵和海军战斗爆破队的官兵们来说，让他们搭乘如此简陋的输送手段直接投入战斗是残酷和不公平的。

维克托·希肯海军少尉
2227号装甲型坦克登陆艇[LCT(A)–2227]指挥官，"O"部队火力支援集群

　　在一些较小的船只上厕所不够用，因此在一些坦克登陆艇上必须在甲板上打洞，以供士兵大小便之用。淡水供应减少。在海上风

力很强的条件下，在登陆艇湿冷的开放式甲板上睡觉或者试图睡觉也是一种非常痛苦的体验。接下来发生的事情将会更加糟糕……在航行途中，这支舰队再次遭遇恶劣的海况，使得舰艇的机动变得困难和危险。墨蓝色的大海上波涛汹涌，浪尖在强风横扫下形成四处飘散的白色浪花。

第299战斗工兵营
美国陆军军史部门，对第13和第14小队的访谈，1944年7月15日

坦克登陆艇的一部分舷侧钢板被冲走了。士兵们难受呕吐，海浪冲上了甲板，火炉熄灭，没什么吃的东西。炸药被打湿，无法弄干。第14间隙地突击组的情况也是如此。

风暴突至

前往诺曼底的航程只是一个开始。在 D 日凌晨3:00，在离法国海岸几英里的海面上，爆破分队需要离开他们拥挤不堪的坦克登陆艇，登上更加拥挤的50英尺（约合15米）长的机械化登陆艇，在登船之前，这些人已经携带上了海滩作业所需的爆炸物。每艘坦克登陆艇拖曳一艘机械化登陆艇前行，当相关的陆海军士兵在两船之间完成转移后，它们均以自己的动力驶向岸边，以迎接它们在奥马哈海滩的宿命。鉴于那些疲惫不堪的军人需要在夜暗条件下的汹涌海域中完成这一程序，所以所有机械化登陆艇都能按时抵达海滩是匪夷所思的。但是，在运送爆破队员上岸的24艘机械化登陆艇中，除了两艘之外，其他登陆艇都做到了这一点。

假设行动进展顺利的话，到上午8:00，将有16个贯穿障碍带的突破口以约200码（约合183米）的间隔出现在海滩阵地上。尽管爆破分队及时到达海滩，但从一开始行动就出现了偏差。诺曼底区域声名狼藉的近岸横流将坦克登陆艇推向东边很远的地方，在某些情况下有将近1英里的偏移。岸

进攻发起时刻：美军爆破分队的行动

注：第2小队抵达海滩的时间晚了1小时。

上草地大面积着火所形成的飘移的浓烟也无助于掩护其行动。因此，海军在海滩的东半部集中了大部分爆破分队，使得海滩西半部相对空旷。第299工程兵营的7个小队在奥马哈海滩的最东端登陆，然而按照原计划只要求在该区域安排3个工兵小队。与之相对，在海滩的另一端，第146工程兵营中被指派前往清除维耶尔冲沟对面的海滩障碍物的3个小队均未能在预定登陆地点附近上岸。

与爆破人员即将面临的情况相比，偏离登陆目标将被视为微不足道的"小事"。各爆破小队决定就在他们当前实际登陆的海滩区域开始排障作业，于是爆破队中的陆海军士兵从他们的机械化登陆艇中冲上近岸浪区。那一系列障碍物就在正前方，而爆破小队之前所接受的高强度训练正是为了夷平它们。战士们背负着C-2炸药、起爆器、雷管以及其他很多装备，所以他们只能迈着沉重的步伐，缓慢走向大约40码（约合37米）开外的爆破目标。

韦斯利·罗斯少尉
第146战斗工兵营，第8小队指挥官

我们搭乘的机械化登陆艇的艇员非常专业，他们仿佛只是驾船进行一次例行的登陆演习。其中一些人参加过非洲和西西里岛登陆行动，所以他们并不是新手。我船队舵手答应我会让我们轻松上岸，他加大了"格雷-马林"（Gray Marine）柴油发动机的油门，直接让登陆艇在放下船首跳板之前触底抢滩——他是一个真正的老手！海水只没到我们的膝盖……重复采用短途跃进—卧倒—待时机允许时再次短途跃进的方式，可以使敌射手无法轻易击中目标。我卧倒之后，子弹射中木制障碍物所形成的尖锐破片从我头顶上飞过——至少后来别人（周围目击的战友）是这么对我说的！我以顺时针方向沿着一系列木造障碍物敷设环形起爆电路干线，而[威廉·]加兰德（William Garland）中士则逆时针方向布线。在我们俩碰头的地方，我们将环形起爆干线的导

线用平结方法联结在一起……登陆 20 分钟之后，第 8 小队及其附属的海军战斗爆破队已针对一片 50 码(约合 46 米)区域中的木造障碍物——包括桩柱和坡面装置——完成了爆破准备。然后加兰德和我将 45 秒延时的雷管分别绑在环形干线的两端，并且在每端都扔出一个紫色发烟罐用作给步兵的警告信号，接下来又向内陆移动了一小段距离。爆炸产生了相当多的火焰和断柱，但在这次最初的爆破作业中，许多障碍物并未遭到毁坏。

第299战斗工兵营

美国陆军军史部门，对第299营多个爆破小队的访谈，1944年7月15日

第 11 小队：小队前方无步兵。小队伤亡过半。

第 12 小队：登陆艇在靠岸时用它的机枪向海滩工事猛烈扫射。就在船首跳板放下的同时，[敌] 机枪开火了。第一组离开登陆艇。有 10 名士兵试图让预先装载（爆破器材）的橡皮艇脱离登陆艇，但无法移动它。

第 13 小队：8 名海军人员用带着装满爆破器材的橡皮艇离开了机械化登陆艇。炮弹击中了橡皮艇并点燃了船上的导爆索。有 3 人后来被确认阵亡。就在炸药即将爆炸之时，大批步兵离开了登陆艇。有一辆坦克推土机试图将海滩障碍物拖走，[但是] 因为步兵需要借助它们作为掩护，所以它的行动被阻止。

第 14 小队：炮弹击中了机械化登陆艇，炸飞了船上搭载的橡皮艇。有海军爆破组成员阵亡。步兵正在进入战场，于是爆破组的伤者阻止了炸药的引爆。

第 15 小队：迫击炮弹直接命中了一艘装载爆破器材的橡皮艇。3 人阵亡，数人受伤。

第 16 小队：人员刚被搭载离开，坦克登陆艇便被一发炮弹直接

命中并炸毁。在障碍带中间及其后方有太多的伤员，以至于我们无法进行爆破作业。

第146战斗工兵营
美国陆军军史部门，针对第7小队的本·巴塞洛缪（Ben Bartholomew）少尉的访谈，1944年6月30日

小队于进攻发起时刻后7分钟［上午6:37］在"红E"滩左翼登陆。非常准时，但这个小队本该在以东约300码（约合274米）处的"绿E"滩右翼登陆。所遭遇的障碍物，先是成排的桩柱，其中掺杂着用木杆支撑的斜置圆木木排，然后是一线排列的斜置圆木木排，接下来又是桩柱和斜置圆木木排，紧挨在它们后面的则是重型钢制菱形拒马……潮汐变化与预期完全一致，在0637，海水距离最近的障碍物约110英尺（约合34米）。该小队使用了特屈儿-TNT混合炸药，并准备在0655起爆。就在那时，一艘满载步兵的船只闯入，撞开了木制障碍物，并引爆了布设在桩柱上的大概7枚地雷。这艘船后面紧跟着其他运载步兵的登陆艇，第一次涨潮时根本不可能起爆炸药。炮火炽烈。步兵被火力压制在障碍区中，爆破分队发现明显无法用炸药开辟通路，于是他们协助将伤者带离海滩，让他们远离不断上涨的潮水。

第299战斗工兵营
美国陆军军史部门，对第14小队菲尔·伍德（Phil Wood）少尉的访谈，1944年7月14日

船首跳板放下，伍德少尉和手下士兵将他们的橡皮舟放入水中，并在机枪火力制造的弹雨中跳下船。当时海滩上没有任何人，但附近还有其他满载步兵的小型船艇。那些负担过重的士兵扔掉了他们的爆破筒，奋力朝着障碍物前进。当他们一起前进的时候，伍德少尉抬起头，

"我们将尽可能地利用好仅剩的时间。"第146战斗工兵营第8爆破小队，D日前于英国。照片中间双腿交叉侧躺的就是指挥官韦斯利·罗斯少尉。（照片由韦斯利·罗斯提供）

看到有一发"88炮"炮弹不偏不倚地击中了机械化登陆艇的船舱中央，而海军爆破人员正在上面试图将装满爆破器材的橡皮艇放下水。橡皮艇上的爆炸物被引燃，机械化登陆艇瞬间被烈火所笼罩。舵手被爆炸的冲击波掀到了海里，船上负责的军官设法跳船逃生，但是海军爆破组的成员据信均在爆炸中身亡。

查克·赫尔伯特（Chuck Hurlbut）一等兵
第299战斗工兵营第15小队

起初一切都很美好和安静，然后突然之间，船首跳板上"乒乓"作响，可以听出来是机枪子弹击中跳板的声音。事情有点不对头。我们放下了船首跳板。据我所知，我们都顺利离开了登陆艇。但自此之后是一场毁灭性的打击。耶稣基督啊，伙伴们开始在你身边倒下，尖叫声回荡在你耳边。橡皮筏不知怎的脱离了登陆艇，它就在我身后漂着。我抓住拖绳，然后自言自语："嘿，我会把它带到岸上，在那里它可大有用处。"我把绳索搭到肩膀上，然后开始拉着它走。突然之间，我觉得它变得更重了。我往后一看，发现有3个一动不动的战友被抛了进去。两个人面朝下，我不知道他们是谁。另一个人是面朝上的，我认出了他[是查尔斯·伯顿（Charles Burton）一等兵]。所以我继续往前拉。然后突然间"轰"的一声，一发迫击炮弹打了过来，它击中了橡皮筏……我被炸了个脚朝天。当时我眼前一黑，应该是昏了过去。醒来时我匍匐在地。我开始吐血……我坐起身来拖拉绳索，然而我得到的只是一大块破烂的橡胶。那就是橡皮筏仅存的部分。那3个伙计都牺牲了。

第146战斗工兵营
美国陆军军史部门，对 C 小队霍默·杰克逊（Homer Jackson）中士的访谈，1944年6月30日

C 小队本应在"红 D"滩登陆，但实际上该小队于 0715 与第 299 工程兵营一同在"红 F"滩[①]以外的海滩上登陆。这一变故的原因尚不清楚，但问题可能出在对海滩的自然特征的忽视……在首批部队抢滩时，潮水已非常靠近海滩障碍物。机枪火力非常猛烈……小队成员在敷设炸药，但是由于附近有步兵存在，所以根本没有机会在多道障碍带中间打开贯通的突破口。要在这一区域进行"清场"是不可能的。虽然障碍物本身并非严重的威胁，但是布设的地雷正在炸毁登陆船艇。随着潮水的上涨，小队成员被敌火力压制在海滩上，但他们为伤员提供了救护。

---

① 译注："红F"滩（Fox Red）为奥马哈海滩最东边的作战区域。

劳伦斯·卡尔诺夫斯基（Lawrence Karnowski）海军少尉
美国第45海军战斗爆破大队，第10小队

[第146工兵营的]格雷戈里（Gregory）中尉及其随从人员放下了橡皮艇，然后前往沙丘线与他们的目标——海滩障碍带。我们下船时，有两枚"88炮"炮弹落在我们的机械化登陆艇周围，然后[我们]在匆忙中冲向海滩障碍物……第一次[爆破]发生于0650，规模气势很大。敌机枪突然响起来，我们继续保持卧倒姿势。康拉德·C.威利斯（Conrad C. Willis）军士长无法接受在沙滩上缓慢爬行着实施爆破作业的方式……于是他拿着一卷导爆索离开，迅速设置好了数个爆破点，但他随即被机枪火力击倒，他是我在那天损失的唯一部下，他也曾是我手下最优秀的人。

在登陆后的前30分钟内，爆破分队的伤亡相当大，以至于他们连关于这段时间的战史记录都无法完成。然而，幸存者的叙述和部队报告也一致指出，陆海军的联合分队起码也完成了整个海滩破障任务的一小部分。在任务规定的16个50码（约合46米）宽的突破口中，爆破人员在潮水上涨到无法作业之前应已在障碍带上完全打通了6个突破口，还有若干突破口部分打通。为了完成这一有限的目标，在首波登陆的各间隙地突破组约1000名士兵和水兵中其伤亡就超过了三分之一。鉴于敌人对登陆行动的凶暴反应，爆破部队的领导人可能会认为，在海滩障碍带上哪怕只开辟一个贯通的突破口，也是一项了不起的成就。

一方面，所有的历史叙述都达成了如下一致意见：在D日上午，德军障碍带中的大部分突破口都在海滩的东半部区域，主要集中于圣洛朗出口和科勒维尔出口之间的"红E"滩。在奥马哈海滩的西侧，第116步兵团的进攻地域，可能只打开了两个缺口，而这两个缺口都不在最西边的维耶维尔冲沟附近——这一失败将阻止登陆艇在此区域上岸。

但即使排障任务只取得了有限的成功，依旧对登陆行动产生了显著的积极影响，因为当战争迷雾消退，观察员开始对行动的第一个小时的战果进行研判时，在那些已经由陆军士兵和水兵打通缺口的海滩区域，敌军防线上的薄弱点一目了然。

第146战斗工兵营

美国陆军军史部门，对第8小队威廉·加兰德中士的访谈，1944年6月30日

　　这次行动与预期的完全不同。这些人认为步兵将先于他们上岸，但海滩却没有任何足迹。

约翰·霍尔海军少将

美国海军，"O"部队指挥官

　　我们怎样才能得到如此勇敢无畏的战士？

衣领上的城堡标志

　　为了克服敌人在奥马哈海滩上的阵地优势，除了那些执行破障任务的专门的爆破部队之外，杰罗将军打算在登陆的最初几小时就投入若干工程兵单位。杰罗认为德国人不会不了解海滩出口的重要性，因此他派遣了4个工兵营——每个冲沟对应一个营——肩负在D日尽早打通这些出口的重任。德国人的军事智慧举世闻名，因此美军工程兵准备好了应对敌人为阻止盟军从狭窄的冲沟通过而可能建造的几乎所有东西。从航空照片来看，"扬基佬"（Yanks）们已经知晓了敌人构筑的雷场、反坦克壕、混凝土厚墙和铁丝网带。然而，敌人可能储备了更多登陆行动策划者所不知道的防御手段。

　　奥马哈海滩上最难对付的障碍物可能要数德国人在维耶维尔冲沟口上建造的巨型混凝土墙了。除非这道墙被摧毁，否则美国机动车辆无法通过这一出口离开海滩。根据"尼普顿"进攻计划，该任务被分配给了第29师第121战斗工兵营。此项任务需要大量的炸药，但是如果德国人在浇筑混凝土之前用钢筋对墙体进行了加固——不确定他们到底有没有这么做——第121营的工程兵们担心，即便是制造一场惊天动地的大爆炸，任务也很可能失败。

为了尽快完成打通4个海滩出口的任务，工程兵需要避免受到敌火力的影响。在这方面，"尼普顿"计划也做出了保证：预先的海军舰炮火力打击以及第一波登陆部队的步坦协同冲击应当可以确保工程兵在上午早些时候进入冲沟并展开他们的工作。D日行动策划者对这一设想中的情况抱有极大信心，因此他们渴望尽早打通海滩出口，于是他们安排所有4个工兵营的先头部队在第一波次之后的一小时内登陆。如果冲沟中仍有敌人活跃，那么好吧，这就是为何陆军将这些单位命名为"战斗工兵营"的原因。

罗伯特·普洛格（Robert Ploger）中校
第29师第121战斗工兵营营长

我想，无须多说，缺少支援装备的工程兵抵达海滩的时间太早了。我们中的很多人都作为步枪手与纳粹守军交火……至于我们的登陆计划，C连原本应当在B连右边，也就是在那道混凝土墙的正面上岸。C连连长［斯文.］霍尔姆斯特拉普（Svend Holmstrup）上尉试图成为他的连队中第一个上岸的人，但就在他即将踏上跳板时，一颗子弹正中他的前额。我于上午7:10登陆，与B连由［爱德华.］汉弗莱（Edward Humphrey）上尉所率领的小分队同乘一艘登陆艇，然而我们的实际登陆地点位于预定地点以东1英里（约合1.6千米）处。我第一个下船，接下来依次是我营情报科长、汉弗莱上尉、我的无线电操作员，以及其他40名工程兵。我落入了8英尺（约合2.4米）深的水里，但是套在我身上的救生带拯救了我。我向前跑了约150码（约合137米），然后靠在一个德国"刺猬"

后面稍事休息。我注意到障碍物并未被清除，我的脑海中闪过一个念头，就是第121营应该接手此工作，但后来我放弃了这个想法。我又向前跑了150码（约合137米），掉入了一个弹坑。突然，我感觉我的左脚踝好像被棒球棒猛击了一下。我负伤了。我往回看时，很惊讶地发现我看不到团队中任何成员。

A.茨维塔诺维奇（A. Cvitanovitch）二等兵
配属第29师的第112战斗工兵营C连

　　船上的大男孩们大多数都严重晕船，他们顾不上了解周围的情况。当我们离海滩大约300码（约合274米）时，你无法看到海滩上发生了什么，因为它被浓烟所笼罩，但你可以听到各式各样的武器射击的声音，于是我们中有人说："第29师真棒，他们都已经冲进内陆小镇了！"然后大约5分钟后，第一轮机枪火力朝我们倾泻而来……这不是第29师的人向海滩上射击，而是德国人朝我们射击。几分钟后船停了下来，随着船首跳板的放下，我们所有人都感到恐惧。晕船的大男孩们也都打起了精神。我目睹有两人在船上被击中，我还知道同船战友有5人在水中受伤，2人阵亡。水中漂浮着第116团先前登陆时阵亡人员的尸体。

威廉·加拉（William Gara）中校
第1师第1战斗工兵营，营长

　　我们在D日的任务是开辟E-1出口道路。我们必须清理出4条各宽8码（约合7.3米）的车道，彻底清除所有的障碍物、雷区、反坦克壕和屏障墙，从海滩的高水位线处到海滩出口的道路沿线，直到（位于内陆的）3号临时集结区（Transit Area 3）。在我们的任务中，最艰难的一部分是填充一道15英尺（约合4.6米）宽的反坦克壕……我很幸运地拥有一个具备相当多战斗经验的工兵营。[然而，]我们并没有在我们应该抵达的地方附近登陆，结果造成了大规模的混乱，我们花了很长一段时间才让事情恢复秩序，我要说，至少经过 3 个小时的耽搁之后，我们才开始执行分配给我们的任务……遗憾的是，原本承诺的轰炸行动并没有达到应有的效果。奥马哈海滩基本上没有遭受任何破坏。

除了作为登陆先头部队所发挥的重要作用外，工程兵还将负责海滩阵地的管理工作。没有谁会把奥马哈海滩想象成繁忙的纽约港，但是如果美国陆军要在1944年的欧洲大陆上发动一场规模宏大的战役，那么要在未来几个月里通过海滩源源不断地输送补给，就必须让这里具备与纽约港的码头一样强大的港口持续吞吐能力。为了完成这一雄心勃勃的任务，美国陆军组建了一批名为"特种工程旅"（ESB）的部队，其中有两个旅将在威廉·霍格准将的统一指挥下参加奥马哈登陆行动。威廉·霍格准将曾于1942年在著名的阿拉斯加—加拿大1500英里（约合2404千米）跨境干线公路的施工建设中担任总工程师的要职。一个特种工程旅的花名册中有9000名官兵，它几乎与一个作战师的规模相当——而且其构成更加多样化。一个特种工程旅由50多个不同的单位组成，规模从超过800人的工兵营到只有7人的未爆弹处理班[1]。特种工程旅中包括了各种专业人员，其中有外科医生、宪兵、化学洗消人员、通信兵、摄影人员、消防员、海军海滩勤务指挥人员、军事装卸货驳操作员，以及陆军传奇般的 DUKW〔发音为 duck（鸭子）〕两栖卡车司机。假使有特种工程旅的工作人员未能注意到战争正在进行，那么工程旅中的坟墓登记人员工作时的情景会提醒目击者这一点。

"尼普顿"行动
特种工程旅的任务，1944年5月

---

[1]　译注：bomb disposal squad，按照更为普遍的说法，即为"折弹小队"。

建立并运作卸载、供给、后送和现场保卫所必需的所有岸上设施，以确保人员、车辆和物资在海滩区域的顺畅转移。

保罗·汤普森上校
第6特种工程旅，旅长

一个在参加战役前不久才获得新指挥官的作战单位，显然是一个问题重重的单位。"他们不是'问题'。"霍格将军对我强调，"他们是'挑战'。"当我在1944年3月6日向他报到并接过第6特种工程旅的指挥权时，霍格对我这样说。他讲到，管理一个特种工程旅需要比领导一个步兵师更多的技能。特种工程旅的人必须离开舱室到甲板上的船钟处吸烟，必须参加决定成败的最初1000码（约合914米）的争夺战，然后，还必须（在海滩区域）坚持作业达数周之久……3个战斗工兵营构成了特种工程旅的坚实基础。在此之前，可曾有如此庞大的工程兵部队被纳入到一个独立的军事单位当中？

6月6日晨，每位陆海军士兵都自信满满地投入行动，这两个特种工程旅——东边是第5旅，西边是第6旅——在第一波部队突击登陆后不到一小时就抢滩上岸了。经历了在近岸浪区的一小段可怕的艰难行军之后，原本的自信消失得无影无踪。此时更需要的是步枪和手榴弹，而不是探雷器和工兵铲。

第6特种工兵旅第149战斗工兵营
美国陆军军史部门，对惠普尔中尉和索尔森中尉的访谈
1944年6月16日

正式行动并不像演习。在演习中往往一切顺利，由于不会面临火力打击，部队人员甚至都没有携带武器。但是当工程兵在奥马哈海滩

上登陆时，他们处于重型火炮、迫击炮、自动武器和其他轻武器的火力下。包括营长 [詹姆斯·泰勒（James Taylor）中校]、副营长和 B 连连长等关键指挥人员在内，该营的伤亡率达到约 8%。

第5特种工程旅第6海军海滩营
美国陆军军史部门，对尤金·卡鲁西（Eugene Carusi）海军少校的访谈
1944年6月16日

[第 6 海军海滩营的工作] 是标记航行危险物、确定登陆点、后撤伤亡人员、输送与回收登陆部队、控制船只交通，以及维持从军舰到岸边的无线电通信……卡鲁西海军少校随同第 37 工兵营 C 连第一排于进攻发起时刻后 65 分钟 [上午 7:35] 在 "红 E" 滩的中间地带登陆。上岸的部队丢失了所有装备。敌军火力猛烈。部队在约 4 英尺（约合 1.2 米）深的水中离开登陆艇，他们需要穿越 75 码（约合 69 米）的距离才能到达齐膝深的浅水区，可是浅水区里还有一条较深的海沟，这又增加了登陆的难度。上岸部队开始掘壕寻求掩蔽……人员继续上岸，伤亡很大。

第5特种工程旅第37战斗工兵营
美国陆军军史部门，对 C 连霍华德（Howard）上尉的访谈
1944年6月22日

C 连的使命是在 A 连和 B 连分别开辟对应的海滩通道之后建立 E-1 和 E-3 公路出口，并且负责管理海滩后方的临时堆场并维持交通运行。它的次要任务——但或许是其中最重要的任务——为临时集结区的建立与运作……原定于在进攻发起时刻后 80 分钟（H+80）[上午 7:50] 登陆的那个排实际上首先登上了海滩，它也可能是整个奥马哈区域中第一个上岸的工兵单位。它大约在进攻发起时刻后 45 分钟（H+45）[上午 7:15] 进入预定作战区域，而步兵仍在海滩上东躲西藏，四处游荡，

各突击波次的人员装备堆积在一起。海滩上一片混乱。该单位领导者罗斯中尉发现不可能完成任何指定的工作，他带着全排士兵抵达海滩，并在那里组织了一个临时的步兵连。

第九章
弹如雨下

只有"88炮"才会如此凶狠

如果有哪项军事策划要求充分的灵活性，那肯定就是对奥马哈海滩实施猛攻的计划。随着登陆行动在6月6日的进攻发起时刻展开，即使是最菜鸟的新兵也会看出情况不太对劲。没有人看见哪怕一架轰炸机；大部分单位都在远离目标的地方上岸；德国守军也显然不是二流部队——而且他们在海滩上的兵力也要比之前情报中所显示的多得多。根据登陆作战计划的指示，一波又一波的登陆艇紧跟在先头部队后面向岸边发起冲击，而船上满载的突击部队士兵对岸上等待他们的命运几乎一无所知。

不幸的是，对于美国方面来说，几乎无人能够改变这个计划。军方高层要在数小时后才能够下令对进攻计划进行任何必要的修改，且即使可以修改，他们的选择也相当有限。假设海滩上的领导者能存活足够长的时间，那么他们将可以整顿混乱的局面，并确定合理的行动方案来弥补登陆开始阶段的错误。直到那时，待在位于近海的指挥舰上的布莱德雷、杰罗和许布纳看起来仍然束手无策，除了坚持不懈地暗自鼓劲，说服自己此次计划仍然有希望取得成功以外，他们所能做的只有等待。

有军谚云：毋往败局中增兵。但如果不向濒临失败的战场上继续增兵，那么在奥马哈海滩上还能取得任何成功吗？显然不会，至少在上午7:00，从那些在近岸海面上观察初始登陆行动的观察者们的角度来看是如此。然而，

上午7:15：阿梅尔－奥普特尔和维耶维尔冲沟

在进攻行动的第一个小时结束时，通过对从海滩传回来的少量情报进行过滤和整理，有一个至关重要的细节浮出水面：看似坚不可摧的敌军防御阵地有几个薄弱点。后来，这种只言片语的涓涓细流将转变成由大量有关敌人弱点的毋庸置疑的证据所构成的洪流，并促使美军原来计划中的战略战术在不知不觉间发生根本性的改变。用最简单的话说，这一证据声称：向上进攻悬崖，而非径直突破冲沟。

在进攻发起时刻，在维耶维尔冲沟前方的潮滩上，来自第116步兵团A连的弗吉尼亚士兵被大批屠杀，而难以定位的守军火力就来自于海滩后方的高地。根据登陆行动时间表，30分钟后，"石墙"旅的另外两个连队——B连和D连也将搭乘12艘英国海军的突击登陆艇在同一个死亡区域上岸，紧随其后的还有3艘搭载第1营营部人员与医护兵的突击登陆艇。只有当那些即将抵达岸边的陆军部队和海军艇员看到海滩开阔地，以及随着海浪浮沉的A连阵亡者的尸体时，他们才会明白他们将要面临什么。然而为时已晚。

罗伯特·萨莱斯（Robert Sales）二等兵
第29师第116步兵团B连

我是埃托雷·扎帕科斯塔（Ettore Zappacosta）上尉 [B连连长] 的无线电操作员。当距离海滩约1000码（约合914米）时，他简短地命令我："萨拉斯，踩在那里上去看看海滩那边发生了什么。"我探出头看了看。但我什么都看不清。我说："A连——我看不到他们。看起来沙滩上像有些尸体，但我无法分辨。"此后不久，开船的英国舵手说："我无法再继续靠近。我要放下跳板。"对此没有任何争论……当船首跳板放下时，迫击炮弹落在我船的左右两侧。机枪子弹从我们头顶倾泻下来，就好像掉入蜂巢中一样。上尉是第一个下船的人，他在跳板上被击中并落入水中。[理查德·] 赖特（Richard Wright）中士紧随其后，接下来是医护兵 [五级技术员特伦特·金瑟（Trent Kincer）]。我第四个下船。

海上风浪很大，跳板上下颠簸，于是我用双手抓住我的脚后跟，直接从边上滚入水中。当我起身时，扎帕科斯塔上尉也爬了起来，对我喊道："我被击中了！"然后他倒在水中，我没再看到他站起来……直到今天，我几乎已经找遍了每一个地方，但是除了我自己之外，并没有找到从那艘船上下来的小队成员中的任何其他幸存者。

第29师第116步兵团第1营指挥连
美国陆军军史部门，对士官诺林（Nowlin）、鲍尔（Bower）和比林斯基（Bilinski）的访谈，1944年9月

和通信排在一起的诺林中士看到他手下的第一批士兵带着全部负荷跳下了船。他们赶上了第一批士兵，开始前进，仍然背负着各自的装备。有一些人中弹倒下，因为他们陷入了横扫沙洲与水际海滩的交叉火力当中，其他人仍背负他们的装备艰难前行。诺林目瞪口呆地看着他们在敌火力网中摸索前进，仍然没有抛弃他们沉重的负荷。然而，在先头分队的背后，登陆艇跳板上的行动已经放慢。第58野战炮兵营营长 [伯纳德·] 麦奎德（Bernard McQuade）中校也搭乘同一艘登陆艇，他在下船时被敌火力击中。他死在了水中。罗伯特·韦尔（Robert Ware）上尉 [第 1 营医官] 刚抵达沙滩就被一颗子弹击中眉心。我营情报科长詹姆斯·林贝尔（James Limber）中尉在涉水前进时双腿受伤，他爬上了沙滩，随后炮弹破片击中了他的额头。

乔治·科贝（George Kobe）二等兵
第29师第116步兵团D连

我和迫击炮排在一起，并且我与瓦尔特·席林（Walter Schilling）上尉 [D 连连长] 同乘一艘登陆艇。突然，我听到一发德军"88 炮"炮弹呼啸着击穿了登陆艇，扯掉了船首跳板，并炸飞了突击登陆艇上的两

扇钢甲门。右边的门击中了席林上尉的头部，当即将他杀死。左边的门则击中了我们的排中士约翰·施廷奈特（John Stinnett），导致他的一只眼睛失明。只有"88 炮"才会如此凶狠。船上并未发生恐慌。至于我们是如何突破火力封锁抵达海堤那里的，我永远也不会知道。这是在我所有战斗经历中所遭遇到的最为凶险的敌军火力。

罗伯特·斯劳特（Robert Slaughter）中士
第29师第116步兵团 D 连

我不在乎德国人会用什么方式来对付我们，我只想踏上陆地……在离岸约 150 码（约合 137 米）开外，尽管有人大声警告"低下头"，但我还是抬起头瞅了几眼。我可以看到在我们右边的那艘船正遭到轻武器的猛烈扫射。曳光弹打在船首跳板和船体侧面，跳弹四处乱飞。敌人在集中火力射击这艘在我们之前几分钟触滩的登陆艇。此时我们明白这不会是一次轻而易举的胜利。

英国皇家海军突击登陆艇上的资深海员们曾接受过专门的训练：他们在运载地面部队前往海滩时需要搜寻敌海岸防御中的薄弱点（以避开密集火力的打击），而有一些目睹过附近登陆艇上惨状的盟军官兵尝试将这一训练科目付诸实践。由3艘 B 连的突击登陆艇组成的小队在一位来自伦敦东区严厉的前警务人员、现任海军中尉 T. E. 阿利奇的指挥下，其航线向东偏移了超过1000码（约合914米）的距离，以寻找一个更为安全的区域安排美国人抢滩上岸。这种精明的行动路线会在后续波次中被大量效仿，而此举也让这一小群"石墙勇士"摆脱了其战友在维耶维尔冲沟正面所遭遇的厄运。

在东边1英里（约合1.6千米）处，来自宾厄姆少校第2营的"石墙勇士"的后续波次即将投入勒穆兰冲沟前方的地狱战场中。与第116步兵团的所

"我所遭遇的最凶险的敌军火力。"从毗邻耶维尔冲沟的悬崖上俯瞰奥马哈海滩的西半部分。在登陆行动的最初90分钟内，第116步兵团和游骑兵们在这一地区遭受了严重损失。照片来自战前的法国明信片。（照片由马里兰州国民警卫队提供）

有成员一样，第2营官兵尽管训练有素但没有任何实战经验，对他们当中的许多人来说，他们在D日行动中的突然出场将是他们经历的第一次也是最后一次战斗。

爱德华·麦克纳布中尉
第29师第116步兵团H连，1944年7月

我可以非常清楚地看到，在我们前方区域有密集火力构成的死亡地带。我们船上有一位年轻的海军军官，他指挥我们的登陆艇编队。他的表现很不错，当我们接近岸边时，他突然传话上来，询问我是否辨认出了预定登陆的海滩。一开始我就不太确定，而等到他问起时，我已经完全无法确认了。悬崖峭壁被浓烟所笼罩，只有一条冲沟入口靠近底部的区域还能看清楚。这可能是三个地点（冲沟）中的任何一

个。我们的连长［乔治·博伊德上尉］仔细审视了一番，然后告诉那位海军军官："送我们上岸。无论如何，那里有战斗在进行。"当我们离海岸大约300—400码（约合274—366米）时，浓烟已经消散，我们辨认出了勒穆兰冲沟。我们尚未吸引守军的注意，但海滩上火力炽烈：轻型武器的扫射中夹杂着大量曳光弹，猛烈的大规模爆炸此起彼伏，遍布全场。

我们看到那片充斥着血与火的海滩时，一阵恐惧与厌恶感突然袭来。我不知道是否有人真的害怕。我们建立了一种吞噬恐惧的精神力量。博伊德上尉、艇组成员和我都可以看到前方情况，并且明白那意味着什么。我们让士兵低下头，这样他们就不会因为看到战场实况而丧失勇气。坦克仍在水际线附近，有些还在射击，有些则已起火燃烧。来自各突击连队的战士们正在这些坦克旁和水中寻求掩蔽，其中大部分有伤在身。很多死者漂浮在浅水浪区。

大约在进攻发起时刻后35分钟［上午7:05］(H+35)，我们的船从一艘燃烧中的坦克登陆艇旁边驶入战场，（下船之后）我们在水中挣扎前行了足有75码(约合69米)的距离，一开始海水没到我们的胸部……［我们］借助海滩障碍物的掩护暂时停了下来，等待着那些携带重武器的人员从水里爬上岸。迫击炮班无法携行已经浸满水的重型装备，所以他们将迫击炮拖到了水际边缘，就在他们试图把炮扛起来的时候，一发炮弹袭来，爆炸击倒了除3名士兵以外的所有炮组成员。我们寻遍了海滩，试图发现航空兵和海军曾向我们承诺要制造的大量弹坑，然而并没有。我在海滩中央附近遭遇了突如其来的机枪火力扫射，我的左肩有几处中弹。我营医官托马西（Tomasi）中尉就在附近，他冒着炮火跑过来，把我身上各种装具的背带统统切断，然后让我撤到后面的水际边缘（等待后送）——如果我能做到的话。我没能做到。但潮水上来了，我被冲上了岸，在"绿E"滩的三层房屋的正对面。

悉尼·宾厄姆少校

第29师第116步兵团第2营营长，1947年1月

在航行途中，海滩被硝烟和扬尘笼罩，直到我们进入岸边1000码（约合914米）以内，我才能看到岸上的情况。我注意到了爆炸的硝烟，认为它们是工程兵破障作业时造成的。我想当然地以为一切都很好，直到在齐肩深的海水中挣扎上岸时才有些回过神来，接着我在一个钢制四面体障碍物的后面停顿片刻喘了口气，然后发现我脚边扬起了沙子。我发现我被一挺机枪盯住了，而扬起沙子的正是一长串的机枪子弹。从那时起，那片海滩就一直在我脑海中挥之不去。我很害怕，筋疲力尽。为此次行动下发的冲锋夹克颇为别致，装满了各式各样的东西，而且这种冲锋夹克还很容易吸水，夹克上的水分足有千斤重。

我终于穿过海滩抵达了位于海滩公路沿线的那条路堤处，那里有大约100名来自F连的士兵正在路堤所提供的小型庇护所下寻求掩蔽。我能找到的唯一的军官是[西奥多.]兰姆中尉，然而他的伤势很重，已然神志不清。

你们在步兵中间做什么？

与此同时，在奥马哈的最东端，陷入困境的第1师第16步兵团的指战员们在努力寻找敌军盔壳的缝隙。他们无法在科勒维尔冲沟的广阔入口中找到这样的缝隙，因为德国人在冲沟两侧漫长的悬崖线上建立了强大而难以发现的发射阵地，并用毁灭性的交叉火力将这一地域完全封锁。鉴于德国人有地形上的优势，他们居高临下的视野非常好，所以没有任何美军士兵可以在不被发现和不遭到火力扫射的情况下从正面移动到冲沟入口处。

第1师第16步兵团H连

美国陆军军史部门，对R.霍普斯（R. Hopes）中士的访谈

1944年6月12日

至圣洛朗

至圣洛朗冲沟

64号德军据点

高水位线

石墙

被摧毁的房屋

第16步兵团E连（斯波尔丁）

62号德军据点

第741坦克营的坦克

第16步兵团G连
6艘"车辆及人员登陆艇"（道森）

第16步兵团2营指挥部
第一艘"车辆及人员登陆艇"（希克斯）

搭利
第一辆半履带车

德军障碍带

第16步兵团H连
第六艘"车辆及人员登陆艇"（欧文）

第16步兵团前进指挥所
第16步兵团前进指挥部
第一艘机械化步兵登陆艇

科勒维尔（E-3）冲沟

水位线：0700时

高水位线

第16步兵团K连
6艘突击艇（普鲁斯泰尔）

第16步兵团M连
第六艘"车辆及人员登陆艇"（埃德蒙兹）

61号德军据点

第741坦克营的坦克

第16步兵团3营指挥部
第一艘"车辆及人员登陆艇"（霍纳）

卡堡

卡堡（F-1）冲沟

60号德军据点

悬崖

第16步兵团I连
第四艘突击艇陆陆艇"（里士满）

第16步兵团L连

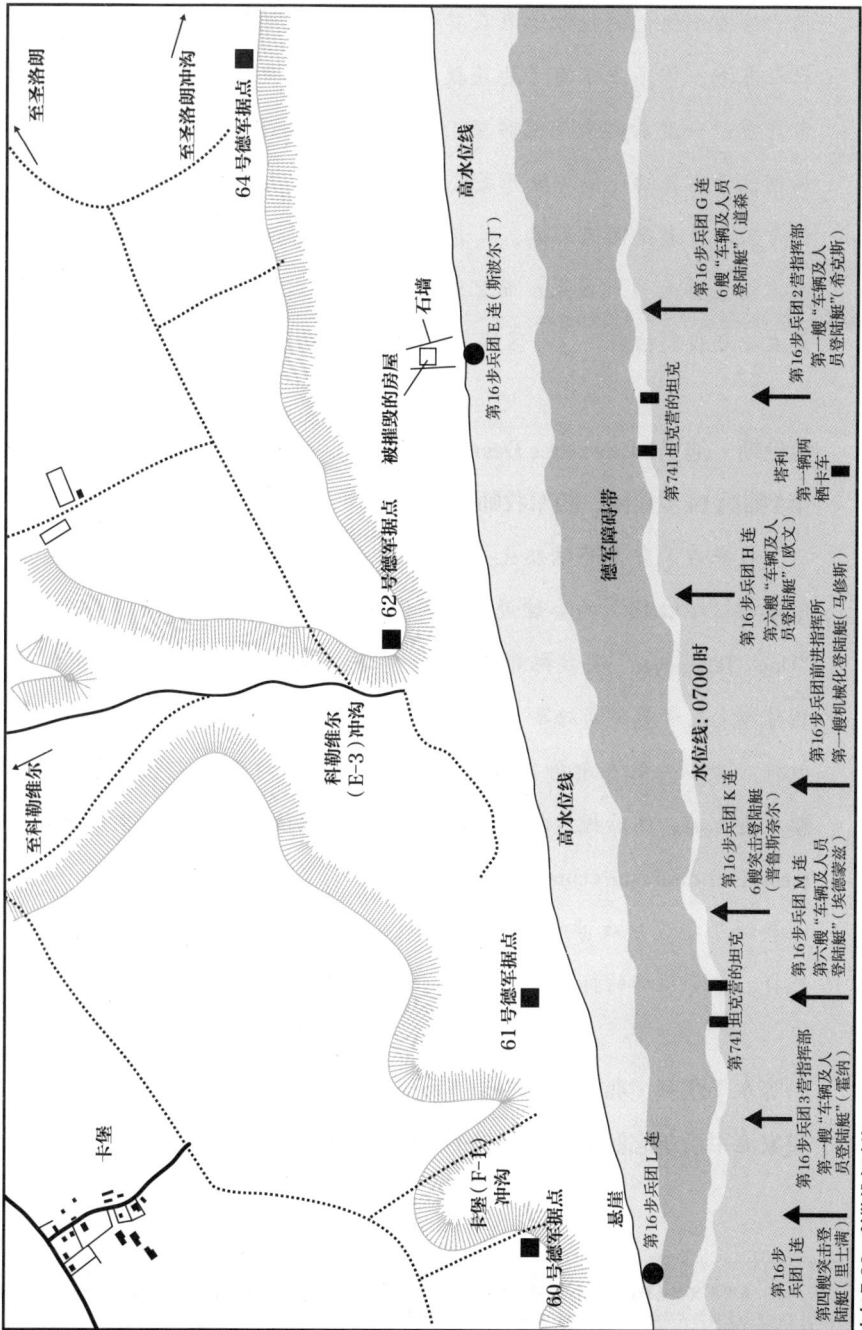

上午7:00：科勒维尔冲沟

我连大约在0727时到达岸边。他们立即被机枪子弹击中，纷纷倒地，伤亡惨重。他们的抢滩地点在其预定登陆场左边很远的地方……此时正在涨潮，许多本来有可能获救的伤员都被淹死了。海滩上的情况非常严重，一度看起来毫无希望。我连在左边架设好了一挺机枪，并开始朝位于左翼的地堡与敞开式火力点射击。敌迫击炮在朝沙滩上开火，但是敌人或者是因为恐惧，或者是因为已经在我军火力下不断有伤亡，所以炮击并无多大效果，而且过了一段时间就中止了。有机枪火力从最左端朝我们扫射。这一区域原本应由第3营负责。

劳伦斯·迪里（Lawrence Deery）上尉
第1师第16步兵团，随军牧师

我正在[突击登陆艇上]吃苹果。"午餐都在袋子里。"——这是陆军对"呕吐物"的委婉说法。查尔斯·"多克"·特格特迈尔（Charles "Doc" Tegtmeyer）要我把那颗该死的苹果扔掉……然后我看到了有位英国陆军[或者是皇家海军]军官正对着书本念念有词。我想他肯定是个牧师。我以为他在念祷告词。我和特格特迈尔讨论了这个问题。我艰难地走上前，然后视线越过他的肩膀看到了书上的一句话："Si quid forte jocosius hoc mihi juris cum venia dabis dixero."[翻译（原文为拉丁文）："如果我说了些过分戏谑的话，请一定要原谅我。"]我很惊讶，换你也会这样。书页顶部的标题证实了我的猜想：这是贺拉斯[①]（的诗集）。

一等水手沃利·弗雷泽（Wally Fraser）
皇家海军后备志愿部队，第550突击艇支队

---

① 译注：昆图斯·贺拉斯·弗拉库斯（拉丁语：Quintus Horatius Flaccus；希腊语：Ορátιος。公元前65年12月8日—公元前8年11月27日），罗马帝国奥古斯都统治时期著名诗人、批评家、翻译家，代表作有《诗艺》等。

6月6日大约0400时，我们被［从"帝国铁砧"号运兵船］放入水中，在近一小时的时间里，我和另一名水手在轮流使用这些登陆艇上都配备的单手抽水泵来阻止我们的船（因进水过多而）下沉。美军士兵跨坐在他们位于天井甲板（well deck）中的乘员座位上。尽管大多数人都晕船，但他们仍然必须登陆，并跳入将近2英尺（约合0.6米）深的海水中徒步前往海滩。在途中，我们遭遇到正在向欧洲大陆进行主炮舷侧齐射的大型战舰编队，由于我船与它们靠得很近，冲击波制造的大浪几乎将我们掀离了水面。海滩的潮间带上布满了其上置有配备触发引信的炮弹的金属构造物，登陆艇的残骸在它们中间增添了不和谐的元素，还有那些再也无法回到故乡的年轻美军士兵，与那些努力送达他们进抵海滩的参与联合行动的水兵，他们的尸体在浅水中飘荡。

威廉·约瑟夫（William Joseph）中尉
第1师第16步兵团第3营指挥连

进攻行动发起的第二天，我手下的一位士兵来到我面前，问我昨天在跳下登陆艇进入水中之后到底在笑什么。我反复地想，当机枪子弹四处乱飞、炮弹不断落入水中时，到底会有什么事情那么好笑。然后我回想起，当时我取笑了我手下一位身高6英尺（约合1.83米）多的下士约翰逊。我下船跳入水中，然后涉水前往岸边。在离船约50英尺（约合15米）时，我转过身来，想看看我的士兵们有多少人中弹倒下，如果他们都已经离开了登陆艇的话。约翰逊下士将底舱剩下的装备越过船舷胡乱扔了出来。然后他从甲板底下扛起了因严重晕船而失去知觉的奥皮茨下士，并把他举起来圐圙个扔到了水中。那简直太好笑了，我记得我当时差点因为笑得太厉害而溺水。

劳伦斯·布尔（Lawrence Bour）上尉
第1师第16步兵团第2营指挥连

我们的登陆艇跳板落了下来，我发现自己处于机枪火力之下，并且在我面前的海滩上没有任何友军活动的迹象。在齐膝深的水中，我利用一个充当障碍物的柱桩作为掩护。几秒钟后，我意识到最明智之举就是直接冲向那道石制路堤……生存之道就是蜷缩在路堤基部与水际边缘之间的仅有几码宽的安全区中。死者就在身后的浅水区漂浮着。我发现了一位卧倒在沙滩上的来自A连的朋友。我停下来和他聊了一小会儿。他在卧倒状态下和我握了握手，并对我的升职表示祝贺——我是在部队进入集结待发区并开始处于静默状态的那一天升任连长的。这里似乎并不是一个表达客气与礼貌的好地方。

弗雷德·霍尔（Fred Hall）上尉
第1师第16步兵团第2营指挥连

海滩上一片混乱……我们遭到轻武器及大炮和迫击炮的射击。显然，登陆前的海空火力打击的效果微乎其微。上岸之后，这就变成了一个事关生存的大问题，但是我在忙于设法归拢各部指挥官，让他们组织各自的人员继续前进并尽快离开海滩，除了做必须要做的事情之外，我并没有太多时间去胡思乱想。

由该团副团长约翰·马修斯（John Matthews）中校所领导的第16步兵团团部直属先遣队在上午7:25左右搭乘一艘机械化登陆艇靠近了科勒维尔冲沟。该队的任务是设立一个指挥所，并构筑第16步兵团的海滩阵地。当机械化登陆艇触底靠岸，且艇上水手准备放下跳板时，马修斯喊道："我们到了！大家好运！"

第1师第16步兵团，前进指挥所

第16步兵团指挥连，1944年6月6日，D日上午报告

机械化登陆艇中的前进指挥组在汹涌的大海中向岸边移动，在接近海滩时遭遇了猛烈的火炮和机枪射击。近海处于低潮期，要抵达海滩，必须穿过一大片浅水区，在由各种配有爆炸装置的海滩障碍物所构成的迟滞地域中小心前行……当战士们在齐腰深处跳下船时，机枪火力扫过了整片区域，一发子弹撕开并穿透了军士长卡尔皮诺所携带的防毒面具包，然后击中了马修斯中校的头部。由于不知道他是否还活着，卡尔皮诺军士长费尽九牛二虎之力将他拖上了海滩，直到那时才发现马修斯中校实际上当场就死了。事实上指挥组已经丧失了指挥功能。在拥挤的海滩上，我们唯一关注的就是命令士兵分散开来并得到尽可能多的掩护。

本杰明·塔利上校是杰罗将军在第5军中最信赖的工程兵指挥官之一，他也是参与过太平洋战区阿留申群岛（Aleutian Islands）战役的著名老兵，此时他的任务是搭乘一辆两栖卡车（DUKW）在离岸约0.25英里（约合420米）处巡航，观察第16步兵团海滩登陆地域中的情况。塔利上校的工作看似简单明了：每隔一段时间通过无线电向杰罗将军报告他在海滩区域所观察到的重大事件——但是考虑到第16步兵团的登陆实际进展情况，塔利不会向他的上司传递什么好消息。

本杰明·塔利上校

第5军，分管作战计划的副参谋长

我简要地向我的人解释了我理解中的他们将要进入的战场的环境，并努力向其讲述了他们能够遇到的最乐观的情况，以减轻他们在第一次处于敌火力打击之下时可能产生的恐慌。我提醒他们，我并不比他们更勇敢，这不是一个男人是否害怕的问题——而是他在害怕时应该如何行动的问题。我很了解这些战士，并用简单的陈词结束了我的发言："祝你们好运，愿上帝保佑。"出乎我意料的是，他们异口同声地对我说："你也一样，上校。"从那一刻起，我们就像是一个不可分割的整体，无论是在思想上还是行动上……潮水明显退去，数百名士兵待在水中，大部分人靠在尚未被排除的海滩障碍物的后面；可以看到数百顶钢盔从水边的障碍物处冒出来。实际上那都是战士的脑袋，他们躲在障碍物后面寻求保护……[4辆坦克]排成横队在海滩上向前平推。突然其中一辆坦克被击中起火。刹那间，第二辆和第三辆坦克也着火了。第四辆坦克开始倒车并返回了水际边缘……我实际上是通过蒸汽——而非硝烟——才得以发现从海滩后方的高地上朝我们的两栖卡车开火的那挺德军机枪。德国人认为我的两栖卡车是一个重要目标，因为它有两个突出的天线作为显著标志。

坦率地说，没有历史记录可以证实，在6月6日上午登陆奥马哈海滩的作战单位中有哪个可以被列入"幸运"的范畴，但是很明显，有些单位可能比其他单位更为不幸。可以被归为此类的包括来自E连的约翰·斯波尔丁中尉的乘舟组，以及约瑟夫·道森（Joseph Dawson）上尉的G连，二者都属于第16步兵团。斯波尔丁的分队于进攻发起时刻后不久即在从圣洛朗到科勒维尔的中途位置上岸，且实际上没有任何友邻部队支援。大约20分钟后，道森的连队紧随其后。虽然两个团队都遭遇横扫潮滩区的猛烈火力的打击，但是他们设法以相对较小的伤亡抵达了位于高潮水位处的路堤一线。现在，他们偶然间闯进了一个出发阵地，在这里，他们与德军坚固支撑点的距离要比第1师的任何其他已经登陆的单位更远——超过500码（约合418米）。此外，位于紧靠路堤的后方，有3所均被坚固石墙所围绕的年久失修的石头小屋，它们在一定程度上阻碍了敌守军的观察视野，从而掩

希特勒的"大西洋铁壁"。第一波美军部队于奥马哈海滩退潮时在德国海滩障碍物的密集区中登陆。这一照片很可能拍摄于D日上午7:15。(美国陆军通信兵部队,国家档案馆)

护了斯波尔丁与道森手下人员的行动。从这个地点开始,斯波尔丁和道森,以及奥马哈海滩上为数不多的其他美国军人首先得出了那个出乎意料的结论:离开海滩的唯一途径是越过悬崖,而非像登陆计划所规定的那样直接从海滩出口穿过。

道森是德克萨斯州韦科市(Waco)的本地人,他1933年毕业于韦科市的贝勒大学(Baylor University)。曾于1944年8月对他进行过采访的一位未具名的美国军事部门官员在他关于G连的D日任务报告中指出:"此人为可提供精确证词的罕见目击者。"

第1师第16步兵团G连
美国陆军军史部门,对约瑟夫·道森上尉的访谈,1944年8月22日

G连突击登陆时,海水仍然清澈。该连本应在进攻发起时刻后30分钟[上午7:00](H+30)于指定地点登陆……士兵们必须徒步穿越沙

滩；由于弹药、爆破器材以及其他装备的重量，他们无法快速冲过敌火力区。士兵普遍认为，如果他们的负重缩减一半，那么他们的损失也会减少一半。当登陆艇的跳板放下时，有些战士没有从跳板走入浅水中，而是跌跌撞撞地直接摔到了水里。由于拥挤和沉重的装备，他们的动作迟缓，反应很慢……有些指挥官看起来甚至很高兴能够投入到攻击当中，因为海上航行带给他们的感受简直太糟糕了。除了伤员，也许还有少数掉队者，其他所有人都涌向鹅卵石堤墙处。轻机枪和迫击炮都和道森上尉在一起，他命令将机枪架设在堤墙顶部，迫击炮则布置在堤墙底部……该连借助正前方遮蔽物的有利掩护展开行动，这对推动进攻起到了最为重要的帮助。

正如约翰·保罗·琼斯（John Paul Jones）曾经高声宣布的那样：他们"还没有开打哩"。

赞美上帝

与此同时，在奥马哈海滩的另一端尽头，有人做出了一个与其所产生的重大影响远远不成比例的简单决定。上午7:20左右，有一名身份不明的人士——可能是近海某艘控制艇上的一位海军军官——得出了一个完全明智的结论，即在维耶维尔冲沟对面继续投入更多登陆部队是自杀之举。在登陆行动的最初40分钟，三个连队中的全部或者部分兵力都在那里遭到屠杀。此外，没有爆破工兵在此区域出现，以便在德国海滩障碍带中开辟出贯通的道路。于是，随着快速上涨的潮水淹没了那些障碍物，在负隅顽抗的守军面前将更多兵力带到岸边的任何企图都可能导致进攻部队的全军覆没。

维克托·希肯海军少尉
2227号装甲型坦克登陆艇[LCT(A)–2227]指挥官，"O"部队火力支援集群

　　我们设法于上午 6:50 操纵 2227 号装甲型坦克登陆艇脱离了［维耶维尔冲沟对面的］海滩。离开浅水区后，有一艘控制船上的人跟我们打招呼，询问我们是否有伤亡。我们没有任何伤亡。然后他们告诉我们，"绿 D"滩正在关闭，已不允许后续波次在此登陆。

　　第29师第116步兵团 C 连是第一个受益于计划变更的完整单位。如果 C 连指挥官贝蒂尔·霍克斯（Berthier Hawks）上尉知道在116团中已有4名连长阵亡，那么他本人很可能会蒙受一场信任危机。被战士们昵称为"眯眼老头"的霍克斯对这一令人震惊的事态发展一无所知，他率领全连194名官兵搭乘从"瑟斯顿"号（Thurston）运兵船上放下来的7艘来自美国海军的"车辆及人员登陆艇"，在上午7:25左右上岸。从逻辑上讲，转移登陆方向的部队只能往东去。美军舵手驾船谨慎地跟在由英国皇家海军阿利奇海军中尉所率领的突击登陆艇（带有 B 连的一部人员）编队的后面，前往维耶维尔冲沟以东约1000码（约合914米）的一处海滩区域——在"尼普顿"计划中，它被指定为"白 D"滩。

　　这一地带正好位于维耶维尔冲沟和勒穆兰冲沟之间，直面奥马哈海滩的一些最令人生畏的悬崖峭壁。然而，正如道森和斯波尔丁刚才偶然在第1师作战地域中所学到的那样，在尽可能偏离冲沟正面的海滩上登陆，不但可以让美国大兵在穿越海滩后的处境相对安全，而且也可以为他们提供一条后续推进的安全路线。不错，悬崖看起来难以逾越，但是如果德国人也这么认为，那么他们在此的防守就会比在冲沟里面和周围的防守弱得多。攀爬悬崖肯定会很困难，但是没有别的办法。

　　C 连在不超过100码（约合91米）的正面上，以井然有序的队形上了岸——这在 D 日行动中非常罕见。对于伯蒂·霍克斯的人来说，迄今为止，比起所有其他的美国大兵来说，命运似乎更偏爱他们。

贝蒂尔·霍克斯上尉

第29师第116步兵团C连连长，1944年6月

　　一切都按照计划进行，直到我们靠近登陆海滩为止。我们可以看到落在"绿D"滩上的炮兵火力，所以……我们的登陆艇编队转而驶向一段看起来更容易展开行动的海滩区域。登陆艇在海面上划出优美的弧线航行，直到我们进入靠近海滩的登陆障碍地带。然后麻烦开始了……我们的船费了好大劲才从形形色色的障碍物中间挤进去。最后我们听到"放下跳板"的命令。我离船头最近，所以先冲进水里。海水没过了我的头顶。最后我又爬回船上，船继续向岸边移动。我们在3英尺（约合0.9米）深的水中下船。有断断续续的机枪扫射。从我们正前方的高地上传来了接连不断的步枪射击声，炮火也比较猛烈。战士们的负荷非常沉重，有些人在快速穿越海滩的过程中被累得精疲力竭……我连共有194名官兵登陆，我估计在穿越海滩时损失了大约20人。

第29师第116步兵团C连

美国陆军军史部门，对技术军士韦尔登·赫弗（Weldon Huffer）的访谈

1945年3月

　　当船靠近登陆点时，海浪让它剧烈地上下颠簸起来。它仍然在航行中，当它再一次被推上波峰时，船上的士兵们感觉到船底似乎撞击到了某些水下的凸出物。船体剧烈地晃动；然后它打开出口，把人员和装备洒进4—5英尺（约合1.2—1.5米）深的水里。"我们进入那片水域，所有特殊装备，比如说火焰喷射器、炸药装置、爆破筒和迫击炮都丢失了。"赫弗说。在混乱中，战士们挣扎着站稳脚跟，艰难涉水穿过大浪冲向海滩。哈弗和多波尔斯基（Dopolski）、帕伦巴斯（Palembas）两位士官都坚持认为，他们首次登陆时，海滩上没有其他的部队……被海水浸透的战士们急速穿过海滩，前往那道低矮的木质海堤。

约翰·波雷尼亚克（John Polyniak）中士

第29师第116步兵团C连

伴随着所有的训练成果和大伙的期望，我们都为我们即将展开的工作感到自豪。我的思绪回到了家乡，回到了过去的生活，以及与亲朋故旧相处的时光……我们很幸运，因为我们［的乘舟组中］只有一人受伤：膝盖中弹。

剧情反转是各种作战行动的特征之一，奥马哈海滩也不例外。而现在，在7:30后不久，奥马哈海滩登陆行动的一个最引人注目的剧情反转即将发生。杰罗的第5军下辖两个精锐游骑兵营，即第2营和第5营，两者皆经过严格的训练，将以传奇般的英国"哥曼德"突击队的风格执行特殊作战任务。为了支持奥马哈登陆的主要行动，杰罗将军的作战策划者们构思了若干类似的任务，他们为此目的而将游骑兵部队分成三组："A"部队包括来自第2游骑兵营的3个连（D、E和F连），"B"部队仅包含戈兰森上尉的第2营C连，而"C"部队包含了第5游骑兵营超过500人的全部兵力以及第2游骑兵营剩下的两个连（A连和B连）。"A"部队和"B"部队将致力于实现他们的特殊使命，为此他们在过去几个月里接受了极其艰苦的训练：鲁德尔的"A"部队在奥马哈以西4英里（约合6.4千米）的奥克角，戈兰森的"B"部队则在佩尔塞角。

在行动方案中委任"C"部队担任支援角色，其作战任务取决于鲁德尔的游骑兵们是否完成了他们在奥克角的作战任务。在马克斯·施奈德（Max Schneider）中校的指挥下，到上午5:00，"C"部队将全部登上20艘英国皇家海军的突击登陆艇，并驶往位于从奥马哈海滩到奥克角的中间位置的海岸区域。抵达近岸海域后，突击登陆艇编队将在这里兜圈，并等待来自鲁德尔所部的至关重要的无线电讯息。"赞美上帝"（Praise the Lord）一词表明奥克角的作战任务已经成功。"倾斜"（Tilt）则意味着它失败了。如果"C"部队到进攻发起时刻后30分钟（H+30），也就是7:00仍未收到任何讯息，施奈德必须把鲁德尔部的任务当成已经失败。

不管采用何种方式，作战计划都要求"C"部队在夜幕降临时抵达奥克角。总之，"C"部队的游骑兵们都渴望收到"赞美上帝"的讯息。

如果鲁德尔发出"倾斜"的讯息，或者根本没有任何消息传来，那么"C"部队将在维耶维尔冲沟附近的奥马哈海滩上登陆，然后迅速向西行进4英里（约合6.4千米），穿过随时可能与德军主力遭遇的乡村地带，从陆上抵达奥克角。

游骑兵"C"部队打算要做的最后一件事，就是在奥马哈海滩上战斗。但是在7:30的奥马哈海滩，杰罗首先需要投入高素质的步兵增援力量以挽救迅速恶化的局面——而他即将获得这批生力军。

约翰·罗恩（John Raaen）上尉
游骑兵"C"部队，第5游骑兵营，指挥连连长

游骑兵"C"部队需要在霍克角和佩尔塞角的近海海面上待命超过45分钟的时间。我们的编队在海面上绕了一圈又一圈，祈祷着来自"A"部队的好消息：他们已经登陆成功。消息一直没有传来。我在突击登陆艇的船舱前部，无线电台就在我脚下。我们收听到了两则来电。其中一则来自"白D"滩上的海滩勤务指挥人员，他说地面部队没有遭到任何抵抗就登陆了。另一则通话中有"查理"（Charlie）这个词，但我们无法弄明白具体含义。按照计划我们应该等到0700。如果到那时我们还没有收到行动成功的讯息，我们必须紧随116团之后在"绿D"滩登陆。直到0710，施奈德才命令我们转移航向执行备选方案。

倍感失望的施奈德中校命令他手下的19艘突击登陆艇〔本来共有20艘，但有一艘已在离岸5英里（约合8.05千米）处被海水淹没〕向东驶往奥

马哈海滩。在行驶到"绿D"滩对面时，他们向右转了90度，然后编成3个波次冲向海滩：首先是搭载第2游骑兵团A连和B连的5艘突击登陆艇；紧接着的两个波次每波各有7艘突击登陆艇，搭载的都是第5游骑兵团的官兵。关于游骑兵的第一波登陆部队是否获得了"绿D"滩已被关闭的消息，直至今日我们仍然不得而知，但是早前在维耶维尔冲沟面前爆发的灾难对所有人来说却是显而易见的，足以令其望而却步，从而将登陆艇波推往此海滩出口以东的区域。

然而航向偏离得还不够远。大约在7:35，第一波5艘突击登陆艇穿过汹涌的波浪驶入了德军海滩障碍的外围地带，此时大部分障碍物已被海水淹没。不幸的是，在他们抢滩地点的正对面，有一个几乎无法被发现的活跃的德军抵抗据点（Widerstandsnest），它位于悬崖顶部的几座冒着黑烟、已成废墟的海滨度假小屋的后面。当英国水兵放下登陆艇的船首跳板时，德国机枪手几乎弹无虚发。

第2游骑兵营A连和B连
美国陆军军史部门，对A连和B连多位游骑兵的访谈，1944年7月

当[A连的一艘突击登陆艇]到达水下障碍带时，舵手开始操船在障碍物中穿行，但是埃德林（Edlin）中尉不喜欢[障碍物]上安放的令人心惊胆战的地雷，于是[要求]舵手在80码（约合73米）开外放下登陆艇的跳板。在齐腰深的水中，埃德林可以看到交叉火力在登陆艇前方所溅起的一片片水花。埃德林潜入水中躲避子弹。有3名游骑兵一入水就被击中。一些人在海滩障碍物后面暂时避难，然后继续冲上沙滩……[来自B连的]下一艘登陆艇在距离海岸约300码（约合274米）处被一艘似乎是来自船底的爆炸所摧毁，这场爆炸可能是源于某个外围障碍物上所布设的地雷。舵手阵亡，排长和另一名游骑兵受伤。军士长曼宁·鲁本斯坦（Manning Rubenstein）大喊："弃船！"然后战士

们从舷侧翻下船。泅水前进的鲁本斯坦第一次注意到他们处于敌火力之下。他和菲达中士看到 5 名士兵在水中丧生。许多伤员到达了沙滩，然后又返回水中躲避弹道低伸的平直火力，然后在潮水中浮沉。

埃德加·阿诺德（Edgar Arnold）上尉
游骑兵"C"部队，第2游骑兵营，B 连连长

在抵达水际边缘并开始穿越海滩时，我突然发现自己好像被某种未知的力量击倒在了沙地上。我的第一个想法是：我中弹了。我摸遍了全身：没有流血，也没有感受到疼痛。然后我意识到是我的卡宾枪被子弹击中并脱手，飞到了约 10 英尺（约合 3 米）远的地方……让我印象深刻的是海滩上一片狼藉的景象。死者似乎到处都是。我仿佛看到了我们被敌军赶下海的情景。

罗伯特·埃德林（Robert Edlin）中尉
游骑兵"C"部队，第2游骑兵营，A 连连长

我所在分队的其中一位士官——克劳斯中士在我们前往岸边的途中向我展示了他妻子和孩子们的照片。后来他被子弹打中，当他在岸边的潮水中随波漂荡，就要放弃求生希望的时候，我提醒他要记得我们之前的谈话。于是他缓了过来……另一名士兵被击中脊椎。我爬到他身边的时候，他正在哭喊。他告诉我："我不是在装，中尉。我的腿动不了了。扶我起来，好让我能干掉一个坏蛋！"

在美国陆军中，没有多少士兵的战斗经验比得上马克斯·施奈德。作为著名的"达比的游骑兵队"（Darby's Rangers）中的一员，他曾参与过北非、西西里岛、萨莱诺和安齐奥的进攻行动，对敌人的作战能力有充分的理解。从离岸几百码的第5游骑兵营的一艘登陆艇上，施奈德观察到了那种作战能

位于奥马哈海滩"白D"区的防波堤。第5游骑兵营于上午7:50在该地区登陆，此后不久即开始沿着峭壁向上攀登。（照片由马里兰州国民警卫队提供）

力的体现，而其打击对象则是在德军坚固支撑点的正面抢滩登陆的那5艘第2游骑兵营的突击登陆艇。据说他曾经脱口而出："我不会在那片海滩上白白浪费我的游骑兵营！"

施奈德与英国的艇波指挥官进行了谈话，并且两人都同意，谨慎起见，应将第5游骑兵营剩下的14艘突击登陆艇的上岸地点再向东调整约半英里（约合800米）的距离。皇家海军的军官们使用手势信号指挥各自波次的登陆艇向左转向。事实证明，这是正确的做法。第5游骑兵营借助每波7艘突击登陆艇的两个波次，于上午7:50在奥马哈海滩上陆，他们的登陆点与霍克斯的"石墙勇士"在约20分钟前上岸的地方非常接近。

在这个海滩区域，有15道长度均为55英尺（约合16.8米）、间距也为55英尺的防波堤，从位于高水位线处低矮的木制海堤向大海一侧突出。几年前，当地人用巨砾和木柱及木制栏杆建造完成了一系列防波堤，以防止海滩受到海水侵蚀。那些设法穿越海滩的游骑兵们安全地潜伏在防波堤之间的凹处中，这里很大程度上可以为他们挡住来自侧翼的敌轻武器火力。

但高射角的迫击炮则完全不同，好在敌人尚未搞明白这一点。对游骑兵来说，这将是一个让他们喘口气并思考他们下一步行动的好地方。

赫伯特·爱泼斯坦（Herbert Epstein）技术军士
游骑兵"C"部队，第5游骑兵营指挥连

　　在领头的登陆艇上，我和施奈德中校肩并肩站着，清楚地看到了维耶维尔冲沟附近的A连和B连的情况。正是施奈德命令登陆艇编队的指挥官向左转并沿着与海滩平行的方向机动，直到他发现一个守军干扰较小的地点。然后，他命令编队指挥官迅速将我们送上岸。我一直觉得施奈德是奥马哈海滩的无名英雄。对于我来说，他当然是英雄，我要赞美他，因为他的机智与果断拯救了我和其他许多人的生命。

约翰·罗恩上尉
游骑兵"C"部队，第5游骑兵营，指挥连连长

　　海浪冲击着我们，让船左右摇摆、前后晃动、上下颠簸，难以控制地撞向德军布设的障碍物。我们撞上了一个杆状障碍物，其上布设有德制的饼状地雷。糟糕——我们要完蛋了！但另一波浪潮抢先抓住了我们的船，并把我们推向左边，我们有惊无险地躲过了那枚地雷，片刻之后，把其余障碍物也抛在了身后。突然，舵手加大油门，我们的船猛地触到水底。船首跳板降下，[少校理查德·]沙利文（Richard Sullivan）往左侧冲去。我第二个下船并选择了右边，我大声喊："总部！往这边！"海水还没有没过我的靴子。我船的舵手做得很棒。10码（约合914厘米）长的浅水区中充斥着带来死亡的喧嚣。你可以听到子弹在身边尖啸……前方就是海堤。底下密密麻麻挤满了人。他们无法挖掘掩体，因为构成海堤的岩石直径足有6—8英寸（约合15—20厘米），而且还垒了很多层。我冲入海堤与防波堤之间的避难所时，回头看到

上午7:30—8:30：步兵登陆艇的第一波登陆

名称	所属军种	步兵登陆艇（LCI）首波登陆的时间表		搭载部队番号
		登陆时间	登陆区域	
88号步兵登陆艇	美国海岸警卫队	上午7:35	"红E"滩	第37工兵营B连
493号步兵登陆艇	美国海军	上午7:35	"绿F"滩	第37工兵营A连
83号步兵登陆艇	美国海岸警卫队	上午7:40	"绿F"滩	第20工兵营B连
91号步兵登陆艇	美国海岸警卫队	上午7:40	"白D"滩	第147工兵营B连、第116步兵团团部直属队
94号步兵登陆艇	美国海岸警卫队	上午8:10	"红D"滩	第104卫生营C连、第29兵兵A连
92号步兵登陆艇	美国海岸警卫队	上午8:10	"白D"滩	第147工兵营C连、第7滩头营A连
83号步兵登陆艇	美国海岸警卫队	上午8:30	"绿F"滩	第20工兵营B连
85号步兵登陆艇	美国海岸警卫队	上午8:30	"红E"滩	第1卫生营A连
89号步兵登陆艇	美国海岸警卫队	上午8:30	"红E"滩	第1工兵营

■ 德军坚固支撑点

注释
91号和92号步兵登陆艇在海滩上被撤毁
85号步兵登陆艇在返航途中沉没

我手下的士兵们正纷纷冲过来，在我的左右两边卧倒。炮弹在水际边缘落下，但是只有来自右侧的轻武器火力才能打到海堤附近。尸体散落在海滩上，到处都是。

约翰·伯克（John Burke）下士
游骑兵"C"部队，第5游骑兵营A连

我们俯卧在海滩边的一道海堤上，其中有一个先前总是吹嘘他会用刺刀刺死德国佬的人，现在却异常安静。有人向他喊道："嘿，你要刺刀刺死多少德国佬？"他的答复则是："孩子，我希望我现在就能回到英格兰！"

查尔斯·帕克中尉
游骑兵"C"部队，第5游骑兵营，A连连长

我船舵手让我们在［位于施奈德部队的最左边］齐腰深的水中下船……由于施奈德的决定，我们在"白D"滩登陆时几乎没有任何伤亡。烟幕覆盖了整个地区。这就意味着德国人不能针对我们倾泻太多的直射火力。

约翰·罗恩上尉
游骑兵"C"部队，第5游骑兵营，指挥连连长

这是我们的随军牧师，莱西神父（Father Lacy）……他年纪挺大，约莫三十八九岁或四十岁出头；个头不高，不会超过5英尺6英寸（约合168厘米）；体型较胖，超重至少30磅（约合13.6千克）；戴着厚厚的眼镜……他被分配到我的船上，于是我就像之前我们进行舟艇训练时那样，对他本人和他的装备进行了多次检查。下次我看到他的时候，我正半跪在奥马哈海滩后面的海堤旁边，回头去看我的突击登陆

艇，我手下的士兵仍在下船，并开始跑向我所在的海堤安全区。莱西神父在最后面。当一发德国炮弹击中突击登陆艇的扇形船尾时，他离开船不到 10 英尺（约合 3 米）的距离……我看向别处，直到过了很长一段时间后才再次看到莱西神父。其他人看到了他，就像吟游诗人一样赞美他。莱西没有像我们那样不顾一切地穿过海滩。他停留在水际边缘，将伤者拖离不断上涨的潮水。他在安慰垂死者，并平静地为死者祈祷……莱西神父留在了水际边缘，做上帝选中他做的工作。

"糟透了的民间产物"

奥马哈登陆计划中最危险的要素之一，就是第 5 军打算使用更大且更易受攻击的"步兵登陆艇"，在第一波部队抢滩之后仅一小时就开始向岸上输

"糟透了的民间产物"美国海岸警卫队的 83 号步兵登陆艇，载有第 20 工兵营 B 连的官兵，于上午 8:30 左右在奥马哈海滩的西部边缘靠近 F-1 冲沟的区域登陆。在左边中间，可以看到第 741 坦克营的两辆谢尔曼坦克的进气口 / 排气管。它们可能是后来蒙蒂思中尉叫来帮助压制附近敌坚固支撑点的两辆坦克。（美国陆军通信兵部队，国家档案馆）

送部队。这一决定是基于两个假设条件：首先，在敌军的海滩障碍地带上将出现足够的具有明显标记的缺口，并且（到步兵登陆艇登陆时）部分障碍物将被上涨的潮水部分淹没；其二，敌军在海滩的大部分步机枪火力都会被压制住。然而这两个假设都没有实现。即使上述两个条件只有一个实现，在登陆行动发起后如此短的时间内，任何投入排水量380吨（约合38万千克）、长度160英尺（约合49米）的步兵登陆艇进行登陆的企图都是危险的。而当这两个条件均未实现时，要这么早就将一艘满载的步兵登陆艇安全地送到岸边，几乎是一项不可能完成的任务。

那些热衷于讽刺挖苦的人将步兵登陆艇称为"糟透了的民间产物"，乍看起来这似乎是一种恰当的描述。根据随第一批步兵登陆艇在奥马哈海滩上陆的《纽约客》（The New Yorker）记者A. J. 利布林（A. J. Liebling）的说法，"相比起来，船员可能觉得乘坐'圣玛丽亚'号①航行会更加舒适"。然而，步兵登陆艇非常擅长于满足原本设计中所赋予它们的任务：将大部队——通常是200人——输送到海滩上的特定地点，并在短时间内以集中的兵力登陆。

对吨位超过"车辆及人员登陆艇"30倍且长度为其4倍、吃水深度小于5英尺（约合1.5米）仅为其两倍的大型步兵登陆艇来说，它可以驶入距离海滩很近的浅水浪区，并让其搭载的部队在通常不会高于成年男性胸部的海水中下船。较小型的登陆艇可以离岸更近——但并近不了很多。

"尼普顿"计划中规定了在登陆行动发起的头两个小时内9艘满载陆军部队的步兵登陆艇（主要由美国海岸警卫队操纵）将在奥马哈海滩上登陆。从理论上讲，假设登陆前的火力准备和第一波部队的突击行动使敌军组织开始瓦解，那么这个计划是合理的。没有任何军事指挥官可以否认，与将作战单位打散分配到半打的小型登陆艇上相比，让其保持完整建制登陆具

---

① 译注：此处的"圣玛利亚"号(Santa Maria)应指1492年哥伦布发现美洲探险时的旗舰，她是一艘排水量仅100余吨的三桅"卡拉克"型帆船。这里显然是对步兵登陆艇的航行舒适性极差的一种比喻。

有明显的军事优势。奥马哈进攻战的第一个小时向我们证明，"突击登陆艇"或者"车辆及人员登陆艇"将步兵连分散投送到广阔的正面上时单位的完整性是如何立即消失的。然而，无可否认的是，过早投入步兵登陆艇会带来很大的风险。如果德国守军仍然活跃，那么一艘无装甲的大型"步兵登陆艇"将吸引敌人的注意力并成为一个易被攻击的目标。一发精准的炮弹可以像人们所说的"刀切黄油"一样轻易穿透其船体，不敢想象一艘装有200名美军士兵、24名船员和数吨爆破器材的船只被直接命中将会造成多么可怕的后果。此外，如果步兵登陆艇企图在包含有未经爆破的海滩障碍物的区域登陆，那么障碍物上布设的地雷将使其面临巨大的危险，这些地雷可以击穿登陆艇缺乏防护的底部并导致其在瞬间沉没。而且操纵步兵登陆艇在障碍物之间穿行并不容易，因为它不像"车辆及人员登陆艇"那样灵活。

确定是否值得冒险的时候到了。

阿伦·维恩（Arend Vyn）海军中尉
美国海岸警卫队，713号坦克登陆艇 [LCT-91] 指挥官，作战报告
1944年6月10日

在接近"白 D"滩时，很明显，战前承诺的要在水下障碍地带中间开辟出一条标记好的通路的行动方案并未实现——钢架障碍物（Element C）中间的一个小缺口被一个看起来像是沉没的两栖卡车（DUKW）的东西所阻塞。终于在预定时间,也就是进攻发起时刻后70分钟（H+70）,在钢架障碍物中间打开了一个突破口……部队被迫在敌密集的轻武器火力下经由步兵登陆艇的两个跳板下船。这艘登陆艇正被潮汐推动着向位于船首左侧的桩柱（障碍物）撞去，因此它需要回撤。回撤时，有一枚（布设在障碍物上的）饼状地雷在船首左舷侧爆炸，导致一些士兵受伤，但是没有对船体造成致命损伤……[大约在上午 8:00,] 为了设法穿越海滩障碍地带，在原登陆点以西约 100 码（约合 91 米）处

进行了第二次抢滩。剩余的一小部分部队从左舷跳板下船之后，有一发很可能来自于"88炮"的炮弹击中了天井甲板的中部，并且引爆了下方的燃油箱。紧接着就是火焰腾起，几秒钟之内，整个天井甲板均被烈火所吞噬。水压不足以（抽取足够的海水用于）灭火……由于火力无法得到控制以使登陆艇顺利回航，弃船的命令被下达……

罗伯特·沃克（Robert Walker）上尉
第29师第116步兵团作战训练科，助理科长，搭乘91号步兵登陆艇

91号步兵登陆艇（LCI-91）的艇长是来自波士顿的海岸警卫队员。他告诉我，之前他加入海岸警卫队时，是希望通过在大西洋沿岸执行巡逻警戒任务来度过这场战争。然而，他说，没想到的是，他现在正在参加他经历的第三场两栖登陆行动……我看了一眼岸边后，心猛地沉了下来。我简直不敢相信预想中的战场是这么平和，这么安静，完全没有遭到任何破坏。大地仍然被绿色覆盖。所有建筑物和房舍都完好无损。我漫无目的地大声吼道："该死的航空军团在哪里？"敌军用轻武器射击我船前甲板，开始出现人员伤亡……我听到了爆炸声，只见一名身背火焰喷射器的士兵被击中，他的燃油箱着火了。站在附近的几名士兵也被殃及而烧伤。身背火焰喷射器的士兵极其痛苦地尖叫着。他翻过右侧船舷，跳入大海。我可以看到，甚至连他的靴底都着了火……

海军专业（动力机械）一级士官克利福德·刘易斯（Clifford Lewis）
美国海岸警卫队，94号步兵登陆艇，1944年6月6日航海日志

带曳光剂的炮弹开始划过水面朝我们飞来。它们在距我船很近的地方爆炸，弹片撞击着船体。0745时，我们奉命前往操纵我们的海滩系留工作站。我朝着发动机舱舱口做了一个冲刺，我可以感受到机枪子弹和炮弹破片在周围肆虐。我在节气门处、索伦森的旁边进入了我的战位。哈斯站在

"看起来好像我们将要进行异常艰难的登陆。"美国海岸警卫队的艇员在步兵登陆艇的驾驶舱后面躲避敌军火力。在德军海滩障碍地带后方的海滩上，可以看到有两辆两栖坦克。(美国陆军通信兵部队，国家档案馆)

离合器旁边。0747 时，登陆艇的底部触滩，发出嘎吱嘎吱的巨响，猛烈的爆炸使船身震颤不已。船长注意到我船的一条缆索缠住了另一艘小型登陆艇时，我们开始安排部队下船，并准备撤出战场……就在那一刻，3 发炮弹击中了驾驶舱并爆炸，造成 3 名船员死亡，2 人受伤，其中包括 1 名军官。

海军专业(摄影)三级士官塞思·谢泼德(Seth Shepard)
美国海岸警卫队，92 号步兵登陆艇，1944 年 6 月 25 日

我们前方到处都是小型登陆艇，而且现在即使硝烟弥漫，海滩本身也已清晰可见。突然间，我意识到我们正面临着战事艰难的局面，因为我辨认出了沙滩上若干支离破碎的"希金斯"艇以及在跑动寻找掩护的士兵。我可以看到高地的背风面有一些被摧毁的房舍正在起火燃烧。我们靠近了海滩，当我从右舷船头处朝外看时，我的心跳突然加速，因为我看到由海岸警卫队方面操控的91号步兵登陆艇（LCI-91）笼罩在火焰和烟幕当中。她是第一艘进入海滩区域的步兵登陆艇，按照计划我们则是第二艘。在我们的下方，在驾驶室中，来自美国海岸警卫队的一等操舵长爱德华·E. 普雷茨博斯（Edward E. Pryzbos）看了一眼"91"，然后向我们两位待命的海军（药剂）专业士官（pharmacist's mate）大喊："看起来好像我们将要进行异常艰难的登陆。"［大约上午8:10，］伴随着来自船头的剧烈震动，一场可怕的爆炸让整艘船轰地向上抬起。来自前舱的一片钢铁与火焰喷涌而出。船颤抖着，仿佛它正在分崩离析，冲击波将驾驶舱内的我们三人狠狠地向后推倒在地上。极高的热量仿佛置身熔炉当中……前部载员舱内有41名士兵被困在烈火中，其中大部分人当场死亡……现场极度混乱。在天井甲板上散落着成堆的士兵们的K种口粮和各式装备。火焰和浓烟从舱口涌出，［并且］两个跳板均被破坏，无法放下来。到处都是被烟火熏黑的惊恐面庞……我看到陆军军官敦促他们手下的士兵尽快下船。一些人直接跳出船外，其他人躲在船上，或者沿着受损的跳板前部的索链慢慢下降。深水中有一些无助的士兵在哭喊，极其可怜。

考验军人精神的时刻

随着登陆行动第一个小时的结束，在海滩上，可能没有任何一个美军士兵关于D日行动的实际体验与先前训练中的期望相匹配。而在突击部队抢滩一小时或更长时间之后登陆的第二波步兵则自信地期待，他们的任务将只是肃清一些晕头转向的德国守军中的幸存者，然后向内陆推进并准

备应对预期的敌方反击。按照登陆行动时间表的要求，基于此目的，上午
7:30—8:00，将利用"车辆及人员登陆艇"编队投送两个800人规模的预备队
步兵营至其各自负责的海滩区域，这两个营分别来自第1师和第29师。

　　鉴于海军在登陆行动头60分钟内向奥马哈海滩上投放了6000多名陆军士
兵，人们可能会以为海滩拥挤不堪。在海滩的若干地点上确实已经挤满了盟军
人员，但是在某些地方，德国人疯狂杀伤进攻部队的速度要快于美军方面投送
补充兵力的速度。然而，在登陆行动的早期阶段，在奥马哈海滨区域，有相当
长的海滩正面区域中只分布有少量的部队，其中最值得注意的是勒穆兰冲沟和
圣洛朗冲沟之间的区域。在这0.75英里（约合1.2千米）长的悬崖沿线的中间位
置上，是一个将东面的第1师部队和西面的第29师部队分隔开的虚拟边界线。
上午7:30，在这片海滩上岸的正是第29师第116步兵团第3营的部队。

诺曼·格罗斯曼（Norman Grossman）一等兵
第29师第116步兵团L连

　　在战争方面我有一种非常宿命论的观点。我只要想到我将会中弹，
在战斗中我肯定就会中弹，而且不管是我或是其他任何人，对此都无
能为力。然而当时我有一种"即将回家"的预感……当我们靠近岸边时，
我听到了机枪的扫射声以及敌炮兵与迫击炮所制造的爆炸声。在我搞
清楚情况之前，我就听到有人大叫："跳板放下！全体下船！"我们冲
进没腰深的水中，然后跑了300码（约合274米）的距离，穿过了海滩
开阔地。我记得当时有一串机枪子弹落在离我约10码（约合914厘米）
远的地方，但我仍然继续前进，因为我们奉命要尽快离开海滩。海滩
的尽头是一片覆盖着石块的沙丘，我们在它的后面躲避敌火力……我
问我的排中士应该做什么，但我从他脸上的表情可以看出，他也不知道。
然后我获得了我所经历过的一种最为有趣的感觉。我感觉到仿佛是那
位年轻的士兵在说："有人可能会在这里被打死！"我想跑——我不知

道去哪里——但我只想离开那里。我终于控制住了自己，并开始着手准备如何继续推进。

劳伦斯·米克斯（Lawrence Meeks）中校
第29师116步兵团第3营营长

伴随着一声难以置信的爆炸巨响，登陆艇的跳板被掀掉，当时我正把手放在［菲利普·］加夫尼（Philip Gaffney）上尉的肩膀上［加夫尼是第81化学迫击炮营D连连长，在D日行动中配属于第116步兵团。爆炸是由安置在水下障碍物上的一枚地雷所造成的。］加夫尼上尉和位于登陆艇前部的一些士兵在爆炸中身亡。上尉的脑袋耷拉在我的肩膀上，我注意到他的鼻子和嘴巴往外冒着血。我可以看出他已经死了。这是我们的第一个战斗伤亡，也是我亲眼见到的首位阵亡者。海水涌入登陆艇，它搁浅在齐肩深的水中。我们脱下了我们背负的设备——约60磅重（约合27千克）——并保持低姿涉水上岸。可能是命运拯救了我们，因为如果我们的登陆艇没有在那里沉没的话，我们就会在一个机枪火力点的正前方抢滩，很可能都会被射死。我们谨慎地在障碍物中间穿行。我试图警告士兵们，曳光弹正从离地面1英尺（约合0.3米）高的地方扫过海滩。我命令士兵们尽快穿越海滩，不要在那里聚集和逗留。

第29师第116步兵团K连
美国陆军军史部门，对K连多位士兵的访谈，1944年9月

该连将作为预备队［第3］营的一部分进入战场……在与我们的登陆区域紧挨着的一片海滩上，当时并无其他人员上岸。［路堤］很矮，轻武器持续不断地从上方向下射击，谁都不愿意移动到另外一头，或者与其他登陆艇小队进行接触。此外，根据命令中的指示，那些区域应被移作各登陆艇小队的营级集结区，而非连队的重组地点。

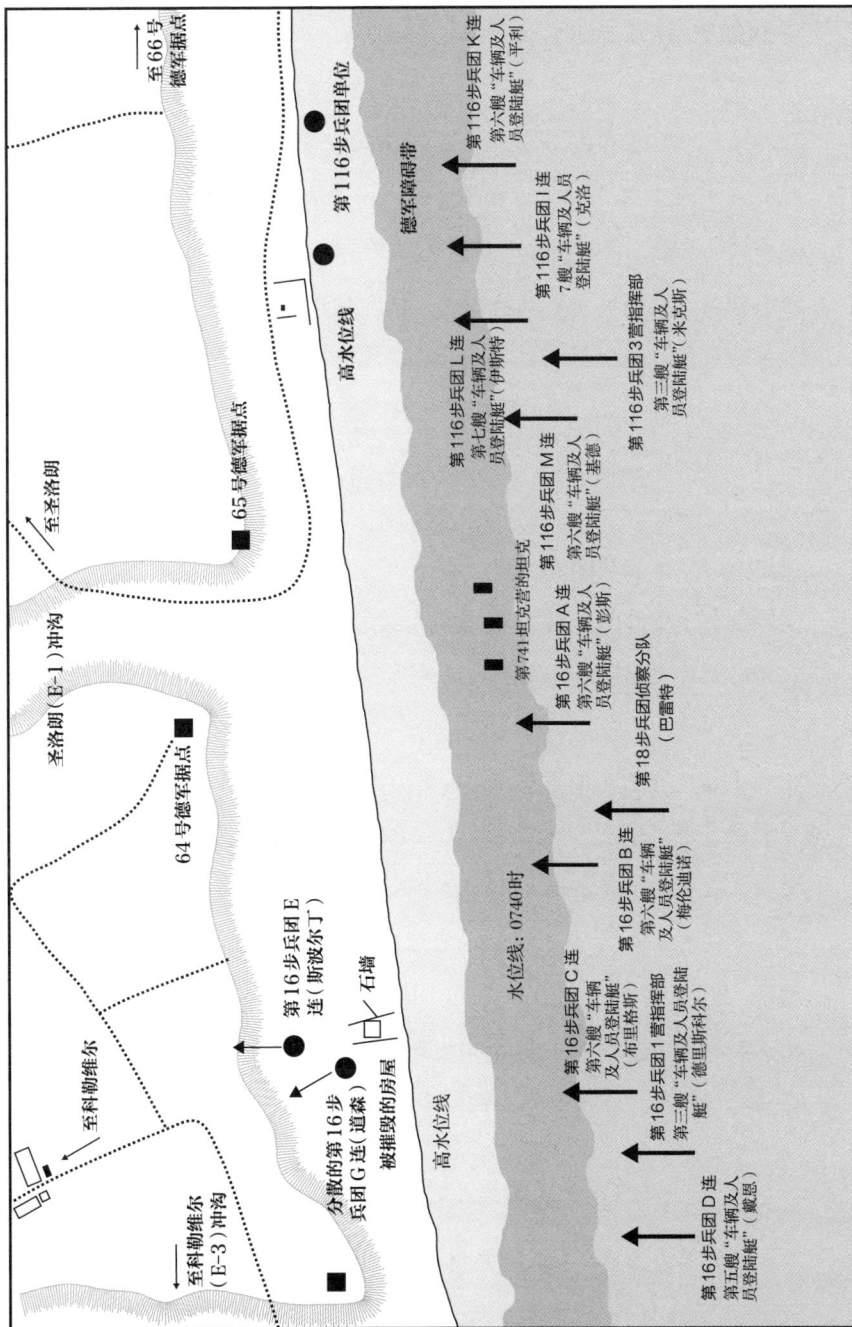

上午7:40：圣洛朗冲沟

至66号
德军据点

第116步兵团单位

德军障碍带

第116步兵团K连
第六艘"车辆及人
员登陆艇"（平利）

第116步兵团I连
第7艘"车辆及人员
登陆艇"（克洛）

第116步兵团3营指挥部
第三艘"车辆及人
员登陆艇"（米克斯）

第116步兵团L连
第七艘"车辆及人
员登陆艇"（伊斯特）

第116步兵团M连
第六艘"车辆及人
员登陆艇"（基德）

高水位线

第741坦克营的坦克

第16步兵团A连
第六艘"车辆及人
员登陆艇"（爱斯）

第18步兵团侦察分队
（巴雷特）

第16步兵团B连
第六艘"车辆及人
员登陆艇"（梅伦温诺）

水位线：0740时

第16步兵团C连
第六艘"车辆
及人员登陆艇"
（布里格斯）

第16步兵团1营指挥部
第三艘"车辆及人员登陆
艇"（德里斯科尔）

第16步兵团D连
第五艘"车辆及人
员登陆艇"（戴恩）

至圣洛朗
圣洛朗

至圣洛朗

65号德军据点

圣洛朗（E-1）冲沟

64号德军据点

至科勒维尔

至科勒维尔
（E-3）冲沟

第16步兵团E
连（斯波尔丁）

石墙

分散的第16步
兵团G连（道森）

被摧毁的房屋

高水位线

费利克斯·布兰汉姆（Felix Branham）中士
第29师第116步兵团K连

　　我们连有一个名叫吉诺·费拉里（Gino Ferrari）的小个子意大利裔美国人，他当时只有20岁，到6月20日他就年满21岁了，我们曾和他开玩笑说："费拉里，你永远也不会活成一个真正的男人［指年满21岁］，因为你一旦登上海滩，你的屁股就会被炸掉。"唉，他是我在奥马哈海滩遇到的第一位阵亡者。在沙滩上，一开始我跟在他后面，我说："吉诺，继续前进！"我知道他犹豫不决，于是我走在他前面。当我回头看时，他的额头被击中了。他的脸上满是鲜血。后来，我看到潮水把他的尸体冲到了海堤底下。

第29师第116步兵团M连
美国陆军军史部门，对M连多位士兵的访谈，1944年9月

　　M连在之前没有人员登陆过的新海滩上岸。海滩上干干净净，并没有任何弹坑，障碍物也未被清除……［布鲁斯·海斯利（Bruce Heisley）中士称：］"所有士兵似乎都比平常更加虚弱和没有信心。所有的人都受到晕船的折磨，但是恐惧抓住了我们中的大多数人。原本我们可以承受的负担，现在却不得不拖曳其前行。但是我们并未抛弃装备。海滩上没有遗留下任何东西。"然后他们以有组织的进攻队形前往路堤那里。［根据雨果·德·桑蒂斯（Hugo de Santis）的说法：］"所有一切都被带到了那个地点。我们都觉得我们携带着太多的装备，甚至在我们开始行动之前，这些人已经因为极度紧张和疲劳而沉默不语。但是他们尽自己所能，将所有东西都一样不剩地带离海滩。"在那场向鹅卵石堤墙的冲刺中，"连队官兵惊讶地发现，一个人竟然可以在没有被击中的情况下穿越如此密集的轻武器火力网。敌人只是简单地泼洒铅弹"［托马斯·特纳（Thomas Turner）上士说］。没有人掉队。在途中有几名士兵被击中。其他人因过

于害怕而只能手脚并用在海滩上爬行。但是他们的指挥官大声叫他们起来。在10分钟之内，他们也都越过了100码（约合91米）的沙滩开阔地……

唐纳德·安德森（Donald Anderson）少尉
第29师第116步兵团L连

士气简直棒极了……我们登陆艇的船首跳板卡住了放不下来，于是海军艇员拔出手枪将跳板的缆绳击成两段。这根缆绳的直径大概有八分之三英寸（约合1厘米），要在那个狭窄的空间内对它射击，每个人都必须寻找一个可以躲藏的角落。大概就在那时，跳板终于降了下来，我走下跳板——海水一下子没过了我的头顶。

就像他们在西边的第29师的兄弟部队一样，第1师的预备队营，即第16步兵团的第1营，他们在登陆海滩时所遇的情况与“尼普顿”计划的预期截然不同。该营部队由来自美国海岸警卫队的26艘“车辆及人员登陆艇”输送上岸，登陆艇均来自于“塞缪尔－蔡斯”（Samuel Chase）号运兵船，他们在几乎没有任何损失的情况下于圣洛朗和科勒维尔海滩出口之间的地域抢滩登陆。然而，两处冲沟间的德国守军远未被压制住，他们猛烈的火力显然阻止了最初几波的部队通过那些路线离开海滩。有人不得不在仓促中想方设法离开海滩。

威廉·狄龙（William Dillon）中尉
第1师第16步兵团A连，副连长

我们将于上午7:30在从低潮水位不断上涨的潮水中登陆——这一次登陆艇终于在规定时间到达。从船首跳板的上方，我可以看到位于我们右边的小山谷，还可以看到在离海滩约400码（约合366米）处那些尚未被工兵排除、布设有饼状地雷、用木杆支撑的斜置圆木木排。

"这就像进入了一个新世界。"第1师的部队，可能来自于第16步兵团C连，于上午8:00左右从美国海岸警卫队的一艘"车辆及人员登陆艇"上登陆奥马哈海滩。照片中可见爆破工兵正在德军障碍物边作业，在海滩上有谢尔曼坦克。（美国海岸警卫队）

到目前为止，我们遭到了各式各样的火力打击。我没有回头看，但沙滩上没有足迹，也没有任何死者，而我们应该是第二波登陆的部队。第一波登陆部队在哪里？

第1师第16步兵团第1营指挥连
美国陆军军史部门，对指挥连多位士兵的访谈，1944年6月23日

第16步兵团第1营的前进指挥所在奥马哈"红E"滩的左侧登陆。机关枪和步枪火力密集，他们离开登陆艇时，就有人被从正前方和侧翼击中。那些携带装备负荷较重（例如线缆和无线电设备）的战士似乎更容易被击中，因为他们无法像其他人那样快速移动。到达海滩后，发现来自第一波突击部队的许多人仍卧在沙地中。有些人回到水中抢救伤员，以及弹药和装备。

二级操舵长罗伯特·亚当斯（Robert Adams）

美国海军"塞缪尔 – 蔡斯"号运兵船，美国海岸警卫队，"车辆及人员登陆艇"舟艇分队，高级士官

我们在某个时间（上午 8:00 左右）靠近海滩时，我正站立驾驶船只，而军官也直身站立，不时告知我们的目的地航向。其他人都低身隐蔽。我们离海滩很近的时候，我可以看到一片薄雾，并且闻到了硝烟的浓郁气味。这就像是进入了一个新世界。我们可以听到嘎嘎作响的机枪射击声，然后还有迫击炮弹的呼啸声……环顾四周，我看到阵亡士兵的尸体漂浮在水中，他们可能来自陆军的两栖卡车（DUKW）。尸体的臀部露出水面。救生带缠绕在他们的腰部而非胸部……登陆艇的跳板打开，我们来自"大红一师"的勇士们冲向奥马哈海滩。我还记得当我朝左看时，有两名士兵正一左一右搀扶着夹在他俩中间的另一名士兵，并大声对他说着鼓励的话。

劳伦斯·比奇（Lawrence Beach）中尉

第1师第16步兵团 B 连，1944年7月4日

6 月 6 日 0555 时，登陆艇 [从"塞缪尔 - 蔡斯"号上] 放下水。登陆艇编队冒着敌重炮与轻武器的猛烈火力于 0755 时将我连送至"红 E"滩。实际上所有先前的登陆波次仍被压制在海滩上……我连移动到铁丝网处，各登陆艇小队的指挥官在部队的仓促重组方面表现出色。

第1师的团级预备队——第18步兵团——计划于中午前不久登陆，以支持其16步兵团的战友。第18步兵团的一个三人侦察小组奉命提前数小时与第16步兵团主力一同登陆，并为第18团找到合适的内陆集结区。但是侦察小组在登陆的第一个小时上岸时，其成员立刻意识到，在短期内，敌人的炽烈火力会阻止他们所在的部队向内陆移动。由于无法履行其指定职责，因此该小组开始处理更具紧迫性的其他任务。

约翰·福利（John Foley）中尉
第1师第16步兵团指挥连，1944年6月15日

[卡尔顿·] 巴雷特（Carlton Barrett）二等兵、[约翰·] 福利中尉和 [威廉·] 卡特（William Carter）二等兵登上海滩时，他们意识到，只有敌人的机枪、迫击炮和炮兵观察员被从俯瞰海滩的高地上清除后任务才能完成……巴雷特二等兵和福利中尉开始将有溺水危险的士兵从近岸浪区中拖出，并协助他们尽量利用海滩的地形地物作为安全掩护……福利中尉受伤后，巴雷特二等兵巧妙地包扎了他的伤口，此举可能挽救了他的生命，因为弹片造成的伤口在左眼上方，并且他正在大量流血……巴雷特二等兵涉水往外走，与登陆船只取得联系，让他们撤离伤亡人员，然后他又协助将伤员搬运到船上。最后一名伤员被从海滩上移走时，福利中尉注意到 [第18步兵团的] 登陆艇开始抢滩。他召来巴雷特二等兵，并派他去联系那些即将靠岸的船只。巴雷特二等兵在提供有关战场态势的信息方面发挥了重要作用。他在沙滩上继续此项工作，直到他本人也成为伤员——他的左脚、双腿和臀部受伤。巴雷特二等兵身材矮小——身高约5英尺4英寸（约合163厘米），体重125磅（约57千克）。他身体力行地诠释了第1师的座右铭："没有不能付出的牺牲。没有无法完成的任务。职责第一。"他在那片血与火的海滩上所展现出的大无畏的勇气，对于所有见证他英雄事迹的士兵们都是极大的鼓舞。

巴雷特二等兵是一名土生土长的"纽约客"，他将于1944年10月2日荣获国会荣誉勋章，他也是当天因在奥马哈海滩的作战行动中获得荣誉勋章的三名士兵中唯一活着接受荣誉勋章的战士。

根据登陆计划时间表的严格要求，第5特种工程旅的许多成员也将陪同第16步兵团上岸，他们期待着可以立即开展他们的海滩勤务工作，为接收和调度即将大量涌入的人员和物资做好准备。

"没有不能付出的牺牲。"第18步兵团的卡尔顿·巴雷特下士（照片中间）因在奥马哈海滩的英雄壮举而获颁荣誉勋章。左边的军官是约瑟夫·史迪威（Joseph Stilwell）将军。右边的军官身份不明。（美国陆军通信兵部队，国家档案馆）

詹姆斯·蒙塔古（James Montague）技术军士
第5特种工程旅，第37战斗工兵营指挥连，1944年7月

低矮的海岸线轮廓进入视野，当我们靠近时，所有的双筒望远镜都急切地扫视着远方的图景……莫法特中士转向我，指着岸边，划出了"E-1"的字样。我朝着他所指的方向望去，但是就在我能确定我们所在位置之前，呼啸而至的机枪子弹让我们迅速躲到了防弹能力颇为可疑的船舷后面。我们的舵手缩进了他的驾驶舱内，并保持他的航行路线。吉本斯中士曾在近距离观察过他，后来他说，他看到了舵手的眼神中所流露出的强烈的"对上帝的敬畏"，然而他还是驾船带着我们

继续前进。其他登陆艇撞击我船侧面，撞得船开始打转。突然间，我船被一个木桩障碍物弄得动弹不得，斜置的圆木和钢架障碍物（Element C）极具压迫感地出现在我们眼前，布设在上面的饼形地雷摇摇欲坠，仿佛随时都会掉落在船舱中。机枪继续发出号叫，士兵们叫喊着让舵手放下船首跳板。我听到［莱昂内尔.］史密斯（Lionel Smith）中校［第37工兵营营长］命令放下跳板，此时舵手仍在固执地努力让登陆艇脱离障碍柱桩。海水从船头涌入，人们开始奋力挣脱背负的装备，然后落入齐脖深的水中。这些人是"战斗第1师"的老兵，他们曾在西西里岛和北非登陆……莫法特中士转身回头看着登陆艇，他说，当时舵手正从船舷一侧（顶部敞开的）驾驶舱里探出身来。我惊讶地发现，海滩上尽是首波登陆的部队，黑压压的一片。我们曾经期待能够找到轻武器火力波及不到的海滩，而在这里，突击波次的部队都拥挤在鹅卵石堤墙上，在堤岸的内陆一侧后面是低矮的沙土丘，再往后面则是沿着海岸线的海滨公路。迫击炮弹落在路堤附近爆炸，弹片和碎石在人群中飞舞……一名步兵带着一挺.30口径机枪从我身边走过，然后急匆匆地在低矮的堤岸后面架好了机枪。他用机枪扫射了一阵子，突然一枚迫击炮弹在旁边爆炸，我看到他举起了被削掉两根手指的右手。

到上午8:00，毫无疑问，一场危机就在眼前。步兵预备队的到来在宽达4英里（约合6.4千米）的奥马哈海滩的大部分区域造成了危险的拥堵状况，并且在接下来的几小时内将有数量多得多的美国生力军涌入岸上，这将导致拥堵的显著加剧。此外，随着潮水迅速上涨，很快海滩就会缩小到不到10码（约合914厘米）宽——几乎没有足够的空间让成千上万的士兵躲避在鹅卵石堤墙的后面。一旦德军将迫击炮瞄准那些诱人的目标，那么他们将弹无虚发，很难想象在目标区域能有人逃出生天。

不错，奥马哈海滩就是一个随时可能爆炸的气球。如果的确如此，那么一个已经出现问题的登陆作战计划将彻底分崩离析。当马歇尔将军向西点军校1942届的毕业生承诺将在法国发动一场"大规模攻势"时，他肯定想不到事情会变成今天这样。但士兵们知道，单凭计划并不能保证胜利——如果真是这样，那么每场战斗都会很容易。相反，成功取决于士兵们针对战场环境的应变能力。在奥马哈海滩，有很多有能力的美军领导者领悟到了这一点，他们明白，有一个助其摆脱困境的解决方案将随着时间一分钟一分钟的推移变得越来越清晰：（尽快）离开海滩——通过向悬崖上发动进攻，而非突破冲沟。在当前进退两难的困境中，那是唯一可以想到的行动方案。然而，方案和行动是两码事，如果没有人尽快采取行动，那么……杰罗将军和布莱德雷将军不得不做出一些艰难的决定，这可能会导致同盟国的战争进程推迟数月之久。

第十章
前进或死亡

一位被称作"荷兰人"的将军

上午 7:30，从"查尔斯－卡罗尔"号（Charles Carroll）运兵船下水的美国海军第 71 号登陆艇在经过两个小时的艰难航程后接近了奥马哈海滩。可能会有善于观察的敌军士兵对这艘孤零零地驶来的船感到困惑：在英美两国的登陆船艇成群结队出动的那一天，第 71 号"车辆及人员登陆艇"却显得很不一样，因为它独自航行。但即使是最有洞察力的德国守军也不可能发现，第 71 号艇正在输送一群非同寻常的美国军人。当然，在 D 日行动中，没有哪艘登陆艇上的军官比例比它更高。通过 71 号登陆艇向岸边输送的 26 名美国陆军军人中有 12 名军官，其中包括 1 位将军、1 名上（中）校和 5 名少校。14 名士兵中有 11 人携带着沉重的背包式无线电台，如果美军指挥官想要搞清楚他们视线以外发生的事，那么这些在海滩上就至关重要。如果敌人确已弄清 71 号登陆艇有多么重要并将其摧毁，那么奥马哈海滩登陆战的历史无疑会有很大的不同。

德国人并没有注意到 71 号登陆艇，但是即便如此，当它在距离奥马哈海滩约 50 码（约合 46 米）的地方穿入拍岸的巨浪时，它在登陆行动中的重要作用差点戛然而止。这一区域的敌海滩障碍物尚未被清除，到上午 7:30，快速上涨的潮水几乎将它们完全淹没。由于许多这些障碍物的顶上都布设了地雷，海军舵手必须拥有钢铁般的意志和灵巧的双手，才能安全越过各种障碍抵达海滩。第71号登陆艇的舵手是一位名叫费利恰诺（Feliciano）的水兵，他不屈不挠地设法做到了那一点。找到了引领其船只在危机四伏的障碍带中穿行的合理路径后，他大幅降低航速，但是大海还有更严峻的考验等着他。波涛撞击在障碍物上所形成的冲天碎浪毫无阻拦地涌向岸边，并裹挟着登陆艇向前移动。更糟糕的是，卡尔瓦多斯声名狼藉的横流将登陆艇推向左侧，而目前的情况要求低速行驶，所以费利恰诺要控制他的船只非常困难。

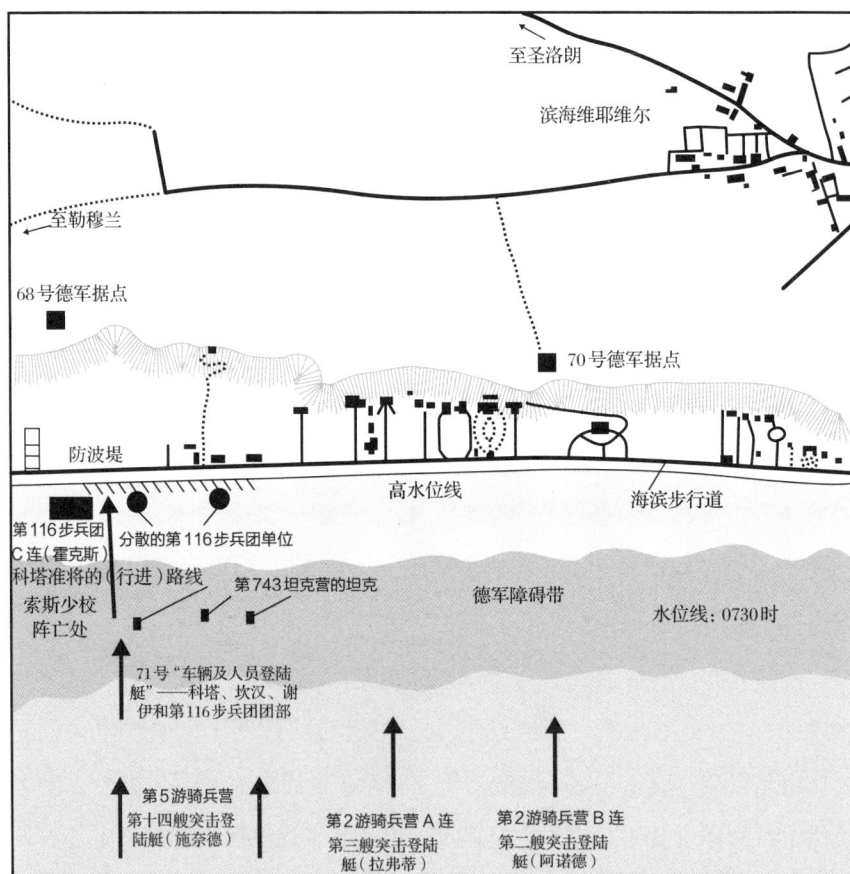

上午7:30：诺曼·科塔准将登陆

某时，当舵手费力恰诺小心翼翼地驾驶71号登陆艇经过一个明显安装有地雷的杆式障碍物时，大浪与海流推动着船撞向木杆，一次……两次……三次，在第三次撞击中，如此强大的力量终于使地雷从斜置的支撑杆上滑下来落入大海。除了等待地雷的爆炸外，登陆艇上的成员什么都不能做，与爆炸点只有几英尺的距离肯定会导致毁灭性的后果。当时在场的一位不知名的士兵表达了所有人的想法，他脱口而出："永别了大家！"但是地雷并没有被引爆，现在，已安全驾船穿过障碍物的费利恰诺完成了最后几码的冲刺，将登陆艇靠岸，并发出了放下跳板的指令。

船上的乘员们争先恐后地冲入近岸浪区。其中包括第29师第116步兵团团长查尔斯·坎汉（Charles Canham）上校，3名第116步兵团的参谋人员——托马斯·豪伊（Thomas Howie）少校、阿斯伯里·杰克逊（Asbury Jackson）少校和约翰·索斯（John Sours）少校，团医官罗伯特·巴克利（Robert Buckley）少校，以及一位名叫诺曼·科塔（Norman Cota）的将军。

杰克·谢伊（Jack Shea）中尉
第29师师长科塔准将的随从参谋，1944年11月

跳板下降时，有轻武器火力射向登陆艇……（我们）所获得的第一个掩蔽物是由第743坦克营C连的一辆两栖坦克（DD tank）所提供的，该坦克在进攻发起时刻前6分钟（H-6）[上午6:24]登陆。约有18辆此类坦克停在"D"滩的水际线靠前一点的位置。它们以70—100码（约合64—91米）的间距正面朝向路堤，距离海堤约有25码（约合23米）。它们在向正前方的敌军阵地开火……敌轻武器从侧翼开火，造成在坦克后面寻求掩护的小队成员中有一人负伤，剩下的人冲向位于维耶维尔出口以东约900码（约合823米）的低矮木造海堤处，那里似乎是一个较好的掩蔽所。这个木造海堤高约4—5英尺（约合1.2—1.5米）……所有在此时 [7:30] 已上岸的部队都挤在海堤下面，战士们蜷

伏在那里寻求保护，以免被来自海滩后方悬崖顶部的敌战壕与散兵坑中的步机枪火力打中。

罗伯特·巴克利少校
第29师第116步兵团医官

我爬上沙滩，那里有很多蜘蛛状的障碍物，它们是由中心位置相互交叉焊接在一起的若干约8英尺（约合2.4米）长的铁轨所构成，我就在其中一个这样的障碍物后面卧倒以便稍事喘息，这时我看到索斯少校在离我右边不远处另一个同类障碍物后面。他看到我在看他，于是咧嘴一笑回应道："你好，医生。"……我们在沙滩上休息不超过一两分钟，就有一大片子弹落在我们前面的水中，激起了一片漏斗状的凹陷。我认为索斯少校就在我身后——但我不确定——因为他和我同时冲出了各自的掩蔽处。每个人都各自向前跑，以自己的最佳路线冲向鹅卵石堤墙……我跑到了杰克逊少校那里，当他问我是否看见过汤姆·豪伊时，后者已经弓着身子跑了过来，然后一屁股坐下，他和我们一样松开了自己的作战装具和携带的其他装备，这样就可以轻装在周边区域活动了。我们三个人缓过劲来，看到有两个人在水中似乎需要帮助，所以我和坐在我旁边的一个士兵一起离开掩蔽所返回水际边缘。那位士兵开始帮助其中的一名腿部受伤的战士，我走到另一个人旁边，他脸朝下俯卧在浅滩上的小河沟中。我可以从他的制服上分辨出他是我们中的一位军官，我把他翻过身来，发现他就是索斯少校。当我找到他时他已经死了。

托马斯·豪伊少校
第29师第16步兵团作战训练科负责人，1944年6月9日

全体官兵得出一致结论：在进攻发起时刻之前，没有证据表明友军

对海滩区域进行过轰炸。沿着水际边缘地带没有任何弹坑，没有任何守军的海滩设施被破坏，也几乎没有海军炮火弹幕实施过的证据。

诺曼·D. 科塔准将是1917年的西点军校毕业生，现在他担任第29师的二把手，或许他也是在D日上午登陆奥马哈海滩的最年长的军人。被朋友们称为"荷兰佬"的科塔准将6天前过了他的51岁生日，从平民的角度来看，很难说他已经进入了老年，然而战争是一项属于年轻人的竞赛，在奥马哈海滩血与火的严酷考验中，年事已高的科塔准将无疑显得有些不合时宜。

科塔在穿越海滩的危险旅程中幸存下来，他抵达了可为进攻部队提供些许掩蔽的鹅卵石堤墙区域，这一区域以从木造海堤向海洋一侧突出的15道防波构造物为典型特征。在这里，科塔可以看到美国大兵一群群卧倒在鹅卵石堤墙上以及海堤后面。他们中很少有人敢四处移动，在科塔看来，更糟糕的是，他们缺乏迫在眉睫的危机作为动力激励他们的行动。作为一名将领，科塔是策划奥马哈海滩登陆行动的军政最高层委员会中的一员，由于他知道很多机密，所以他比该区域的所有其他指挥官都更能认识到，只有严格遵守时间表并按时完成任务目标，登陆作战才有可能成功。当科塔第一次看到部队在鹅卵石堤墙背后停滞不前时，他就已经明白，登陆行动非常危险地脱离了正轨，并且，除非立即采取紧急行动，否则许多被压制在海堤后面的士兵最终将被消灭，整场进攻也将以灾难告终。

在战争史上，将领在正确的时间恰好出现在正确的地点是非常罕见的，但无可否认，奥马哈海滩登陆战就是其中之一。在鼓励士兵勇敢作战方面，美国陆军中少有军官比科塔准将更在行，现在他的聪明才智开始得到回报。在"威利和乔"们的简单世界中，美国陆军将领是一个威严而罕见的物种，他出现在士兵中时，更容易制造恐慌而非唤起热情。但科塔准将是一个例外。由于他的平易近人，以及他在历次野外演习中的频繁参与，科塔已成为第29师中家喻户晓的传奇人物，他是普通士兵的好友，也为全师上下所熟悉。

科塔更乐于发挥领导艺术而非强推硬压，更倾向于激励而非恐吓士兵。最重要的是，他无所畏惧。

在奥马哈海滩上裹足不前的部队正需要他那种类型的将军——他们马上就需要。在科塔准将抵达海堤处之前的几分钟，霍克斯上尉指挥下的第116步兵团C连已在同一区域登陆，到目前为止，它已经躲过了第116团其他单位在进攻行动的第一个小时里所蒙受的惨重伤亡。此外，在科塔准将到来后，施奈德中校的第5游骑兵营也在同一地区以相对完整的建制抢滩上岸，而科塔此时正在附近的海堤旁边徘徊，试图找到打破战事僵局的办法。那些卧倒在地的步兵惊讶不已，科塔准将昂首挺胸，从容不迫地来回走动，毫不畏惧地置身于敌火力之下。他的身形庞大笨拙，乍看起来似乎不符合军人身份，在他的钢盔上饰有一颗星（代表准将军衔），以及作为第29师识别标志的蓝灰两色的阴阳图案。难以置信的美国大兵纷纷注视着科塔将军，而他正认真地挥舞着他的"柯尔特"手枪，并用他粗粝沙哑的嗓音频频地喊出劝说和鼓励的话。科塔不得不将注意力全部倾注在这些人身上，因为对他而言，他们代表了在当时可以拯救此次濒临失败的进攻行动的全部手段。

杰克·谢伊中尉
第29师师长科塔准将的随从参谋，1944年11月

在［防波堤］形成的每个小隔区中平均都有80—100名士兵聚集。各个单位的成员都无可救药地陷入混乱当中……各个单位的救护兵都是拥挤在海堤旁的人群中最活跃的成员。由于他们手边的医疗设施和器材很有限，他们别无选择，只能处理伤势最严重的伤员……坎汉上校和科塔准将在商量……他们意识到敌人察觉到了部队聚集在海堤背风处，并且很可能将投送曲射火力。有必要立即离开海滩。

罗伯特·比德尔（Robert Bedell）中尉
第29师第116步兵团C连，1945年3月

[科塔]挥舞着他的.45口径手枪，他没有太过激动或大吼大叫，只是语气坚定地告诉我："很好，中尉，我们必须让他们离开海滩。我们必须让他们动起来。"

弗朗西斯·休塞尔（Francis Huesser）中士
第29师第116步兵团C连，1945年3月

科塔过来找我们……并说我们必须离开海滩……我猜我们所有人都会认为，如果他可以这样四处随意走动，那么我们也可以。

陆军五级技术员汤姆·赫林（Tom Herring）
第5游骑兵营C连

就在科塔到施奈德那里之前，一阵猛烈的炮火迫使他就地卧倒。我卧倒在也是来自C连的一等兵威廉·斯顿普（William Stump）的左边。斯顿普问我要火，说他浑身湿透了。"我也想要。"我说。斯顿普越过我，朝我旁边一位军人身上搡了一拳，然后问道："嘿，伙计，你有火吗？"当那位军人翻滚到他的左边时，斯顿普和我都能看到他的夹克肩章上的金星。斯顿普说——"对不起，长官！"科塔伸手从他的夹克里摸出一个"芝宝"（Zippo）打火机，打着了火，然后举到斯顿普的嘴边给他点上烟，并且说道："没关系的，孩子，我们都是出于同样的理由在此战斗。"

理查德·沙利文少校
第5游骑兵营，副营长

科塔将军的行动在当时看来似乎颇为莽撞，但实际上只不过是纯

粹的英雄主义，以及职业军人与优秀指挥官的自我奉献精神使然……我记得他的副官［谢伊中尉］变成了一个紧张兮兮的可怜虫，不断试图让将军停止他的冒险。

约翰·罗恩上尉
第5游骑兵营，指挥连连长

我准备出发的时候，我看到，或者是有人指给我看，有一位军人"大摇大摆"地沿着海滩朝我们走过来。很明显他是个大人物，因为他正向在海堤处挤作一团的部队以及在堤坝边缘地带挖掘掩体的部队下达命令并给予他们鼓劲。他来到我们那里时，我意识到他是一位高阶军官，上校或者将军。我跳起来向他跑去，向他敬礼并报到："第5游骑兵营罗恩上尉，长官！"

"罗恩……你一定是杰克·罗恩（Jack Raaen）的儿子。我是科塔将军。这里是什么情况？"

"长官，第5游骑兵营已登陆，无人伤亡……"他问施奈德中校所在的位置……他开始向施奈德那里走去，然后又转向我附近的部队，道："你们都是游骑兵！我知道你们不会让我失望！"科塔到达施奈德那里时，吉姆·格雷夫斯（Jim Graves）看到施奈德跳起来立正，然后给将军敬礼。科塔准将则一丝不苟地回礼。格雷夫斯认为，在来自我们右面的致命轻武器火力的威胁下，任何人都没有必要这样暴露自己。科塔问道："你是游骑兵部队的施奈德中校吗？"

"是，长官！"施奈德回答道。

科塔告诉他说："中校，你的人必须一马当先。我们陷入了困境。我们必须让这些人离开这片该死的海滩。"科塔准将与施奈德中校谈话完毕后，他转过头来对附近的战士们喊道："游骑兵，带路！"

诺曼·科塔准将

致信 J. C. 罗恩（约翰·罗恩上尉的父亲），1949年3月24日

我还清楚地记得你孩子所提及的那一天。我现在又想起了他，还有我的副手 [沙利文少校]。我很高兴能在那个特定的时间遇见他们，他们是当时战局的迫切需要。第 5 游骑兵营是一个很棒的单位……你见到他时，请向他转达我最美好的祝愿。我们的国家应该感谢像他那样的小伙子，正是他们在 D 日的诺曼底夺取了海滩阵地。请相信我，他们是让像我这样的"老古董"摆脱恐惧并且不顾一切往前冲的唯一理由。

第三帝国的不速之客

历史学家后来对奥马哈海滩 D 日上午的战斗报告进行筛选时，他们发现了一个基本事实：奥马哈海滩东半场的战斗通常会与西半场的遥相呼应，有时其进程几乎完全相同。科塔准将搭乘的登陆艇在奥马哈海滩西部上岸约 40 分钟后，由乔治·泰勒上校及其指挥部人员所带领的第 1 师第 16 步兵团部队在奥马哈滩以东约 2 英里（约合 3.2 千米）处登陆，就属于这种情况。与德制地雷的一次近乎致命的遭遇促使"荷兰佬"科塔立刻发报称海滩上的战事进展都不顺利。而现在，在泰勒的船驶向海岸时，他产生了愈来愈强烈的怀疑：登陆行动并没有按计划进行。

劳伦斯·迪里上尉

第1师第16步兵团，随军牧师

随着潮水漫上岸边礁石，肯·芬恩（Ken Finn）中士说："看来我们将成为第三帝国的不速之客！"

第1师第16步兵团，团指挥部

美国陆军军史部门，对乔治·泰勒上校的访谈，1944年6月21日

　　泰勒上校带领包括必要的参谋军官与相关人员在内的后方指挥所进入了战场。剩下的部分由约翰·马修斯中校［第16步兵团副团长］带领。舵手驶近E-3出口，守军火力来袭。泰勒上校让舵手撤退并从一个更有利的位置进入。潮水只淹没了一半的潮间带。泰勒的分队在齐脖深的近岸浪区中涉水前进时遭到火力打击。"在弹雨中涉水前进时感觉很无助。"［泰勒说。］海岸装卸营和工程兵在［鹅卵石堤墙］后面，我们的部队几乎没有人开枪射击。现场一片混乱。部队在海滩区域拥挤在一线上，就像储藏室里的罐头一样。没有任何指挥员站出来负责。所有人只热衷于挖掘散兵坑和躲避敌人火力。泰勒移动到E-3出口附近，发现［马修斯的前进指挥所］已被拔掉。来自不同单位的人员混杂在海滩上。除非我们能压制住敌坚固支撑点的火力，否则他们哪里也去不了。

威廉·弗里德曼（William Friedman）上尉
第1师第16步兵团指挥连

　　当时，我们的团长泰勒上校环顾四周，用极为洪亮的声音高呼："离开这个该死的海滩！如果你坚持留下来，你就死定了！"他的努力奏效了，战士们自动组成战斗小组继续前进。

乔治·泰勒上校
第1师第16步兵团团长，杰出服务十字勋章的嘉奖词，1944年6月14日

　　负责指挥第16团级战斗队（RCT）的乔治·A.泰勒上校，在作战行动最关键和最危险的阶段登陆。数千名失去指挥的士兵蜷缩在7码（约合6米）纵深的海滩阵地上，他们的组织被敌火力完全打乱。各海滩出口均被封锁，支援兵器尚未或者无法登陆，或者已经被摧毁，进攻受阻。泰勒毫不畏惧敌狙击手和机枪火力，他在沙滩上四处奔走，持

"如果你坚持留在海滩上，你就死定了！"第1师第16步兵团的乔治·泰勒上校，他在D日上午竭力驱策美军士兵离开致命的奥马哈海滩东部地区向内陆移动。肖像由第16步兵团的威廉·弗拉乔（William Fraccio）中士于1944年所绘。〔由戴维·阿伦德（David Allender）提供〕

续让自己暴露在猛烈的火网中。他找到了一些军官，聚拢了一群士兵，并让军官带领他们前进。他搜寻、领导并驱策士兵们采取行动。他冷静地为这些新组成的战斗团体分配了任务目标。他将一群茫然无措的乌合之众转变成了一支团结协作的战斗力量。

在那片不断制造死亡的海滩上，泰勒并非是唯一吸引注意力的军人，虽然绝大多数躲在鹅卵石堤墙后面的美军士兵几乎看不到任何在短时间内可以履行其本职工作希望。第16步兵团团部有一位名叫约翰·平德（John Pinder）的无线电操作员冒着敌军的致命火力在近岸浪区中拼命抢救通信器材，因为他知道，很快那些装备就会在他的团长泰勒上校那里派上大用场。第1师的精兵悍将曾在北非和西西里岛见证了许多令人震惊的大无畏的行动，但是平德下士在奥马哈海滩的壮举，会让在场的目击者们永远不会忘怀。

罗伯特·米肖（Robert Michaud）中士
第1师第16步兵团指挥连，1944年11月4日

1944年6月6日，我在滨海科勒维尔附近地域参加进攻法国的军事行动时，我目睹了来自第16步兵团指挥连的五级技术员（T/5）约翰·J.平德的如下事迹。在离开突击艇时，平德下士[拥有五级技术员（T/5）衔级的军人也可被称为"下士"（corporal）]中炮负伤。他的左脸被弹片划开，脸皮耷拉下来，只剩下一只眼睛能看东西，于是他用一只手托着他血肉模糊的左脸，另一只手抓住无线电台并拖着它到岸边。到达岸边后，平德下士拒绝接受医疗处理，而在卫生兵强迫其接受急救前，他又跑回到密布地雷的海水中，抢救出了更多漂浮在水中的设备。他继续这项工作，以非常冷静的方式抢救急需的装备，似乎完全无视

"完全无视他周围的密集火力。"来自第1师第16步兵团指挥连的约翰·平德下士，因为在奥马哈海滩作战中的英勇表现而追授国会荣誉勋章。（美国陆军通信兵部队，国家档案馆）

他周围的密集火力。平德下士多次前往水边打捞通信器材，在其中一次返回岸边时，他被一挺向此区域扫射的机枪子弹击中。尽管他伤势严重，正承受巨大的痛苦，但他仍然设法把他能搬动的东西拖上岸边。即便如此他也没有停下来，而是继续帮助建立通信联络，他不顾持续不断的敌火力，让自己暴露在沙滩的开阔地上，直到他再次被击中并永远倒下为止。

来自匹兹堡的平德下士，于1945年1月4日被追授荣誉勋章。

肩膀上的天使

泰勒上校无从知晓，当他上岸时，第16步兵团有几支勇敢的小分队正在积极进行反击，事实上，他们中的少数人已经挺身而出，一路冲杀离开了海滩。斯波尔丁少尉所在的那个孤零零的 E 连乘舟组首当其冲。到上午7:00，该部已穿过了圣洛朗出口和科勒维尔出口之间的潮滩区；不久之后，柯特·科尔韦尔（Curt Colwell）中士使用爆破筒在鹅卵石堤墙后方的铁丝网上炸开了一个狭窄的缺口。32名美国大兵一个接一个地爬上了低矮的岩石路堤，迅速冲过一条与海滩平行的狭窄小道，然后穿越缺口，到达了悬崖脚下相对安全的一片高高的荒草地和一座已成废墟的石头小屋的残垣断壁旁边。小分队受阻于他们前方一片明显的雷区，于是他们向左绕行。斯波尔丁手下令人敬畏的排中士菲利普·斯特雷奇克（Phillip Streczyk）及一等兵理查德·加拉格尔（Richard Gallagher）两人已经找到了一条看起来相当隐蔽的路线，然后小分队开始攀爬峭壁。

在奥马哈海滩的这一区域，悬崖相对不是那么陡峭，但即使如此，攀登过程也绝非易事。斯波尔丁的左侧约400码（约合366米）有一个敌军的大型永备发射点的射孔直接对着小分队将要攀爬向悬崖顶的道路，且从这座悬崖的顶部或者附近的制高点上，敌机枪手肯定已经准备好了随时瞄准这些不速之客并施以密集火力。更糟糕的是，为阻止进攻方利用这条路向上攀爬，敌人在斜坡上各处都布设了地雷。然而，斯波尔丁的小分队可以充分利用崖壁表面的沟壑，因为上面的凹陷和褶皱可以针对来自前方和侧翼的敌火力提供良好的掩护。

约翰·斯波尔丁少尉
第1师第16步兵团E连，1945年2月9日

[弗雷德.]比斯科军士一直在说："中尉，小心那些该死的地雷。"它们是一种小型盒式地雷，在这片海滩上似乎无处不在，但是我却没有亲眼看到过它们。穿越雷区时我们连队没有任何损失，然而几小时后，H连沿着我们走过的同一条路径前进，途中却有数人触雷伤亡。主与我们同在，在那次行程中，每人的肩膀上都有天使庇佑。为了清除位于我们上方的一挺机枪，[休伯特.]布莱兹（Hubert Blades）中士用他的"巴祖卡"火箭筒开火，但没命中。几乎同时，他的左臂被机枪子弹射中。接下来[雷蒙德.]柯利（Raymond Curley）一等兵也被射倒。[格兰特.]费尔普斯（Grant Phelps）中士操起了[弗吉尔.]蒂利（Virgil Tilley）一等兵的勃朗宁自动步枪(BAR)向开火阵地移动，他的双腿被击中仆倒在地……我们决定直接向15码（约合13.7米）开外的机枪火力点发起冲击……我们冲上前去的时候，发现操纵机枪的只有孤零零的一名德国兵，他举起双手大喊："投降！"①我们本可以干掉他，但是我们需要战俘获取情报，所以我命令战士们不要射杀他。他是波兰人。

敌军士兵肯定会对斯特雷奇克用流利的波兰语对他进行问话而惊讶不已。尽管有3名美国人受伤，但是波兰人声称是德军上级胁迫他开火的——

---

① 译注：原文为"Kamerad"，即德语的"同志、战友"之意。

"主与我们同在，在那次行程中，每人的肩膀上都有天使庇佑。"照片右边是来自第16步兵团 E 连的约翰·斯波尔丁少尉，他是第一批在 D 日行动中穿越德军奥马哈海滩防线的人之一。与斯波尔丁同框的是一位来自医疗队的中尉军官，他于1945年初伤愈归队。（由戴维·阿伦德提供）

而且他还故意射偏了。斯特雷奇克对这种说辞不屑一顾，他安排人把俘虏送下悬崖到海滩上看管起来。这名俘虏提供了宝贵的情报：在距离斯波尔丁的位置右侧约700码（约合640米）处，目前有16名德军在一个可以俯瞰圣洛朗冲沟的坚固支撑点中据守。如果美国人肃清这一支撑点，那么登陆海滩上所面对的敌火力密度将会大大降低。

约翰·斯波尔丁少尉
第1师第16步兵团 E 连，1945年2月9日

当时，G 连的 [肯尼思.] 布洛（Kenneth Bleau）中尉过来和我取得了联系。

他是沿着我们之前经过的路线上来的。他的连队在我们之后的第二波次。几分钟后，G 连的道森上尉也出现了……道森说他要向科勒维尔进军，让我们向右走 [朝着那个坚固支撑点]……时间大概是 0800 时。

由于在海滩上所蒙受的伤亡，G 连兵力已从190人减少到150人左右。G 连官兵并未察觉到斯波尔丁的行动，他们在敌方布设的铁丝网中间又开辟出了一条新的通道。道森的队伍绕行了相当远的距离，而在快要到达悬崖底部时却与斯波尔丁他们在几分钟之前经过的路线几乎重合。接下来，

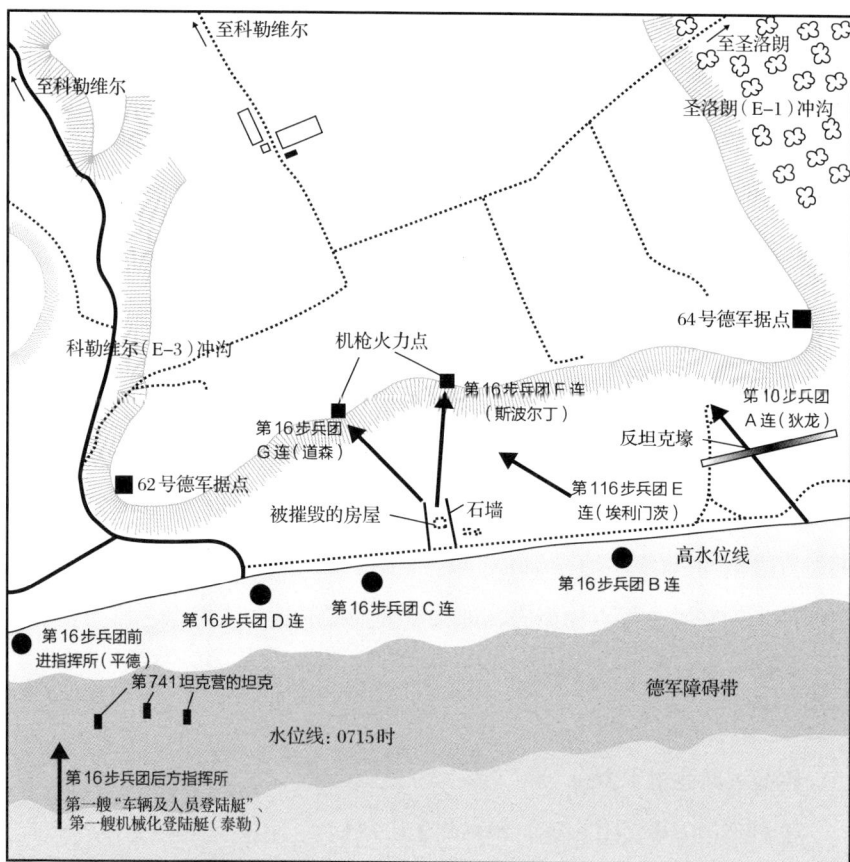

上午 8:15：斯波尔丁和道森向内陆移动

在 E 连的弟兄们向崖顶的敌火力点发起冲击的同时，道森的人开始冒着敌军的猛烈火力攀登峭壁。

第1师第16步兵团 G 连
美国陆军军史部门，对约瑟夫·道森上尉的访谈，1944年8月22日

铁丝网后面有一片雷区。有两个被炸死的美军士兵倒在雷区中。[其中之一可能是 E 连的刘易斯·拉蒙多（Lewis Ramundo）一等兵，他在随斯波尔丁行动期间，在经过那座小屋的废墟时阵亡。]G 连的人从尸体旁经过，他们认为这是最安全的路线。然后他们继续穿过 [废墟] 并向冲沟挺进。道森上尉一马当先……他和弗兰克·鲍德里奇（Frank Baldridge）一等兵一起，试图找到能为他的士兵们扫清前进道路的办法。他们止步于冲沟半途。然后道森发现自己陷入了己方火力与来自冲沟顶部的敌机枪扫射弹幕的中间……[他] 又匍匐前进了 75 码(约合 69 米) 的距离。他利用任何可以获得的地形地物作掩护。冲沟呈 V 形，废墟则位于 V 字底部。靠近 V 字左斜边顶部有一个向外凸出的夹角。他从后面匍匐接近……德国人发现他的时候，他已经距离 [敌机枪掩体]10 码（约合 9 米）之内，于是德军调转枪口疯狂扫射。他掷出了（破片）杀伤手榴弹。手榴弹在敌军中间爆炸，杀死了两名德国兵。

在来自第29师第116步兵团 E 连的两个未能在预定地点登陆的乘舟组中，有一部分人员加入了斯波尔丁和道森所领导的攀登悬崖的大胆行动。他们将与来自"战斗一师"的新战友共同战斗到6月8日。

查尔斯·内伯（Charles Neighbor）一等兵
第29师第116步兵团 E 连

我们很快就发现，我们在海滩上并不孤单。当我们迅速开始评估

当前形势时，有一些佩戴第1师肩章的人员出现了。我们发现来自第16团F连［或许是G连］以及E连的几艘登陆艇在附近抢滩。他们用手榴弹攻击机枪掩体，在我部迫击炮的支援下，敌火力点被严重削弱。我们很高兴能见到他们，不仅因为他们当下所做的一切，而且也因为他们是参加过北非战役的老兵，他们所拥有的丰富的实战经验对于引领我们投入第一轮进攻行动很有价值。

爱德华·沃曾斯基上尉
第1师第16步兵团E连连长

攀登悬崖的途中［当天晚些时候，E连主力沿海滩向西移动］，我遇到了从上面爬下来向我汇报战况的斯特雷奇克中士。他踩到了位于我前方的一枚饼状地雷。我问他这到底是怎么回事，因为我们都清楚地看到了这枚地雷。他答道："没事，之前我往上爬的时候就踩到了它，但当时它并没有爆炸。"……如果斯特雷奇克不能获得荣誉勋章，那么其他人就更没有资格。数千名士兵在海滩上像苍蝇一样被杀死。只要你的头抬起稍微超过［鹅卵石堤墙］，立即就会招来致命的子弹。然而，斯特雷奇克中士带领一个小分队爬上崖顶，清除了敌军的永备发射点，并发射了一枚表明突破行动成功的信号弹，以便让我和其他人跟上他们。

A连抵达了圣洛朗冲沟以东约300码（约合274米）的一处鹅卵石堤墙，那里并没有任何部队在敌人的铁丝网上打开缺口。冲沟正前方和对侧的德军坚固支撑点非常活跃，从而使得这一区域危机四伏。此外，为了到达悬崖脚下，美国人不得不穿越一个灌满水的宽大反坦克壕。

勒罗伊·赫尔曼一等兵
第1师第16步兵团A连

[A 连连长][詹姆斯·]彭斯（James Pence）上尉站在海滩上喊道："射击吧，你们这些混蛋，我们出发！如果我们注定要死，我们何不再往内陆深入一点！"他被击中两次，但伤势并不严重……[后来]麦克中尉[A连中没有"麦克中尉"这个人。赫尔曼指的可能是 A 连中的成员之一阿特伍德·麦克利耶（Atwood McElyea）中尉]加入进来，并问我是否有烟。我的背包里装了一条用蜡纸包装的香烟，我让他从我的包中取几包。密集的子弹不断从我们头顶飞过，令我们简直无法忍受。中尉[麦克利耶]说："你知道，赫尔曼——我想他们就是在瞄准我们射击！"说完这句话，他从散兵坑中抬起头四处张望：一发子弹正中他的眉心。

威廉·狄龙中尉
第1师第16步兵团 A 连，副连长

我们到达[鹅卵石堤墙]的顶部时，看到有一个大型六角手风琴状的铁丝网障碍物。海军在哪里？仅用我们携带的一根爆破筒无法完成破障工作。很快又有一些人上来了，我们又从他们那里得到了两根爆破筒。我们将所有三根爆破筒送到铁丝网下面，拉开导火索，然后跳到沙丘后面。爆炸过后，铁丝网上出现的大洞足以容纳卡车通行……通过缺口之后，我们进入了一片芦苇丛，穿过它之后来到了一条宽阔的运河或反坦克壕沟旁边。我步入水中，水直接没过了头顶。就在那时，我发现了我的救生带上的二氧化碳充气管的妙用！我拉开了两个启动装置，然后我被弹到了水面上！我划水渡过了障碍，然后开始往小山上爬。我看着地面，可以发现两种类型的反步兵地雷：有一种看起来像七叶树（horse chestnut，又名马栗）果实……另一种的雷体由三个伸向地面的金属插脚支撑，（当地雷被触发后）雷体先是垂直弹起至直立人体的头部高度，然后起爆。在我的右边，是来自北卡罗来纳州阿什维尔的麦克利耶中士、来自纽约布鲁克林地区的帕特·福特（Pat Ford）中

士、本（Benn）中士和卫生员巴布科克（Babcock），他们向前走了一小段路，然后福特中士踩中了一个"七叶树果"。它炸飞了福特的一条腿，把他抛向空中，他肩部着地时又触发了另一枚地雷，于是一只胳膊又被硬扯下来……这也是麦克利耶被炸得脑浆迸裂的地方。我以为他已经死了，但多年后[波利多尔·]戴恩（Polydore Dion）上尉[D连连长]说他荣归故里并且一直住在阿什维尔，并与来自莱姆里吉斯（Lyme Regis）[英格兰]的一名护士结了婚……我们滑向左边，身体紧紧贴在地面上……我又仔细观察了地形，发现左边有一条狭窄的小路蜿蜒曲折地通向山顶，于是我非常小心地踏上了这条小路。

艾伯特·史密斯（Albert Smith）上尉
第1师第16步兵团第1营指挥连，1944年6月

是处于敌火力下的可怕经历，而非突击训练的本能，驱使着我们全力以赴地离开了海滩。

C连很幸运地抵达了鹅卵石堤墙沿线的一个特定位置：道森上尉的G连正是从这里开始其攀登悬崖的征程的，因此在敌军的铁丝网障碍带上的通路已经存在，布设在斜坡上的雷场中也出现了几条相对安全的小径。一旦C连登上悬崖顶部，它就会紧随G连冲向科勒维尔。

第1师第16步兵团第1营
D日战斗后报告，1944年7月4日

A连在左，C连在右，B连紧跟C连登上了悬崖。到0930时，全营都已登上悬崖顶端。全营从悬崖顶向内陆地区发动了直接进攻。

美国大兵终于成功登顶——但仍有许多危险的工作尚待完成。

孤军立奇功

在斯波尔丁的部队抵达悬崖顶部之后不久，第16步兵团的另一组美军士兵也从一个根本不见之于奥马哈登陆计划的偏远区域一路冲杀离开了海滩。这支部队主要由第3营L连及该营其他单位的成员组成，他们参加了一场孤立的全天候作战，这场战斗在D日行动的传奇中经常被忽视，却对美军的最后胜利产生了具有决定性的巨大影响。像奥马哈海滩的几乎所有其他部队一样，L连在指定登陆点以东很远的地方被送上了岸。但与其他部队不同的是，他们被投送到了一片完全不适合军事行动的海岸线上，如果没有其指挥官付出极大的努力激励其属下士兵积极地展开行动，该部很容易无限期地陷入瘫痪状态。据说艾森豪威尔将军本人对这次大胆的行动印象非常深刻，以至于美国陆军为D日行动而授予第16步兵团的仅有的两枚荣誉勋章之一其被授予者就是L连军官吉米·蒙蒂思中尉。

该连的6艘登陆艇中有一艘在离岸几英里处损失，之后剩余5艘登陆艇搭载L连部队在奥马哈最东端的区域内登陆，该区域的高水位线并非以鹅卵石堤墙为界，而是由一道绵延的低矮岩石崖壁组成。虽然这个严重减员的连队在悬崖的背风面是相对安全的，但是要想离开海滩，唯一的途径就是悄悄移动到右侧的一个崖壁与6英尺（约合1.83米）高的土质岸堤交会的区域。如果连队可以越过这个攀爬难度不大的障碍带，那么他们可以通过狭窄的卡堡（F-1）冲沟向内陆移动。这道冲沟与奥马哈的其他4个毫无相似之处。它只不过是滨海悬崖沿线上的一个半圆形的凹进区域，仿佛是一个天然的圆形剧场，有一条崎岖的小路蜿蜒而上，深入内陆高原。

L连前进的主要障碍不是地形，而是位于冲沟以东悬崖上的德军强有力的坚固支撑点。这里也是整个卡尔瓦多斯海岸的最佳制高点之一。从那里，整个新月形的奥马哈海滩清晰可见，一个带双筒望远镜的德国人可以看到海岸线数英里范围之内的任何移动的东西。美国人在坚固支撑点下方的任何翻越岸堤的运动都会遭到铁丝网的阻挡，而任何进行爆破作业的尝试都会被敌人直接观察到。德军的坚固支撑点坐落于这样居高临下的位置上，即使投入进攻的士兵设法通过了铁丝网，他们也只能通过向内陆移动、穿过冲沟并从后方接近的方式对敌军阵地发动进攻——而这一切都将处于持续不断的敌火力之下。

第1师第16步兵团L连
行动后报告，1944年6月

针对海滩上坚固支撑点的攻击即刻开始，连队从悬崖西部边缘的海滩向内陆推进。为了给向前推进的连队提供火力支援，连长约翰·阿尔梅利诺（John Armellino）上尉多次暴露在［敌火力］下给坦克指示直接射击的目标，直至其身负重伤……吉米·蒙蒂思中尉指挥下的第2突击小队奉命突入一道小冲沟，并需要负责攻克左侧坚固支撑点中的各个永备发射点。第3小队在第2小队的右翼向前推进，第5小队紧随其后。

休·马丁（Hugh Martin）中士
第1师第16步兵团L连，1945年3月20日

部队被压制住时，我看到蒙蒂思中尉去往了［阿尔梅利诺上尉］被击倒的那个地方。他穿越密集的火网，冲向［第741坦克营的］坦克并让它们投入作战……他无视敌机枪和炮兵火力前往铁丝网处，之后率领我们通过了雷场。

蒙蒂思和其他人越过岸堤，在铁丝网下面塞入爆破筒，炸开了一道可供美军士兵通行的缺口，然后沿着冲沟陡峭的斜坡往上移动。蒙蒂思中尉联络的海滩上的两辆第741营的坦克和位于近海海域的美国驱逐舰"多伊尔"号（USS Doyle）正在向德军的坚固支撑点开火，至少间歇性地压制住了敌守军的抵抗。

第1师第16步兵团L连
美国陆军军史部门，对L连多位士兵的访谈，1944年6月

攻击坚固支撑点的分队冒着枪弹和枪榴弹的火力爬上高地。这些人以班纵队为单位移动，并且利用冲沟中的灌木丛为掩护，因此敌人的火力只能对他们造成轻微的伤害。他们可以看到德国人在山顶的阵地上移动，勃朗宁自动步枪（BAR）手……正在有条不紊地向上面泼洒弹雨。勃朗宁自动步枪的火力极其有效，他们看到一些敌人倒下……[蒙蒂思中尉的]小队与罗伯特·卡特勒（Robert Cutler）中尉[现已代替阿尔梅利诺担任L连连长]通话，如果可以让[来自"多伊尔"号]的海军舰炮火力进行延伸射击，那么他们将马上逼近敌阵地。就在这时，卡特勒看到在坚固支撑点上方腾起了紫色的烟雾，他告诉[蒙蒂思][L连]的部分兵力已经逼近……[肯尼思·克伦克（Kenneth Klenk）中尉的]小队进入了坚固支撑点外围的战壕，开始用手榴弹和炸药包肃清守军。大概有四五名敌兵在近战中被消灭，剩下的人立即投降。美方只有一人损失。他应该是触雷身亡的。[蒙蒂思的]小队有4名士兵受伤，但他们就地接受治疗后继续投入了战斗……0900时，卡特勒中尉召集[第3]营部队，告知他们坚固支撑点中的敌军已放弃抵抗。

第741坦克营
部队日志，1944年6月6日

0830时——由C连[乔治·]格迪斯（George Geddes）中士指挥的一辆两栖坦克声称在E-3[科勒维尔]出口左侧的高地上确认摧毁了两门法制75毫米炮（由德国守军操纵）。

美国海军"多伊尔"号驱逐舰
詹姆斯·马歇尔（James Marshall）海军少校，作战日志，1944年6月6日，1100时

至科勒维尔

卡堡

至大阿莫

卡堡冲沟（F-1）

62 号德军据点

科勒维尔（E-3）冲沟

60 号德军据点

L 连各乘舟组
向内陆移动

61 号德
军据点

高水位线

水位线：0900 时

悬崖

路堤

第 16 步兵团 F 连
（斯特罗伊尼）

第 16 步兵团 L 连

分散的第 16 步兵团和
第 116 步兵团单位

德军障碍带

第 741 坦克营的坦克

上午 9:00：巩固东面侧翼

　　（我舰）距离"红 E"滩 800 码（约合 732 米）的海面停泊。（我舰）
观察到，在"红 F"滩西端陡峭的山坡上有敌机枪掩体，正在向登陆海
滩施展纵射火力。[用 5 英寸（127 毫米）主炮] 展开了两轮"半齐射"。
目标被摧毁。接下来调转炮口瞄准高地顶部的炮台，实施了两轮"半
齐射"，目标被摧毁。陆军部队从海滩出发慢慢向高地推进。

L 连取得了一场重大胜利。随着来自卡堡冲沟的德军阵地的威胁被消除，

奥马哈最东部区域的第1师其他部队暂时基本安全。

泰勒上校后来知晓第16团在敌军防线上的两次突破时，他肯定会非常欣慰，但是，只有他的步兵团按照"尼普顿"进攻行动命令的要求，在圣洛朗与科勒维尔的海滩出口清理出供车辆通行的道路，他才能真正放下心来。然而，泰勒于上午8:15登陆时，他当即发现第16团还没有完成进攻发起时刻即需要完成的任务。更糟糕的是，德军的迫击炮和大炮所制造的弹幕仍在科勒维尔冲沟入口处大量杀伤其人员。为了脱离这一杀戮战场，被火力压制住的美国大兵必须动起来，然而，由于敌军在冲沟两侧各有一完好无损的坚固支撑点，所以在其密集火力下运动似乎完全不可能。这两处阵地必须以某种方式予以攻克。

在科勒维尔通道入口处的东侧，德国人构筑了一个被命名为WN61的坚固支撑点，其中包括一个安装有一门强力"88炮"的巨型混凝土永备发射点、若干个供较小口径火器使用的掩蔽阵地，以及遍布的带刺铁丝网和雷场。这是敌方罕见的并未部署于高地上的防御工事之一。出于某种未知的原因，此坚固支撑点在高水位线以上约40码（约合37米）处的一片覆草平地上，因此美国人很容易就能发现它，并且它在某种程度上也容易受到来自海上的炮火攻击。

那些具备战斗经验的美国大兵（第16步兵团中就有很多这样的人）很清楚，假使有人敢于爬过鹅卵石堤墙去冒险，再配上合适的武器，那么就可以直接攻击德军的坚固支撑点。第16步兵团F连已于进攻发起时刻在此区域登陆，其中还混杂着来自其他若干单位的人员。合适的武器确实可以获得，合适的人也在现场。

弗兰克·斯特罗伊尼（Frank Strojny）上士
第1师第16步兵团F连

我看到我们所在的海滩区域太容易受到敌方攻击，于是我让所有人都向左移动，以便利用高地后方作为掩护……我之所以这样做，是因为我所有的上级都或死或伤。总有人要担此重任——我的战斗经验很丰富；大家都很信任我……我看到有一门敌军火炮在几分钟内将我军3辆坦克接连打掉。那意味着坦克火力支援的结束。我确定了一个火炮掩体的位置，于是我开始召唤"巴祖卡"火箭筒小组。没有人可用，因为反坦克人员也已或死或伤。所以我去海滩上寻找"巴祖卡"火箭筒，我知道，必须敲掉那门火炮，才能使我们的小队取得成功。我找到了一具火箭筒和相应的弹药，返回原处后，找到了一个最佳位置来对付火炮掩体。

第1师第16步兵团F连
行动后报告，1944年6月

[斯特罗伊尼上士]拿起火箭筒，但是发射管被炮弹破片击穿。敌火炮继续开火，简直要将斯特罗伊尼逼疯。无论如何，他决定尝试一下"巴祖卡"，所以他装填了火箭弹并开火。前两发都射失了，[但]接下来的两发都是直接命中。然而火炮在继续射击。斯特罗伊尼大吼需要更多的弹药，但是没有弹药。然后他重返海滩，又找到6发火箭弹带回来。他从同一个发射位置连发6弹，所有射弹都击中了目标——最后一发导致[敌军的]弹药发生殉爆。我们看到若干德国人阵亡，只有一名守军逃了出来。斯特罗伊尼用M1步枪向德国人开火，但他被敌狙击手击伤。子弹从他左眼上方的位置射入[斯特罗伊尼的]钢盔，接着子弹又穿出钢盔并在钢盔后面留下一个大洞。尽管如此，斯特罗伊尼只是受了些皮外伤。

斯特罗伊尼上士的壮举，让那些被压制在鹅卵石堤墙后面无法移动的士兵有机会离开海滩上的死亡陷阱。然而这只是开始。

第1师第16步兵团 F 连

行动后报告，1944年6月

看到永备发射点中冒出的火焰，斯特罗伊尼催促士兵们继续前进。他站起身，但没有人效仿他。他在左边探明了一个不错的突破地点，于是他催促战士们按照他说的去做。他的人跟着他，但是附近的［第29师］第116步兵团［E 连］的人却没有跟上来。斯特罗伊尼上士让他的手下拾起了被第116团遗弃的两挺勃朗宁自动步枪（BAR）。他设法向左抵达了部队将要穿越的地点，但是因为有铁丝网所以他无法通过。斯特罗伊尼让来自116团队的一名战士在铁丝网上打开缺口。随行的几名勃朗宁自动步枪手被安排在右侧，向一片林地开火扫射。查尔斯.罗切福德（Charles Rocheford）二等兵在进入阵地时一只手被地雷炸飞。斯特罗伊尼穿过缺口并排除了地雷。他示意其他人跟进。来自斯特罗伊尼小队的5名士兵以及来自第116团的1名军官和一个班的士兵紧随其后。他们遭到右翼敌机枪火力的射击。于是全队向［敌］开火方向冲去，他们消灭了7名德军。

在超过两小时的灾难般的经历之后，斯特罗伊尼、蒙蒂思、斯波尔丁、道森和他们的战友的不凡成就使第16步兵团取得了 D 日行动的首批战果。但即便有这些成就，德军榴弹炮和迫击炮对美军士兵所施以的持续、精确和致命的打击也没有丝毫减弱，这证实了泰勒上校的严厉警告：如果这些士兵珍视自己的生命，那么他们必须立即离开海滩。如果士兵希望听从他们团长的建议，至少他们现在可以专注于追随那些勇往直前的开拓者的脚步。

射击场上的鸭子

与此同时，在4英里（约合6.4千米）远的西边——那里大概是当日可达的并且仍然被视为是奥马哈海滩的最西端——第2游骑兵营由戈兰森上尉领导的 C 连也开始了向内陆的移动。戈兰森的单位在穿越潮间带时遭到了可怕的人员损失,但是威廉·穆迪中尉、朱利叶斯·贝尔彻中士和奥托·斯蒂芬斯一等兵已经向西移动了 300 码(约合 274 米),并在被称为 C 滩的区域设法爬上了陡峭的崖壁。

在戈兰森的区域攀登悬崖并不容易,然而那几位游骑兵仍然有能力完成此项任务。此时 C 连仅存的 65 人(尚不及原来总兵力的一半)也沿着悬崖底部悄悄向西移动,以便跟随现在位于悬崖顶上的 3 名游骑兵的路线。正如后来发生的事情所证明的那样,这恰恰是一个正确的选择,因为这一运动正好规避了位于 C 连登陆地点几乎正对面悬崖上的强大的德军防御阵地,使游骑兵可以在没有敌人火力干扰的情况下竭尽全力攀上悬崖。

即便如此,这个敌坚固支撑点最终还是必须加以处理,而它将是一块难啃的"硬骨头"。这个阵地的特征是迷宫般的之字形战壕、坚固的筑垒战斗阵地和掩蔽所,以及位于悬崖向上突出的褶皱处的一个得到良好伪装的混凝土永备发射点。永备发射点的射孔朝向东面,从海上几乎无法被发现,可以从侧面覆盖整个海滩地带的射界是所有机枪手的梦想。占据此阵地的德国守军实际上可以在不受威胁的情况下从容不迫地屠杀维耶维尔冲沟正前方的第 29 师部队。戈兰森的游骑兵对这个坚固支撑点非常熟悉,因为那里有一座由石头建造的大型庄园宅第,不可能藏在崖壁上的一个小角落里,从几英里外的海面上就可以看到。盟军情报人员给它分配了一个不祥的标签——"筑垒房屋"(fortified house)。还有一个更为强大的防御地点,是位于"筑垒房屋"后面的高地脊线上的坚固石头谷仓,它标志着奥马哈区域的最高点之一。

穆迪和斯蒂芬斯小心翼翼地沿着悬崖边缘朝东面侦察,他们惊奇地发现,敌人可能更专注于维耶维尔冲沟前方的登陆部队,而对他们的前进并没有进行有力抵抗。与此同时,更多的游骑兵开始攀爬悬崖,从崖顶上传来了催促他们的声音:"上来吧! 上面很安全!"戈兰森大约在上午 7:15 登

上午9:00：第2游骑兵营C连，向内陆运动

顶，他在迅速研判当前形势后，做出了一个重大决定。他不会往西去肃清位于佩尔塞角的德军强大的坚固支撑点，而是朝着相反的方向对筑垒房屋展开进攻。随着灾难在维耶维尔冲沟面前展开，戈兰森发觉他别无选择。

穆迪和6名游骑兵确保了"筑垒房屋"（现在已被海军炮火毁坏）周边区域的安全后，他向戈兰森报告，他曾在建筑物远端的堑壕线中听到有德国军队的动静。游骑兵小心翼翼地绕过房屋，因为他们知道，虽然目前尚未与敌狭路相逢，但是他们就潜伏在这一坚固支撑点所特有的坚固掩蔽处或者曲折蜿蜒的战壕中的某处。然而，戈兰森的这支小分队只能探查敌阵地并伺机行事。萨洛蒙中尉虽然在沙滩上受伤，但仍设法爬上了悬崖，他也是第一批进入筑垒房屋远端的战壕迷宫中的游骑兵之一。

悉尼·萨洛蒙中尉
第2游骑兵营C连

　　我向前跑了一小段路，然后跳进了一个弹坑或者地面上的凹陷处。当我凝视前方时，看到有一条战壕沿着与崖壁垂直的方向朝内陆延伸。就在这时，比尔.穆迪中尉在我右边跳进战壕。刚才他和几个战士待在筑垒房屋旁边。我告诉了比尔我刚刚发现的战壕。他举起双臂扒住坑沿，探头往外看。就在这时，我感觉他砰然倒地。我看了他一眼，他被［狙击手子弹］射中当场死亡。我跑回悬崖边，然后向悬崖下面呼喊，告知戈兰森上尉［现在他已回到海滩上］比尔已阵亡。然后我叫斯蒂芬斯二等兵跟着我，接着我们跑到了战壕处并跳了进去。我告诫奥托要小心，然后向内陆进发。在左前方发现了一个掩蔽部，我取出一枚白磷燃烧手榴弹，将它用力高高地抛进去。我们等了一会儿，然后走到掩蔽部门口。里面没有人……右边又分出了一条战壕通往远处——现在我们面临着两难选择。但我们还是沿原路继续前进，左边是一个空无一人的80毫米迫击炮阵地……我们小心翼翼地向前，战壕开始向左拐弯。我绕过拐弯处，发现一名德国士兵正在接近。三个人都吓了一跳。我先回过神来控制住了敌兵，并缴了他的械。他比我们俩都小得多，而且相当顺服。我建议由我们把他押送回位于海滩上的临时指挥部……当天剩下的时间里我一直在悬崖上面活动，因为显然敌人已被赶回了内陆地区。我们的兵力太过薄弱，恐难以继续推进，保住付出很大代价才夺取的来之不易的土地可能对我们更有利。

萨洛蒙在内陆进行侦察时，贝尔彻中士在乔治·莫罗（George Morrow）中士和弗洛伊德·克里戈（Floyd Crego）一等兵的随同下，试图通过沿着悬崖边缘向东爬过筑垒房屋的方式渗透到敌人的战壕中去。如果游骑兵们开始寄希望于德国人会从他们的坚固支撑点中撤离，那么他们很快就会失望。

第2游骑兵营C连
美国陆军军史部门，对C连多位游骑兵的访谈，1944年7月

由于房屋和谷仓的阻隔，游骑兵不确定此处是否有敌人，直到部分游骑兵人员穿过房屋……德国人向[贝尔彻的]小分队投掷手榴弹，游骑兵将手榴弹反掷回去。贝尔彻小心翼翼地移动到战壕边缘，举起步枪摸进去，然后突然有一支德国步枪正对着他的脑袋。两支枪都没打中。在这个迫击炮阵地上，德国人躲入了一个掩蔽部。贝尔彻和一名步枪手进入战壕，并在迫击炮发射掩体附近射杀了3名德军。

第2游骑兵营C连
C连战史，《"查理"区的苦战》（Roughing It with Charlie），1945年

在"筑垒房屋"的另一边，来自印第安纳州南本德的技术军士乔治·莫罗与贝尔彻中士一起发现了一个安置于暗堡中的机枪火力点，这个暗堡（永备发射点）正在向海滩上无情地喷洒着铅弹。这个火力点是海滩上C连出现大量伤亡的原因之一。贝尔彻中士踢开了永备发射点的门，并扔进了一枚白磷燃烧手榴弹。白磷在德国佬的皮肤上燃烧，他们扔下枪逃出掩体，尖叫着求告上天和希特勒让他们脱离苦海。贝尔彻中士后来说道："就像在射击场打鸭子（标靶）一样。"

在海滩上，卫生兵兰德尔·林克（Randall Rinker）下士正在非常努力地救治那些在登陆行动中负伤的游骑兵，并尽可能多地将他们从海滩拖到悬崖下。支援还会不会来？戈兰森徒劳地试图与在维耶维尔冲沟正面的第29师取得联系，但从他的角度来看，在那个区域的登陆行动简直就是一场灾难，他忧心忡忡，想知道他的单位是否已经变成了法国海岸上的孤军。戈兰森唯一能够联系到的第29师的单位是第116步兵团 B 连一个落单的乘舟组，该小队已经与其大部队脱离，并在游骑兵部队负责的区域中登陆。

第29师第116步兵团 B 连
美国陆军军史部门，对奥德尔·帕吉特（Odell Padgett）上士的访谈，1944年9月

　　海滩上遍布巨型砾石，在其上穿行极其困难……帕吉特和利奥·潘热诺（Leo Pingenot）中尉在巨型砾石中间穿行，终于抵达了悬崖[底部]。他们回过头来一看，结果发现其他人大多数仍然泡在水中。帕吉特大声喊道："你们都被打中了吗？"那一刻，两人都相信他们所在的登陆艇小队已被歼灭。士兵们则大声回应说他们没事，他们只是在寻求掩护……帕吉特和潘热诺通过劝说和鼓励让他们再次前进，全队在穿越海滩的过程中有1人阵亡、3人负伤。这个小队加入了一群游骑兵，并与他们并肩作战一整天，协助他们摧毁了在筑垒房屋周边以及悬崖顶部的德军阵地。

　　戈兰森还没有意识到，他决定移兵东部而非攻击佩尔塞角，将极大地促进美军在奥马哈海滩的最终胜利。在抢滩之后的几分钟内，第2游骑兵营 C 连就在敌军的密集火力下损失过半；仅存的65名游骑兵在第29师所提供的些许帮助下，消灭了一个看似无懈可击的敌军抵抗据点，该据点是 D 日进攻发起时刻针对奥马哈海滩西部地区的美军部队的大屠杀的元凶。如果有谁对游骑兵所接受的"哥曼德"突击队式的严酷训练的必要性有所怀疑，他只需了解这一行动就可以安心，因为这一切都是值得的。

在上坡的小径上

与此同时，科塔准将正在努力解决第29师的部队在勒穆兰海滩出口以西约500码（约合457米）处的海堤周围所面临的困境。在科塔准将出场之前，第116步兵团 C 连以及 B 连的少数乘舟组已在那里登陆，他们没有像他们本团的其他战友那样在维耶维尔海滩出口处的敌方猛烈火力打击下面临灭顶之灾——他们本来应该也在那里上岸。尽管如此，向内陆移动也并不轻松，因为在海堤和平行于海滩的步道的后面，德国人已经部署了两道铁丝网：一条是在步道的海滩一侧，另一条更难以对付的障碍带则在另一边。只有美国大兵在敌军火力下用铁丝剪或者爆破筒开辟一条通路，它们才能被穿越。

即使美国大兵能够突破铁丝网屏障，他们也还必须穿过将沙滩和悬崖隔开的约150码（约合137米）的开阔地。假使他们从敌军火力和雷场中幸存下来，当他们推进到悬崖脚下时，又会面临一个更严峻的攀岩问题：这一海滩区域的地形特别陡峭，而且在攀登时又几乎完全没有掩护。然而对美国人有利的一个因素是，悬崖上燃烧的野草仍在冒着浓烟，这为步兵们所从事的危险任务提供了一定的掩护。他们正在按照科塔准将的要求尽快离开海滩。

杰克·谢伊中尉

第29师师长科塔准将的随从参谋，1944年11月

科塔发现了一段海堤，在它后面约5码（约合4.5米）处有一个低矮的土丘。他匍匐向前以勘察射击阵地，然后他命令将勃朗宁自动步枪架设在那里。他指示自动步枪手，看到悬崖上任何敌人的踪迹都要开火。这是为了给那些试图离开海滩的美军士兵提供掩护。

第29师第116步兵团 C 连

美国陆军军史部门，对 C 连多位士兵的访谈，1944年9月

海堤上的一个缺口位于该连右侧。英格拉姆·E. 兰伯特（Ingram E. Lambert）二等兵开始穿越这个缺口，起身跃过一股铁丝网带，穿越步道，然后停在远处的带刺铁丝网上。布设在那里的是屋顶型铁丝网，必须通过爆破清除。兰伯特二等兵安置了一根爆破筒，但他在拉燃导火索之前被机枪射杀。紧随其后的斯坦利·H. 施瓦茨（Stanley H. Schwartz）中尉跟随并引爆了炸药……在第一组人员横穿道路并通过铁丝网后，敌军开始在这个地点大肆倾泻机枪和炮兵火力。

杰克·谢伊中尉
第29师师长科塔准将的随从参谋，1944年11月

第一个穿过这一缺口的士兵被一串机枪子弹击中，并在几分钟内死去。"医护兵！"他在被击中时大叫，"医护兵！我被击中了！救救我！"他呻吟着，哭喊了几分钟。几声"妈妈"的啜泣之后，他断了气。

根据 C 连其他幸存者的口述，该单位中的两名成员在穿过步行道时被机枪射杀：他们是二等兵拉尔夫·哈伯德（Ralph Hubbard）和二等兵乔治·洛西（George Losey）。第一个通过此缺口的士兵很可能是他们两人中的一位。

由瓦尔特·泰勒（Walter Taylor）中尉指挥的 C 连主力以及来自 B 连的一个乘舟组至少还在铁丝网上炸开了另外一处缺口，然后，他们成功地横穿海滨步行道，进入了悬崖和海滩之间的一片荒草丛生的平地。对美国大兵来说，幸运的是，在此他们误打误撞进入了一个在沙地上挖掘而成的德军交通壕网络，这使得他们可以在敌人几乎无法察觉的情况下小心地向悬崖底部前进。由于缺乏正式的行动计划，小分队只能凭借其主观能动性隐蔽前行。到目前为止，登陆行动已经是一团糟。所有计划都已被扔到一边——而且谁还有时间制定什么新计划呢。如果，就像科塔准将所说的那样，立即离开海滩是当务之急，那么选取任何恰当的路线都可以。"石墙勇士"们

转而向右来到了悬崖脚下的一处位置，那里有一条很有希望成功的登顶路线，似乎可以避开敌人的火力。

罗伯特·普洛格中校
第29师第121战斗工兵营，营长

我沿着海滩向西走，试图寻找我手下的工兵人员时，我遇到了科塔将军。他说："普洛格，给我弄些爆破筒，这样我们就能炸掉那些铁丝网。"于是我就去找爆破筒。过了一小会儿，我又碰到了科塔将军，这次他让我去给他找一些雷场标志带，换言之，就是大卷的白布带。他希望利用它们在铁丝网后面和悬崖上的雷区区域标出其中的通道边界。于是我立刻开始了另一轮搜索。

约翰·波雷尼亚克中士
第29师第116步兵团C连

我们的乘舟组在没有人员伤亡的情况下到达了海堤位置。我们就位后，毫不犹豫地立即投入爆破作业。我将携带的一根爆破筒伸过海堤上面，然后把它塞入铁丝网的下面，并用我携带的起爆器将它引爆。分队安全通过了爆破制造的缺口，向前移动直到悬崖脚下，然后又爬到了悬崖顶部。

第29师第116步兵团C连
美国陆军军史部门，对C连多位士兵的访谈，1945年3月25日

[C连]潜行通过铁丝网，沿着平缓的沟沿滑入深度有限的交通壕中，交通壕在海滨步行道和悬崖底部之间斜着向右延伸。[此时大约是上午8:05]士兵们在迷宫般的交通壕中奋力穿行，接下来又利用一片高苗地作为掩护，然后就是悬崖脚下的灌木丛。[突击纵队]沿着悬崖底部向

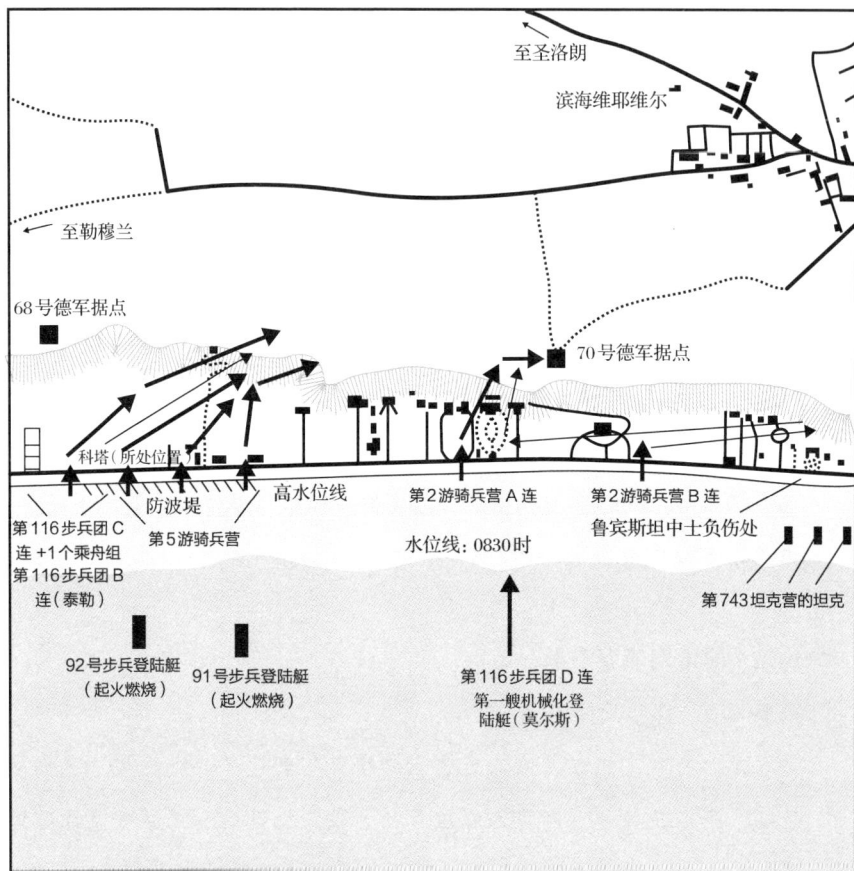

上午8:30：游骑兵与"石墙勇士"攀登悬崖

西曲折前行，然后开始在右侧攀登崖壁。这个单行纵队的先锋由［罗伯特·］比德尔中尉与来自1号突击小队的士兵组成，他们向上进入了在维耶维尔附近延伸的一片平地。从铁丝网上打开通路之前，以及紧随其后的一段时间里，现场一片混乱。这些战士注意到，他们设法通过铁丝网并向上攀登时，来自其他很多单位的士兵也与C连纵队混杂在一起……比德尔沿着在茂密植被中蜿蜒的小径向右走，横穿了悬崖区域的正面。很少有火力射向在这里行进的美军队伍，因为他们正在沿着海滩侧面实施纵射火力……纵队行进的主要障碍是对反步兵地雷的忧惧。慢慢地，[纵队]向前移动，士兵每迈出一步，都会寻找地面上先行者的脚印作为落脚点。

贝蒂尔·霍克斯上尉
第29师第116步兵团 C 连连长，1944年7月

当时发生了一件我并不能完全理解的事。高地靠大海一侧边缘的草地都着了火，这让我们躲过了德国阵地的火力。在抵达 90 英尺（约合 27 米）[实际上约 115 英尺（约合 35 米）]高的悬崖脚下之前，我们穿过了约 125 码（约合 114 米）的低地。我们毫不费力地攀登上了悬崖。

杰克·谢伊中尉
第29师师长科塔准将的随从参谋，1944年11月

五六发极其精准的轻型迫击炮弹落在[我们]中间，[我们的]临时指挥所被迫散开并匆忙向前移动。迫击炮弹产生的破片在科塔将军周围 3 英尺（约合 0.9 米）以内杀死了两名士兵，并致使其无线电操作员、三级技术员（T/3）C.A.威尔森（C.A.Wilson）身负重伤，爆炸的冲击波将他抛到 20—30 英尺（约合 6—9 米）高，并且[在我的位置]下面 75 英尺（约合 23 米）。

游骑兵，打前锋！

美国陆军游骑兵部队一直认为自己与众不同，他们用 D 日的表现证明了自己。在奥马哈西部尽头的悬崖上，戈兰森上尉的士兵们向世人揭示，尽管面临着惨重的伤亡、险峻的地形和坚固的敌军防线，但是一支游骑兵小部队仍然可以取得伟大的成就。上午 8:00 过后不久，从维耶维尔冲沟到勒穆兰冲沟之间的中途，第 2 游骑兵营 A 连和 B 连即将再次证明这一点。

就像戈兰森的单位一样，A 连和 B 连在穿越海滩的过程中也伤亡了超过一半的兵力，而两个连队共计6名军官中有5人在离开登陆艇后不久就成了伤亡人员。震惊不已的幸存者抵达鹅卵石堤墙时，向悬崖顶上看去，他们只能看到上面的德军抵抗据点在喷吐致命的火舌。对那些幸免于难的游骑兵来说，这样一个令人望而生畏的阵地显然难以被夺取。尽管如此，他们仍然会尝试。

在 A 连中，所有军官均已受伤，但是排长罗伯特·埃德林中尉仍催促他手下幸存的士官们将所有可用兵力投入到悬崖上。对游骑兵来说幸运的是，德军不知何故没有在这一区域的步行道两侧布设铁丝网，这大大减小了游骑兵离开海滩的难度。尽管如此，这些人不得不冒着猛烈的敌军火力快速爬上鹅卵石堤墙（这里没有海堤），冲过海滨步道，在度假小屋旁边穿行，然后才抵达了悬崖脚下。如果那些任务还不够艰难的话，那么游骑兵接下来还要爬上悬崖——此处是奥马哈最陡峭的地方——并向处于极其有利的防御阵地上的敌军展开攻击。飘散的烟雾、建筑物及其周边的石墙为进攻分队提供了一些掩护，但那仍然是一项几乎不可能的任务。

第2游骑兵营 A 连
美国陆军军史部门，对 A 连多位游骑兵的访谈，1944年7月

接过连队指挥权的［西奥多.］詹姆斯（Theodore James）中士看到伤员被横扫鹅卵石堤墙的机枪火力打死，他脑海中只有一个想法：在迫击炮与炮兵火力袭来之前让士兵们离开鹅卵石堤墙……约翰·怀特（John White）中士抵达鹅卵石堤墙时，他可以听到詹姆斯中士和其他非委任军官正在朝仍在沙滩上快速前进的士兵们大吼大叫。在鹅卵石堤墙后面，怀特周围有四五个游骑兵。另外 4 个人一定是没有停下来等待大部队就自行前进了，他们穿过了鹅卵石堤墙和步行道，来到紧挨着的一堵低矮［石头］墙后面，它正对着一座度假小屋，小屋四周则被单面

围笼式铁丝网所环绕。怀特中士朝他附近的游骑兵们大喊着，让他们赶快横穿道路，但是由于周围噪音太大，他们根本听不到他说话。他决定身先士卒，而战士们将会跟随——至少有些人会。有两人在横穿道路的时候被打中……怀特一度以为他的小分队已被完全孤立，连队中的其他人必定已在海滩上被全部干掉了。接下来画风突变：[威廉·]考特尼（William Courtney）中士从房子后面的陡坡上面下来，并对他们说，他和 [加菲尔德·]雷（Garfield Ray）[中士]已经登顶。雷仍在上面，考特尼向怀特展示了攀登的最佳路线。

罗伯特·埃德林中尉
第2游骑兵营 A 连

在我看来，大多数游骑兵所做出的反应都是基于他们此前所接受的训练：士官们迅速接管了指挥权；伤员保持了相当的克制（不因过度疼痛而大喊大叫）……我还记得来自俄亥俄州克利夫兰的考特尼中士站在小高岭的顶上喊道："快上来！那些狗崽子已经全被干掉了！"有挺机关枪朝他开火。他敲掉了那挺机枪，然后站起身来再次重复他的话。

第2游骑兵营 A 连
美国陆军军史部门，对 A 连多位游骑兵的访谈，1944 年 7 月

怀特中士发现雷站在空旷处挥舞着他的勃朗宁自动步枪，两三个敌机枪火力点在崖顶清晰可见，就在 20 码（约合 18 米）开外。目前还没有看到德国人……怀特和雷从左边开始侦察另一个看起来像机枪哨位的东西，直到雷来到它正对面，它才突然开火。敌人在漫无目的地疯狂开火。怀特在正面与其对射，雷则绕到了哨位后面，射杀了一名离开哨位刚跑出来的德国兵。游骑兵们 [包括考特尼、加比·哈特（Gabby Hart）中士和比尔·德雷埃尔（Bill Dreher）一等兵在内] 三两

成群地沿着堑壕系统扫荡顽敌。游骑兵付出 1 人阵亡和 2 人受伤的代价，消灭数名敌人并抓了 6 个俘虏。

在 D 日将近60年后，埃德林回忆往事时仍将这些游骑兵称作是"我所见过的最勇敢的人"。

与此同时，埃德加·阿诺德上尉率领的第2游骑兵营 B 连搭乘两艘突击登陆艇在 A 连右翼近0.25英里（约合400米）处登陆。对阿诺德来说不妙的是，在抢滩登陆时，差不多300码（约合274米）的间距将他的两艘突击登陆艇分隔开来。在这一区域，鹅卵石堤墙让位于一条10英尺（约合3米）的砖石海堤，它以45度的倾角从海滩延伸到滨海步行道。这一坚固屏障为躲避敌方轻武器射击提供了一定保护，但阿诺德并不想留在那里。他先尽可能地聚拢了他麾下两个被打散的乘舟组的幸存者，然后，他命令他的人员登上陡峭的海堤，穿过步行道，然后向位于他们右侧重兵防御的维耶维尔冲沟移动。然而，在冲沟正面的潮间带上躺着无数死去的美军士兵，其中显然少有生还者，很明显，第29师在夺取那一阵地方面没有取得任何进展。因此，B 连的游骑兵们折向东面，抵达了他们 A 连的兄弟刚才攀登悬崖的地点。

与此同时，一艘孤零零的机械化登陆艇在游骑兵部队后面的海滩上登陆，并将隶属第116步兵团 D 连的一个迷失方向的乘舟组输送至近岸浪区。这支由维恩·莫尔斯（Verne Morse）中尉领导的小队抵达海滩的时间晚了差不多一个小时，因为原本搭载他们的皇家海军突击登陆艇已在离岸数英里处沉没，船上的美国大兵被迫放弃了他们的迫击炮和机枪等重武器，转移到行经此处的一艘驶往岸边的机械化登陆艇上。莫尔斯登上陆地时仿佛还没缓过神来，他找不到连队在此登陆的痕迹，也没有找到任何第116团的单位。但是他和他手下的30名士兵迅速被第2游骑兵营的指挥分队招募，协助向崖顶展开进攻。"石墙勇士"们满足了游骑兵的愿望。

第2游骑兵营B连
美国陆军军史部门，对B连多位游骑兵的访谈，1944年7月

该计划规定由第2[游骑兵]营B连在第5营通过维耶维尔出口向内陆进军时提供侧翼与要点保护。阿诺德上尉仍旧告诉他的手下，他们会沿着悬崖脚下一直走到D-1[维耶维尔冲沟]并按照计划通过冲沟(进入内陆)，当时他还不知道，施奈德中校已经因出口处的故军火力而有意避开了那一区域。[实际上，在他的左边，第5游骑兵营和第2游骑兵营A连当时正在攀爬悬崖。][曼宁·]鲁宾斯坦(Manning Rubenstein)军士长和一名勃朗宁自动步枪手被派到前面侦察这条行军路线……沃德(Word)被派回来告诉阿诺德上尉路线可以通行，于是小队中的其他人继续前进……阿诺德让鲁宾斯坦去联络停在潮间带上的3辆两栖坦克，要求他们带领小队前往海堤后面的海滩出口。鲁宾斯坦翻过了路南边的石墙，开始向海堤处移动。一颗子弹击中了他的喉咙，又从他的脸颊钻出……鲁宾斯坦被击倒在地，约莫一小时后，他才确定自己没有死。然后他向停在海堤后面的一辆坦克大吼，要他们给点香烟。坦克兵打开[他的舱口的]顶盖，并给他扔了一包烟。在路上坐了一会儿后，鲁宾斯坦决定返回B连出发处的那栋房屋，于是他沿着道路下行。阿诺德[已经]带领他的人原路返回……发现A连已经登上崖顶，他们也爬上去加入了A连的队伍。

第29师第116步兵团D连
美国陆军军史部门，对维恩·莫尔斯中尉的访谈，1945年3月25日

船艇一登陆，莫尔斯和他的人就匆匆前往海滩的内部边缘地带……莫尔斯遇到了一名游骑兵中尉[可能是第2游骑兵营指挥连的杰拉尔德·希尼(Gerald Heaney)中尉]，他手下的一些士兵聚集在他身边。他正在组织游骑兵出击，向他们指示他们即将攀爬悬崖的路线。游骑

"我所见过的最勇敢的人。"第5游骑兵营的8名成员因为在6月6日和7日的勇敢表现而被授予杰出服务十字勋章。从左起分别是马克斯·施奈德中校、乔治·惠廷顿(George Whittington)上尉、第一中尉查尔斯·"A". 帕克(Charles "Ace" Parker)、弗朗西斯·道森(Francis Dawson)中尉、威廉·穆迪中士、五级技术员霍华德·麦基西克(Howard McKissick)、登齐尔·约翰逊(Denzil Johnson)一等兵和三级技术员亚历山大·巴伯(Alexander Barber)(一位卫生兵)。(美国陆军通信兵部队,国家档案馆)

兵中尉看到了莫尔斯并问他将要去哪里。

"格鲁希①。"莫尔斯回答道,"我应该去支援C连[第116步兵团],他们也会去那里。"

"很好,但从现在开始你要支援我们。"游骑兵军官微笑着说道,"我们都会去格鲁希。"

莫尔斯同意了……

游骑兵分队和莫尔斯的重火器连队人员抵达悬崖顶部时,他们发现先前派出的五人掩护小组中有两人已被来自右翼的火力杀死……莫尔斯

---

① 译注: Gruchy, 为诺曼底地区一市镇名。

和游骑兵中尉简要地讨论了当前战斗态势。他们最终达成一致：他们必须迎头进攻右边的敌阵地……于是这一混成分队向右急转弯，向重火器阵地和机枪火力点区域移动，这些敌人的巢穴构筑在悬崖顶部并进行了伪装……分队围绕这些阵地进行作战，他们从右后方向德国守军逼近。莫尔斯说，他们当时"只是通过射击"就杀死了若干德军。然后有一个游骑兵向莫尔斯大喊说他需要一枚手榴弹，他说他刚刚看到有一个敌人在交通壕的尽头附近进入了掩蔽部。莫尔斯递给他一枚手榴弹。他把手榴弹扔了进去，然后一个德国人跌跌撞撞地高举双手出来了。

　　"掩护我，中尉！"游骑兵喊道，"我会绕到他身后，并取走他的随身武器。"当游骑兵开始包抄此敌兵时，他突然停下来，并指向莫尔斯的后方。莫尔斯迅速转身，看到有两名［敌］士兵站在离他不到5英尺（约合1.5米）的地方，高举着双手……被吓了一跳的莫尔斯小心地解除了他们的武装，并吩咐他们去东边，其余俘虏已在那里集中。

　　在更往东约500码（约合457米）处，斯奈德中校的第5游骑兵营在从鹅卵石堤墙向海边突出的15个由木材与石头建造的防波堤之间所构成的狭窄半封闭空间中聚集。由于运气，再加上施奈德的远见卓识，该单位约450名游骑兵已经在一个地方集中登陆，至少在目前此地相对安全，暂时不会遭到敌火力的攻击。然而，在采取任何行动之前，游骑兵必须重新定位自己所在的位置，因为他们在远离指定登陆点的陌生海滩区域上岸。他们是否应该直接从这里开始攀登悬崖？当领导者思考他们的下一步行动时，游骑兵们则在四周分散开来占据有利位置。

约翰·罗恩上尉
第5游骑兵营，指挥连连长

　　在我右边不到10码（约合9米）的地方，一位头发斑白的工程兵老中士正在石头防波堤的间隙中安置一挺重机枪的三脚架。然后他从容返回我的左边。过了一会儿，他带回了一挺水冷式重机枪。一位穿着绿色毛衣、身材瘦小的中尉正在为他搬运弹药箱和冷却水。他们俩非常冷静地在防波堤暴露的缺口中架设机枪。中士不慌不忙地开始攀爬和搜索我们右侧的高地，那里看起来正在交火。而且，我会永远记得那个中尉所表现出的蔑视，他站在防波堤上，转过身来双手拍着屁股，朝着敌人的方向大吼大叫，大概的意思就是："就凭你们还敢自称军人！"

在距离游骑兵部队左侧很近的地方，科塔将军已成功地督促第116步兵团C连离开海滩并向前推进至悬崖顶部，现在他将注意力转移到施奈德的手下。当他遇到游骑兵的时候，科塔肯定非常满意，因为他知道海滩上的混乱最终会转向对他有利的方面。假使登陆行动按原计划进行，那么施奈德的精锐游骑兵本来应该已经在数英里以西的奥克角附近上岸，然而他们现在恰好出现在了科塔准将重振力量再度发动进攻所需的时间和地点，于是他立即采取了和先前鞭策C连官兵前进相同的方法，对游骑兵们进行鼓动。

第5游骑兵营
美国陆军军史部门，对第5营多位游骑兵的访谈，1944年7月

E连上尉［爱德华.］卢瑟（Edward Luther）给他的两个排长下命令时，一名陆军军官在E连士兵中间来回走动，催促他们立即起身越过堤墙。卢瑟瞥了他一眼，举起一只手作为警告并对他说："嘿，伙计，放轻松——不要太激动。这是我的单位——我会全权负责！"那位军官喊道："很好，但你们必须越过那道堤墙！"路德也用高声吼叫予以回应："不要干扰我的士兵，你会把他们的组织搞乱。中校就在那里，如果你想见到他的话，但是不要再干扰我了。"就在这时，排长们开始带人穿越堤坝。

那位军官脸上露出一个大大的笑容，然后又开始沿着海滩漫步。当他转身时，卢瑟上尉第一次看到了他肩膀上的金星，于是上尉赶紧起身穿过堤坝，希望科塔将军最好快点忘掉他。

游骑兵所面临的直接难题是对海堤后方步行道远处的敌铁丝网进行破障作业。正如其他单位已经展示的那样，使用爆破筒可以很好地完成这项工作，而且第5游骑兵营已经做好了准备。在施奈德下达向内陆移动的命令后10分钟内，第5营已经在前方的铁丝网上炸开了4个突破口，于是游骑兵站起身来，穿过低矮的海堤，冲过马路，从铁丝网带狭窄的间隙鱼贯通过，前往后方那片高苗地。

约翰·罗恩上尉
第5游骑兵营，指挥连连长

到目前 [大约上午8:15]，施奈德中校已经下达了前进指令。铁丝网的缺口在我们的左边……然后我带领连队离开那里，抛下了那位仍在用手拍自己屁股的工程兵中尉，这一场景看起来有点恶心。（我听说他可能在半小时或更久之后阵亡了。）在此过程中，我带上施奈德登陆艇小队营部一半的人员，其中包括我的副手霍华德·范·里佩尔（Howard Van Riper）和 [詹姆斯·] 格雷夫斯（James Graves）中士。像我们所有人一样，格雷夫斯因在错误的海滩登陆而感到不知所措。他问我："上尉，你知道通往集结点的路吗？"

"是的，中士，我想我知道。"

格雷夫斯看起来松了一口气，他说："那我就跟着你。"

我们找到了（铁丝网上的）缺口。有一个工兵作业连正在通过。有一些德国佬正从右边沿着海滨道路向这里开火。就在道路对面，有一座毁坏的石头建筑，可能是一个永备发射点。C连现在正在通过缺口。我紧随其后冲过道路。在那里，在已成废墟的永备发射点左侧的一块石板上，趴着一个裤子被放在地上的小个子士兵，他是托尼·武勒（Tony Vulle）[一等兵][来自纽约市的曾经赢得"金手套"的前业余拳手和C连士兵]。托尼，虽然在全营个头最小，但他仍然坚持背着最重的负荷——81毫米迫击炮的底钣。现在，当部队行动时，武勒正在接受对他的臀大肌[屁股]的全面修复。他未能以足够快的速度穿过马路。

我们沿着一条小径疾行，然后纵队停了下来，战士纷纷卧倒在地。在开阔地上我感到有些不安，所以我把我的人员向左移动到一个干谷或是壕沟中。纵队再次移动，停止，移动。在山脚，以及蜿蜒向上的石板路上，爆发了激烈的冲突。从山脚上山，起初大约有6级石阶，然后是一条向右上方延伸的小路。我迈上最后一级台阶时，纵队停了下来。我坐了下来，回望海滩。士兵们仍在通过铁丝网的缺口。

就像第116团C连一样，第5游骑兵营沿着东北—西南轴线向右前方斜向前行。虽然游骑兵在攀爬崖壁时很大程度上可以免受敌人的射击，但是他们的上山路线却直接将他们带入了进攻发起时刻以来悬崖上的枯草燃烧所形成的浓厚烟雾中。刚才还被祝福的事物意外地变成了一种诅咒，因为浓烟加剧了陡坡上的仓促运动所导致的混乱。游骑兵排成长长的队列在悬崖上攀爬，他们陷入了令人窒息的涌动着的阴霾当中，寄希望于在悬崖顶上能重见天日。烟雾也是一个象征性的分界线：下面是游骑兵们为此受训已久的两栖战争，但仅持续了几个小时；上面则将是一种完全不同的战争——以树篱、迷宫般的低堑路和古老的法国村庄为典型特征。

约翰·罗恩上尉
第5游骑兵营，指挥连连长

推进减缓至龟速。爬几步，停下来等；再爬几步，再停下来……此时烟已经很浓厚，我们发现自己喘不过气来，只能大口呼吸，这样就吸入了更多的浓烟。浓烟熏得我们满眼泪水，我无法看清前面的东西。附近的一些士兵一直在问他们是否可以戴上防毒面具，但我决定坚持下去。此时我也准备放弃，并传话给周围让大家戴上防毒面具。我的防毒面具不知何故卡在了容器中拿不出来。我把我的钢盔夹在膝盖之间，然后用力往外猛拉。防毒面具抽出来了，但同时抽出来的还有我存放在里面的地图和"D"口粮［巧克力棒］。幸运的是，我找回了所有的东西，除了滚落到陡坡下消失的橙子之外。我终于戴上了防毒面具，戴上了钢盔，然后深吸一口气——几乎要被憋死……我忘记了把滤毒罐上的保护塞取下来。我猛地拉下了防毒面具，然而我的钢盔也随之一起脱落，并且开始从陡坡上往下滚。格雷夫斯中士抓住了它。现在我被浓烟弄得几乎要窒息。我终于把防毒面具和钢盔重新拿了回来，拉紧了面具上的扣带，猛吸了一口湿润的过滤后的空气，又往上走了三步，然后从浓烟中冒了出来。我太生气了，又戴着防毒面具额外走了 50 英尺（约合 15 米），只是为了自我惩罚。

我们遇到了第一个德国人，一个死者。他躺在接近山顶的一个凹地中。我们以前从未见过死人。他面带一点黄绿色，看起来像蜡像。显然，他是一个布置有诡雷的假人！直到很久以后我们才意识到我们以为的"蜡人"真的是个死人。我们在凹地中停下来喘了口气，然后又越过一堵低矮石墙进入了树篱地带。

他们还没有开打哩

在向东约800码（约合732米）处，第29师的悉尼·宾厄姆少校已经被动获得了一个沉痛教训，即任何不幸在德守军坚固支撑点对面登陆的单位几乎都不可能有机会完成其 D 日使命。宾厄姆的第116步兵团第2营主力在勒穆兰冲沟入口附近抢滩，这里由错综复杂的敌防御工事保护。在这里，德国人在悬崖及紧挨在鹅卵石堤墙后方的低地上构筑了坚固的作战阵地。在进攻发起后的第一个小时内，占据这些坚固支撑点的敌军给宾厄姆的人员造成了可怕的伤亡，大多数幸存者都被压制在鹅卵石堤墙的后面动弹不得。

在平地上，最引人注目的抵抗据点是一栋三层房屋，它有着独特的复折式屋顶和塔楼，位于冲沟东侧，距离鹅卵石堤墙似只有一箭之遥。德国人在底层的一个角落里设置了机枪火力点，并将其精心伪装成看似无害的附属结构。此地是美国海军与坦克火力的明显目标，该房屋遭受了相当大的破坏，但德国人在其底层布置的抵抗据点显然没有受到影响，仍在朝几十码开外匍匐在地的美军士兵肆意倾泻火力。

宾厄姆总结说，如果美国大兵要离开海滩，那栋房屋必须首先拿下。他尽可能多地聚拢了自愿站出来的精壮士兵，并沿着整个鹅卵石堤墙组织了一场孤注一掷的正面攻击。

悉尼·宾厄姆少校
第29师第116步兵团第2营营长

在这个重要关头，支配我的是一种沉重的无力感。在这里，我是营长，在很大程度上我根本无法左右战局，或者去做我必须要做的事情。我的另外一种感触——我相信其他人也与我一样——就是同袍大量战死，自己却完全无能为力，这给我带来巨大的震撼。

理查德·布什（Richard Bush）上尉
第29师第110野战炮兵营，情报科科长

［士兵］被打蒙了。他们中的许多人忘记了他们也有武器可以还击。其他失去装备的人似乎并没有看到周围散落着各种武器，他们有责任捡起它们。

第29师第116步兵团第2营
美国陆军军史部门,对悉尼·宾厄姆少校的访谈,1944年6月

在一片鹅卵石滩上,宾厄姆在[海堤]后面找到了掩护。在这里,他找到了来自F连的西奥多·兰姆中尉所指挥的登陆艇小队。中尉受伤,该小队无所事事。宾厄姆营部中的一些人已经出现在海滩上。高爆弹在周围落下,机枪和步枪火力不断打中他的手下。"因为我有可能会挂掉",这位少校找了尽可能多的营部人员和F连士兵随同他行动,然后向一栋三层楼房前进。他[找到了]F连的副连长[欧内斯特·]怀斯(Ernest Wise)中尉(不久之后阵亡)。他们向那所房子走去。在来自弗吉尼亚州罗阿诺克(Roanoke)的[弗雷德·]麦克马纳韦(Fred McManaway)少校[宾厄姆的副手]的帮助下,宾厄姆少校通过铁丝网和海堤向那栋三层房屋逼近……

[宾厄姆]发现没有人拥有可以发挥作用的武器……他让士兵们进入隐蔽处,并开始清理他们的武器。他前往那栋三层房屋,并在二三层布置了兵力。由于楼梯都被破坏,他们好不容易才爬上去。他们选取了目标,但他们的步枪无法射击。时间大概是0800。他从房屋处返回到一个隐蔽点,去测试无线电台。然而,每次升起天线都会招致敌火力。他召集了10人,包括来自指挥连的贝弗利中士,以及来自F连的[塞杰·]里姆(Sager Ream)中士和[爱德华·]沃德(Edward Ward)中士。他们剪断铁丝网进入大房子的东面,到达了勒穆兰出口东侧的顶部。沃德被机枪射杀。[宾厄姆]派多人包抄机枪火力点,但他们手头的武器仍然无法射击,所以他们又返回了那所大房子。

第29师第110野战炮兵营
美国陆军军史部门,对理查德·布什上尉的访谈,1944年9月

理查德·布什上尉当时与宾厄姆在一起,前者是协助炮兵侦察军官搜

寻敌火炮阵地的营情报科科长。宾厄姆的电台出了故障，他试图用布什的电台，但是也不行。然后宾厄姆开始给周围小分队中的步兵做工作……他让他们清理各自的武器，如果他们两手空空，他会指给他们看从哪里可以捡到武器。

第6特种工程旅旅长保罗·汤普森上校于上午7:40左右在该区域登陆，期待着监管"尼普顿"计划分配给他的各种修建任务。然而，汤普森没有在海滩上为车辆通行和卸载物资进行准备，反而参与了宾厄姆对勒穆兰冲沟的进攻。

保罗·汤普森上校
第6特种工兵旅旅长，杰出服务十字勋章，1944年6月

针对重要海滩出口（D-3）的进攻被敌猛烈的机枪火力所阻挡。汤普森少校发现这一情况，并确认突击部队被压制在海滩、攻击受阻后，他召集志愿者协助消灭机枪火力点。有几个步兵自告奋勇。汤普森上校不顾个人安危，冒着敌人的猛烈火力，从铁丝网障碍带中炸开了一个缺口，然后他勇敢地带领他的战斗小组穿过这一缺口。他朝敌机枪火力点发起冲击时，被来自另一阵地的敌火力击中并身负重伤。

悉尼·宾厄姆少校
第29师第116步兵团第2营营长

这座[三层]房屋的底层有一种类似装卸码头的加固结构，看起来像是个永备发射点。我爬到门廊下的那个地方，保罗·汤普森上校就倒在那里的沙地上，像一头被宰杀的牲畜那样血流不止。他当时仍不敢相信自己中弹的事实。我以为他完蛋了：他脖子上有个弹洞，肩膀上还有另一个弹洞。我手下的汽车运输保养主任吉姆·巴格利（Jim

"我在做一名中士分内的工作。"第6特种工程旅指挥官保罗·汤普森上校在勒穆兰冲沟入口处身负重伤（照片拍摄于1944年晚期，在汤普森晋升为准将之后）。（美国陆军通信兵部队，国家档案馆）

Bagley）——我们称他为"大头"，因为据说他的脑袋刚好只能佩戴去除内衬的 M1 钢盔——为汤普森扮演了一次佛罗伦斯·南丁格尔（Florence Nightingale）的角色。我到达那里时，巴格利手上满是血和沙子，还有磺胺药片。他把药片放进汤普森的嘴里，汤普森就着血和沙子咀嚼药片。巴格利把一个急救包缠在汤普森的脖子上，几乎要把他勒死……汤普森表示他还有一个伤口，他指指肩膀上的弹洞，又指着巴格利腰带上的急救包。巴格利说："你怎么能这样，你这个狗崽子，后面可能我自己也会需要它。"

保罗·汤普森上校

第6特种工程旅，旅长

　　几周后, 布莱德雷将军来到医院, 他说:"汤普森, 我想知道当时发生了什么。"所以我尽我所能地讲述了我的故事, 最后我说:"所以您看, 将军, 当时我有责任站出来做一名中士分内的工作。"布莱德雷将军没有发火, 而是对我说:"好的, 汤普森, 感谢上帝, 那天有好几名上校都在做士官的工作。"

　　如果要说德军的海岸防御在哪里比较薄弱, 那可能就是勒穆兰冲沟和圣洛朗冲沟之间1200码 (约合1097米) 长的悬崖地带。悬崖顶部构筑有战壕和散兵坑 (Schützenlöcher), 但少有使用混凝土加固的永备阵地。从美国人的角度来看, 这段悬崖线的中点就是第1师第16步兵团和第29师第116步兵团之间的分界线, 但是由于突击部队在登陆初始阶段向东严重偏离了其预定登陆点, 导致整个区域事实上成了第116团的主打战场。该团的第3营已于上午7:30在此登陆, 由于其正面的敌军防御阵地相对较少, 他们早已越过了海滩并保持相对完整的建制抵达了鹅卵石堤墙。但就像D日的许多其他部队一样, "石墙勇士"们当时也非常困惑: 这绝对不是他们分配给他们的海滩区域——第2营在哪里? 而第3营又应该从何处穿行呢? 敌人的迫击炮弹和榴弹炮弹呼啸着飞越崖顶, 并以越来越高的频率在海滩上爆炸, 很快美军部队就得出了结论, 最明智的做法就是直接攀越悬崖, 将拥挤不堪和危机四伏的海滩留在他们的背后。

第29师第116步兵团L连
美国陆军军史部门, 对L连多位士兵的访谈, 1944年9月20日

　　在他们抵达 [鹅卵石堤墙] 时, 他们发现那里已经挤满了步兵。他们是 G 连 [第116团] 的人。他们在那里待了一会儿, 似乎情况良好。L连的唐纳德·安德森少尉上前问道:"你们到底是哪个部队的?"他们回答说他们来自第 2 营 [第116团]。然后他转过头向 [约瑟夫·] 达

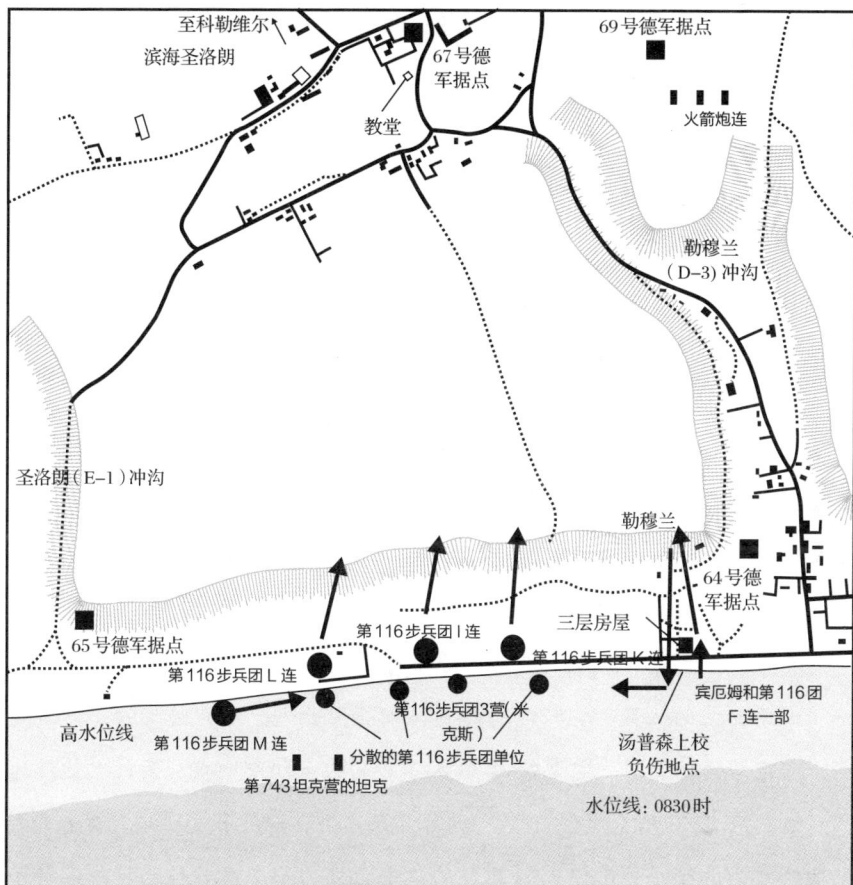

上午8:30：第116步兵团第3营，向内陆运动

亚（Joseph Daya）中士说："让部队继续前进。我们绝对不要留在这里。这里人太多了。"连队前方有一道单面围笼式铁丝网障碍。按照安德森的命令，达亚继续前进并开始切割铁丝网，他仰面朝上进行破障作业。第2营的一名士兵从他右侧进入也试图切割铁丝网。但他还没能找到一个低洼处和有一定遮挡的地方，他的军服被铁丝网勾住了，然后敌人的机枪将他打得支离破碎。达亚在巨砾中找到了一些掩护并借此完

成了他的工作。然后安德森带领团队通过缺口并向高地进军。在山顶附近，他来到了一个低洼处，这里被低矮的灌木丛覆盖，在敌火力下可以起到一定的遮挡作用。他们在那里停留了一会儿，然后继续前进。[敌]炮兵发现了我们的位置，有两名士兵（在炮击中）受伤。达亚喊道："赶紧离开这里！"于是他们继续前进。

卡罗尔·史密斯（Carroll Smith）上尉
第29师116步兵团第3营，作战训练科科长

[我]与 L 连的一个乘舟组开始攀登悬崖，以期进行初步侦察，进而确定在攻击圣洛朗（冲沟）时如何协调各部的行动。然而，当我们攀爬了大约一半距离，到达崖壁上一个突出处时，有一门炮突然从左侧开火，它与我们如此接近，巨大的声响震耳欲聋。仔细查看后，发现有一个看起来像是"88 炮"炮口的东西从悬崖上的一个凹处伸出来，由于安装的位置，它只能向西直接朝海滩开火。非常神奇的一点就是它绝妙的伪装，一支大约由 30 人组成的乘舟组刚刚就从离此火炮阵地右侧只有 50 码（约合 46 米）的地方爬过去，却没有发现它。看着开火的方向，很明显这门"88 炮"的炮手已经为一个高价值的目标等待了许久，因为有一艘刚刚抢滩的步兵登陆艇 [可能是 LCI-92] 的前甲板瞬间被烈火所笼罩……情报部的中士意识到必须迅速处理这门炮，他本是信仰犹太教的德国流亡者，特别迫切地想要击败纳粹，于是，他奉命返回海滩，来到一辆来自第 743 坦克营无法移动的坦克处，为其指示目标，以摧毁此火炮阵地。然而就在中士刚说完"是，长官"转身往下爬的时候，一串显然是从炮位射孔中射出的机枪子弹打死了他……[我]从悬崖上往下爬到坦克那里，用步枪枪托敲击炮塔以引起坦克乘员的注意，并指引其向敌火炮阵地开了十几炮。然而，75 毫米坦克炮火力对混凝土工事没有任何效果，而且由于意识到自己已经被发现，

敌方炮组继续快速朝海滩开火。最后……通过在炮位射孔周围安置炸药进行爆破，终于将这门"88炮"打哑。后来发现，此阵地的唯一入口就是一条超过200码（约合183米）的通向后方的隧道。

诺曼·格罗斯曼一等兵
第29师第116步兵团L连

[崖壁上]布置有各种触发方式的反人员地雷。我们接近时，顶上的战友向我们发出警告。我们排成单行纵队向上攀登，因为我们知道如果在我们前面的士兵没有被炸，那么我们也不会。我没有看到有任何人触雷，但我听说我最好的朋友之一在接近山顶时被地雷炸到，然后一路滚落到山底……在我们暂时被压制的同时，德国佬开始用火箭炮猛轰海滩。那真是一种诡异可怕的声响！感谢上帝，我离开了海滩。

费利克斯·布兰汉姆（Felix Branham）中士
第29师第116步兵团K连

我携带着一支M-1步枪——直到我爬上悬崖都尚未使用过。我不知道该向哪里开火。我看不到任何德国人。他们隐蔽得太好了。但他们在向我们射击！

劳伦斯·尤金·米克斯（Lawrence Eugene Meeks）中校
第29师116步兵团第3营营长

[我的指挥小组]一直[在鹅卵石堤墙后]待到下午晚些时候，当时情况已有所改善。我们开始在海滩沿线巡视，让各连指挥官整顿组织部队。

第29师第116步兵团I连
美国陆军军史部门，对I连多位士兵的访谈，1944年9月

　　文森特·科尔西尼（Vincent Corsini）中士在登陆时发现，他的部队与G连［第116团］混杂在一起。G连并未试图离开海滩，但是又看到K连的二级军士长在沙滩上来回运动，试图让士兵们离开海滩。威廉·平利（William Pingley）上尉［K连连长］半跪在沙滩上，抽着烟斗看向前方……第3小队是［I连各登陆艇小队中］第一个离开海滩的。因为G连未能前进或者破坏铁丝网，所以该小队有必要这样做。在海滩的这片区域，［鹅卵石堤墙的］高度从2英尺（约合0.6米）到5英尺（约合1.5米）不等，但顶部的铁丝网只不过是两股带刺铁丝而已。技术军士克莱德·塞尔（Clyde Sale）用工具剪断了铁丝网，此时距离先头部队抵达高水位标记处还不到10分钟。马布伦·赫德内尔（Mabrom Hudnell）中士与一位名叫芬利·惠特洛克（Finley Whitlock）（一等兵）的侦察员率领战士们以单行纵队通过雷场并攀爬高地。

　　敌人持续不断地把难以计数的劳动力、时间和资源投入到"大西洋铁壁"当中，而美国人只用两个小时就达成了突破。不错，登陆计划已成泡影，蒙受了难以想象的重大伤亡，海滩出口尚未掌握在美国人手中，摆在面前的还有更激烈的战斗。但是，除非德军增援部队很快抵达并发起反击，同时抵挡住美国人在悬崖沿线的突入，否则敌方海岸沿线的坚固支撑点将一个接一个地被分割消灭。

第十一章
全员皆为步兵

时间紧迫

截至上午9:00，美国人艰难地迎来了奥马哈海滩战役的转机，但即便是他们中间最有洞察力的将军，也未能在下午之前意识到这一真相。现实与认知之间的明显滞后持续了一整天。到了中午，信息滞后已经如此严重，以至于布莱德雷将军在他的自传中曾这样回忆道："我甚至被迫考虑是否应将用于奥马哈海滩的后续部队投入到犹他海滩和英国方面负责的海滩上。"布莱德雷将军以及他的手下杰罗将军和许布纳将军完全不知晓这一不折不扣的好消息：在上午9:00之前，美军士兵已经在至少7个地方突破了德军海岸防线，并且已经消灭了敌方12个岸防坚固支撑点中的5个。

整个 D 日，对于奥马哈海滩的所有人来说，他们所看到的显然多为负面之物。在进攻发起时刻之后的几小时中，位于"安肯"号运兵船上的第5军司令部所接收到的各种告急讯息，让即使是具有钢铁般意志的将军的作战决心也会动摇。在令人心神不宁的坏消息的包围中，杰罗将军直至快到上午11:00的时候才收到一些积极的情报，那是塔利上校通过他两栖卡车（DUKW）上的无线电台发给他的："士兵向'红 E'滩后面的陡坡攀登。据信我军人员已在 E 滩和 F 滩活动。E-3出口的房屋（火力）被打哑。驱逐舰在炮击勒穆兰（冲沟）。情况有所好转。"杰罗当时不可能知道，由斯波尔丁少尉的 E 连乘舟组所引领的第16步兵团士兵事实上早已在4小时之前即已率先登上了"红E"滩后方的陡坡，而且第1师部队正源源不断地攀登上去并向内陆艰难推进。

一位未具名的第5军参谋军官
致信美国陆军历史学者戈登·哈里森（Gordon Harrison）
1948年1月7日

在"安肯"号指挥船上的杰罗将军所收到的早期报告是相当微不足道且让人不满意的。大约上午10:00，第1集团军参谋长[威廉·]基恩将军和第1集团军作战与训练助理参谋长（G-3)[杜鲁门·]索尔森（Truman Thorson）将军从布莱德雷将军的美国海军"奥古斯塔"号（USS Augusta）指挥舰来到（第5军司令部所在的运兵船）。由于信息极其匮乏，这两名军官在[亨利·]马切特（Henry Matchett）上校[第5军参谋长]的陪同下前往海滩，以期获取第一手资料。

罗伯特·普拉特中校
第5军作战与训练处（G-3）助理处长

塔利上校曾在作战计划制定期间对参谋部的工作进行过指导，他有3辆配备无线电设备的两栖卡车（DUKW），他将借此报告海滩上的行动。我们从他那里得到的零散信息只说明现在很混乱，缺乏进展。杰罗最终派出了参谋长马切特上校，他搭乘一艘坦克登陆艇前往现场实地查看到底发生了什么事。当亨利于几小时后返回"安肯"号指挥船时，他面色苍白，为他目睹的景象所深深震撼。他讲述了一个故事，一个关于混乱、英雄主义和奋勇前进的故事，一个个有关士兵们不得不挺身而出投入作战的壮举，以及作战计划中（未涉及）的要素、敌情，以及被推向歧途的命运。

　　登陆计划基于几个未能实现的假定：陆军航空队将对海滩实施轮番打击；德国守军兵力不足且由二流部队构成；敌人的海滩障碍将被清除；登陆波次将按时抵达指定位置；两栖坦克（DD tank）出其不意地占据先机并压制住敌军的抵抗。奥马哈海滩的登陆作战部署图就明白无误地展示了登陆行动的策划者们的确相信这些假定都会成为现实。在第16步兵团的作战计划中，有一项是要求8艘坦克登陆艇在进攻发起时刻后220分钟 [H+220]（即上午10:10）向"绿F"滩输送6架派珀"幼狐"飞机①、67辆吉普车和1辆指挥车。

　　"幼狐"联络飞机、吉普车和指挥车在未来一段时间内的奥马哈海滩上并无用武之地。

克拉伦斯·许布纳少将
第1师师长

　　至于第116团和第16团以及游骑兵部队，均在我的控制之外。

卡尔·普利特（Carl Plitt）少校
第1师第16步兵团作战训练科科长，1944年7月

　　最尖锐的批评可能是针对战术阶段的安排。装载与登陆行动表在没有完全了解战术态势的情况下制订完成……部队聚集的速度太快，一旦登陆艇开始向岸边波次突进，海军方面就无法加以控制或者让船艇掉头返回。毋庸置疑，这导致在威胁海滩区域的敌火力尚未被肃清的紧急关头有太多的人员和车辆被带到岸边……总而言之，"海王星行动"计划是一个很好的计划，但它并没有奏效！美军士兵在1944年6月6日凭借勇气和个人英雄主义赢得了 [战斗]。

---

　　① 译注：派珀"幼狐"飞机（Piper Cub）为二战期间美英等国使用的一种用于观测、联络、救援等任务的双座单发轻型飞机，该机原本是由派珀航空公司从30年代晚期起开始制造的一种民用机型，诺曼底登陆期间，美国陆军所装备的此类飞机的正式型号为L-4"蚱蜢"（Grasshopper）联络机。

桑顿·马林斯（Thornton Mullins）中校

第29师第110野战炮兵营，1944年6月6日，0900时

让我们的炮兵任务见鬼去吧。现在我们都已经是步兵了！［马林斯的决定让他丢了命。在引领坦克对付位于勒穆兰附近的一个敌机枪火力点时，他被一发狙击手的子弹击中腹部并于当天下午牺牲。］

失却灵魂的军团

在第二次世界大战的美国陆军中，一线士兵最坚定的支持者就是炮兵。然而，在奥马哈海滩，一线步兵必须在没有陆军炮兵支援的情况下奋战。在过于自信的登陆计划中假定最初的突击波登陆之后2—3小时内美国大兵们即可占领和巩固海滩区域，并向内陆推进。作战策划人员推测，德军方面按其惯常方式迅速发动反击时，步兵将需要他们的炮兵，因此，根据登陆时间表的要求，两个野战炮兵营，即第7营（第1师）和第111营（第29师），将于上午8:15也就是进攻发起时刻不到两小时之后登陆。每个营都配备了12门105毫米榴弹炮，从离岸7英里（约合11千米）处停泊的坦克登陆舰下水的两栖卡车（DUKW）编队将运载他们前往海滩。在D日的奥马哈近岸波涛汹涌的海面上，这对各台超载的两栖卡车（DUKW）来说将是一个漫长的航程，每辆两栖卡车都载有一门榴弹炮、一个14人炮组、50发炮弹、数十个沙袋以及其他大量装备。

两栖卡车从通过坦克登陆舰打开的船首门驶入大海的那一刻起，它们就面临着难以维持在水面漂浮的大麻烦。炮兵人员已经预料到了这个问题，并且知晓其原因。目睹了第一辆两栖卡车在驶往海滩的途中沉没后，他们立即举起沙袋扔到船外。这一举动也无济于事时，船上几乎所有其他东西，包括弹药，都随着沙袋落入了翻滚的海中。很快，两栖卡车上除了榴弹炮和他们的炮组人员外别无他物。然而即使减掉了大部分的重量，也没能让情况有所改善。结果演变成一场灾难：第111野战炮兵营没有任何一辆两栖卡车成功上岸，而第7野战炮兵营则只有6辆两栖卡车上岸。

克拉伦斯·欣策（Clarence Hintze）下士
第29师第111野战炮兵营营部指挥连，营部文书

　　搭载营部人员执行射击指挥任务的两栖卡车（DUKW）[未搭载榴弹炮]按计划将于进攻发起时刻后105分钟（H+105）[上午8:15]登陆。因为我们的两栖卡车是最后上船的，所以要第一个下船，当车辆慢慢倒退着驶下[310号坦克登陆舰的]跳板时，天刚好蒙蒙亮。我坐在后排座上，车后双轮滑过跳板时，海水一下子就漫到了座椅末端，不过最终车尾还是抬到了水面之上。我们知道当时海况恶劣，而且第111营的两栖卡车都超载了，但是当我们驶向我们的会合区域时，我们的指挥车一切正常。然而很快就遇到一个问题：由于抽水泵工作失灵，我们正在慢慢下沉。有一艘类似于我军鱼雷快艇的英国船只正引领着一波登陆艇驶往其指定海滩区域，它停了下来，在我们的两栖卡车沉没之前把我们都救了起来。

约翰·希克曼（John Hickman）二级军士长
第29师第121战斗工兵营

　　在坦克登陆舰的货舱里，我随同第111野战炮兵营的两栖卡车行动。当它们离开登陆舰，并在水中列队准备驶往海滩时，我就看到它们开始下沉。透过海面上的喧嚣，我仍然能够听到那些士兵大声呼救的声音。

　　按照计划在登陆行动头两个小时上岸的其他若干单位的人员也惊愕地发现，由于敌方的密集火力，他们经过训练才能熟练使用的重型专业装备将很难在海滩上部署。按照美国陆军原本的设想，第81化学迫击炮营将作为一个施放毒气弹的单位而存在，但现在它基本上已成为一支常规的重型

"透过海面上的喧嚣，我仍然能够听到那些士兵大声呼救的声音。"照片中是一辆美国陆军两栖卡车，也就是传奇的DUKW。在第29师第111野战炮兵营的13辆两栖卡车中，没有一辆顺利抢滩。（美国海军档案，国家档案馆）

迫击炮部队，该营计划于上午7:30完成登陆。然而，即使在没有敌火力威胁的情况下，用人力搬运重达330磅（约合150千克）的迫击炮也是一项费时费力的工作。移动它们的唯一方法就是将它们拆成三部分并将它们固定在简易的两轮手推车上，而迫击炮手将如驮畜一般拉着它们离开登陆艇并穿越海滩。第81营的美国大兵们只需要近距离瞥一眼海滩的情况就能知道，这样的移动工作不可能完成。

第81化学迫击炮营
营战史，1945年

为第16步兵团第2营提供支援的A连在"红E"滩登陆。汹涌的海浪卷走了几门迫击炮和推车。经过奋力抢救，装备终于被弄上了岸，整个上午连队一直留在沙滩上，遭到毁灭性的机枪火力打击而无法移动。连长［托马斯·］芒德雷斯（Thomas Moundres）上尉在近岸浪区中跋涉时身负重伤。[那天晚些时候他死了。]……包含C连的[8艘]登陆艇的登陆波次按计划向[绿F]海滩破浪前进，但由于步兵仍然被压制在距离水际边缘几码之内的沙地上，于是控制艇又让他们返回海中。[他们直到15:00才上岸]……在0720时，D连的登陆艇编队冒着持续、猛烈的枪炮火力在"绿E"滩抢滩登陆，以支持第116步兵团第3营。有必要让登陆部队在齐腰深的水中下船，而采取预防措施将充气的救生带牢固地系在推车上也会被证明是明智之举。然而，机枪子弹撕裂了几辆推车上固定的救生带，于是救生带漏气并导致推车沉入水中……

3个高炮营发现他们自己陷入了同样的困境。根据"尼普顿"计划，在上午7:00，也就是首批突击部队踏上法国海岸仅30分钟之后，第397高炮营将搭乘18艘"车辆及人员登陆艇"登陆，接下来这些不幸的家伙将面临一项简直要累死人的繁重工作：用人力把36挺重机枪从登陆艇上一直搬到高水位线处。在这里，他们将以150码（约合137米）的间隔布置他们的武器，整个高炮营分布在超过3英里（约合4.8千米）的正面上等待着德国空军的到来。但现实与计划没有丝毫相似之处。

第397高炮营
D日战斗后报告，1944年6月14日

在0645时，我们清楚地看到了海滩，并朝着各自记忆中的海岸线轮廓上的某一点前进。我们中间很少有人意识到敌人仍然完全控制着紧挨海滩南边的高地，因为当时我们的注意力集中在识别我们的登陆区域地形特征上。在海滩上，躲在第一道沙丘线后面拥抱大地的是来自突击登陆梯队的正专注地观看我们上岸的步兵人员。稍后我们了解到为何他们会成为我们抢滩时的观众，因为该单位是在0700—0715时之间上岸的。随着船首跳板落下，士兵们从登陆艇中蜂拥而出，"88炮"

等待德国空军的到来。D 日前夕登上美国海军登陆船艇的一个高炮营成员。可以看到安装在半履带装甲车上的重机枪（高射机枪）。（美国陆军通信兵部队，国家档案馆）

炮弹、迫击炮弹或者机枪的交叉火力将横扫人员下船的区域。付出的生命代价之大令人震惊，到处都有军人在流血牺牲，还有很多人被淹死。敌人会迫使我们当中的某一群人在水中卧倒，然后用机枪扫射聚集的人群。在炮火威胁下，茫然无措的士兵们从登陆艇上争先恐后地跳下船，然后他们落入水中并遭到那些机枪火力的致命洗礼。

从大约上午8:30开始，另外两个高炮营，第197营和第467营也由18艘坦克登陆艇运送到海滩上，其中一个营配属第16步兵团，另一营则配属第116步兵营。第197营和第467营所使用的高射机枪与小口径高射炮都安装在半履带装甲车上，如果登陆行动进展顺利，这些车辆将通过海滩出口驶入内陆，车辆行驶期间枪炮组人员便可同时做好战斗准备，他们为这一天的到来已经进行了长期而艰苦的训练。如果敌机出现，那么美军集中的防空火力将产生致命的效果，但在登陆行动开始两小时之后，杰罗将军最不担心的就是德国空军。

第197高炮营
营战史，1945年

[第197营]了解到，半埋在水中的有数百个障碍物——木桩、钢制菱形拒马、钢制四面体，其中大部分都布设有爆炸物。他们了解到，这些障碍物之间仅留有狭窄的通道，而且时常被失事的登陆船艇所阻塞。他们了解到必须在深水中让车辆下船——许多车辆因此而被水淹没。他们了解到，如果你第一次尝试没有成功，那就再试一次。他们了解到，如果有一发"88炮"炮弹落到你的坦克登陆艇上，那么你就会彻底完蛋。他们了解到，一旦你抵达海滩，你就会被压制在水际边缘……所有这些他们都付出了代价：1名军官、4名士兵阵亡，1名军官、11名士兵身负重伤，14辆半履带车、3辆吉普车和1辆拖车损失。

考虑到德军装甲部队可能会在D日当天或之后不久对美方海滩阵地发动反击，所以许布纳将军认为，在进攻发起时刻后迅速安排专门的反坦克单位登陆是至关重要的。在1943年7月西西里岛登陆作战的前两天，"战斗一师"经历了若干与轴心国坦克部队硬碰硬的惨烈时刻，而这一次，许布纳的目的是做好充足的准备。第16步兵团和第116步兵团各有一个专门用于此类作战的连队，每连含165名官兵和9门57毫米加农炮，计划要求每连搭乘两艘坦克登陆艇，于上午8:30左右在各自的区域上岸。然而，由卡车拖曳的笨重火炮在当天上午的奥马哈海滩上毫无用武之地，因为守军的猛烈火力使卡车司机无法将火炮从运载它们的登陆艇上拖下来。失去了他们所珍爱的武器，反坦克单位中不幸的炮手们在接下来必须作为普通步兵投入战斗。

第116团反坦克连的福雷斯特·弗格森（Forest Ferguson）少尉就是其中之一。对佛罗里达州当地的美式橄榄球爱好者来说，福雷斯特·弗格森是一个响亮的名字。作为1939—1941年佛罗里达州立大学橄榄球队的一位全美明星接球手，"福吉"·弗格森（"Fergie" Ferguson）在橄榄球场上所展现出的实力让所有曾经为"短吻鳄"①效力的接球手都相形见绌。但现在弗格森是另一个团队，也就是"石墙旅"的成员，当他从登陆艇上跌入近岸浪区时，他立即发现他的许多战友已经牺牲了。他穿越了海滩，找到了散落在鹅卵石堤墙后面的第116团各单位。

福雷斯特·弗格森少尉
第29师第116步兵团反坦克连，杰出服务十字勋章的嘉奖词
1944年6月

弗格森少尉到达岸边，发现突击步兵在布置巧妙的障碍物前面被压制住，陷入了炽热的火网并导致许多伤亡。完全无视个人安危的弗格森少尉鼓励3名士兵为其提供协助，随后他勇敢地携带着爆破筒在敌火力下前进，冲向阻挡大量步兵的障碍物。此举是冒着相当大的生命危险。他用一枚手榴弹引爆了爆破筒。爆炸在障碍带上打开了一个缺口。随后他勇敢地从他的位置站起来高呼："士兵们，我们冲！"通过这一英勇行为，他激励并鼓舞了周围的人，促使他们通过打开的缺口发起了冲击。此举使已显颓势的进攻重新获得了动力，从而让部队积极向障碍物后方敌军盘踞的阵地展开进攻。[后来]弗格森少尉头部受伤。

---

① 译注：此处的"短吻鳄"（Gator）指代佛罗里达州立大学的体育代表队，因佛州盛产鳄鱼，且此大学体育代表队的吉祥物就是一只短吻鳄而得名。

约瑟夫·谢利（Joseph Shelley）上尉

第29师第104卫生营 B 连军医

我于 6 月 5 日在"帝国标枪"号上遇到了福雷斯特·弗格森少尉。他非常不满自己指挥的单位被从第 116 步兵团首波登陆的突击排之一转移到后续的支援部队中。我记得我当时告诉过他，这可能会挽救他的生命。我们整夜都在玩纸牌。没有人能睡着。战争结束后，我听说他在 D 日被击中头部并在退伍军人管理局医院度过了 10 年，最终于 1954 年因伤口并发症去世。我再也没见过他。

奥马哈登陆计划要依靠美国陆军坦克部队的帮助来赢得海滩之战。第 5 军的作战参谋曾希望利用在进攻发起时刻之后几分钟内登陆的 112 辆"谢尔曼"坦克来威吓敌岸防部队，使他们抵抗力减弱，或者直接逃跑或投降。然而这种希望迅速破灭了：许多坦克从未登上海滩，更多的则是甫一上岸就被部署在几乎无法被发现的发射阵地中的敌反坦克炮所摧毁。由于海滩出口尚未被打开，这种令人遗憾的状况没有任何改善的迹象。科塔与泰勒曾发出警告，要求那些停滞不前的部队必须立即离开海滩，而坦克手们肯定是第一批领会到此警告的士兵，当他们观察到步兵在陡峭的悬崖上向内陆移动时，他们肯定感到一阵羡慕，因为坦克无法跟上去。在步兵打通冲沟之前，除了在海滩上来回行驶之外，坦克兵所能做的事情很少，他们保持警惕，注视着那些伪装良好的德军支撑点并向那些他们可见的目标开炮射击。但是敌人也会竭尽全力进行还击，在开阔海滩上的坦克处于严重的劣势，因为它们没有地方可以隐藏——随着上涨的潮水将海滩压缩至仅有几码宽，这一问题将进一步恶化。坦克兵在参加美国陆军大名鼎鼎的装甲军团时，这种类型的战争显然不在他们的意料中。也许当步兵也并不是那么糟糕。

第743坦克营
部队战史，"出发，确认"，1945年

在 D 日计划中，[约翰.] 厄珀姆（John Upham）中校 [第743坦克营营长]
将在进攻发起时刻后 90 分钟（H+90）[上午 8:00] 跟随他的突击坦克群
上岸。但是，从进攻发起时刻前 20 分钟（H-20）[上午 6:10] 起，厄珀姆
中校就用他那干脆利落的声音从离岸几百码的一艘坦克登陆艇上指挥坦
克营的行动……他看到他的属下有人受伤，他们的坦克有一些被击穿和
摧毁。他在观察坦克的集结情况后发现自己的部队陷入困境动弹不得……
当坦克登陆艇终于抢滩时，中校率先跨过了船舷。他冒着敌火力，涉水
上岸。他唯一关心的就是抵达他的坦克分队那里。他靠近了其中的一辆
坦克，并亲自指引他们穿过海滩上的火网……在那个紧张忙乱的上午的
某个时候，一名德国狙击手小心翼翼地瞄准了在海滩水际地带的美军坦
克旁边穿行的一位美军坦克中校的瘦削身影。狙击手扣下了扳机，或许
他从来都不曾知晓他是否命中了目标。枪弹击碎了中校的右肩膀，但是
他拒绝治疗并继续他的工作……他的衣服湿透，一只手臂无力地耷拉着，
但是他保持冷静和镇定，就像他的手下们平时所认识的他一样。"即使在
那样的情况下，你也无法让中校表现出任何激动情绪。"[威廉.] 贝克特
（William Beckett）在谈及那一刻时说道。[厄珀姆在 14:00 左右得到后送。]

罗伯特·普洛格中校
第741坦克营营长，1944年6月6日，大约在0900时

政府为这一刻已经支付了 50 亿美元。赶紧冲上去投入战斗！

威廉·金（William King）上尉
第741坦克营作战训练科科长，致信美国陆军历史学家
1945年8月11日

大约 1000 时，我奉第 16 步兵团团长乔治·泰勒上校之命，收拢了所有可以移动的坦克并向 E-3 出口发动了攻击。我靠近海滩上属于我们单位的最后一辆坦克时，发现车组成员均安然无恙，只有车长 [沃尔特·希巴（Walter Skiba）上士] 被一块弹片击中。所以我接管了该坦克的指挥权，从鹅卵石堤墙后退并驾驶坦克驶向 E-3 出口。如此多的尸体和（武器）残骸被弃于海滩上，驾驶员必须在其中来回穿梭才能驶出这片区域。沿着海滩朝 E-3 出口行驶了约 200 码（约合 183 米）后，我们向左侧（或者水边一侧）绕了一个大圈子，以避开聚集的车辆和伤员。有一枚可能是从海滩障碍物上冲下来的饼形地雷结束了此次旅程。地雷在负重轮组的中间位置爆炸，将履带炸成两段。

我们进入战场

接收到来自海滩的一连串不完整和令人沮丧的无线电讯息之后，对身处远方指挥船上的将领们来说，只有一个合理的行动方案：亲自上岸弄明白情况。只有到那时，才有可能得出可用的补救方案，并发布实施这些措施的命令——如果还不算太晚的话。

第 1 师的副师长威拉德·怀曼（Willard Wyman）准将早已习惯了战争的混乱。早在 1942 年春，作为"醋乔"史迪威（"Vinegar Joe" Stilwell）将军的参谋人员之一，他曾随同中国军队一起参加了抗击入侵缅甸的日军主力部队的激烈战斗。敌人迅速地在宽广的正面全线突破，史迪威、怀曼以及他们所属的指挥小组好不容易才逃过一劫，穿越热带雨林和连绵的山脉，一路后撤 400 英里（约合 644 千米）进入英属印度境内。如果怀曼能从缅甸死里逃生，那么他也可以在奥马哈海滩生存下来。

怀曼准将在 D 日清晨从"塞缪尔 – 蔡斯"号运兵船登上了海岸警卫队一艘登陆艇，随后与一支指挥小队一起驶向岸边。著名的美联社记者唐·怀特黑德（Don Whitehead）随同该队行动。怀曼准将并无过早在海滩设立指挥所的计划，因为如果登陆行动奏效的话，第16步兵团的泰勒上校应该能掌控一切。大约08:00，A. M. 怀曼指示舵手转舵靠向553号巡逻艇（PC–553）的旁边。这是"红E"滩的一艘控制船，它停泊在离岸1.5英里（约合2.4千米）左右的海上，自进攻发起时刻（H–Hour）以来，这艘船一直都在观察登陆行动和监听无线电通信，怀曼只花了几分钟就明白了进攻行动至此时的真实情况。他返回登陆艇，立即宣布："我们进入（战场）！"

怀曼的小队于上午8:39在圣洛朗冲沟与科勒维尔冲沟之间的区域抵达海滩——他们甫一抵达鹅卵石堤墙就遭到炮击。幸运的是，怀曼有一部好用的无线电台，他在上午9:00向"安肯"号上的许布纳将军发送了第一条简短的讯息："抢滩（进展）缓慢。"这可能是许布纳将军在D日开始以来所收到的最不悲观的报告了。

唐·怀特黑德
美联社记者，1947年

　　我卧倒在海滩上，想要钻进巨大的砾石之间。我当时在想："这一次我们失败了！天啊，我们失败了！没有什么可以从这个海滩上离开，很快，德国人将会从悬崖上冲下来。他们会蜂拥而至……"

　　"我们必须让这些人离开海滩。"怀曼说，"这是谋杀！"怀曼花了几分钟研究周围的战况——然后他不顾自己的生命安全，站起身来暴露在敌人火力之下。他冷静地开始让迷失方向的作战单位移动到合适的位置，并让失去组织的部队恢复指挥。他开始从混乱中重建秩序，并且向缺乏前进动力的人群下达指令，而他们只是被动地等待被告知"要去哪里"和"做什么"。

　　准将迅速推断出进攻行动已濒临破产。对怀曼来说，根本性的问题显而易见：即使一些小部队已经突破了悬崖屏障，然而尽快在冲沟中打开通路

"这一次我们失败了！天啊，我们失败了！"D日上午9:00左右，第1师部队和工程兵在E-1冲沟附近的鹅卵石堤墙后面寻求掩护。（俄亥俄州立大学，"科尔内留斯·瑞安二战文件纪念馆藏"提供）

仍是必须的，否则海滩上不断加剧的拥堵将导致灾难的发生。据记载，仅在第16步兵团的作战区域中就有超过100辆推土机、牵引车、半履带装甲车、两栖卡车（DUKW）和坦克，像笼中之兽一样被困在海滩上。顽敌仍坚守着各条冲沟，他们实际上无处可去——而且随着涨潮，他们的"笼子"正在急剧缩小。在很大程度上，对车辆驾驶员来说，德军的火力太过猛烈，以至于他们无法完成指定的工作。自从上午9:00给"安肯"号发报以来，怀曼准将已经对此问题有了更全面的认识，他在9:50的下一次通话更加重要："海滩有太多的车辆。须派遣作战部队。"

10:10，怀曼将他的下一条讯息发送给了许布纳："立即增援第16步兵团第2营。"根据进攻计划，第2营最重要的任务是夺取圣洛朗冲沟，之后，第1师工程兵将负责清理其中的障碍，以便车辆可以向内陆移动。海滩上大量车辆被困的现实足以向怀曼证明，这项任务尚未完成，而且也无法观察到有任何一支部队来完成此任务。但是幸亏有怀曼和韦伯纳的努力，那些部队不久就会出现。

但是，第2营在哪里？怀曼准将上岸后，呈现在他面前的恐怖景象暗示了该部的命运，而数百名被压制在东边数百码宽的鹅卵石堤墙上的茫然无措的士兵毫无疑问已足够说明这一切。从那之后，正如怀特黑德所报道的那样，怀曼不停地各处走动，评估当前局势并劝导美国大兵前进。他当然知道，斯波尔丁指挥下的第2营E连的一个乘舟组以及道森的G连大部已经一马当先登上了圣洛朗出口和科勒维尔出口之间的悬崖，并向内陆移动。这无疑是个好消息。但是，如果圣洛朗冲沟中的德国守军没有被迅速肃清，那么怀曼在登陆时在海滩上所观察到的屠杀惨状只会进一步加剧。

怀曼可能没有意识到，斯波尔丁的分队已经为扭转当前的恶劣态势做出了相当的贡献。到达悬崖顶部之后，这支只剩下21人的小分队转而向右（或者说向西）循着一个平行于崖顶边缘的敌军堑壕系统小心前行，此堑壕系统可以很方便地将部队直接带到一个可以俯瞰圣洛朗冲沟的可恶的坚固支撑点那里。

约翰·斯波尔丁少尉
第1师第16步兵团E连，1945年2月9日

我们现在在遍布树篱和果园的乡间地带……现在我们在靠近E-1冲沟的坚固支撑点附近找到了一个建筑工棚……肯尼思·彼得森（Kenneth Peterson）中士用它的"巴祖卡"火箭筒向［工棚］开火，但没有人出来。我们正要继续前进时，我发现在大约70码（约合64米）开外有一截烟囱状的东西从地面上伸出来。我让我的分队排成了半环状的防御阵型。此时我们再度遭到轻武器火力的打击。斯特雷奇克中士和我前去侦察。我们发现了一个地下掩蔽部。这里有1门81毫米迫击炮、1个可以安置75毫米［火炮］的阵地，以及用于某种永备发

射点的建筑。所有这些都可以俯瞰 E-1 冲沟。掩蔽部用混凝土建造，里面有无线电台，有舒适的铺位，还有狗。我们准备将手榴弹扔进通风口，但是斯特雷奇克说"等一下"，然后他沿着台阶向下朝掩蔽部里开了三枪。接着他用波兰语和德语大喊让他们出来。4 名放下武器的士兵出来了。他们还带出来两三个伤员。我朝［克拉伦斯·］科尔森（Clarence Colson）［中士］大喊，让他赶紧带五六个人过来（看押俘虏）。我们开始遭受来自右边（西面）的轻武器火力的打击。我大声吼叫，让［埃德温·］帕伊塞茨基（Edwin Paisecki）一等兵和［亚历山大·］萨科夫斯基（Alexander Sakowski）一等兵前进至冲沟边缘。一场交火随之发生。海军现在开始向冲沟进行定时射击。时间大概是 1000 时。

他们的工作已经完成，斯波尔丁的小分队紧随道森上尉的 G 连之后，转而向南前往科勒维尔。尽管斯波尔丁在这一天的战斗远未结束，但是幸亏有他手下的一小群勇敢的美军士兵，一个完整的敌坚固支撑点已经不复存在。

看到许多德国人双手抱头，从悬崖的陡坡上源源不断地下来，怀曼准将非常高兴。但是除非"战斗一师"能够夺取位于冲沟西侧的敌坚固支撑点，否则他打通圣洛朗出口的目标将不可能实现。怀曼准将所念念不忘的那条出口道路，恰好从这个坚固支撑点的正前方经过，所以说，除非德国守军被赶走或被消灭，否则美军工程兵根本无法靠近那条道路，也就无法为车辆通行进行任何准备。然而，这一次的任务所需要的美国大兵将远远不止 20 人，因为此处的防御阵地——包括一个配备有反坦克炮的大型混凝土永备发射点——要比斯波尔丁他们刚刚捣毁的那个更为坚固。

如果怀曼想要增援的话，他很快就会得到充沛的增援兵力：在接下来的 90 分钟内，将有超过 3000 名生力军在圣洛朗冲沟的东边登陆。他们的及时抵达将鼓舞怀曼的斗志，缓解第 16 步兵团的压力，并让整场进攻焕发新的活力。但这并不是这些新部队投入战斗的预期方式。原本作战计划中假定只投入第16团和第116团就足以占领海滩，而总兵力超过1万人的3个后备步兵团将在近岸海面上耐心等待此项任务的完成。然后，后备部队将在没有敌军火力的海滩上登陆，在冲沟中安全地行进，并在夜幕降临时推进到最远5英里（约合8千米）开外的内陆目标区域。该计划在进攻发起时刻之后的几分钟内即宣告失败，因为显然预备队现已卷入海滩上的近距离作战，这是一个完全有可能制造混乱和更多不确定性结果的深远改变。原定夺取的内陆目标只能暂时被抛到一边。

死去的医护兵无法拯救生命

怀曼准将为打通圣洛朗冲沟而进行的求援为他带来了隶属第1师第18步兵团第2营的750名官兵，该部搭乘从"安妮 – 阿伦德尔"号（Anne Arundel）运兵船上释放下来的489号步兵登陆艇（LCI–489）和18艘"车辆及人员登陆艇"于上午10:30左右以相对完整的建制沿着圣洛朗出口西侧的宽大正面登陆。此时，奥马哈海滩已经与进攻发起时刻完全不同。上午10:00，潮水已经上涨到最高点，而高潮停潮将一直保持到下午1:00。海滩几乎完全被海水淹没。在拍岸浪潮和鹅卵石堤墙之间仅留下一条几码宽的沙滩。

作战行动策划者们明白，对在高潮期登陆的增援部队来说，爆破工兵务必在登陆行动的最初一小时里清除敌人布设的大量海滩障碍物，如果不这样做的话，可能会导致许多登陆艇在准备抢滩时遭到破坏。令怀曼感到欣慰的是，增援部队正在上岸，并且接下来数小时内部队将持续在此上岸的圣洛朗附近的海滩区域基本已经被工兵完全清理过。海军舵手可以驾驶他们的登陆艇靠岸，并且很大程度上可以避免遭到德军海滩障碍物或者障碍物上面布设的地雷的破坏。但是，在工兵排障作业中幸存下来的少数障碍物会变得特别危险，因为它们在高潮状态下被完全淹没，无法被水面上的船艇发现。

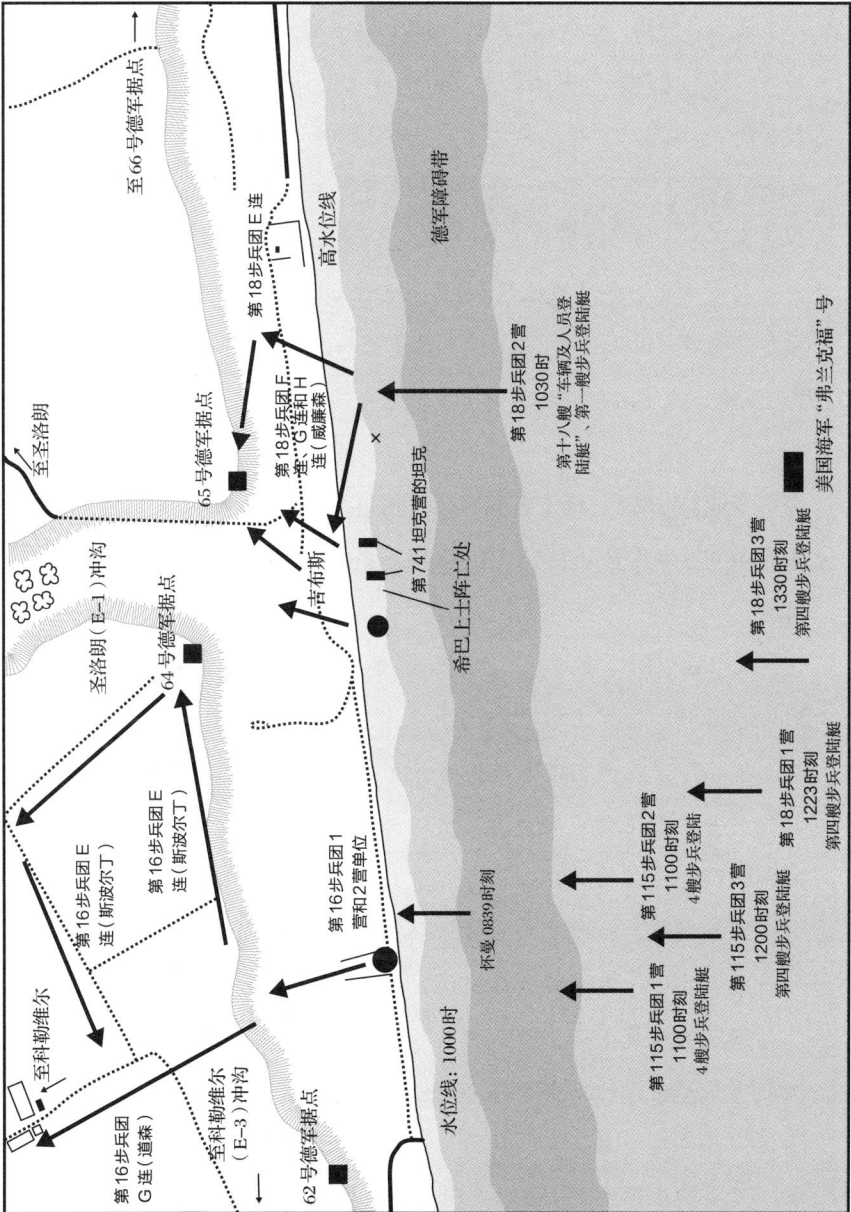

上午10:00：圣洛朗冲沟

第1师第18步兵团第2营
美国陆军军史部门，对第2营多位士兵的访谈，1944年7月

经过进攻出发线后，我们的艇波一度在海面上绕圈，而不是驶向海滩。营长［约翰·威廉森（John Williamson）中校］找来了一名海军军官，后者说他的舟艇群指挥官失踪了，现在是他负责指挥，但他不知道在何处登陆。［威廉森］与岸上进行了无线电联络，并且命令在鲁凯河（Ruquet River）［流经E-1冲沟的一条小溪］的右侧登陆……一段时间之后，［那位海军军官］仍然没有前进……［他］说近海海域没有标出任何航道，因此进入是不安全的。［威廉森］命令他无论如何都要把登陆艇编队送上岸。这些船艇排成纵队行进，在高潮水位中登陆，比预定时间晚了45分钟［上午10:30］。大多数船艇都撞到了水下障碍物，但没有一艘严重受损。

海军专业（药剂）一级士官詹姆斯·阿尔戈（James Argo）
来自489号步兵登陆艇（LCI–489），搭载第1师第18步兵团第2营指挥连

突然之间，战场上枪炮齐鸣。［哈里·］蒙哥马利（Harry Montgomery）海军上尉［489号步兵登陆艇(LCI-489)艇长］喊道："赶快下船！"于是我们沿着吊桥离开了船。本应在空袭中被炸上天的德军暗堡并没有消失。敌火力来自四面八方……（斜置的）圆木、交叉的钢轨段和铁丝网上都布设有地雷。我还清楚地记得，在枪炮齐鸣前的短暂寂静中，我所看到的第一个场景就是浅水区挂在这些障碍物上的一些尸体……有人曾告诉我说，德国人不会直接向佩戴有红十字标志的钢盔的人员射击，然而在进入战场几小时后，我摘掉了头盔，因为我确信钢盔上的红十字标志是他们瞄准的良好目标。我想德军会认为他们每夺走一名医护人员的生命都会让我军整体的伤亡数字大大增加。死去的医护兵无法拯救生命。

第2营所面临的紧迫挑战是征服位于圣洛朗冲沟西侧的那个让人恼火的敌坚固支撑点。第2营没有谁能够预料到,该部在法国的第一次行动是从水际边缘直接向位于悬崖上的掘壕据守的敌军发动一次攻击。那肯定应该是第16步兵团的工作。然而根据威廉森仓促下达的命令,那正是该营必须做的事情。在一些意外因素的帮助下,此行动取得了成功。

第1师第18步兵团第2营
美国陆军军史部门,对第2营多位士兵的访谈,1944年7月

沙滩上堆满了坦克、各种机动车辆、牵引车、推土机和陆海军人员。突击部队没有在此处抢滩,海滩正前方的高地仍由德军控制,他们的火力压制住了海滩上的所有部队。[威廉森]命令E连从右翼推进,2营其余单位则从左边绕到敌人后方并将其肃清……[在]一辆位于水际边缘的坦克的支援下,其火力可覆盖谷地右侧(西侧)的一个永备发射点被攻占,有15—20名德国守军被俘。

第2营对德军抵抗据点的进攻得到了第1师第7野战炮兵营营长乔治·吉布斯(George Gibbs)中校的支持。就像第111野战炮兵营的桑顿·马林斯中校一样,吉布斯中校知道,目前奥马哈海滩上的每个人都必须暂时放下他的军事专长,抓过一支步枪和几颗手榴弹,尝试着像步兵那样投入到近距离战斗中去。在这种情况下,吉布斯继续证明了他的特别才干。

乔治·吉布斯中校
第1师第7野战炮兵营营长,杰出服务十字勋章的嘉奖词
1944年6月30日

吉布斯中校显示出了超凡的勇气,他离开了相对安全的掩蔽处,冒着可以俯瞰E-1出口、仍然完好无损的敌防御工事的猛烈直射火力,沿

着海滩开阔地移动了数百码，抵达了其部队本应登陆的地点。吉布斯成了众多射击精准的敌狙击手的显著目标，然而他［拒绝］在行动中借助掩护躲避敌方火力。在对那些蜷缩在沙滩上的不知所措与饱受创伤的士兵进行重组的过程中，他起到了至关重要的作用，并且他凭借着自己的冷静和坚定不移的信心，极大鼓舞了他们的士气……吉布斯找到了［穿过铁丝网］通往遍布地雷的危险区的一个小型突破口，接着，吉布斯和一位同僚［罗伯特·伍德沃德（Robert Woodward）上尉］聚拢了几名士兵，率领他们穿过开阔地，对两个敌炮兵阵地展开了一次精彩的正面攻击。吉布斯毫不顾及个人安危，进入了迷宫般的地下隧道和防御工事当中，并带领着同样奋不顾身的战斗小组肃清了其中负隅顽抗的敌军。吉布斯中校是第一批抵达被敌人占据的山脊线［位于 E-1 冲沟以西］的美国军人之一，他在为后续部队打通从海滩深入内陆的道路方面发挥了重要作用。

阿尔弗雷德·阿尔瓦雷斯（Alfred Alvarez）一等兵
第1师第7野战炮兵营 C 连

有人注意到我们的营长吉布斯上校站起身来，可能是想要鼓舞部队的士气。另一名士兵说，中校是一名正规军军官，这一点显然可以解释他的行为。

威廉森的第2营也得到了美国海军"弗兰克福"号驱逐舰的大力支援，其他支援力量还包括来自第741坦克营的几辆谢尔曼坦克，以及从海滩上的屠杀中幸存下来的第467高炮营的几辆半履带装甲车。

美国海军"弗兰克福"号
詹姆斯·塞姆斯（James Semmes）海军少校，作战日志，1944年6月6日，1021时

[针对圣洛朗冲沟的] 炮击开始……"红 E"滩上的部队被位于鲁凯河旁边小高岭上的敌迫击炮组的火力所阻挡。在经过近距离观测之后，于 1032 时确定迫击炮阵地的确切位置。1036 时开始对敌迫击炮阵地实施直瞄射击，射程约为 1200 码（约合 1097 米）。在第五次齐射时，有一发炮弹直接命中目标，可见大量绿色烟尘出现，迫击炮组停止了射击。我军部队随后前进，看到有若干德军举手投降。

史蒂文·霍费尔（Steven Hoffer）下士
第741坦克营 A 连，1944年6月

从我们 [位于鹅卵石堤墙后面的] 掩蔽位置，[沃尔特.] 希巴上士的坦克先是向几个正在开火的机枪巢射击，然后又锁定了一个位于我们右侧高地最顶部的一个圆木构筑的火炮阵地，并用其 75 毫米主炮连射数发炮弹。第 16 步兵团的一名上尉来到坦克处为其指示目标，向一门隐蔽的 88 毫米炮开火射击。后来，这名上尉和一位中校 [可能是吉布斯] 攀登到同一位置并抓了 21 名俘虏。与此同时，上尉指示向另两个目标开火，目标均被摧毁后，步兵才得以继续前进。在这段时间里，密集的迫击炮火力落在我们周围，我注意到在我们坦克巨大的进气 / 排气口烟囱周围出现了若干弹洞。一发炮弹落在离坦克很近的地方，希巴上士当即阵亡（大约是在 1045 时）。车组人员协助将希巴上士从坦克里弄出来，并呼唤卫生兵为他进行急救。

托马斯·费尔上士
第741坦克营 A 连，1944年6月

我注意到潮水正在向我们逼近，万一我们必须要转移，我们根本无路可走，因为我们面前有一座高地，[同时也] 是一个很好的反坦克障碍，伤亡人员散布在我们周围，到处都是。我开始沿着海滩寻找我们的排长 [加埃特拉.] 巴塞罗那中尉。坦克行动缓慢，因为我们不得

不在成片的尸体中间穿行，有时候只能停下来，等待卫生兵将它们从坦克的行驶路径上清理出去。

第467高炮营
营战史，1945年

有一辆M15型半履带装甲车被用于消除这门［位于E-1冲沟的］88毫米炮的威胁，为了完成此项任务，它发射了大概35发37毫米炮弹。这一行动拉开了打通E-1出口的序幕。M15和M16半履带装甲车也被用于压制敌方狙击手阵地和交通壕。

本杰明·塔利上校
第5军副参谋长，致信美国陆军历史学家G.哈里森，1948年2月18日

据信，官方战史肯定了各驱逐舰的火力在打破E-1（冲沟）当面的僵局中所起到的作用，（我也这样认为，）因为我观察到，各驱逐舰一直在抵近距离上对出口西侧高地顶端的战壕体系和炮火掩体保持着猛烈的直射火力，直到将它们彻底打哑。

中午前不久，德军的永备支撑点终于被清除，而怀曼准将终于控制了那个他认为是此次战役关键之一的冲沟。怀曼命令威廉森的营沿着海滩向东快速移动数百码的距离，经由当天早晨斯波尔丁与道森所开辟的路线登上悬崖，并承担起第16步兵团第2营的任务，向内陆推进并越过滨海科勒维尔。与此同时，第1师的工兵分队立即着手为圣洛朗出口的道路尽快通车做准备，这项工作由于必须在敌人的迫击炮火力下进行而变得相当复杂。但是，随着推土机在鹅卵石堤墙上开辟出若干条通道，而后扫雷工作完成，路面变得平整，海滩区域先前已经接近临界点的巨大压力现在终于开始释放。

"勇气的绝佳展示。"正午之前，位于E-1冲沟入口处的德军永备发射点阻挡了第1师在此区域的推进。在美国海军驱逐舰"弗兰克福"号的火力支援下，该永备发射点在一次正面突击中被攻克。当天晚些时候，怀曼将军将这里当作他的指挥所。照片拍摄于6月7日。(美国陆军通信兵部队，国家档案馆)

第1师第1战斗工兵营

营战史，"通向胜利的8颗星"，1947年

敌军逐渐被逐退，A连人员清理了通往E-1出口道路的一条小径。有一辆推土机被指派用于填平一道反坦克壕沟。登陆之后，C连立即前往E-1出口展开作业，并在紧挨着滨海圣洛朗以东的地方开设了一个车辆临时集结区。到1500时，道路和车辆临时集结区均已开辟并准备就绪。直到第二天中午，特遣部队所有从船艇上卸载的坦克、车辆和支援兵器均通过这一海滩出口公路向内陆移动。

第741坦克营

部队日志，1944年6月6日，1700时

根据总部的命令，第16团级战斗队(Infantry combat team)的全体 [坦

克］经由 E-1 出口前往滨海圣洛朗以东 500 码（约合 457 米）处的区域中集结。着遵照执行。

灰色死亡地带的公民

威廉森的部队为夺取圣洛朗冲沟而战斗的时候，怀曼则欣然接受了来自第29师第115步兵团的2500人的增援部队。直到1941年2月整个马里兰州国民警卫队奉总统命令成为美军现役部队的组成部分时，第115团仍被称作"马里兰州第1团"。现在，40个月之后，该团主要由征召兵员组成，但其大部分较高阶军官和士官都是前马里兰州国民警卫队的成员，他们在和平年代从事平民工作的同时也掌握了基本的战争技能。然而，三年多的现役生涯已然模糊了民兵、职业军人和应征入伍者之间的差别。所有官兵，无论其最初的身份为何，此时都在关注着即将到来的任务，而且真实的战争对他们所有人而言都是一种全新的体验。但是那些幸运地活过 D 日的美国军人将在第二天的黎明到来之际以"老兵"而自居。

威廉·威尔奇（William Wilch）一等兵
第29师第115步兵团 E 连

我想向全世界宣布，我们的连长［沃尔多.］施米特（Waldo Schmitt）上尉、［理查德.］唐纳利（Richard Donnelly）中尉、［克米特.］米勒（Kermit Miller）中尉［上述三人均于后来阵亡］，以及我曾经与之并肩作战过的其他排级指挥官，他们都是我所见到过的（甚至是我曾经听说过的）最勇敢、最正直、最关怀战友、最干练甚至是最谦逊的军人。他们是我们这一代精英中最好的榜样。我很荣幸能有如此优秀的军官领导我们。他们的体能状况与所有人一样棒。我们被称为"沃菲尔德中校的合唱团"（Colonel Warfield's Singing Battalion）。我们可以与陆军或者陆战队的任何单位并驾齐驱。

对怀曼而言幸运的是，第115团在D日的经历至少向我们展示了第5军在计划登陆作战方面的某些灵活性。"尼普顿"计划最初将第115团分配给了B部队，该部队是一支大型的后援护航船队，其登陆船艇将在D日傍晚和第二天上午在奥马哈海滩靠岸。然而，第29师师长查尔斯·格哈特少将认为，按照初始的进攻计划，假使敌军挡住了最初波次的突击部队，那么海滩上将无法提供足够的步兵，于是在他的敦促下，杰罗得到了布莱德雷的批准，允许第115团主力与"O"部队的突击编队同行，以便必要时可以在D日上午将其投放到海滩上。当敌人在进攻发起后立即表现出了格哈特所担心的顽抗到底的决心时，很显然，杰罗需要第115团立即进行增援，于是在进攻发起的短短几分钟内，他就决定从进攻发起时刻之后4小时 [H+4 hours]（上午10:30）起派遣该团上岸。

第5军司令部
美国运兵船"安肯"号，第5军作战与训练处（G-3）的作战电文日记
1944年6月6日，0632时刻

除非另有指示，否则第115团级战斗队 [RCT] 须在进攻发起时刻4小时后登陆。

第1步兵师师部
美国运兵船"安肯"号，第5军作战与训练处的作战电文日记
1944年6月6日，1131时

第1师师长 [许布纳] 致电科塔将军。使用第115步兵团在第16步兵团作战区域内肃清"红E"滩西南部的高地。与第16团级战斗队的泰勒上校、第18团级战斗队的乔治·史密斯（George Smith）上校，以及怀曼将军进行协调。

第1步兵师师部

美国运兵船"安肯"号，第5军作战与训练处(G-3)的作战电文日记

1944年6月6日，1146时

第1师师长致电所有控制船艇。迅速安排所有步兵单位登陆。

共计约2500人的第115团主力，搭乘美国海军的12艘步兵登陆艇前往诺曼底海岸。第115团的另外700名官兵与该团的机动车辆和重型火炮在一起，作为"B"部队的一部分跟在后面。各步兵登陆艇的艇长奉命以两个波次分别在勒穆兰冲沟正面的左右两侧将团主力送上岸，但是他们接近海滩时发现该区域的德国人仍在顽抗，而海滩障碍物也没有被清除。在那片海滩上登陆像是自杀之举。因此，艇长们命令各自的步兵登陆艇返回大海，设法到其他区域碰碰运气。在以东约1英里(约合1.6千米)处的圣洛朗冲沟与科勒维尔冲沟之间的海滩登陆看起来较有成功把握，然而无论是控制艇还是岸边的信号员，都无法确认这片海滩是否确实安全。然而，此时第115团的预定登陆时刻上午10:30已过——所以在此登陆势在必行。

第一波8艘步兵登陆艇搭载着第115团第1和第2营以及第110野战炮兵团的联络分队，于上午11:00到来前不久抢滩上岸。运送第3营的第二波次4艘步兵登陆艇在1小时后登陆。这一地区的德国守军仍然活跃，显然不是海军船艇的久留之地。水手们匆忙放下步兵登陆艇船体左右两侧的舷梯，美国大兵沿着舷梯下船进入浅水中。在高潮水位下，部队只需要涉水约30码(约合27米)即可到达鹅卵石堤墙。

到目前为止一切顺利——但是下一步怎么办？这并非第115团预期登陆的区域。间歇性的敌拦阻火力已在制造人员伤亡，如果这些士兵没有迅速贯彻执行陆军"不要扎堆"的基本战术原则的话，那么伤亡数字还会更高。第115团团长尤金·斯莱皮(Eugene Slappey)上校无法提供现地指导，因为他所搭乘的步兵登陆艇撞到了一个水下障碍物，这迫使其艇长只能暂时回

航再设法寻找登陆机会。斯莱皮并不是该团在奥马哈登陆的首批成员之一，他落在了最后面。然而，斯莱皮上校的暂时缺席并未影响第1营和第2营在他们上岸之后15分钟内就主动向前推进。一旦最后4艘步兵登陆艇靠岸，第3营也会跟进。在这个区域中，第16步兵团已在敌铁丝网上爆破出了众多缺口，而德军轻武器火力也很分散且缺乏准确性。任何普通士兵都能看出来，越过鹅卵石堤墙向悬崖处进军是正确的选择。

道格拉斯·赖特（Douglas Wright）海军中尉
搭载第115团团部直属队和G连的408号坦克登陆艇（LCI-408）指挥官，作战报告，1944年6月16日

我们接近海滩的时候，可以看到有许多船艇在漫无目的地来回乱转，显然是尚未确定如何行动或者是缺乏来自岸边的正确信号的指引。我们设法从这些拥挤的船艇中通过，并于1103时触滩，然而这次登陆并不令人满意。船头离岸边还很远，船尾则靠在船头底下的一条深海沟在朝大海一侧所形成的一个浅滩上。我们进入时，若干钢架障碍物、船艇残骸和木桩在整个船体侧面制造了长长的划痕。我们从初次登陆位置的西侧再次进入，并于1143时再次放下船尾锚进行第二次抢滩。1146时，士兵和装备开始上岸。离开船头后有一小段距离海水很深，登陆人员分别沿着左右两侧跳板呈单行纵队从船内鱼贯而出。这些士兵的负荷非常沉重，那些他们无法背负的设备（如成卷的线缆、无线电台和通信设备等）则因为系上了备用的救生带而漂浮在水面上。1201时，在2号炮位上担任瞄准手的二等舰上厨师 [SC2c，相当于海军二级专业士官] R.J.奥宾（R.J.Aubin）被"88炮"或迫击炮炮弹爆炸所产生的破片击中背部，当场阵亡。其他所有陆军人员和装备都被安然无恙地送上了海滩。

约翰·库珀（John Cooper）中校
第29师第110野战炮兵营营长

　　我在411号步兵登陆艇（LCI-411）上与第115团B连官兵一起，该部中仍有很多来自马里兰州黑格斯敦（Hagerstown）的旧日国民警卫队时代的成员。连长［勒罗伊·］韦德尔（LeRoy Weddle）上尉将这些人分为两组：一组将沿左舷坡道下船，另一组则沿右舷坡道下船。我沿着右边的坡道下船。我们即将走到坡道的最底部时，一阵像是铆接机工作时发出的声音从我们头顶掠过。我们抬起头，看到步兵登陆艇的船体上有小块油漆脱落下来。有一挺机枪正从我们右侧的某个地方开火——只是刚好没有打中我们的脑袋。于是我们匆匆沿着右侧坡道撤回去，然后再从左侧的坡道下来，以便一定程度上躲避来自右侧的敌火力打击。

特伦内拉海军少尉
搭载第1营营部直属连和D连的554号步兵登陆艇（LCI–554）副艇长，作战报告，1944年6月20日

　　就在我们下锚的时候，我们体验到了那种与生俱来的恐惧，因为现在我们意识到并非所有的枪炮火力都来自我方部队。敌军炮弹落在我们四周，地雷在靠近我们的登陆艇下方爆炸。目睹了如此多的尸体与破损的船只，让我们觉得到目前为止我们都很幸运。我们都很想知道我们到底过多久会被击中，而且我很肯定，在我们受到攻击时每个人都在拼命地祈祷。

查尔斯·扎尔法斯（Charles Zarfass）中士
第29师第115步兵团A连，1945年

　　当我迈出踏上欧洲大陆的第一步时，我看到整个连队就像被冻住

一样，都匍匐在一片很大的平地上。我的左右两侧都有坦克留在水际边缘，作为参与进攻行动的步兵部队的掩护力量。

哈罗德·克拉克（Harold Clark）海军少尉
搭载第3营营部直属连和M连的555号步兵登陆艇（LCI–555）副艇长，作战报告，1944年6月12日

我们驶往海岸时，可以看到在船首左侧有一具漂浮的尸体……最后离开船只的4个人沿着右侧舷梯下行时，海流的巨大力量使舷梯产生了向桅杆最高点弯曲的趋势，随即右侧舷梯扭曲脱位。当时仍在坡道上的士兵跳入水中，此处水深大约5英尺（约合1.5米）。一等水兵罗伯特·G.斯塔基的职责是协助士兵离开舷梯，于是他下到水中。正是由于他稳住了锚链，为剩下的4名士兵上岸提供了很大帮助……报告撰写者的意见是，如果没有这位水兵的帮助，这些人员和装备的安全将会面临更严重的威胁。

瓦尔特·埃克特（Walter Eckert）下士
第29师第115步兵团第3营指挥连

我恐怕是那片海滩上最惊恐不安的人。我们奉命不能在沙滩上掘壕据守。当然，我们每个人都有一把铁锹，而且几乎每个人都开始挖掘掩体。来自弗雷德里克[马里兰州]的一位名叫本尼·比尔（Benny Beale）的小伙子吼道："埃克特，还有那个谁，不要再把沙子扬到我的散兵坑里面！"

林赛·亨利（Lindsay Henry）海军少校
第34步兵登陆艇大队指挥官，于1944年6月7日写给他妻子的家信

我们处于攻击的中心，现场混乱不堪。我没有负伤，并且感觉良好。我吃得好睡得香。我们再也不会在敌火力下抢滩登陆了，所以不用为我

"我恐怕是那片海滩上最惊恐不安的人。"上午11:30左右，在E-3冲沟附近的奥马哈海滩，潮水在不断上涨。有若干车辆散布在鹅卵石堤墙上。第29师第115步兵团刚刚登陆，照片背景左侧可见搭载 H 连和第2营直属的553号步兵登陆艇（LCI-553）。（美国陆军通信兵部队，国家档案馆）

担心。我的得救当然是因为你在家中为我进行了数不清的祷告……这是德国和日本的末日。车队很快就会完成他们的工作。当我看到第115步兵团从海滩冲上高地时，我知道没有什么可以阻止他们。老上校［斯莱皮］带领着他们。我希望他没事。他离开我的船时，我祝他好运，他则说："如果我无法做得更多，至少我还可以向这些士兵展示一名军官是如何无畏死亡！"

第115步兵团追随着第1师的先驱者们的脚步登上悬崖，并通过敌军在圣洛朗冲沟和科勒维尔冲沟之间所留下的防线缺口长驱直入。但是，当美国大兵越过鹅卵石堤墙冲向悬崖脚下的时候，他们的指挥官们终于领悟到了眼前的困境：崖壁上的茂密灌木和褶皱地表为向上攀登的士兵提供了两条或者最多三条可以辨识的路径。在 D 日，并没有其他与第115团相似规模的单位尝试攀登悬崖，因为很明显，那就像是让一整支足球队一齐冲过狭窄的门口一样困难。让2500名官兵登上崖顶需要一些时间。

鉴于登陆计划被现实战况彻底打乱，到目前为止，第115团抵达崖顶之后应达成的任务也未被具体化，然而怀曼将军和斯莱皮上校的一次偶遇却让目标明晰起来。圣洛朗村将成为第115团的直接目标，此项任务肯定会演变成一场战斗，因为根据最近的情报，德国人正牢牢控制着那个地方。一旦到达悬崖顶部，第115团各单位必须向右转弯将近90度，然后在乡间地带行进，穿越极其复杂的地形抵达圣洛朗村。

第115团的美国大兵们排成长长的蛇形纵队小心翼翼地爬上了悬崖：第1营在左翼，第2营则沿右侧的另一条小径行进。第3营将紧跟在第2营之后。部队迅速从受伤的士兵身边经过，伤员被炸掉的残肢就在陡坡小径的旁边，这证实了大家的怀疑：这个地方布设着地雷。

约翰·库珀中校
第29师第110野战炮兵营营长

我们在铁丝网上发现了一个洞，整个连队 [第115团 B 连] 都从此通过。大约有十几个士兵留在鹅卵石堤墙处。当我们开始向悬崖进发的时候，我们回头向他们高声呼唤，让他们起身前进。有两三个人照做了，但其他人仍然没有动弹。然后，有一发重炮或是迫击炮的炮弹落在了鹅卵石堤墙后面。你可以看到那些人被炸飞的场景。这真是太糟糕了。那是奥马哈海滩映入我眼帘的最后一幕。

瓦尔特·埃克特下士
第29师第115步兵团第3营指挥连

有一条小径沿着陡坡蜿蜒而上。我记得大约在半途，有一个小伙子坐在那里，膝盖周围缠着止血带。然而［止血带］下面却空空如也。他在平静地抽着香烟。他说："留神——这里有些杀伤地雷。"我不知道他是否已接受了吗啡注射，但是他似乎并未受其困扰。但我当时怕得要死。

在圣洛朗冲沟中攻克了敌坚固支撑点之后，第18步兵团第2营跟随第115步兵团登上悬崖。后来，由美国海军的9艘步兵登陆艇所运送的第18步兵团第1营和第3营在同一海滩区域登陆，并沿着同一条陡峭路线攀上崖顶。在两个半小时的时间内，两个步兵团在同一区域登陆，随后他们经由陡峭狭窄的小径翻越悬崖深入内陆，造成了相当严重的拥挤和混乱。但是到了下午，来自第1师和第29师的超过5000人的步兵部队已在敌方的微弱抵抗下成功登上了崖顶。在D日之前德国人或许认为无关紧要的防线上的狭小间隙现在已完全决口，美军主力正从此处不断涌入。恐怕只有一支完整的德军装甲师才能堵住那个缺口。

第1师第18步兵团第2营
美国陆军军史部门，对第2营多位士兵的访谈，1944年7月

本营［在圣洛朗冲沟以东］向左行进了几百码的距离，然后在一片雷区中找到了两条狭窄通路，并开始穿越雷区。通道中挤满了另一支部队（可能是第115步兵团第3营）的人员。有至少五六个士兵倒在通道旁边，他们的腿都被炸飞了。本营各连队超越另一单位到达了悬崖顶部，然后左转进抵科勒维尔附近的集结区，期间F连一马当先。

爱德华·麦格雷戈（Edward McGregor）上尉
第1师第18步兵团第1营作战训练科科长，1944年6月8日

第1营在1223时开始下船，地点位于鲁凯河以东数百码处。那里呈现出一派阴沉的景象。登陆本身就极其凶险。工程兵在水下障碍带

中爆破出的缺口不但少得可怜，而且都很狭窄。海滩遭到了猛烈的炮击，机枪火力倾泻而至，还有狙击手射出的致命子弹。各连径直穿过雷区向正面的高地攀登。我们的装备完好无损，战场管制也还不错。我们的集结区在内陆 500—1000 码（约合 457—914 米）处。

J. F. 古尔卡上尉
第1师第18步兵团第3营人事科科长，1944年6月8日

第 3 营本应在 1015 时上岸。我们在 D 日实际是在 1300—1400 时之间登陆。地雷和水下障碍物使第 3 营的步兵登陆艇无法进入。大多数人员均搭乘小型船艇上岸。搭载第 3 营指挥组和 L 连的步兵登陆艇在离岸 150 码（约合 137 米）处触发了两枚地雷，无法继续靠岸。艇上人员使用救生索向岸边移动。整场登陆行动都处于敌炮兵和迫击炮火力之下。弹幕精确覆盖了海滩区域。步兵登陆艇触发了水下地雷，L 连中有 8 人负伤。上岸之后，第 3 营不得继续穿越雷区。雷场中没有正规清理出的通路。L 连连长 [弗兰克·] 菲奇（Frank Fitch）上尉是第一个被地雷所伤的人，后来被炮弹弹片杀死。

被诅咒的军团

在美国军队艰难攀登陡坡的同时，德军战俘则从高地上被押了下来——或许，在战争的宏伟计划中，这象征性地反映了两个国家目前的命运。对战俘而言，战争已经结束。运输船将把他们送往美国，在那里，他们将会庆幸能够置身事外，坐等纳粹德国的灭亡；与假如他们没有被俘而在接下来的 11 个月里在西线所要应对的情况相比，战俘生涯简直可以称得上安稳。但是现在，抓捕他们的人不得不在那个混乱不堪的山坡上对他们进行审讯，而战斗带给他们的震撼仍然在他们的头脑中盘桓。负责美国陆军第16步兵团团部的战俘审讯分队的弗雷德·格尔克（Fred Gercke）上尉于上午8:20与泰勒上校一同上岸，并且是在D日对德军战俘进行交叉讯问的美国人之一。他的第一个问题引出了一个惊人的发现。

弗雷德·格尔克上尉
第24战俘审讯分队指挥官，1944年6月27日

终于清理出了一条穿越雷区的狭窄通路，我们沿着上坡鱼贯而行，走了数百码，攀登上一个可以借助相当陡峭的崖壁所提供的良好掩蔽来抵御低伸火力的地方，并建立了[第16]团的指挥所和急救站。为了在极为混乱的海滩上保持联系，我一直处于我们团长泰勒上校的视野内……当我开始向预定中的指挥所位置沿路行进时，我看到第一批战俘从山上下来，一群可悲的人，还带着他们的伤员。我拦住了他们，然后向他们宣布并指明了前往山坡上战俘收容处的路线，然后开始了我的工作。我做的第一件事就是向其中一名战俘索要他的工资单，当我看到他来自第352师第914步兵团第3连[格尔克可能没有记住正确的连队和团的番号。按照第16步兵团的作战日志显示，他所指的可能是第916团第8连]时，我简直无法相信自己的眼睛。该师和该团本应在距离我们约50英里（约合80千米）开外的远方，在接到的战斗命令中，我们被告知在海滩将遭遇的唯一单位就是德国第716步兵师的第726步兵团。我搜查了其他几名战俘，但他们都来自同一个单位，随后我将我们的发现送到高地上的情报科负责人[S-2长官]那里。我发现这个第352师早在数周前就已将其单位部署在了沿岸的各种野战工事之中，这也就是我们在登陆初期遭遇到极其猛烈的火力的原因之一……他们都畅所欲言（我不得不命令他们中的一些人闭嘴，因为他们简直太过聒噪）。我所控制的敌军官（其中的最高军衔是上尉）在与我们交谈时也相当坦率，但是对直接讯问的回应并不太好。

"他们都畅所欲言。"6月7日，德军战俘聚集在E-1冲沟入口附近。第352师的德军部队在D日奥马哈海滩的存在，让美军情报人员震惊不已。（美国海军档案，国家档案馆）

"那里呈现出一派阴郁的景象。"运送第1师第18步兵团部队的美国海军490号和496号步兵登陆艇，于中午时分接近距离E-1冲沟不远的奥马哈海滩。可以看到冲沟入口处的德军坚固支撑点周围有战斗所形成的硝烟。（美国陆军通信兵部队，国家档案馆）

在奥马哈海滩的另一边，科塔的随从参谋杰克·谢伊中尉在爬上海滩后面的悬崖时了解到，有一些德国俘虏没能活到审讯阶段的到来。

杰克·谢伊中尉
第29师师长科塔准将的随从参谋，1944年11月

从山顶下方的一个出发点开始，部队的注意力被吸引到一名美国步枪兵的身上，他正沿着他们正下方的步行道行走。在他前方有5名德军战俘正在行进，他们的双手高举过头顶，已被解除了武器。因为这是他们所见到的第一批德国人，所以引起了他们特别的兴趣。当他们抵达步行道上距离维耶维尔出口以东约800码（约合731米）处时，打头的两名战俘被一串机枪子弹打中突然倒下，火力显然是源自于德国一方。押送他们的美国兵躲到了海堤的掩护下，而其余3名战俘中有两人则跪倒在地。他们似乎正在祈求那个位于东边崖壁上的（德军）机枪手不要向他们射击。接下来的一串机枪子弹全部射入了第一个跪在地上的德国人的胸膛，他倒地之时，其余两个俘虏也像押送他们的美国兵一样躲到了海堤后面。

海滩的战斗结束了。滩头堡的战斗即将开始。

第十二章
越过海滩

你如何区分男人和男孩

尽管纳粹德国军事力量不可一世，但"大西洋铁壁"的最终结局是惨败。在缺乏第8航空军所承诺的空中支援，仅凭着40分钟的海军舰炮火力准备的前提下，美国方面在短短几个小时内就设法在德国人号称坚不可摧的海岸防线中渗透进了大量兵力。如果像隆美尔所强调的那样，德国军队的根本目标必须是将敌人的"入侵"部队赶回海中，那么盟军被限制在狭小的海滩阵地上时间必须要长得多，以便让德方的大规模增援部队进入战区和实施反击。

奥马哈海滩上的德军无法获胜——但他们仍然可以在相当程度上抵挡住进攻，让美军注定的胜利充其量只取得微不足道的战果。如果幸存的德军坚固支撑点能再坚持一天，并且海滩上的大炮和迫击炮的射击频率能够得到急剧增强，那么海滩阵地就会变得极为致命，以至于美国人可能不得不取消或至少推迟后续增援波次的登陆。与此同时，如果第352师有限的现地预备队可以被投入到奥马哈海滩，他们就有能力遏制美军向内陆的许多突破行动，并且不让他们控制可以俯瞰海滩出口的关键沿海村镇。美国军队可以继续向悬崖处推进，最终也可以占领冲沟，但如果德国人能够守住连接所有5个海滩出口的滨海公路，那么美军海滩阵地的扩展也将得到有效控制。

但是需要坚守多久？如果德军没有任何一个装甲师在一两天之后出现，那么第352步兵师肯定会在美方压倒性的兵力优势下分崩离析。尤其让隆美尔焦虑的是，身处遥远司令部中的德军高层远不及在近海区域指挥船上的美军将领那样能够掌握奥马哈海滩战事的真实情况。这种严重的情报滞后导致德军高层以为奥马哈海滩的战事要比真实情况对德方更为有利。因此，对美军登陆行动的巨大规模和海岸防线在初期被渗透的程度等情况，德国指挥官未能掌握。没有装甲部队及时赶到以从美军手中夺取作战主动权，在夜晚来临前，来自第352步兵师的增援奥马哈海滩德国守军的兵力也不会超过一个预备步兵营。如果就像内森·贝德福德·福雷斯特（Nathan Bedford Forrest）所宣称的那样，战争的胜利可以简单地被定义为"将最多的（兵力）最先投入战场"，那么德国人几乎没有任何取胜机会。

海因茨·齐格尔曼中校
第352步兵师，助理参谋长

[上午8:00后不久] 我成功地与74号据点（位于佩尔塞角）的部队建立了电话通信。与我有私交的现地指挥官详细说明了情况："在圣洛朗和维耶维尔附近低潮水位的水际边缘，敌人正在海岸区障碍物的后面寻找掩护。有很多敌机动车辆——包括10辆坦克——正在海滩上燃烧。各排障小队已经放弃了他们的行动。登陆艇已停止释放人员和装备；船只向远海驶去。我军坚固支撑点和火炮阵地的布置非常便于发扬火力，给敌人造成了相当大的伤亡。海滩上有许多死伤者。我军的一些坚固支撑点现已停止射击；他们也不再回应电话。在此坚固支撑点的东边，有一群敌突击队员从74号据点（WN 74）南部登陆并发动袭击，但是在遭遇伤亡后，他们开始向格鲁希撤退……" 当时在现场听过此段谈话的团长 [第916步兵团的恩斯特·戈斯（Ernst Goth）上校] 进一步指出，到目前为止，我们成功地阻止了敌人在广阔前线上的登陆……

实力弱小的敌军正针对两处地点实施渗透，我军正在采取反制措施。然而，第916步兵团也不得不报告说，由于来自敌海军舰炮和登陆艇的持续火力，我们身边的伤亡人员在不断增加，因此须请求增援部队。

在当天余下的时间里，德军继续向海滩上倾泻大炮和迫击炮火力。这场炮火弹幕，以及来自悬崖上的五六个幸存的坚固支撑点的狙击手与机枪手的火力，让在海滩上打转的美国人面临生死考验。但是到上午10:00，关键性的战斗已经转移到了内陆。美军已在若干个点上突破了海滩防御系统，现在可以集中力量夺取滨海公路两侧规模适中的诺曼底村镇。有这些村镇牢牢掌握在美国人手中，德军可能发动的旨在拯救其陷入困境的海岸坚固支撑点的反击会被阻止。然后美国人可以从后方向下靠近冲沟，包围并夺取那些坚固支撑点，最后打通那些美国人所渴望的离开海滩的道路。到目前为止，计划的登陆时间表仍无法挽救——但是一旦冲沟被打通，大批美军部队将会如同开球时的美式足球队那样蜂拥着离开海滩。

登陆行动现在演变成了4场不同的小型战斗，集中于美国人渴望解放的从西向东的4个村镇——滨海维耶维尔、滨海圣洛朗、滨海科勒维尔和大阿莫（Le Grand Hameau）。其中，维耶维尔第一个被攻克。

在科塔准将的鼓励下，第116步兵团C连成为第一个在奥马哈西侧攀登悬崖的成建制单位。在维耶维尔冲沟到圣洛朗冲沟的中途，C连登顶进入了一片青翠但致命的牧场。上去的第一批人看到了一片大约10英亩（约合40469平方米）的长方形草地，与作为诺曼底地区传奇的两道树篱——这是该连在未来几周内将会"亲密接触"的一种地形特征——接壤。沿着树篱向南约275码（约合251米）处，有一条窄土路从东边向维耶维尔方向延伸。如果目标是夺取维耶维尔，那么可行路线是沿着这条道路西行。

第29师第116步兵团C连
美国陆军军史部门，对C连多位士兵的访谈，1945年3月25日

　　[罗伯特·]比德尔中尉以及他所在的单位的官兵都认为他们第一批到达了这一区域悬崖的边界。他们从那里起身时没有看见其他部队。他们承认来自于游骑兵单位的那些部队……他们散布在C连纵队当中，也在沿着峭壁上的蜿蜒小径攀登和翻越，但他们确信率先登顶的还是C连。尖兵分队越过崖顶边缘时，机枪火力从左右两边朝他们射来。机枪将纵队压制在地面上。在这里，人们再次提到科塔准将进入现场以督促他们前进。团体中的一些人回忆，当时科塔说道："现在，考验大家的时候到了。这就是区分男人和男孩的标尺。"……科塔要求一些志愿者站出来"去干掉左边的那个家伙"。有3个游骑兵自告奋勇，开始沿着一道低矮的树篱和沟渠疾速向南移动。通过这条路线，他们能够从右翼包抄敌机枪火力点……作为他们任务成功的证明，其中一个[游骑兵]携带着MG-42[德制机枪]大摇大摆地返回。几条德军机枪弹带披在他的脖子和肩膀上。

　　在比德尔的乘舟组的带领下，在一条长长的散乱的纵队当中，C连官兵鱼贯而行，小心翼翼地穿越田野——那里有若干"当心！地雷"（Achtung！Minen）的警示牌——抵达了泥土路那边。他们在此处向右转：维耶维尔就在正前方。比德尔的尖兵们意外发现，敌军并未在维耶维尔东部边缘地带的建筑物中设置防御阵地。"石墙勇士"于上午10:00左右进入村庄——没有德国人。在狭窄的主街道上，有几栋古典的诺曼底式房屋遭到海军火力的破坏，在一家鞋匠店的门前，有两匹死马仍被拴在一辆装满军用装备的德军马车前面。这些战利品唾手可得，但是没时间停下来干这个。前方仅200码（约合183米）处是滨海公路和向下经由维耶维尔冲沟通往海滩公路的交会点。比德尔的侦察兵悄悄地朝着那个道路交会点前进——仍然没有遇

至奥克角

德军抵阵亡处

施瓦茨阵亡处

第116步兵团C连和第5游骑兵营B连

德军抗抵巢穴

第116步兵团C连和第5游骑兵营C连

第5游骑兵营C连（戈兰森）

维维尔（D-1）冲沟

第2游骑兵营C连

第5游骑兵营B连1排

第116步兵团指挥所（校队）

教堂

第116步兵团C连

第116步兵团（主力）

科塔准将与随行的5人小组（中午时的分位置）

友邻，第5游骑兵营B连
友邻，第5游骑兵营B连

71号据点

矮墙

72号德军据点

永备发射点

针对D-1冲沟的近岸火力：
美国海军"麦库克"号
美国海军"汤普森"号
美国海军战列舰"德克萨斯"号

第743坦克营的坦克

分散的单位

奥梅尔农场

第5游骑兵营A连1排（帕克）

1个乘舟组
第116步兵团B连（泰勒）

第5游骑兵营A连和B连
中午

第2游骑兵营E连

第5游骑兵营A连和B连

滨海维耶维尔

第116步兵团C连（科塔准将随行）

第2游骑兵营A连和B连

德军抗抵巢穴

第5游骑兵营B连

第5游骑兵营E连

第5游骑兵营A连和B连

第116步兵团C连（科塔准将随行）

第2游骑兵营D连

海滨公路

第5游骑兵营C连（施奈德）

第116步兵团C连（科塔准将随行）

水位线：1000时

防波堤

上午10:00—下午1:00：滨海维耶维尔

到抵抗。紧张的当地人因为太过害怕而无法出来迎接他们的解放者，他们透过窗户窥视着外面经过的行军队伍。这一关键交会落入比德尔中尉之手的同时，冲沟底部的各坚固支撑点中仍在坚持战斗的德军士兵也纷纷投降。第5军刚刚解放了他们在第二次世界大战中解放的第一座村庄。在接下来的11个月里，他们还会迎来数百座村镇和城市的解放。

第29师第116步兵团C连
美国陆军军史部门，对C连多位士兵的访谈，1944年9月

进入镇子后，士兵们碰到了诺曼·D.科塔准将，他正在冷静地用手指旋转着他的手枪。他对士兵们说："孩子们，你们都去哪儿了？"

C连出动向维耶维尔进发后不久，施奈德中校的第5游骑兵营主力就到达了悬崖处。施奈德与他400多人的部队专注于他们的主要任务：全速抵达西面4英里（约合6.4千米）处的奥克角，并与当天上午早些时候在那里登陆的鲁德尔中校指挥下的兄弟单位合兵一处。当然，鲁德尔的游骑兵部队现在需要帮助，施奈德的人不能让他们失望。与科塔准将看法不同的是，施奈德中校不认为夺取维耶维尔是打通海滩出口道路的必不可少的第一步，而认为那里是他快速推进前去拯救鲁德尔所部的障碍。他希望从维耶维尔南部边缘绕过，以避开敌军抵抗，然后经由任何一条开放的道路前往奥克角。

第5游骑兵营
美国陆军军史部门，对第5营多位游骑兵的访谈，1944年7月

施奈德中校到达崖顶时，现场仍处在混乱中。第一批游骑兵单位已经进入了田野，他们有些缺乏组织，正漫无目的地游荡。只有A连的一个排[在查尔斯·帕克中尉率领下]毫不犹豫地径直开赴内陆地区。施奈德中校决定重组兵力并继续以营级建制向前推进……传令兵被派去查找各单位所在

位置；军官们来到营部报到。B连和C连似乎是目前仅有的其下属单位下落均已查明的连队，且B连奉命作为先头分队，自行找到了通往集结点的路线［位于维耶维尔西南的一个道路交叉口］。维耶维尔将被避开……第2游骑兵营A连和B连的剩余兵力［他们在打哑了一个德军坚固支撑点之后，到达了位于施奈德以西约450码（约合411米）处的悬崖顶部］正从西边进入战场，然后被填充到纵队当中……进行这些安排至少花了半小时的时间。南面或西面没有敌人存在的迹象……B连第1排作为尖兵率先出发，伯纳德·M.佩珀（Bernard M. Pepper）中尉负责指挥。

　　虽然敌方并未阻挡第116步兵团穿越维耶维尔镇的行动，但是对施奈德来说不幸的是，当游骑兵部队试图绕过城镇向南移动时遭到了德军的猛烈抵抗。帕克中尉的游骑兵排率先到达悬崖，并在不知晓施奈德重组命令的情况下向内陆进军，除此之外，没有其他的游骑兵成功地进入集结地域。经过在滨海公路以南数小时的毫无成果的战斗之后，施奈德意识到他的人不能通过这条路线抵达奥克角，他们必须直接穿越维耶维尔，并沿滨海公路向西行动。

　　但是那条路线也并没有更好。第116步兵团C连，由比德尔的乘舟组打先锋，并得到了莫尔斯中尉D连的一个乘舟组的支援，于上午11:00左右进行了尝试，但在遭遇敌火力拦截之前仅在城镇外面推进了约三分之一英里（约合536米）的距离；敌火力杀死了在路边沟渠里寻求掩护的3名第116团的士兵。比德尔选择撤退，然后向南移动到牧场，以包抄敌防线的侧翼。这也没有起作用，还导致另外两人阵亡，其中包括斯坦利·施瓦茨（Stanley Schwartz）中尉，他先前曾在海滩上为C连在敌铁丝网上炸开了第一个缺口。

　　到中午时分，在维耶维尔以西与敌作战的"石墙勇士"们加入到第5游骑兵营B连当中。B连由乔治·惠廷顿上尉指挥，由佩珀的第1排打前锋。游骑兵的到场帮助了他们，但他们仍然无法打破敌军防线。

第29师第116步兵团C连
美国陆军军史部门，对C连多位士兵的访谈，1945年3月25日

科塔看到行军纵队停了下来［在维耶维尔以西区域］，他前往查看到底为何延迟。"他们告诉他，［沟里的］尸体是被狙击手击中阵亡的。"莫尔斯如是说，"但是科塔仍然站在那里，他的.45手枪就握在他的手中。他告诉我们说，我们必须尽量离开道路，以绕过阻挡我们前进的敌火力来源。"……正是因为这一点，首先诺曼底地区典型的树篱地带就成了问题。比德尔和施瓦茨中尉率领他们的人员沿着从农舍向南延伸的树篱试探着向前推进，但是每次穿过这个树篱继续向西移动时，他们都会遭到200—300码（约合183—274米）距离上的敌轻武器和自动火器的猛烈射击。敌火力点得到了良好的伪装，美军步枪手发现不可能通过枪口焰或硝烟来判定敌人的位置。德国人正在使用无烟火药。

第5游骑兵营
美国陆军军史部门，对第5营多位游骑兵的访谈，1944年7月

B连现在正沿着公路向西开赴维耶维尔……镇中没有开枪，也没有敌人或友军存在的迹象。他们沿着通往奥克角的公路向前推进，中午时分抵达了维耶维尔前方半英里（约合800米）的位置。在侦察小队过去之后，位于路边预设阵地中的敌军开始向主力部队开火。佩珀把他的排派往道路向南的一大片田野中，以寻找机枪阵地的位置。他手下有两人阵亡。科塔准将独自一人抽着雪茄，沿着道路从维耶维尔方向走过来，［游骑兵部队］上次看到他还是部队在悬崖顶上重组的时候。将军问是什么挡住了他们。"狙击手。"佩珀说。"狙击手？哪有什么狙击手！"一发子弹打在离将军很近的地方。"好吧,也许有。"然后他走开了。

那么就由你去找出原因吧

第5游骑兵营的其余部分能够从维耶维尔周边的流产行动中脱离出来，并径直穿过城镇向西移动时，为时已晚。敢闯敢冲的科塔准将在中午时分离开维耶维尔去履行打通海滩出口的重要使命，而现地最高指挥官，第116步兵团的查尔斯·坎汉上校，由于敌人在城镇南部和西部所进行的抵抗给予了他足够深刻的印象，所以他放弃了实现本团雄心勃勃的D日作战目标的尝试。在这一时间点上，坎汉只能查明本团一小部分单位的去向，对他而言，无论从哪个角度分析当时战局，似乎都不可能完成比他现在已经做过的更多的事情。考虑到巩固海滩阵地在盟军高层的诺曼底战役后续计划中至关重要的作用，似乎最好的选择是在这里掘壕据守，至少在搞清楚"石墙旅"的那些失联单位的命运之前是如此。

但情况并没有被很快弄清楚，坎汉上校不由得开始担心，他所控制的小小的维耶维尔飞地是否也会陷入一些被美军将领委婉地称作"敌人的狂热"（enemy enthusiasm）当中。而如果找不到其他的"石墙勇士"，游骑兵也只能照此行事，因为他们被配属到第116团中并完全接受坎汉上校的指挥。游骑兵分队在维耶维尔穿行并满心期待施奈德能将他们带往奥克角的时候，脾气暴躁的坎汉上校截住了他们，并下达了无人敢提出质疑的简短命令：游骑兵必须立即展开，部署到这片被当地人称为"le bocage"①的由杂乱分布的小块田野和树篱构成的区域当中，为守护这片新占领的土地而战至最后一兵一卒。在奥克角的鲁德尔部队如果无法守住阵地，那固然很不幸，但要是维耶维尔在夜幕降临时落入德国人手中，那么它会成为一场连艾森豪威尔都无法忽视的大灾难。一些愤愤不平的游骑兵战士提出异议——但命令就是命令。

---

① 译注："bocage"指用树篱隔开、中间夹杂有树丛的小块牧草地。

托马斯·豪伊少校

第29师第116步兵团作战训练科科长，1944年6月9日

除了第743坦克营联络官琼斯（Jones）中尉的无线电台之外，其他通信完全失灵。与此同时，[第116团团部]分队已与美国第1步兵师和第16步兵团的联络官和无线电小队分隔开来……在试图重新加入[位于奥克角的]第2游骑兵营时，（我们）联络上了一个游骑兵排[由马修·格雷戈里（Matthew Gregory）中尉领导的第2连第2排]。坎汉上校强迫该排留下负责保卫团部，并立即派遣一支巡逻队向南前往卢维埃①，以便联系我们的第2营。[巡逻队]返回的报告声称，在卢维埃以南没有任何友军单位，而德国人在当地乡间泛滥成灾。

贝蒂尔·霍克斯上尉

第29师第116步兵团C连连长，1944年7月

我们试图击破[维耶维尔以西的敌防线]，但终于放弃了，并决定掘壕据守。我们派出巡逻队以寻找我营其余部分。我的通信士官埃德温·赫林（Edwin Herring）上士找到了团部作战训练科科长托马斯·豪伊少校，他指示了团部指挥所、G连残部以及若干重火器的位置。该团的其余部分仍然失联。在返回途中，赫林上士遇到了[约翰·]梅特卡夫（John Metcalfe）中校[第1营营长]、营参谋部其他人员、指挥连一部，以及来自A连的约15名士兵，他带领他们进入我方阵地。后来，第58装甲野战炮兵营一部赶上了我们。他们为我们向德军阵地实施了一轮集火打击，随后我们再度发起进攻，但仍无功而返。然后我们决定连夜掘壕据守。

---

① 译注：卢维埃（Louvières），滨海维耶维尔以西的一个市镇。

卡尔·维斯特（Carl Weast）一等兵
第5游骑兵营 B 连

果园旁边是一条未经平整的道路，当我们开始探索周边时，我们看到从道路向东延伸的一道树篱中有一名美国大兵小心翼翼地探出头来张望。他问我们是谁，负责人是谁，然后告诉我们他是建设第116团指挥所的小队成员之一。指挥小队的其他成员也走了出来并证实了他们的身份，包括坎汉上校在内。坎汉发现他的人还留在海滩上，他命令我们排留下来作为他的警卫队。

埃弗里·桑希尔（Avery Thornhill）三级军士长
第5游骑兵营 B 连

[在维耶维尔以西，]我连首次有两人阵亡。其中一个是非常好的孩子，他从不吸烟喝酒，并且只要有空就从来不会错过去参加弥撒。另一位士兵是个乐天派，如果让我说的话，他也是个很好的人……这名士兵是我们六人组中的一员，我们从在田纳西州的福里斯特训练营受训时就在一起。六人组中有一人被压制在一道树篱前面动弹不得，他恐怕被击中了，因为我们听到有人在痛苦呻吟。于是这个男孩跳起来说："他们不能对[在原始文件中姓名被删除]这样做。"

他跳到了树篱顶端，立刻就被击中了心脏。不消说他当即牺牲。他为他的好友付出了生命的代价，但却没有任何意义，因为我们可以在没有伤亡的情况下解救树篱另一侧的友军，而他的朋友也没有受伤。在呻吟的是一名被手榴弹炸伤的德国军人。

坎汉上校为维耶维尔镇担忧，科塔准将担心的却是维耶维尔冲沟。科塔认为，除非装满物资的坦克和车辆很快就能离开海滩并通过冲沟向内陆移动，否则第116步兵团和游骑兵部队所取得的任何成果都不会对战局产生任何影响，但从科塔将军的角度来看，他并不认为这样的运动是迫在眉睫的。敌人仍然控制着海滩上的局势，这一细节通过午后不久开始的一场针对冲沟入口处的猛烈海军弹幕打击得到了确凿的证实。如果海军正在努力肃清海滩出口处的敌人，那么科塔也决定贡献自己的力量。大约中午12:30，他和5位忠实的追随者一起，开始沿着冲沟的柏油路走向海滩。

约翰·麦卡利斯特（John MacAllister）中尉
第29师第121战斗工兵营，人事科科长

我进入维耶维尔，前往那个通往海滩出口的道路交叉口。我还记得我当时那种强烈的孤独感。过了一会儿，科塔和一名步枪兵过来了。他说："早上好，中尉。其他的登陆部队都在哪儿？"然后他注意到了我衣领上的城堡标志[美国陆军工程兵的兵种符号]，他的下一个问题是："为什么海滩出口还没有打通？"当我回答说我不知道的时候，他说："很好，那么就由你去找出原因吧。"我开始沿路向海滩走去，他喊道："等等，我们和你一起去。"当时我营副营长[艾伦·]奥尔森（Allan Olson）少校也加入了这个小队，于是我们一起开始返回海滩。

杰克·谢伊中尉
第29师师长科塔准将的随从参谋，1944年11月

在过去的25—30分钟内，一艘海军巡洋舰[实际上是"麦库克"号驱逐舰和"汤普森"号驱逐舰，以及后来的"德克萨斯"号战列舰]已经在朝海滩出口处的防御工事开火……科塔准将、他的副官[谢伊中尉]、奥尔森少校和麦卡利斯特中尉（后两人是第121工兵营的军官）与两名士兵一起组成一支巡逻小分队，他们从后方进入出口，已确认为何障碍还未被排除，通道还未被打通。当巡逻队从后方进入出口时，海军停止了炮击。由这些舰炮火力所制造的爆炸

所产生的剧烈震动使我们似乎感觉到维耶维尔镇的街道正在我们的脚下拱起，爆炸的冲击波还让经过海滩出口上方十字路口的几名团部人员摔倒在地。

"我很希望他们结束那次射击。"奥尔森少校说。

"那场射击可能会迫使他们躲进洞里。"科塔将军发出警告。

科塔低估了舰炮齐射的效力。它并没有迫使德国人"躲到他们的洞里"，相反，它让他们中的许多人从洞里出来——而且是双手举过头顶。除了两艘驱逐舰的火力之外，很显然，来自"德克萨斯"号战列舰的14英寸（356毫米）火炮从2英里（约合3.2千米）距离上——对战列舰而言这就是直射距离——发射的仅仅6发炮弹所制造的惊天动地的爆炸，足以说服大多数海滩防御者缴械投降。

科伊特·科克尔（Coit Coker）海军中尉
美国海军第3舰炮火力岸上控制组，行动报告，1944年6月

高原上是一片草地，散布着德军的大量散兵坑。决定在中午时分呼唤舰炮火力轰击此区域，预定弹着点须自正确位置偏移至右侧越过D-1出口（以避免打到我们自己），此处（敌军）当时尚未被肃清。"麦库克"号驱逐舰实施了此次火力打击。当炮弹飞越海滩出口时，"麦库克"舰通过无线电告诉我们，有一大群德国人从出口处的重型混凝土工事中走了出来，挥舞着一面白旗。我们通过无线电告知停止开火。火力延伸时，海滩上的工兵收容了这些德军战俘（数量为30人）。齐射次数共计4轮（16发炮弹）。由［来自第116团第1营］［唐纳德·］范德福尔特（Donald Vandervoort）中尉带头，我们通过往散兵坑中投掷手榴弹，又抓获了3名德军战俘。

美国海军"麦库克"号驱逐舰

拉尔夫·雷米（Ralph Ramey）海军少校，作战日志

1944年6月6日，1217时

　　对位于从滨海维耶维尔教堂通往海边的冲沟中的大量房屋和炮火掩体实施火力打击。摧毁了6座房屋（包括一栋三层楼）以及作为狙击手和岸炮掩体的石墙。

美国海军"汤普森"号驱逐舰

艾伯特·格贝林（Albert Gebelin）海军少校，作战日志

1944年6月6日，1223时

　　开始摧毁俯瞰"绿D"出口的所有房舍和其他建筑物。

第1步兵师师部

美国运兵船"安肯"号，第5军作战与训练处（G-3)的作战电文日记

1944年6月6日，1328时

　　我们可以从"绿D"滩的控制艇发给许布纳将军的电文中看到，有德军战俘被从挡在"D-1"出口的永备发射点中带出来。

　　没有哪位奥马哈海滩登陆计划的制定者可以想到第一批通过维耶维尔冲沟的美国士兵所走的路线是从维耶维尔镇到海边。它原本的方向本来与之相反。但只要任务完成，科塔的小分队不会在意它是如何完成的。当然，在历史上并没有多少类似的案例：一个将军率领规模如此之小的一支部队——其中军官和士兵的比例为2:1——取得了如此巨大的成功。

杰克·谢伊中尉

第29师师长科塔准将的随从参谋，1944年11月

"请密切注意你们右边的悬崖。"[科塔说。]巡逻队遭到零星的轻武器火力射击，但是十几发卡宾枪和手枪子弹的还击就足以让5名德军从冲沟东壁的洞穴中出来投降。德国兵一抵达道路，他们就被解除了武器，并且在巡逻队通过冲沟入口时走在队伍前面。这些战俘请求巡逻队帮助撤离他们据称因伤留在洞穴中的12名"战友"。科塔准将意识到这是一个陷阱，因此拒绝了这一提议[据称当时他态度坚决："我们不会进入洞穴！"]。后来又有54名战俘被从同一个洞穴中押走。在海滩出口边缘，巡逻队发现反坦克墙仍然存在。在出口的西部边缘，一个有顶的配备了一门75毫米高初速反坦克炮[实际上是一门更加致命的"88炮"]的混凝土发射阵地[该发射阵地被德国人伪装成一个海滨度假屋，但伪装效果却不怎么样。今天它成了美国国民警卫队的纪念碑]已经被部分摧毁。

约翰·麦卡利斯特中尉
第29师第121战斗工兵营，人事科科长

在下来的路上，科塔注意到两名德国士兵在冲沟顶上，于是他向他们挥舞着他的.45手枪喊道："下到这里来，你们这些狗崽子！"他们照做了，然后我们押着他们一起返回海滩。

反坦克墙的中间位置有一个小缺口，每次只能允许一个人通行下到海滩上。科塔的团队通过这个缺口时，德军俘虏开始变得狂躁，他们大呼小叫："地雷！地雷！"于是科塔宣布："那好，你们继续前进。"唯恐他们因为不懂英语而无法理解，他又用威严的手势强调了这一命令，让他们不敢提出异议。一名战俘先出发，小组其他成员都跟在他后面，确保自己的每一步都准确踏在他的脚印上。

杰克·谢伊中尉

第29师师长科塔准将的随从参谋，1944年11月

走上步行道之后，巡逻队开始向东移动。步兵的尸体散布在混凝土海堤的底部，从他们制服上的徽章可以看出他们隶属第116步兵团。第一具遗体位于出口以东约40码（约合37米）处，在那里开始，到"白D"滩的任何一片100码（约合91米）宽的区域中，你都可以发现35—50具尸体。

科塔准将几乎又回到了当天早上7:30他开始行动的地方。他现在把注意力转到了如何捣毁挡在维耶维尔冲沟入口处的那道厚墙之上。

杀戮狂热

到D日黄昏时分，在奥马哈海滩登陆的所有幸存的美军指挥官中间，几乎没有人可以声称他们完全按照登陆作战计划中的规定完成了他们的全部任务。能够做出此类大胆宣言的少数人之一，是第5游骑兵营A连的指挥官查尔斯·帕克中尉。对于营里的军官来说，帕克以"王牌"（Ace）的称号广为人知，这或许表明了他在专职工作方面的才能，但更有可能是源自20世纪30年代中期一位知名的大学橄榄球运动员的绰号。在那天上午，A连曾引领第5游骑兵营离开海滩并攀上悬崖，帕克和第1排向内陆运动的速度是如此之快，以至于他们错过了施奈德中校下达的命令，该命令要求全营在越过崖顶后就地坚守和重新组织，然后方可继续向南推进。

帕克和他的30名游骑兵前往奥梅尔农场〔Ormel Farm，陆军地图上此处被错误标记为"沃米塞尔庄园"（"Chateau de Vaumicel"）〕，该农场位于维耶维尔正南方400码（约合366米）处，是第5游骑兵营预先安排的集合点，在这里，分散的各单位将汇集到一起，然后出动前往维耶维尔西南的一个营集结地域——而后再向奥克角推进。帕克的游骑兵分队行经德国人出没的田野和果园，这些疲惫不堪的美国大兵耗费了数个小时，才抵达奥梅尔农场坚固的石制建筑及其大型内部庭院的掩护范围之内。此时分队人员已减至23人。令他们惊讶的是，他们发现有25个美国大兵已经在那里了，其中大多数来自第116步兵团B连的沃尔特·泰勒（Walter Taylor）中尉所指挥的一个乘舟组，他们属于翻越维耶维尔冲沟和勒穆兰冲沟之间的悬崖线的首批美国军队中的一部分。泰勒手下的士兵已经在与奥梅尔农场里面的德国人交火——他们向困惑不已的帕克报告了一个情况，帕克本以为自己抵达第5游骑兵营的集结地域时将会迟到，但按照他们的说法，他们根本没有看到有游骑兵经过奥梅尔。

第29师第116步兵团B连
美国陆军军史部门，对B连多位士兵的访谈，1944年9月

　　在庄园［奥梅尔农场］中，泰勒带走了两名战俘——一位德国军医和一位救护员。带走他们后，泰勒将二人有条件释放，让他俩负责照料他部队中的3名伤员……［后来］德国人来到［奥梅尔农场］，对他们发动袭击，但是建筑物墙壁上已经开了射击孔，故军被布置得当的步枪火力逐退。来自第2游骑兵营的15名战士（实际上是帕克中尉的23人小队）从左侧进入战场并加入了泰勒的部队……"在整个D日，他都是一位表现杰出的领导者。"［弗兰克·］普赖斯（Frank Price）［上士］在谈及［泰勒］时如是说，"他看上去无所畏惧，无论他去往哪里，无论是行军还是战斗，他总是一马当先。我们跟随着他，因为这是我们唯一能做的。"

　　帕克认为第5游骑兵营的其他部队必定是通过一条更好走的路线前往了该营的集结地域，所以他和他的士兵们带着最美好的愿望与泰勒道别，在下午2:30，小心翼翼朝着约1英里（约合1.6千米）开外的那个预定地

点进发。随即他们与一些德军遭遇，但后者没有表现出太大的战斗意愿。帕克的士兵抓获了12名俘虏并继续推进。他们在4:30左右到达集结区——仍然没有施奈德和营主力出现的迹象。他们到底是领先还是落后于战友们，帕克不知道，但无论如何，他的小分队将继续前往3英里（约合4.8千米）外的奥克角。

如果有德国人能在维耶维尔周围的乡间穿梭，那么在奥克角附近也肯定会有德国人。因此，要抵达鲁德尔中校的阵地就算不是不可能的，也将非常困难。尽管如此，帕克的小部队仍然继续前进。游骑兵沿着内陆一条狭窄的乡间小道向西行进，它与海岸线平行并距离海岸1.5英里（约合2.4千米）。但是每向幽暗恐怖的树篱地带行进一步，游骑兵孤立无援的感觉就会增加一点。大家都在哪里？德国人很快就宣示了他们的存在，游骑兵小队在农场经历了一场惨烈的战斗，他们好不容易才逃脱了敌人的陷阱，随后这些疲惫不堪的美国大兵将他们的俘虏留在了后面，原路退回了数百码的距离，而后他们离开道路，疾步穿过以树篱为边界的若干小片牧草地，最后，在天黑前不久进入了位于奥克角的鲁德尔部的防线。

第5游骑兵营A连
美国陆军军史部门，对A连多位游骑兵的访谈，1944年7月

很明显，这个排已经落入陷阱。问题已经不再是如何继续前进，而是如何撤出……[威廉·]卡拉尔（William Kalar）[上士]是翻越围墙对付道路北边敌机枪火力点的人员之一。[克莱德·]法雷尔（Clyde Farrell）[上士]从树篱上为他提供火力掩护，他随即离开围墙冲向树篱。机枪开始射击，卡拉尔可以感觉到子弹击穿了他的背包。然后一发子弹击中了他的下巴。他猛地扑倒在树篱底下，用手摸脑袋后面，以确认子弹是否穿透。当他卧倒时，有两个敌人离开这道树篱。卡拉尔用冲锋枪杀死了二人，然后又返回到围墙处。回到帕克那里，他说："看

看我得到了什么。"他指着自己被打碎的下巴。然后卡拉尔的杀敌热情被点燃。他站起来，开始直接沿着道路边走边吼道："我要去干掉那个狗崽子！"机枪再次呼啸起来，卡拉尔走出了我们的视野。然后听到冲锋枪射击的声音。过了一小会儿，卡拉尔押着两名德军走了回来，拿着额外的一支冲锋枪，还有一些弹药挂在他的脖子上。他指着他的下巴嘟哝道："看看我弄到了什么！"

查尔斯·帕克中尉
第5游骑兵营A连连长

当晚9:00我率先抵达奥克角时，有人传话给鲁德尔中校，告知了我们抵达的消息。他的第一个问题是："第5营的其余部队到底在哪里？"我告诉他说，既然他们还未到达那里，那么他们就必然在我身后或者正沿着[海滨]主路前进，而且他们恐怕会在维耶维尔镇遇到麻烦。

遭受严重伤亡的鲁德尔的部队处境窘迫，亟须一切可用的力量为其提供支援。该部可谓孤立无援，它的后面是大海，当他们爬上奥克角的悬崖，沿着海岸公路向内陆推进时，触发了德方激烈的反应。鲁德尔部的主要目标是摧毁在此的6门敌军重炮，然而实际上它们在D日之前即已从海岸撤离（盟军情报部门未发现这一情况）；有一支游骑兵巡逻队在当天上午于奥克角西南的一片田野中发现了它们，但其炮组成员莫名其妙地不知所踪，于是游骑兵们将其摧毁。鲁德尔的人员还在海岸公路两侧建立了防御阵地，有效地阻止了部署于奥克角以西的德军向东移动，去对付位于维耶维尔的坎汉上校的部队。在6月6日的整个夜晚，以及第二天的部分时间里，鲁德尔的游骑兵部队几乎不间断地遭受着敌人的攻击，但是他们设法在帕克的小分队的支援下挺了过来——直到6月8日大部队赶来增援为止。

欢迎来到法国

与此同时，在奥马哈海滩的另一侧，第16步兵团正在与敌人争夺科勒维尔和大阿莫的控制权。即将被艾森豪威尔任命为"禁卫军"的第16步兵团在其光荣的历史中见证了多场激烈的战斗，但是那些经历过阿尔泽、凯塞林隘口、523高地和特罗伊纳的头发斑白的老兵们不记得有哪场战役的开场如奥马哈海滩一样可怕。有大量的优秀战士，包括许多在纽约港杰伊堡（Fort Jay）的初创岁月中就在第16团中服役的老前辈在内，都没能从海滩上的炼狱中幸存下来。即使泰勒上校能够扭转该团的命运，但夜幕的降临无疑会使伤亡数字进一步增加。

海滩上所蒙受的创伤永远不会从16团的集体记忆中消失，但是战役仍有取胜的希望，为了实现这一点，该团必须夺取科勒维尔。科勒维尔镇并没有什么可以大书特书的：一座带有高耸的尖塔的古老教堂，位于城镇西部边缘高地的突出部上，从那里可以看到壮观的海景；由护墙环绕的农场；公共盥洗池；还有一座充当镇公所的坚固石制建筑，位于一条风景如画的泥土路的终点，这条路通往北部的海滩，长度不到1英里（约合1.6千米）。整个地方只有几十幢建筑物，两端距离仅有650码（约合594米）。但是那些了解战争历史的人必定会意识到，在看似无关紧要的地方所爆发的冲突常常会深刻地改变世界的命运。

科勒维尔及其周围地区的作战行动，在性质上与同时在3.5英里（约合5.6千米）以西的维耶维尔所发生的战斗完全不同。第116步兵团和游骑兵单位进入维耶维尔时，街道上和建筑物中均没有敌人存在的任何迹象，然而贯穿整个D日，美军每次突入科勒维尔的企图都遭到德国人的猛烈抵抗，并且后者事实上一直坚守在城镇东部区域直至6月7日。此外，在上午9:00左右，德军高级指挥部从巴约派出了由近700名生力军所组成的一个后备步兵营（第915掷弹兵团第9营），它中午时分到达时，其指挥官并非只是简单地建立一道防线以遏制美国人向内陆地区的突破，相反，他们的目标是做德国士兵在这场战争中一直在做的事情——反击。这样的策略可以将美国人赶回海上，拯救那些仍留在沿岸永备发射点中的陷入困境的德国军队。对第16步兵团来说，奥马哈的战役并没有变得更容易。

爬上圣洛朗冲沟和科勒维尔冲沟之间的峭壁之后，约瑟夫·道森上尉的G连冲在最前面，他们横跨了一条向内陆蜿蜒约半英里（约合800米）并与镇子西边的沿海公路交会的窄土路。在连队小心翼翼接近科勒维尔的过程中，有一位和蔼可亲的法国农妇站在小路旁的古树下向他们打招呼，这让道森上尉惊讶不已："Bienvenue à France!"（"欢迎来到法国！"）这似乎更符合美国大兵对诺曼底地区的期望。

但是科勒维尔的德军会让美国人吃尽苦头。在城镇的西部边缘，道森的人撞上了某个挤满德军掷弹兵的宿营地，里面的敌人就像是被打翻的蜂巢中被激怒的蜜蜂一般。敌方迅速开火，机枪的嘶吼和迫击炮弹发射时的低沉撞击声此起彼伏，场面迅速变得混乱——这种情况因诺曼底区域难以形容的复杂树篱地形而进一步加剧。但是，道森与他的许多部下对于军事专家所津津乐道的"战争迷雾"（the fog of war）早有经验，他们同样迅速地对敌火力展开反击。G连的这场战斗持续了两个小时，造成12人伤亡，但最终敌人还是被打败了。

威廉·华盛顿（William Washington）少校
第1师第16步兵团第2营副营长

我还记得1000时左右与乔［·道森］（Joe Dawson）的谈话。在科勒维尔外面的一个小十字路口，他曾和一位法国人交谈过。法国人告诉他村里有200名德国人，而我们之前得到的所有情报都说那里只有约30名守军……我说："那家伙想让你上当。他是被派来用这一堆废话迷惑你的。带上你的连继续前进，然后把他们都消灭掉。"于是他照做了。直到那时为止，他还认为他正在向三四十名敌军发动进攻。［然而，］他的进攻目标足有200人之多。

道森一路向东进入科勒维尔，滨海干路的一个急转弯处，就是那座尖顶隐约可见的教堂。里面有德国人吗？他们很快就会得到答案。

道森与两名G连士兵警惕地进入了教堂周围被墙围起来的墓地，然后朝大门走去。他们仅仅朝大门走了几步，里面就有3名德国人从某个暗处向他们开火，教堂内部狭窄封闭的环境令枪声响彻大厅，震耳欲聋。他们没有打中目标——但是当道森小组中的一人向前冲去时，尖塔上的第四个德国人从上面开枪打死了他。然而，德国兵的位置也因此暴露并迅速为他带来了死亡的厄运：道森迅速朝上面的钟楼上开枪还击，德国人被困在那里无法逃脱。至于剩下的3个德国人，道森在后来回忆时委婉地表示，小组中的第三人"干掉"了他们。

但是对于道森来说不幸的是，教堂的交火只是一个开始。科勒维尔镇大部以及沿着科勒维尔冲沟通往海滩的主要道路都在更往东的地方，如果G连的目标是向前推进，那么将会有更多的苦战。

约瑟夫·道森上尉
第1师第16步兵团G连连长

> 我跑出教堂时，一个德国人朝我射击。幸运的是，我转过身来［看见了］他，然后我回了一枪——就在他射出第二颗子弹之前。我带着一把卡宾枪，是我从在教堂里丧命的那位士兵身边捡到的……子弹击穿卡宾枪的枪托并把［它］打碎，子弹的一块碎片穿过我的膝盖，另一块则穿过了我腿部的肌肉……［这］导致我于次日因伤后送。

第1师第16步兵团G连
D日战斗后报告，1944年6月17日

> 第1小队［随同道森］于1315时抵达该镇外围地区，并在687882方位［地图坐标］占据了教堂和教堂正南边的房屋，在那里他们与敌进行了

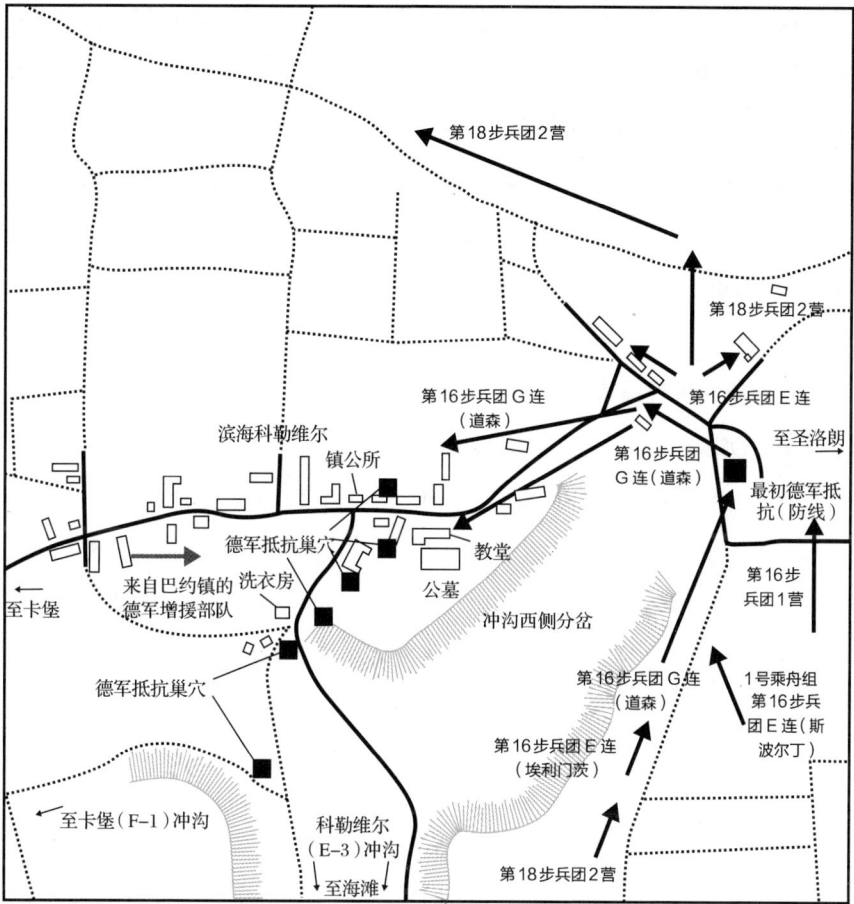

第18步兵团2营

第18步兵团2营

第16步兵团 G 连
（道森）

第16步兵团 E 连

至圣洛朗

滨海科勒维尔

镇公所

第16步兵团
G 连（道森）

最初德军抵
抗（防线）

德军抵抗巢穴

第16步
兵团1营

来自巴约镇的
德军增援部队

洗衣房

教堂

公墓

冲沟西侧分岔

德军抵抗巢穴

第16步兵团 G 连
（道森）

1号乘舟组
第16步兵
团 E 连（斯
波尔丁）

第16步兵团 E 连
（埃利门茨）

至卡堡（F-1）冲沟

科勒维尔
（E-3）冲沟

至海滩

第18步兵团2营

至卡堡

上午10:00—下午7:00：滨海科勒维尔

近距离交战。虽然有3人当即阵亡，2人身负重伤，但这些建筑物被我方人员占据并坚守。此时整个连队遭遇了来自各个防线的猛烈反击，但是被我军成功逐退……在敌军完全包围我方的情况下，需要全连维持稳固的环形防线，并且要应对敌我双方犬牙交错的局面。为了守住已占领的土地，没有进行进一步的推进，连队掘壕据守并等待第18步兵团前来缓解我们所承受的压力……

在接下来的几小时里，G连得到了来自多个不同渠道的帮助，但是道森上尉很可能没有注意到这一事实。"战斗一师"的参谋人员匆忙中从悬崖顶部区域向前方派遣了增援部队，将他们送往科勒维尔的周边地区，而非这座市镇，这是很合理的，因为极其活跃的敌军正在反复尝试包围道森所部在教堂及其周边的飞地。如果德国人成功实现这一目标，那么他们肯定会歼灭G连或迫使其投降。然而，道森渴望即刻得到直接的支援。

爱德华·沃曾斯基上尉
第1师第16步兵团E连连长，1944年7月

E连的两个骨干小队在罗伯特·A.哈奇（Robert A. Hutch）中尉的带领下前出，并在G连右翼进入了阵地。当时的情况简直是"一触即发"，连队前方、周边与后方都是敌军。尽管如此，哈奇中尉还是带领他的人员进入了这一绝地，[并且]通过自己的力量站稳了脚跟，他缓解了G连所承受的过大的压力，并最终建立了一个营正面的防线。

约翰·斯波尔丁少尉
第1师第16步兵团E连

在下午三四点钟，华盛顿少校派遣我的小队[就在科勒维尔西边]执行一次任务。我们很快就发现自己被包围了。大概过了一个小时或更长时间后，在我们中间只剩下了不到100发子弹，所有试图与我连建立联系的努力都导致了人员的牺牲[值得一提的是，牺牲者中包括弗雷德·比斯科，他曾在那天上午攀登悬崖时提醒过斯波尔丁少尉，以免后者踩到地雷]。有些人在讨论是否应该投降——但我们很快就将这个想法抛诸脑后。我们找到了一条沟渠，然后一个接一个地在沟渠中爬行，接着跑步穿过一条道路，又跳进另一条沟里，最终我们得以匍匐前进抵达安全地区。我们在沟中匍匐前进时经过了一个德军机枪火力点，

那里有两具德军尸体和一名活着的德国人。我们一声不吭地解决掉了那个敌人，以换取我们的安全。我清楚地记得，当我从他身边经过时，我看到他眼中闪烁着光芒。

瓦尔特·比德（Walter Bieder）一等兵
第1师第16步兵团 E 连

[我们]终于找到了我连的其余部分——沃曾斯基上尉和连队的其他单位。沃曾斯基当时有些失控地大叫起来："我的人都在哪里？他们给我们的承诺又兑现了多少？"他们本应轰炸整个海滩区域，但他们却没有那样做。那里根本没有弹坑。D 日当晚，连队原本满编的 200 名官兵只剩下了 60 人。情绪崩溃的沃曾斯基叫嚷着："我的士兵都在哪里？"只剩下我们 60 个人。

第1师第16步兵团第1营
D 日战斗后报告，1944 年 7 月 4 日

1330 时，发现 C 连位于滨海科勒维尔以西半英里（约合 805 米）的十字路口处。B 连位于 C 连的右后方，A 连则位于 B 连的右后方。下午 C 连肃清了十字路口以东的树林和果园中的狙击手、机枪火力点和小股步兵。该地区在当日白昼的剩余时间和傍晚早些时候承受着间歇性的迫击炮和大炮的火力打击……从我营抵达海滩的那一刻起，就不断与敌人保持着接触。在首日战斗中共俘敌约 60 人。首日伤亡人数为 4 名军官和 127 名士兵。A 连连长[詹姆斯·]彭斯上尉在海滩上受伤并被后送。

威廉·富尔克（William Fulk）中尉
第1师第16步兵团作战训练科助理科长，1944 年 7 月 8 日

L 连的布朗中尉在科勒维尔附近射杀了一名女性狙击手。她当时身

着德军少尉制服。她看起来是在履行炮兵观察员的职责，另外她还在用步枪射击。她被布朗排中的一名士兵击伤。当布朗上去查看情况时，她做了一个像是要扔手榴弹的动作。于是他将其击毙。直到她的头盔掉落时，他才明白这是一个女人。布朗和他手下的士兵剥去了尸体上身的衣物，以确认其是一个女人。

第1师第18步兵团第2营
D日战斗后报告，1944年7月

本营行经已蒙受严重人员伤亡的第16步兵团，沿着低堑路和树篱一线前往滨海科勒维尔的西部边缘。德国人在大部分树篱的栅栏门和缺口区域都部署了经过精确标定的步机枪火力，在推进过程中我营损失了数名人员。在科勒维尔，本营转而向南迁往原本的集结地域，这也是第16步兵团第2营原本的行动目标。仍然担任先锋的F连逐退了敌人……此时，此次作战已经呈现出与我师以往所参与的军事行动截然不同之处。战场被林地和树篱所覆盖，极其有利于隐蔽，但几乎无法进行战场观察。战斗往往在很近的距离上打响，这就让情况进一步复杂化。

下午晚些时候，从近海海面上观察海滩的陆海军军官得出了错误的结论，即德国人正利用科勒维尔教堂的尖塔作为观察哨，以向海滩区域进行直接炮火打击。于是3艘驱逐舰开始炮击科勒维尔，从而演变成了一场在D日发生的最为严重的"友军火力"（误击）事件。道森根本无法阻止这场误击。

美国海军"哈丁"号驱逐舰
乔治·帕尔默（George Palmer）海军少校，作战日志
1944年6月6日，1854时

接到命令……向科勒维尔教堂开火 2 分钟，射程 3500 码（约合 3.2 千米），着遵照执行。1857 时停火。教堂遭受严重破坏。耗弹 73 发。1935 时又接到命令……向科勒维尔教堂再次开火两分钟，并向周边地区展开炮火。1937 时向同一目标再次开火，此次射程为 3800 码（约合 3.5 千米），有多次命中教堂及目标区域的弹着记录。耗弹 60 发。据信该教堂被用作迫击炮射击的观察哨所，因为此时海滩上显然正遭受着来自内陆的火力打击。

威廉·华盛顿少校
第1师第16步兵团第2营副营长

我本想占据了滨海科勒维尔教堂的尖塔之后我们可以更好地观察敌方动向，然而它却被美国海军所摧毁，这真是太可悲了……舰炮火力岸上控制组的海军人员也成了伤亡名单的一部分，他们随行突击营的无线电设备已经损坏，因此海军方面不清楚岸上发生的情况，当时也没有其他人知晓。显然是有人推测敌军占据着教堂尖塔，并在调集火力朝海滩上射击。

约瑟夫·道森上尉
第1师第16步兵团 G 连连长

在下午 4:00[实际上是接近晚上 7:00]，我们遭到了己方海军炮火的摧残。它把城镇彻底夷为了平地，在此期间，我们遭受了全天中最惨重的伤亡——不是来自敌人，而是来自我们自己的海军。我当时简直是怒不可遏，因为我认为这太可耻了……当时我开始疯狂地投掷烟幕弹，向他们发出镇上有我方部队的警示，但是现在阻止这场攻击显然已经太晚。

约瑟夫·皮尔克（Joseph Pilck）上士

第1师第16步兵团G连

当我们位于科勒维尔教堂附近时，海军用他们的大口径舰炮开火并摧毁了教堂的尖塔。我们在那次海军炮击中损失了不少士兵。

C. F. 布赖恩特海军少将

"O"部队，海军炮击集群指挥官，1944年7月2日

我们不知道，也无从知道陆军正在（那里）坚守。我们并未收到消息。我们原本计划停留在近海海域，等待舰炮火力岸上控制组 [NSFCP] 与我们取得联系。然而并未实现。

哈罗德·斯塔克海军上将

欧洲战区美国海军总司令，关于"尼普顿"海军火力支援行动的报告，1945年

每艘开火的战舰都配备有一名陆军炮兵军官，负责维护有关盟军地面部队所在位置的最新情报，并确定对任何给定目标实施射击的可行性和必要性。该组织按照如下步骤开展工作：a）舰炮火力岸上控制组通过无线电通信与其所属的开火舰只建立联络，并通过网格坐标地图指定一个射击目标；b）陆军联络官确定向此目标开火是否安全；c）军舰控制舰炮实施射击；d）舰炮火力岸上控制组观测弹着点并通过所谓的"钟面方向指示代号"（clock code）进行射击校正。

大不列颠海军部委员会

"关于'尼普顿'行动海军方面报告的意见"，1944年7月

值得注意的是，海滩上的战斗正在进行时，由于会对我方部队构成危险，所以海军火力无法有效地对许多仍然活跃的海岸防御工事实施攻击，因而这些火力点必须由陆军借助其必不可少的支援兵器通过陆军的常规作战手段予以解决。

尽管出现了海军方面出于好意却严重打击士气的炮火弹幕，但G连在当天余下的时间里一直坚守在科勒维尔。然而，由于在科勒维尔东部边缘以及邻近的小村庄卡堡中有规模颇大的敌军部队存在，所以道森无法采取进一步的攻势行动。事实上，如果不是因为第16步兵团第3营积极努力在当天下午晚些时候在大阿莫切断了德军后方的滨海公路并使德军面临被包围的威胁，那么敌人很可能会把道森的连队逐出科勒维尔。

真是一个好小伙

中午前不久，在L连引领下的第3营穿越科勒维尔冲沟离开海滩，然后他们踏上了一条在内陆数百码处分岔的狭窄泥土路，沿着道路左右两侧向前推进。右侧（或者说西侧）的岔路通往位于西南方约700码（约合640米）处的卡堡；东面的岔路口则通往左边，沿着海岸线方向朝左延伸约半英里（约合800米）经过一座古老的石头造的小教堂废墟，然后转往内陆方向，再汇入大阿莫村旁的滨海公路。在约翰·阿尔梅利诺上尉倒地之后接过L连指挥权的罗伯特·卡特勒中尉在上述道路分岔点上建立了一道防线，并派出两个巡逻队分别前去卡堡方向和大阿莫方向实施侦察。

卡堡巡逻队包括劳伦斯·米兰德（Lawrence Milander）一等兵及2名二等兵威廉·巴特（William Butt）、维克托·奥德尔（Victor O'Dell），他们一度与连队失联，直到第二天他们带着52名德军俘虏返回美国防线，大家才知道他们并未遭遇不幸。随后3位美国大兵讲述了他们精彩的故事。原来，当战士们小心翼翼地接近仅由十几栋沿滨海公路北边排列的房屋所组

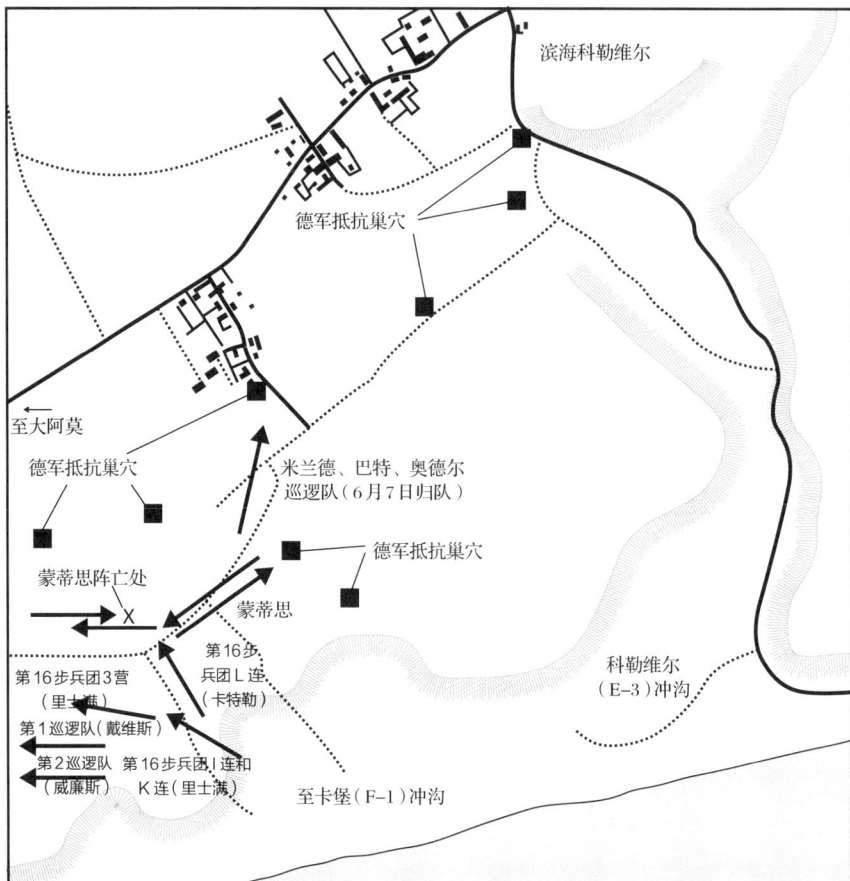

上午10:00—下午4:00：卡堡

成的小镇卡堡时，有一名隐蔽在暗处的德军士兵开枪打中了巴特。当米兰德和奥德尔匆忙为他们受伤的战友实施急救时，更多的敌军从树篱外涌入将3人俘虏。

在法国树篱地带所展开的这一新型的近距离作战需要相当长的时间去适应。不过德国人并没有多少顽抗的意愿，而且那天晚上，会讲德语的米兰德一直在给德军士兵们做工作，他声称一旦强大的美军主力在黎明时分抵达，那么德国人的生还希望将为零。为什么不停止无谓的抵抗呢？他们听从了劝告。第二天上午，如同约克中士①的传奇再现，米兰德一等兵俘虏了他们所有人，为"战斗一师"的非凡战史增添了新的一章。

由伯顿·戴维斯（Burton Davis）中士率领的四人巡逻队被派往大阿莫，他们很快就带回了宝贵的情报：该镇为敌军大部队所占据。事实上，当时美军巡逻队与敌人相距是如此之近，以至于戴维斯说他可以听到德国人在纵声狂笑。有德军甚至用英语喊口令以嘲弄美国人。巡逻队一致认为敌军部队恐怕处于醉酒状态。

如果他们所言属实，那么酒精会激发好斗情绪，这可能也解释了为何大阿莫的敌军很快就对位于卡堡冲沟终点附近的 L 连防线发动了反击。美军在奥马哈的海滩阵地比杰罗将军所希望的要小得多——它当然不能变得更小。退却会让美国人直接回到海滩上，而所有美国大兵都不想再返回那里。战斗一度变得非常激烈，并且正如部队已经意识到的那样，在树篱地带，几乎没有人知晓下一步要做什么。

但是至少有一个人知道。曾于当日上午率领 L 连离开海滩并登上冲沟的吉米·蒙蒂思中尉充分意识到了撤退所造成的灾难性后果，他发动了一场孤身一人的战斗以确保这一后果不会变成现实。

阿龙·琼斯（Aaron Jones）上士
第1师第16步兵团 L 连，1945 年 3 月 20 日

在那一地区，敌军并非在固定阵地上战斗，而是在树篱中间四处移动并架设自动火器。大群敌人对阵地发起了进攻，并在我军侧后方架设机枪。因为我们遭到包围，所以德国人喊话要我们投降。蒙蒂思中尉没有回应，但他循声悄悄接近敌人，并在 20 码（约合 18

---

① 译注：艾文·科伦·约克（Alvin Cullum York），美国神枪手，第一次世界大战中他一人俘虏了一百余名德国士兵。他的事迹在美国广为人知，第二次世界大战时被改编成电影《约克中士》，以鼓舞美国人民同法西斯进行战斗。

"真是一个好小伙。"第1师第16步兵团L连的吉米·蒙蒂思中尉，因其在D日行动中的英勇表现而被追授国会荣誉勋章。他的排中士[领技术军士衔]约翰·沃罗兹比特（John Worozbyt）这样评价道："他是我最为钦佩和最为尊敬的人。"（美国陆军通信兵部队，国家档案馆）

米）开外向他们发射了一枚枪榴弹，打掉了那个机枪火力点。德军即便是投入大批兵力也无法突破我方阵地，所以他们架设了两挺机枪并开始向树篱泼洒密集的子弹。蒙蒂思中尉派出一个步兵班从右翼向敌机枪阵地开火。在我军火力掩护下，他摸到边上投掷了手榴弹，又拔掉了这个火力点。然后他返回并在敌火力下穿越了200码（约合183米）长的开阔地，然后朝另一挺机枪的位置发射了枪榴弹。他要么消灭了机枪组的全部成员，要么就是迫使他们遗弃机枪而逃。又回到另一侧，敌步兵再次向我们倾泻步枪火力，蒙蒂思中尉开始穿越开阔地以协助我们击退敌军，但是被转移到我军后方的一挺敌机枪射中阵亡。

休·马丁中士
第1师第16步兵团L连，1945年3月20日

当 [蒙蒂思中尉] 用枪榴弹试图敲掉敌机枪时，他以站姿在40码（约合37米）开外进行射击，但第一发射得偏近。随即敌军朝向他火力全开，但他仍待在自己的位置上，并发射了第二发枪榴弹将火力点打掉。

约翰·沃罗兹比特技术军士
第1师第16步兵团L连

在我排排长蒙蒂思中尉阵亡前不久，他曾对我和我手下人员的安全表示了极大的关切。当我汇报人员伤亡情况时，我的双手仍然沾满了鲜血，这是先前为某伤员实施急救时所留下的。当时蒙蒂思中尉以为我受伤了，他叮嘱我要小心，要确保战士们的安全。他是我最为钦佩和最为尊敬的人。

瓦尔特·比德尔·史密斯（ Walter Bedell Smith ）中将
盟国远征军总参谋长，1944年11月20日

艾森豪威尔将军：提请您注意，第5军军长杰罗将军、第1集团军司令霍金斯将军和第12集团军群司令官布莱德雷将军均推荐 [为蒙蒂思中尉] 授予杰出服务十字勋章 [而非国会荣誉勋章]。我对此表示附议。

德怀特·D. 艾森豪威尔将军
盟国远征军最高司令部，1944年11月20日

比德尔：你弄错了。布莱德雷提议授予 [蒙蒂思中尉] 的是荣誉勋章，我必须说，为他授予荣誉勋章实至名归。这位军人很棒。

在击退敌人的进攻后，L连得到了从卡堡冲沟上来的第16步兵团的"杂

牌军"的增援，这支混杂有多个单位的作战力量由 I 连连长金博尔·里士满上尉指挥。考虑到德国人或许会因进攻受挫而陷入混乱，所以现在正是通过向大阿莫发动一场坚决的攻势行动以对敌展开全力反击的好机会。幸亏有了里士满上尉，这个海滩阵地很快就会扩大一点。

第1师第16步兵团第3营
D 日战斗后报告，1944 年 6 月 23 日

里士满上尉派出一支由［杰克·］威廉斯（Jack Williams）中尉率领的强力作战巡逻队占领了位于距离海边约 1500 码（约合 1372 米）的村镇大阿莫。一小时后，他带着他余下的"混成部队"赶上了作战巡逻队。这支"混成部队"合计有 104 人，其中 79 人来自 L 连，其他人则来自 I 连和 K 连。威廉斯中尉派出了一个由 5 名步枪兵和 1 挺轻机枪组成的小分队在主干道上巡逻。这项任务完成后，有一辆德军侦察车驶近该镇并停了下来，两名乘员一人被俘，另一人在试图逃跑时被击毙。使用轻机枪的［查尔斯·］霍奇（Charles Hodge）一等兵缴获了敌军 2 辆指挥车和 1 辆侦察车。从这些车辆中缴获了极具价值的文件、地图和完整的无线电收发设备。

金博尔·里士满上尉
第1师第16步兵团 I 连连长，荣获杰出服务十字勋章的嘉奖词，
1944 年 7 月 1 日

里士满上尉毫不犹豫地向内陆推进迎击敌军。他毫不顾及个人安危，率领他的士兵穿越开阔地形占领了大阿莫，并在大部队到来前成功守住了此地。里士满上尉凭借着个人的勇气和坚决果断的领导力为自己赢得了此项殊荣，他的所作所为也是合众国武装部队至高无上的传统的绝佳体现。

你所拥有的只有当下

到 D 日下午时分，苟延残喘的德国海滩守军面临着前景黯淡的抉择：要么坚持下去并寄希望于增援部队的驰援，要么尽快向南逃亡，将海滩拱手交给"入侵者"。但现在维耶维尔和大阿莫已落入美国人的手中，而科勒维尔也几近易手，所以这两种选择看起来都不合时宜。德军儿将陷入完全被困的绝境。为了解救海滩守军，增援部队将不得不通过海滨公路一路穿过美军所控制的城镇——此举成功希望恐怕不大——或者是从内陆地区向北进攻海滩区域。但是，诺曼底地区的公路网从沿海向内陆延伸，这对德国人完全不利。从海滩往南只有三条曲折蜿蜒的道路——其中有两条道路的起点已为美军所控制；第三条道路连接着圣洛朗和以南2英里（约合3.2千米）处的福尔米尼（Formigny），它仍然由德国方面所控制，这条道路是德国对成功，甚或绝地求生的最后的渺茫希望。如果美国人能够迅速占领圣洛朗，或切断圣洛朗前方向南的道路，那么整个包围圈将被闭合，德国沿海守军的选择将变成：投降或死亡。

战争中的不变的真理之一是：为了保持救援或逃脱途径的畅通，军队会以更加强烈的热情投入战斗。尽管有数量上的巨大优势，但也许正是由于敌人信奉此原则，所以导致了美军占领圣洛朗的企图屡屡受挫。然而，在圣洛朗，美国方面至少有一部分麻烦是源自这样一个事实，即最初奉登陆行动命令占领该地的、由宾厄姆少校指挥的第116步兵团第2营已在海滩上被屠戮殆尽。当美国人设法组织替代单位来接手此项任务时，德国人已经严阵以待，结果，圣劳伦特（St. Laurent）之战成为当天最艰苦的战斗之一。与在科勒维尔的情况一样，美军成功地突入了圣洛朗，但是直到夜幕降临之时他们仍然未能迫使德国人撤离。

事实上，当劳伦斯·米克斯中校第116步兵团3营从村庄正北面的崖顶向内陆发起一场积极主动但却力量分散的进军行动时，美国方面几乎都快要占领圣洛朗了。然而随着"石墙勇士"们步步逼近村落北部边缘，圣洛朗村里的德国守军的抵抗也变得猛烈起来。更糟糕的是，圣洛朗以北的战场地形要比典型的诺曼底树篱地带更为开阔，考虑到敌火力射界可覆盖相当宽广的区域，第3营对此地发动正面攻击的任何尝试肯定都会导致一场比先前在海滩上的更为惨烈的大屠杀。但是圣洛朗并不在第3营的责任区域内，相反，进攻命令指定该部应沿西南轴向朝着位于内陆数英里处的某集结地域推进，而且没有人通知米克斯中校说他应该忽略他所接到的命令。此外，该营的实际登陆地点偏离其指定区域以东很远。而现在是时候对行动路线进行大角度的改变，向右斜行以前往目标地区了。结果，该营绕过了圣洛朗，但摆在他们前方的是更加难啃的障碍。

1944年5月隆美尔对德军第352师进行视察期间，该师参谋部的几名成员表达了他们对隆美尔所设想的"大西洋铁壁"缺乏纵深的担忧。如果盟军瓦解海岸防线，那么没有任何办法可以阻止其长驱直入。D日作战证明了这一判断在很大程度上是准确的。但是，在以圣洛朗为中心的奥马哈海滩中段，德军防御力量的部署实际上展现出了一定的纵深，而在6月6日，第29师将在艰苦的实战中了解到其中细节。圣洛朗位于离高水位线四分之三英里（约合1.2千米）的内陆，它拥有坚固的大型石制建筑、被树篱分割的小块果园和牧场，并俯瞰奥马哈中间两个海滩出口区域，正因为如此，该村庄在事实上演变成了D日德军的一个坚固支撑点。

此外，在该村庄以西约400码（约合366米）处的一个居高临下的高地上，敌还建有"第69号抵抗据点"（Widerstandsnest 69），该据点作为一个后备防御阵地，即便是美国人设法突破了德军位于冲沟入口处的海岸防御，他们也必将受阻于这一坚不可摧的阵地前方。69号抵抗点是如此之强大，以至于几乎不可能通过正面攻击予以夺取。正如第29师官兵在实战中很快将会明白的那样，必须实施侧翼攻击或者直接绕过去。

或许，德国人热衷于在此坚守的真正原因是他们在此处安置了40具固定式的火箭发射器（Nebelwerfer）。每个发射器都可以发射4枚320毫米（近

13英寸）的火箭弹，在地中海战区作战的美国大兵曾用"歇斯底里的尖啸"来称呼它们，在圣洛朗附近作战的美国人也永远都不会忘记这一可怖的武器。火箭弹的射程很短，而且非常不精确，但是发射器所在的高地距离海滩只有1200码（约合1097米），在当天的大部分时间里，面对着拥挤在鹅卵石堤墙上的密集的美军士兵和装备，火箭弹几乎可以说是弹无虚发。当它们击中鹅卵石堤墙后面聚集的大批士兵的正中间或者附近时，所制造的巨大的爆炸将造成毁灭性的后果。对于美军士兵来说不幸的是，"尼普顿"登陆行动的策划者们是在检查 D 日前的最后一次照相侦察行动所拍摄的有关奥马哈海滩的航空照片时才发现敌火箭弹发射装置的具体地点的，而此时距离进攻发生之日只有两天。

杰克·谢伊中尉
第29师师长科塔准将的随从参谋，1944年11月

大部分［敌军炮火］落到了海滩的沙地上，偶尔一发炮弹也会落入鹅卵石堤墙背风面（指面向大海的那面）拥挤在一起的部队中间。大口径火箭弹会制造异常大的弹片，其平均尺寸约有普通工兵铲的铲面大小。其中一块破片击中了一名士兵的后背，他的身体几乎被切成了两截。

第116步兵团第3营在中午前后将其移动轴向转到西南方向，从而避开了位于左侧的圣洛朗，直接闯入了强大的69号抵抗据点以及"歇斯底里的尖啸"当中。先前在海滩上，第3营曾幸运地躲过了大部分的德军火力，而现在，德军火力将进行高效与猛烈的展示，从而证明奥马哈海滩并非 D 日当天美国人蒙受惨重损失的唯一地点。到夜幕降临时，该营大部仍将围绕那一重要高地展开艰苦的战斗，其前往集结地域的行程将被无限期推迟。

第29师第116步兵团L连

美国陆军军史部门，对L连多位士兵的访谈，1944年9月20日

[唐纳德·]安德森[少尉]当时是第一次在实战中进行方位判定。他在仅仅确认所处方位错误的情况下就开始向高地前进。在他与士官们交谈时，他发现所有人都一致认为实际登陆地点位于预定地点左面很远处。接下来，他决定无论如何都要向任务目标勒穆兰冲沟移动。连队沿着右侧的树篱行进，最后进入开阔地，并立即遭到了来自三个方向的火力打击。有一部分火力来自海滩方向，因此安德森认为继续向前突入也是个不错的选择。安德森、[约瑟夫·]达亚（Joseph Daya）[中士]和两名侦察兵充当全队尖兵。他们保持低姿前进，又越过了一片田野，在那里遇到了[约翰·]戴维森中尉所率领的I连的一个迫击炮小队。此时，这两个单位都遭遇到猛烈的火力打击。安德森仍然确信，他所要做的事情就是继续前进，于是他爬到树篱上探头朝外观察。一名狙击手射出的子弹贯穿了他的脑袋。

唐纳德·安德森少尉

第29师第116步兵团L连

子弹打在我的脖子后面，又从我嘴里钻出来。我当时没有感觉到痛，只是因为巨大的冲击而麻木不仁。我发现钢盔里满是我的脑浆，这就是终结——在30秒左右的时间内，我会失去意识倒地死亡，所以放松一下，就用这30秒钟想想愉快的事情吧。我想起来了一位我正与之约会的伦敦女孩。30秒过去了，我没有感到昏厥，我舔了舔嘴唇，发现还有知觉，我现在应该还不会死。当我负伤倒地时，我的登陆艇小队的二号指挥官、技术中士[艾伯特·]奥多里齐（Albert Odorizzi）上前接过了指挥权，并马上决定他需要我的手表"以防万一"，而他会在下次见到我时把手表还给我。直到今天我还在寻找那只手表。

第29师第116步兵团I连
美国陆军军史部门，对诺文·内森（Norvin Nathan）少尉的访谈
1945年7月2日

在（悬崖）顶部，内森少尉看到前面有一群士兵躲在树篱后面。他们是来自I连的3个乘舟组，共计75人。视野内没有敌人的踪迹。内森带领10—15人和一挺轻机枪向右移动。他的团队找到了一位来自L连的身负重伤的乘舟组指挥官［唐纳德·]安德森少尉。而后他们来到了[位于圣洛朗南部的]果园。内森看到了火箭弹发射阵地（部署在勒穆兰冲沟中），他命令迫击炮向其开火。德国人逃到一座建筑物中躲避……然后，他向西前往D-3（勒穆兰）冲沟。在冲沟边缘，来自I连的所有乘舟组在连长[米夫林·克洛（Mifflin Clowe）上尉]的带领下赶了上来。K连出现在其右翼。有人看见横贯冲沟上方的高地上有德国人出没，机枪响了起来……

第29师第116步兵团L连
美国陆军军史部门，对查尔斯·伊斯特（Charles East）上尉的访谈
1945年6月29日

L连花了一下午时间尝试穿越十字路口（海滨公路和勒穆兰出口道路的会合处）以抵达第3营集结地域。尽管各连仍以乘舟组为单位行动，但全营各单位的配合相当好。所有连队的运转机能正常。敌人的炮火不是问题。机枪和狙击手却是大麻烦。敌人控制了高地，并朝所有通往勒穆兰冲沟上端的道路扫射。[①] 第115步兵团位于我们[左]侧翼。有一两个小队越过冲沟抵达集结地域,但是第3营主力停了下来(在冲沟顶部)过夜。

---

① 译注：冲沟本身也是北低南高的地势。

莫里斯·麦格拉斯（Maurice McGrath）上尉

第29师第116步兵团勤务连，1944年7月

第116步兵团L连在午后向勒穆兰冲沟进发时，我在现场观察他们的行动。来自后方的炮火正在猛烈轰击该连所坚守的地域，在我看来，在这种情况下他们能够守住自己的阵地非常了不起了。

诺曼·格罗斯曼一等兵

第29师第116步兵团L连

我们被敌火力压制了约3个小时 [在靠近69号德军据点的高地上]。我从没想过我们可以摆脱这种困境，因为德国人似乎完全掌控着我们的命运。然而，有关在敌火力下低姿运动离开高地顶部的命令终于到来。200码（约合183米）的距离对于匍匐前进而言足够长了，尤其是在背负着20磅（约合9千克）重的装备和一支步枪时。我认为我翻越高地边缘大约花了30分钟，随后我就可以起身而不用担心被打中。我记得在距离高地边缘约25码（约合23米）处时，我试图用双手和膝盖撑地站起来，但这几乎让我军服裤子的臀部部位被子弹掀掉。

与此同时，沮丧不已的宾厄姆少校放弃了他在勒穆兰冲沟入口处突破敌防线的想法，取而代之的是沿海滩向东长途跋涉，尽可能多地搜罗来自第2营的美军士兵，并沿着与第3营在几小时前所采用的相同路径登上了悬崖。宾厄姆原本打算从北部直接进击圣洛朗，但到他到达那里时，第29师第115步兵团正从东部向该镇发动进攻。他的部下将参加那场战斗。

罗伯特·加西亚（Robert Garcia）中尉

第29师第116步兵团E连，副连长

我开始缓慢向内陆地区推进，[阿曼德·] 贝尔蒂奥姆（Armand

Berthiaume）[一等兵] 和 [四级技术员爱德华·] 威尔莫斯（Edward Wilmoth）紧跟在我身后。我的目标是圣洛朗，距离海滩约 1500 码（约合 1372 米）的一个小村庄。由于树篱地形的存在，人们很容易迷失方向。有一次，我遭遇了不知道哪个连的一个轻机枪小队。他们在架设机枪以便向勒穆兰冲沟开火。他们向我指示了目标。可以清楚地看到有若干德军的火箭弹发射器，而德军炮手正以最快的装填速度向海滩开火。到那里的射程大约为 800 码（约合 732 米）。但是我们的轻机枪没有开火。我询问现场负责的军士到底还在等什么，他的回答是他"还不想暴露我军阵地"。那是我第一次听到此类逻辑，但绝不是最后一次。我告诉他立即开枪射击，观察曳光弹的轨迹，并据此调整机枪表尺。轻机枪随之开火。我们可以清楚地看到曳光弹的轨迹，随着射击校准的进行，我们可以看到德国人开始移动他们的重型"火炮"。但是他们不够快。突然之间，发生了一场惊天动地的爆炸，巨大的火球腾空而起。我们击中了部分弹药或者火箭推进剂。

但是加西亚和机枪手们都提供了一些帮助。实际上，火箭弹发射时的硝烟以及火箭弹所发出的独特的尖啸无法不吸引人的注意力，大多数听见或看见的美国士兵都转过头来观看。对处于近海海域通过双筒望远镜专心搜寻海岸目标的盟军水手来说，敌军火箭炮阵地就是他们一直在等待的打击目标。如此易被攻击的目标无法在战场上存留多长时间。

美国海军"汤普森"号驱逐舰
艾伯特·格贝林海军少校，作战日志，1944 年 6 月 6 日，1155 时

观察到德军火箭炮 [Nebelwerfers] 在向海滩开火……立即转移火力至目标区域。1213 时停止射击。共消耗 30 发炮弹。目标已彻底被打哑。

至维耶维尔

第116团K连部队

第116团I连和K连部队

勒瑟兰（D-3）冲沟

德军抵抗巢穴

德军抵抗巢穴

第115步兵团2营，晚间所处位置

圣洛朗

火箭炮连

第116团L连

第115步兵团1营，晚间所处位置

宾厄姆部队
第116团2营

第116步兵团K连

第116团I连和K连部队

教堂

第115步兵团2营，晚间所处位置

第115步兵团F连

第115步兵团E连

第115步兵团E连
晚3时

第115步兵团K连
晚8时

第116步兵团3营
上午11时

宾厄姆部队
第116团2营

第1兵师指挥所

宾厄姆部队
下午4时

第116团2营部队
下午4时

高水位线

攻占德军永备发射点
怀曼准将，于下午3时

第115步兵团1营

林地

圣洛朗（E-1）冲沟

第115步兵团2营

第115步兵团3营

第5军军部
杰罗，晚9时

第741坦克营的坦克
105毫米自行榴弹炮
来自第58装甲野战炮兵营
于下午4时登上E-1冲沟

至科勒维尔

第115步兵团1营

第115步兵团（努恩）

正午到晚上9:00：圣洛朗

你是否准备好了面对这一切？

对第115步兵团2营来说，对德军已在严阵以待的圣洛朗镇所发动的一场正面进攻，绝非美国大兵所以为的"肃清残敌"行动。类似的词语和表述在战役发起前关于该团在进攻作战中的角色的情况说明会上已不知被参谋人员重复了多少遍，以至于战士们都开始对此深信不疑。对第115团而言，D日本应包括一场不会遭受抵抗的登陆行动，然后就是一场向内陆预定目标的6英里（约合9.6千米）徒步旅行。然后，如官方命令所述，该团将"做好准备在师战术区域内肃清敌军"。美国大兵们对此的反应是这还不算太糟——要比在进攻发起时刻实施抢滩的难度小得多。而很棘手的那部分——应对不可避免的德军反击——将会是以后的事。但是谁又知道是什么时候，所以为什么要担心呢？

但是登陆并非没有遭遇抵抗，而且向内陆目标的推进也远不是一场"武装游行"。相反，对第115团而言，越过海滩的正后方就有紧迫的任务等待着他们，那要比仅仅"肃清残敌"困难得多。攀登遍布地雷的悬崖陡坡的简单行动即已足够凶险。现在，当部队抵达高原并将行军轴线向右大角度倾斜之后，第2营的任务是占领圣洛朗。第1营将掩护第2营的左翼，并向村庄南面进行机动以图实施包围；与此同时，第3营将在右侧充当预备队。

为了实施这次进攻，第115团必须穿越圣洛朗冲沟，然而冲沟顶部的地形如此破碎，植被如此茂密，即使是在训练演习中也会让连排级指挥官大伤脑筋。当第115团以有些散乱的队形从低地出现在冲沟的西部边缘时，圣洛朗就在半英里（约合805米）远的前方。几座相互隔离的石造农场建筑屹立在障碍地形中，附近的田野上有一个德军营地，里面散落着几十个小帐篷，但没有什么动静。从这个角度来看并无多少战争迹象——但是很快一切将会改变。

下午3:15左右，第2营在E连和F连的引领下发动进攻。两个单位一左一右沿着被认为是圣洛朗主要街道的道路两侧小心翼翼地向前推进。前方几百码处就是镇中由敌军所盘踞的罗马式教堂，它被一道坚固的石墙以及拥有华丽装饰的锻铁栅栏所围绕。

在附近有一个短粗形状的方尖碑，用于纪念在第一次世界大战中丧生的当地居民，但此时此刻，美国大兵们无须额外提醒就亲身体验到了"战争中会有人丧生"的事实——并且在未来一两年内，他们自己的名字也可能会被铭刻在位于美国本土的类似的纪念碑上。

尽管教堂周边区域仅由六七座建筑物组成，但它却是一个相当强大的防御阵地，一支兵力很少的守军即可凭借其抵挡住规模较之大许多的进攻部队。当 E 连和 F 连接近轻武器射程时，德国人也准备好了证明这一点。因此，第115步兵团在第二次世界大战中的第一场进攻行动就是将顽敌逐出这座具有数百年历史的神殿。这看起来像是一种亵渎，但是很久以前就已有人准确地将战争归入地狱的范畴。

威廉·威尔奇（William Wilch）一等兵
第29师第115步兵团 E 连

E 连是进入滨海圣洛朗的首个美军单位。我和伯顿·布法因德（Burton Burfiend）[一等兵]都是侦察兵，有一些法国平民向我们指示了德国佬所在的位置。他们在一所教堂和一座大型石头谷仓里。德国佬在教堂尖顶上部署有机关枪，它们向所有移动的东西泼洒子弹。我们与尖塔上的敌人进行了长时间的交火，但是我们的伤亡在不断增加。[威廉·]沃菲尔德（William Warfield）[中校，第 2 营营长]一直暴露在敌火力下，但他履行了自己的职责。同我们并肩作战的也有一些来自第 1 师的兄弟。我们干掉了那里几乎全部的德国佬。

第29师第115步兵团
团战史《第二次世界大战中的第115步兵团》（The 115th Infantry

Regiment in World War II），1945年

圣洛朗遍布地下工事，它们不仅彼此相连，而且还可以通往俯瞰海滩的坚固支撑点。驻守该镇的德军规模不大，但经过精心部署难以发现其位置。狙击手会先从一个地点射击，然后使用交通壕很快在100码（约合91米）以外的另一个地点冒头……最初几小时的战斗非常严酷，交战双方几乎都将战争规则抛之脑后。德军狙击手似乎很喜欢将我方医护兵的红十字袖标当成瞄准点，而德军被俘人员也很少能被安全送往战俘集合点……在争夺圣洛朗的战斗中，第2营的成员与镇中的德军狙击手一样，面对着海军射入圣洛朗的舰炮火力拼命地四处寻找掩护。在圣洛朗镇内的激战中，沃菲尔德曾一度若无其事地坐在马路沿上，子弹从他周围呼啸而过。第2营的营长正看似轻松地向附近的一条懒狗扔石头，他的双脚都伸到了大街上。

威廉·菲利普斯（William Phillips）二等兵
第29师第115步兵团E连

特别触动我的是，有一个人，在驻扎英国期间一直表现得像个彻头彻尾的混蛋，但他竟然可以在战斗中变成一位出色的指挥官——他就是我们营的营长威廉·沃菲尔德中校，他阵亡于1944年6月10日。

莫里斯·麦格拉斯上尉
第29师第116步兵团勤务连，1944年7月

与我在一起（处于圣洛朗以西数百码处）的是第293联合突击通信连［Joint Assault Signal Company，英文缩写为JASCO，专门负责与盟军舰只和飞机进行无线电通信的单位］的一位上尉。他对圣洛朗的教堂尖顶感到可疑，因为他认为敌人必须借助一个布置得当的观察哨［observation post,缩写为OP］才能制造如此精准致命的火力。因此他向海军呼叫支援，

幸运的是，首轮炮击就命中了尖塔并将其摧毁［火力可能源自美国海军"汤普森"号驱逐舰］。

罗伯特·凯泽（Robert Kaiser）上尉
第29师第115步兵团F连连长，1945年

我连的两位急救员，五级技术员（T/5）沃尔特·布朗（Walter Brown）和一等兵保罗·舒曼（Paul Shuman）为了支援战斗的确已尽其所能。我们穿越那片雷区时（位于悬崖的陡坡上），他们正好在我们的前面，用手帕和绷带标记了所发现的地雷的位置。我［在圣洛朗］被击中时，他们冒着敌火力双双赶上来帮助将我后送。

第115步兵团在D日蒙受了100多人的伤亡，其中绝大部分来自圣洛朗战斗中的沃菲尔德的第2营。在E连和F连的12名军官中，有6人在6月6日负伤。然而，惨重的代价并没有带来成功。当晚8:15，第115团团长斯莱皮上校命令第二营从圣洛朗脱离战斗，并通过城镇南侧悄悄向西移动；此时敌人被赶出教堂周边的村镇中心，但是仍然盘踞在以西300码（约合274米）处位于滨海公路与勒穆兰出口道路交汇点的几栋建筑物中。从该路口向南通往福米尼的道路是德国人仅存的撤退大动脉，因此他们肯定会不顾一切地想要保住它。为了一劳永逸地肃清圣洛朗的敌军，第115团不得不再次展开进攻。

第29师第115步兵团
团战史《第二次世界大战中的第115步兵团》，1945年

第2营离开后，由维克多·吉莱斯皮（Victor Gillespie）少校领导的第3营奉命进入该镇肃清残敌。配备有坦克［来自第741坦克营］的K连从北面进入圣洛朗。该部顺利到达了市镇中心，但是在那里坦

克遭到了位于南面的德军反坦克炮的炮击并被迫撤离。K 连在遭受了大量人员伤亡后被迫原路返回向北面撤退……在 K 连于星期二（6 月 6 日）晚些时候被派往圣洛朗之前，奥林·杜瓦尔（Orlin DuVal）中尉到营部随军牧师尤金·奥格雷迪（Eugene O'Grady）上尉那里，向牧师倾诉他有一种不好的预感——他不能活着离开圣洛朗。奥格雷迪牧师问道："你是否准备好了面对这一切？"杜瓦尔中尉回答说是，于是奥格雷迪牧师对他说："那么，就继续履行你的职责吧。"杜瓦尔中尉确实与他的连队继续前进了，他于 6 月 7 日在圣洛朗阵亡 [军方将杜瓦尔（密歇根州门罗市人）列为 6 月 7 日阵亡，但他极有可能是死于 6 月 6 日 K 连对圣洛朗的进攻行动中]。

第741坦克营
部队日志，1944年6月6日，2000时

[约翰·] 勒萨尔（John Resar）下士指挥下的一辆指挥连坦克为 29 师部队清除了滨海圣洛朗附近的若干机枪巢。

杰克·谢伊中尉
第29师师长科塔准将的随从参谋，1944年11月

来自第 115 团 3 营的一名中士坐在一辆从 [圣洛朗北部] 下行的坦克的副驾驶位置上，以协助坦克向敌坚固支撑点的方向开火。这辆坦克沿着路上的狭窄通道下行（两侧的农场建筑占据了部分路面），在用 75 毫米主炮射出两发炮弹后，它又进行了几轮机枪扫射，然后退回到了它的出发阵地。驾驶员和中士……均称他们到达十字路口时遭到了来自侧面的火力打击。

他们不确定那是敌军的"巴祖卡"还是反坦克炮，但他们一致认为，那是一枚从他们左翼射来但却未击中他们的高速射弹……敌方轻武器

火力准确性的无言证据通过以扭曲姿势蜷伏在地的 5 具美军步兵的尸体呈现在我们面前，其中三人倒在道路南部边缘，另两人则倒在北边的排水沟里。他们是在一条狭窄的道路上穿行时被击中的，这条道路位于两旁占地面积很大的农场建筑的两堵墙之间。

多亏了第110野战炮兵营的约翰·库珀中校，吉莱斯皮的第3营将得到一些意料之外的帮助。

第58装甲野战炮兵营
营战史，《第二次世界大战中的第58装甲野战炮兵营》（The 58th Armored Field Artillery Battalion in World War II），1945年

到 1830 时，我营将 11 门火炮 [M-7 型 "牧师" 105 毫米自行榴弹炮] 送上岸并做好了射击准备。在副营长沃尔特·佩顿（Walter Paton）干练果敢的指挥下，它们驶离了海滩，为步兵提供近距离支援。回过头来看，把火炮送上岸无论如何都是一个奇迹。

约翰·库珀中校
第29师第110野战炮兵营营长

我记得，在晚上 9:00 左右，第 115 步兵团的一名上尉要求我为他们在圣洛朗的战斗中提供援助。那里有两三座石造建筑，里面都是德国兵，他们从建筑物上层的窗户朝外开枪。我与随同第 115 团第 3 营登陆的 C 连中尉 [约翰·] 波拉内利（John Pollarine）进行联络，要求他派出第 58 装甲野战炮兵的 105 毫米自行榴弹炮 [来自 B 连]。我派驻第115 团的联络官之一的 [托马斯·] 卡德瓦拉德（Thomas Cadwalader）上尉在当天下午发现这些火炮部署在圣洛朗北部的高原上，我们认为这对击败村庄中的德军部队将会非常有用。波拉内利把自行火炮派上前沿，

他们从几百码外向敌人占据的房屋开炮。到处都有德国人被爆炸冲击波轰出窗外。由于这场毁灭性的炮火直射,我们最终占领了那些建筑物。

对于奥马哈海滩上的美军高级指挥官怀曼准将来说,上午的混乱到下午晚些时候已经有逐渐恢复秩序的迹象。在科勒维尔冲沟和勒穆兰冲沟中,仍然有坚固的德国抵抗据点未被拔出,但是美国人已经控制了维耶维尔和大阿莫,并且即将肃清科勒维尔和圣洛朗的敌军。于是怀曼准将意识到,敌军海岸防御巢穴的消亡只是一个时间问题了。此外,敌军力量显然已伸展到了极限:即使德国人可以搜罗更多的增援部队并将其投向纵深有限的美军海滩阵地,他们也极有可能无法冲入海滩。但是随着时间的流逝,敌人已没有大规模部队可供增援。敌人已丧失了胜利的可能。

威拉德·怀曼准将
第1师副师长,于1944年6月6日1500时发出的无线电文

　　致许布纳将军,并转交杰罗将军:第1师指挥部在位于679900[地图坐标]的E-1出口处建立。科塔将军称,第29师指挥部在靠近E-3出口、位于地图坐标663900附近建立。海滩的硬壳似乎已被打破。科勒维尔已被夺取。滨海圣洛朗被部分占领。第16步兵团团1营承担了第16步兵团第2营的作战任务。

取得这一进展所付出的人员伤亡令人震惊,但是怀曼准将和其他美国高级指挥官几乎没有为之伤感的时间。以后历史学家可以分类汇总战事的各种细节;接下来勇士会获得勋章,烈士会获得荣誉,而普通士兵则可以向世人讲述他们的传奇历险。但是至少到目前为止,情况看起来已开始好转。

—

第十三章
不畏牺牲

屏息静待命运的安排

现在"时间"成了一个紧迫问题。在夜幕降临之前是否有足够的时间派遣生力军和足够的物资上岸以维持第二天的攻势？是否可以及时开放5条冲沟以缓解海滩的拥堵状况，并向前线部队提供其所需要的物资装备？是否可以拯救无数伤员的生命？简而言之，尽管开局极为不利，但是整场进攻行动是否还能挽救？

实际上，到目前为止的战争都只是一个开始，马歇尔将军希望这个开始会引领美军部队进抵莱茵河并于来年在柏林结束整场战争。在D日其他4个海滩上，人员和装备已泛滥成灾，但是在奥马哈海滩仍然是个问号。除非打开闸门，否则就不会有洪流涌入。

毫无疑问，在夜幕降临时，奥马哈海滩仍然是一个危险的地方。对在午后任何时间里上岸或在海滩上从事作业的士兵来说，他们很难理解将领们越来越乐观的情绪，因为极目所及之处，全是各种恐怖可怕的景象。更糟糕的是，整个下午，敌军都在向海滩倾泻致命的炮火，似乎没有任何人可以阻止它。美国人只能寄希望于敌方弹药快点用完。上帝掷骰子的随意性简直令人震惊：前一秒一位战友还在你身边活得好好的，而下一秒他就有可能浑身是血地躺在沙滩上——甚至被炸成碎片。按照标准的美国大兵的生存哲学，唯一能做的就是摇摇头，低声嘟哝说那个可怜家伙的时间到了。

斯坦利·巴赫（Stanley Bach）少校

第1步兵师师部派往第29师的联络官，日记，1944年6月6日

1215时：从海滩最东端到最西端，重型迫击炮和"88炮"的火力倾泻而至。有5发炮弹同时落地。"谢尔曼"坦克被直接命中，那些幸存者被迫像老鼠一样拼命挖洞。

1230时：坦克登陆艇在撞上两枚地雷后仍继续前进；然后又撞到了第三枚地雷，它开始解体，尾部沉入水中……炮弹爆炸时，有两名海军人员被炸飞并落入水中。他们再也没有出现过……

1320时：看到有抢滩的机械化登陆艇被炮弹直接命中；燃起熊熊大火；士兵被活活烧死……

1400时：海滩上的火力更加猛烈。卫生兵前去帮助被机枪子弹击中的士兵，但自己也被子弹击中。另一名卫生兵将他拉回了散兵坑……

1440时：更多的迫击炮火力，更多的人被击中。有5艘登陆艇卸下了满载的人员，他们都卧倒在海滩上。迫击炮火力杀死了其中5人。其他人站起身来冲向几小时前我们离开的散兵坑……

1520时：卡车[①]的油箱被直接命中。车厢上的帆布着了火，还点燃了另一台车的帆布；车上的士兵纷纷跳车。衣服着火的士兵分布在100码（约合91米）见方的区域中。他们尝试在沙地上打滚以扑灭火焰。有些人成功了。其他人则被活活烧死。

1540时：步兵从我们身边经过，爬过悬崖继续前进。我们奋力向前。机枪火力将我们压制住了几分钟的时间，然后我们起身继续前进。我们进入开阔地，沿着前面的人经过的道路前进。看到一个之前踩到地雷的士兵，他的腰部以下全被炸没了，胸腹部的器官都暴露在外。

---

① 译注：应指登陆使用的DKUW两栖卡车。

1600 时：我们从刚才攀登上来的悬崖顶部边缘位置穿过 500 码（约合 457 米）的田野抵达了林地区域。看到有人跪在地上，我们以为他可能是害怕或者正在祈祷。把他翻过来后，我们发现他已经死了——以双膝跪地的祈祷姿势死去了……

注：我经历过实战，也看过电影和突击训练的示范教学，但是没有什么能与 1130—1400 这段时间的海滩上的情景相提并论。士兵像苍蝇一样被来自不可见的枪炮阵地上的火力所射杀：海军无法命中他们，空中支援力量也看不到他们，所以不得不由步兵把他们找出来消灭掉。

本杰明·塔利上校
第 5 军，分管作战计划的副参谋长

我刚刚在海滩上走了几步，听到身后有人在叫我的名字说："怀曼将军在这里。他现在想见你。"……仅仅见面几分钟之后，我们就听到了炮弹来袭的声音。我们平躺在地上。它落到不远处爆炸。我们感受到了强烈的震动，有一瞬间眼前一片黑暗。我们的耳朵嗡嗡作响，我们担心自己会就此聋掉。慢慢地，我们各项感觉又恢复了。我们 6 人组成一个小团队……有一名士兵在大声喊叫，另一名士兵则在小声安抚他。怀曼将军说："我们最好离开这里。我打算这样做。"我们告诉他我们将要穿过海滩去往第 29 师那里，随后我们起身跑步前进……在我们的另一边，另一幕正在上演。我们看到有个大个子直挺挺地躺在地上，他的左腿弯曲成奇怪的幅度。他的左臂无力地垂下来，面部被割伤正在流血。另一名士兵跪在他旁边，正试图在他的脑袋下面垫上一个野战背包。有人听到倒地的士兵在说："我的脚。我没法活动它。"

"抽根烟吧。"他的朋友答道，"我给你点上火了。张开嘴。"

然后我们听到另一发炮弹袭来。炮弹来袭时，倒地的士兵正好把

头稍微往上抬了抬。然后他的脑袋又落回原处。香烟从他的嘴上滑落，我们看到它正在地上冒着烟。

美国人迫切需要打通5道冲沟，工程兵们竭尽全力想要在夜幕降临前完成这项工作。在推土机、铁锹和地雷探测器的帮助下，数个工兵营已通过协同作业排除了圣洛朗冲沟的各种障碍，但是由于圣洛朗村仍被敌人部分占领，E-1出口处目前已陷入僵局。接下来步兵必须解决这一问题。

本杰明·塔利上校
负责作战策划的第5军代理参谋长，于1944年6月6日1620时发送的无线电文

> 致杰罗将军：情况正在改善……[在]维耶维尔附近的高地上仍有相当多的敌步枪火力。只有少数几辆坦克保持活跃状态。彻底打通出口以供车辆通行尚需数小时之久。

在奥马哈最西端的海滩出口，即维耶维尔冲沟区域，问题的症结在于敌人在冲沟的入口上竖起了一道巨型混凝土墙，以阻止机动车辆和重装备驶往内陆地区。大约在中午12:30，科塔将军和他的五人小组从维耶维尔下到冲沟处，实际上他们已经穿过那堵墙中的一条狭窄通道到达了海滩。科塔明白，在冲沟底部沙地上燃烧的车辆和数十具美国人的尸体足以证明，大多数被指派炸毁这堵墙的士兵以及他们的众多装备恐怕未能在这场失败的登陆行动中幸免于难。但是此障碍迫切需要消除，于是科塔朝海滩东边走去，希望找到可以胜任这项工作的人。

杰克·谢伊中尉
第29师师长科塔准将的随从参谋，1944年11月

科塔准将前去与 [卢修斯·] 蔡斯上校 [第 6 特种工程旅的副旅长] 会面。"你能炸掉出口处的那道反坦克墙吗？"科塔询问道。

"长官，只要步兵将周边的永备发射点全部拔掉，我们就没问题。"蔡斯上校回答说。

"我们刚从那里下来。那里都搞定了。开始行动吧！"科塔下达了命令。

蔡斯上校随后又说，他的手下根本没有 TNT 炸药可用，因为海军没有将它们送上海滩。科塔将军指着一台推土机，推土机顶上紧紧绑着 20 箱 TNT 炸药。"那边就是。"他说，然后转身继续沿着沙滩下行（往东面走）……科塔来到第二辆载有 TNT 炸药箱的推土机处，走向一群紧缩在附近海堤后面的士兵。"谁来开动这个家伙？"他询问大家。没人回答。似乎没人知道怎么开。他们只是面面相觑。"好吧，有人会开这台该死的机器吗？"仍然没人回答。"他们需要把 TNT 炸药放在出口那边。我刚从那后面穿过来。悬崖上只有少数的敌步兵，而且他们

"他们需要把 TNT 炸药放在出口那边。"下午 3:00 从近海海面上观察到的维耶维尔出口，就在普洛格中校监督下的美军工程兵破除横跨冲沟的混凝土墙后不久。背景中可见维耶维尔教堂的尖顶。巨墙的崩塌为车辆通行打开了口子。（美国海军档案，国家档案馆）

正在被我们逐一消灭。难道没有人敢把它开过去吗？"

　　一名红头发的士兵从人群中走出来，说他会把这辆推土机开过去。科塔拍了拍他的背部，热情地夸他说："这就对了！"然后派他去执行此任务。后来，将军经常说他真希望自己能知道那位士兵的名字。此时大约是1330时。

　　科塔继续按照他的路线前进，他认定工程兵会以某种方式完成这项工作。他们做到了。根据进攻行动指令，负责炸毁那堵墙的单位是第29师第121工兵营C连。然而，连队中的大多数人都因偏离登陆地点而分散在东边。更糟的是，该连连长斯文·霍尔姆斯特拉普上尉在进攻发起时刻后离开登陆艇不久即已阵亡。整个上午，由于敌方火力太过炽热，以至于根本无法向反坦克墙附近移动，但是后来随着敌步机枪火力的逐渐平息，为了找到那堵他们奉命要去摧毁的巨墙，许多连队成员缓慢但不屈不挠地向西运动。科塔离开后不久，第121工兵营营长罗伯特·普洛格中校就到达了现场。尽管普洛格中校的左脚踝部受伤，但他还是召集了所有堪用的工程兵（大约20名），并开始组织实施摧毁墙体的工作。

　　工程兵所关注的目标大约有125英尺（约合38米）长、9英尺（约2.7米）高、6英尺（约1.8米）厚。要打通可供美军车辆通行的出口，普洛格的人员只需要在其中央炸开一个足够大的缺口，即可允许两车并排通过。即使如此，这项工作既不可能轻易完成，也无法一蹴而就。

罗伯特·普洛格中校
第29师第121战斗工兵营，营长

　　我得到消息，C连的一辆载有1000磅（约合454千克）TNT炸药的推土机正在海滩上，于是我们手忙脚乱地把它弄到反坦克墙那里。我不记得那个司机是谁［有目击者说可能是约瑟夫·德拉戈（Joseph

Drago）一等兵或是阿尔 - 韦莱科（Al Velleco）]。总体上说，推土机操作员都是些强硬的好汉，我总是对他们的胆量惊叹不已，他们冒着敌军火力，将载有大量 TNT 炸药的推土机开上海滩，而那些 TNT 足以炸出一个可以容纳推土机残骸的大坑。只需要一发迫击炮弹就可将其彻底终结。我不知道墙体是否用了钢筋加固，但我不得不假设它是。因此，我们计划使用大量 TNT 炸药来完成这项工作。C 连的诺埃尔·杜布（Noel Dube）在装置雷管和固定导火线方面做了很多工作。他还负责对木制平台的建造实施指导，此举是通过将 TNT 炸药抬离路面来提高爆破效率。来自几个不同单位的工程兵参与了此任务。炸药安置就位后，所有人员都移动到了安全距离上。在进行适当的警告后，爆破作业大约在 1500 时完成。我上前检查爆破情况。横亘在道路上的巨墙被彻底摧毁。在人行道上只有大约 1.5 英寸（约合 3.8 厘米）深的凹坑。周围散布着大量混凝土碎块，但没有任何碎块大到单个士兵无法移走的程度。巨墙被摧毁得如此彻底，我感到非常惊讶。原来德国人并没有用钢筋加固墙体。那是一个致命的错误：如果他们反其道而行，墙可能会更有效地凝结在一起。而且钢筋本身对我们来说就可能是一个很难清除的障碍。

第6特种工程旅，第149战斗工兵营
美国陆军军史部门，对第149工兵营人事行政参谋的访谈，1944年7月

使用坦克牵引车可以加快清理海滩的速度。铁丝网被拆除，而坦克炮弹无法击塌的混凝土墙障碍也被 TNT 炸开。对大多数士兵来说，这是第一次接受炮火的洗礼。在最初的震骇之后，他们表现良好，全力以赴地从事海滩清理作业……根据 D+1 日的调查，在"绿 D"滩、"白 D"滩、"红 D"滩和"绿 E"滩上共计有 500 人死亡。

在东边的勒穆兰冲沟，敌火力仍过于猛烈，以至于工兵无法打通出口供车辆通行。实际上，德军的机枪、迫击炮和大炮的火力是如此凶狠，以至于在那个区域安然无恙的美军工兵寥寥无几。勒穆兰是一个古朴的村庄，在先前的美好时光里，它曾是宁静的避暑胜地。然而，德国佬的闯入却带来了艰难的时世：德军夷平了阻挡射界的农舍，并把其他建筑变成了要塞工事。藏在冲沟东侧峭壁处的几栋度假小屋通过隧道与壕沟彼此相通，为德国人提供了理想的环境，让他们得以实施从一个位置开火后迅速转移到另一阵地进行战斗的迷惑性战术。这种机动方式对美国人来说相当陌生，他们要花上几周时间才能适应。

简而言之，除非美国大兵能够从散布在勒穆兰冲沟各处的农舍和掩蔽所中根除所有的德军，否则对美军工程兵来说，使海滩出口恢复畅通的工作将会非常危险。到下午三四点钟，仍没人能猜到在勒穆兰冲沟还有多少敌军掘壕据守：它可能是只有9名掷弹兵的班组，也可能是一个150人的连队。然而，对美国人而言幸运的是，第29师部队于傍晚时分从东部进入圣洛朗及其周边地区，从而切断了仍在冲沟区域驻守的德军与内陆友邻部队之间的联系之后，圣洛朗的敌军抵抗开始减弱。到晚上7:00，敌方抵抗仅限于机枪偶尔喷射的一串子弹和狙击手的零星射击，开火后他们会迅速消失在他们的隐匿处。工程兵们终于可以开始工作了。

莫里斯·麦格拉斯上尉
第29师第116步兵团勤务连，1944年7月

在2030时，我尝试走上了［从圣洛朗］前往勒穆兰的旅程。那时我们已不再发动进攻，也没有消息说［出口］道路已经打通，但我认为我最好自己去弄明白。我独自一人走进村庄，走到中途之前没有见到其他人员……我遇到了一些爬上山坡的我军车辆。驾驶员告诉我说，他们被告知，该村最后的敌阵地已于深夜被海军火力摧毁［这是不正确的：零星的

德军抵抗在勒穆兰又持续了两天]。由于不确定我军防区的具体状况，我指示车辆向左（通过圣洛朗北部）朝第1师的右翼运动，我认为这样会更保险一些。然后我返回了海滩。[麦格拉思可能使他们免遭车毁人亡的厄运，如果他们沿着冲沟径直向南行驶前往滨海公路的话，就会直接撞上一个德国抵抗据点。]

威廉·卡拉汉上尉
第29师第116步兵团F连连长

一名来自特种工程旅的中士早先被击中脸部。他的一只眼睛和眼睛上方的一部分骨头都被打没了。这位士官持续暴露在敌火力下给其他工兵部队发号施令：推土机驾驶员出现伤亡时及时更换新人；协助伤员——有些人的伤势远比他轻……他继续发挥自己的作用，并鼓舞我和在场的所有人。

在向东约1英里（约合1.6千米）的圣洛朗冲沟中，第1工兵营在午后不久即开始清理该海滩出口。第37工兵营的部队紧随其后。几小时后，人员和车辆就可以相对安全地驶向圣洛朗的出口通道。没错，敌人仍然控制着圣洛朗的部分地区，因此没有人能马上从海滩开到巴黎。但是，尽管有凌晨时分的混乱，该区域的工程兵部队仍然完成了他们的使命，并且是他们率先开辟了奥马哈海滩的第一条出口道路。这样一来，坦克和自行榴弹炮可以到达圣洛朗以北的高原，它们的存在最终将为第29师彻底肃清圣洛朗的敌军提供相当大的帮助。

詹姆斯·蒙塔古技术军士
第5特种工程旅第37战斗工兵营指挥连，1944年7月

在海滩上，[埃尔伯特.]斯库代罗（Elbert Scudero）上尉[B连连长]，

后来又加入了 [查尔斯 .] 佩克汉姆（Charles Peckham）中尉，他们随同第1战斗工兵营探雷小分队驶向 E-1 出口，他自己的船员随后跟进，拓宽了车道，清除了道路上的地雷。斯库代罗上尉手下有一位战士借用 C 连的推土机填平了一条横贯道路的反坦克壕。斯库代罗上尉返回海滩上指挥交通，确保出口的畅通无阻，并对从海滩至出口道路的人员及车辆的通行予以总体监管……在 1700 时，出口交通运转良好，但狙击手火力仍很活跃，而且（崖壁）侧面和出口道路的交会点仍会遭到敌迫击炮和大炮火力的周期性打击……可以肯定地说，B 连为步兵在这一区域建立立足点奠定了基础。

在往东 1 英里（约合 1.6 千米）处的科勒维尔冲沟，情况则完全不同。全长约 1 英里的科勒维尔出口是奥马哈海滩最长的冲沟，对工程兵来说，即使在进攻发起时刻消除了敌方抵抗，出口的清理工作也会很困难，何况德国人并没有被消灭。事实上，在全天的大部分时间里，敌人都盘踞在冲沟及其周边几乎无法被发现的战斗阵地中负隅顽抗。美国人绕到冲沟侧翼并从西面发起进攻突入科勒维尔时，德国人明智地采取了反击策略，并在科勒维尔市镇中心与附近的小镇卡堡坚守至 6 月 7 日上午，这样就一度让美国人无法控制海滩出口道路与海滩以南约 1 英里（约合 1.6 千米）处的滨海公路的交会点区域。因此，即使美国人可以突破海滩，科勒维尔冲沟也还是个死胡同。

美军步兵直到晚上才设法消除了冲沟入口处的德军抵抗，此时工程兵已开始着手完成他们已被大大推迟的任务目标。对于工程兵来说幸运的是，在每年的这个时间，诺曼底地区的日落时间会推迟到晚上 10:10，而黄昏的余晖可以让他们再继续高效工作近一小时的时间。但是他们没有时间休息。即使在天黑后，推土机的发动机轰鸣声和工兵们的喊叫声也使人紧张不安，所以在海滩上只能工作，其他什么也干不了。一旦工程兵们弥补上了所有失去的时间，或许事情就会有所好转。

詹姆斯·蒙塔古技术军士
第5特种工程旅，第37战斗工兵营指挥连，1944年7月

指挥 A 连的［路易斯·］德尔诺维奇（Louis Drnovich）上尉在 0700 时随连侦察小队一同登陆。他们沿着海滩前往 E-3［科勒维尔冲沟］，但由于海滩上的敌轻武器和迫击炮火力而进展缓慢。该连主力在预定降落时刻约两小时后的 0930 时上岸，抢滩的坦克登陆艇上载有 2 辆吉普车、1 辆 T-18［牵引车］和 1 辆 D-8［推土机］……该连到达 E-3 出口，并试图清理出口区域的障碍。弗兰克斯（Franks）上士和麦凯恩（McCain）中尉带人移走了堵塞出口的坦克和半履带装甲车，并驱使它们驶入了一个已知的雷区，希望利用装甲部队开辟出安全的通道。探雷人员被派往 E-3，但由于高地上轻武器的射击而使行动效率大大降低。3 辆 2 1/2 吨（2000 千克）标准载重的卡车登陆，但立即被“88 炮”火力摧毁。巡逻队从海滩出发，试图找到并摧毁阻止工兵正常作业的“88 炮”。这些巡逻队均未取得成功。德尔诺维奇上尉曾多次尝试锁定直射火力的来源位置，但是崖顶上的狙击手阻止了他的观察。火力准确性令人难以置信。坦克登陆艇在出口处进行了两次登陆尝试，但每次放下船首跳板时炮弹都会直接命中船身。敌炮甚至都没有浪费炮弹进行试射。每一发都是直接命中……［黄昏时分］德尔诺维奇上尉仍然很担心，因为他无法找到在出口区域给我军造成巨大损失的那门“88 炮”，于是他带着卡宾枪和几枚手榴弹出发了，他对各排排长和连军士长说，他要去追寻“88 炮”的踪迹。他于 D+3 日（6 月 9 日）被发现倒在距离海滩不远处通往高地的路上，一发正中头部的子弹夺去了他的生命。

第5特种工程旅第348战斗工兵营
美国陆军军史部门，对希德洛夫斯基（Sidlowski）中尉、塞尔夫（Selfe）中尉和沃尔什（Walsh）中尉的访谈，1944年6月30日

E-3 出口的作业始于 2000 时左右，随着夜幕的降临，[敌军]火炮逐渐停止开火，工作速度加快。D+1 日 0100 时刻后不久，在经过多轮火力的反复打断后，公路终于打通，可供坦克通行。0100 时之后，有一个坦克营开了上来[这可能是由 17 辆"谢尔曼"坦克组成的第 745 坦克营 B 连，该部在下午 4:30 在奥马哈海滩上登陆]。这项工作由当天晚些时候抵达的一台 D-8（推土机）和一台 T-18（牵引车）完成。当晚的最后一次炮火急袭发生于坦克轧上路面之前不久。[德国人仍然控制着冲沟末端的科勒维尔，所以出口道路并非完全可用。]

位于海滩东端的卡堡（F-1）冲沟非常狭窄，因此在整个登陆计划中并未占据重要地位。但是，当奥马哈海滩上的其他四道冲沟被证明很难在 D 日击破时，此地的工程兵们投身到了一个极为艰巨的任务当中：一旦第 1 师步兵夺取该出口并穿过海滩区域，他们就需要在最短时间内开辟通路。这项例行工作是第 336 工兵营的职责，但是当该单位的战斗工兵们朝那条按计划需要被改造成可供车辆通行的道路的泥土小径投去第一瞥时，真实情况令他们震惊不已。这条小径沿着陡坡向上延伸，其宽度仅能勉强让登山者通过。而第 336 营本应将其变成通往海滩的回程路的另一条小径，其情况几乎也同样糟糕。无论第 336 营投入多大的努力，美军坦克和载满物资的卡车都永远无法经由这些路线行驶。工程兵们必须开辟一条全新的道路，才能沿冲沟爬上相对平缓的高地。

第 5 特种工程旅第 336 战斗工兵营
美国陆军军史部门，对洛思斯皮奇（Lothspeech）上尉的访谈
1944 年 6 月 28 日

没有尝试建立连队组织。全营现存可用兵力中 C 连的人员最多，其次是 A 连，然后还有 B 连的一个排……很明显，计划中的 F-1 道路已不可用，替代道路已经开始开辟。这不是从工程学的角度来策划的，而是采取了合乎逻辑的路线。当时这看起来很明显。

第5特种工程旅第336战斗工兵营
美国陆军军史部门，对哈钦森（Hutchinson）上尉的访谈
1944年6月23日

　　[第336营]于下午4:30—下午5:00开始排雷。没有地雷探测器。士兵们用刺刀探查地雷。后来从别处抢出了11台地雷探测器并投入使用。有一个始于鹅卵石堤墙以南50码（约合46米）处的雷场，一直延伸到斜坡的顶部。在营作战计划中建议进行拓宽平整并作为临时堆集场的返程路的那条泥土小径被发现完全不可用，于是修筑了一条新的F-1双车道公路作为替代。F-1的第一条道路在D日2030时完成，比计划完成时间晚了一小时。在D日当晚，有14辆坦克通过了这条道路。

第5特种工程旅第336战斗工兵营
美国陆军军史部门，对保罗·本尼特（Paul Bennett）中校的访谈
1944年6月23日

　　有两辆坦克在驶往公路的途中履带被炸毁。地雷探测设备的缺乏大大阻碍了作业的进行。在我们计划投入使用的24台探测器中，只有7台处于可用状态。扫雷人员还遇到了探测器无法发现的盒形地雷。在搜索反坦克地雷之前，扫雷人员必须首先[使用刺刀]找出盒形地雷……在预定于D日登陆的3台推土机中，只有1台可以进入作业现场。它在第336营登陆海滩的西侧上岸，并在敌火力下沿海滩上行。后来有其他推土机进入现场。推土机操作员们一口气工作了50个小时，本尼特中校对他们的工作给予了高度评价。

德国人根本想象不到，仅仅几条沿着陡坡通向海边卡堡冲沟的狭窄的泥土小径，将会成为美国军队的补给动脉。但那恰恰就是第336营所取得的成就。

被称为"教练"的将军

在1944年5月期的训练手册《陆军论坛》中，有一位作者曾宣称："这是一场中士的战争。"在第二道战线上最初几个小时的战斗证明了这一说法的正确性。当敌人在海滩上所进行的出乎预料的激烈抵抗导致奥马哈登陆计划在进攻发起时刻后的数分钟内宣告瓦解时，大多数在海滩上茫然无措的士兵都有这样一个相同的想法：现在怎么办？极为庞杂的登陆战役计划无法回答这个问题。怀曼、科塔、泰勒、坎汉和施奈德等高级军官提供了明智的补救措施，并积极鼓励聚集在鹅卵石堤墙后方裹足不前的部队主动出击，但它们并不能第一时间出现在所有地方。而对于在远处的指挥船上监视登陆行动进展的许布纳、杰罗和布莱德雷等将领来说，尽管他们尽一切努力试图让登陆行动重新走上正轨，但他们实际上所起到的作用就像是身处月球一般鞭长莫及。

无论有没有来自最高层的激励，一线指战员都必须依靠他们的士官和下级军官来解决奥马哈海滩上的战术难题。作为担任 D 日奥马哈海滩突击行动的第1师和众多附属单位指挥官的许布纳将军完全相信他手下的官兵会做到这一点。许布纳曾以一名普通士兵的身份在陆军中待过6年，后来在第一次世界大战期间担任连长，他本人在战事陷入混乱时表现出了足够的主观能动性，他希望他的手下也能做到。是的，这是一场中士的战争，但是对许布纳来说，除非有人能完全掌控战场局势，否则这些中士的行动无法保持同步，混乱将继续存在，而且部队很容易陷入瘫痪。许布纳是行使这种控制权的关键人物，但是他不可能从"安肯"号运兵船上实现这一点。由于人员伤亡和海滩上弥漫的恐慌情绪所引发的通信崩溃，许布纳对战况信息的了解会比实际情况滞后数小时。他从"安肯"号上所下达的任何命令，对于接收命令的一线单位而言很可能会变得毫无意义。许布纳所处的地点对任何人都毫无助益，因此他决定前往海滩，在那里他将证明自己的确是士兵们所称的"教练"。

美国海军"O"部队
D日行动报告，编年史大事记，1944年6月6日

1715时：第1步兵师师长许布纳少将及其参谋人员离开了美国海军"安肯"号运兵船，在海滩建立了指挥部。

第1步兵师师部
第1师作战与训练处（G–3）的作战记录，1944年6月6日

在美国海军"安肯"号运兵船上的师指挥所单位［包括许布纳将军在内］于1700时启程前往"红E"滩。副师长［怀曼将军］告诉师长，前进指挥所是在676899［地图坐标，位于圣洛朗出口附近一个废弃的德军永备发射点］，指挥所与师炮兵部队和第116步兵团建立了有线电话通信，并通过无线电与第18步兵团进行联络。［怀曼将军］向师长提出要求，须尽快安排第26步兵团上岸。指挥小队于1900时到达"红E"滩。

罗伯特·普拉特中校
第5军作战与训练处（G–3）助理处长

似乎一切都处于极度混乱当中。我们为第1师某团［第16团］选定了一片海滩，并为第29师某团［第116团］选定了另一片海滩，这样当他们各自得到增援后，二者均可成为师战术区。除非有人能收拾乱局，否则这种设想无法实现。许布纳将军意识到了这一点，并在下午晚些时候与他的参谋人员一起前往海滩。他们一上岸，战场就开始变得活跃起来，秩序开始有所恢复。

理查德·克鲁克海军少尉
"O"部队，553号巡逻艇（PC–553）副艇长

在下午晚些时候，师长克拉伦斯·许布纳少将在驶往岸边前在我船停留了一小会儿。[他]来自"安肯"号运兵船……许布纳将军急于上岸，但他在我们的巡逻艇上丢失了他的珍珠柄手枪。也许是被我们中的一个小伙子拿走了。但我不确定。他对此大发雷霆。幸好过了会儿他的情绪有所平复。在下午晚些时候他终于离开了（但他的手枪仍然没有找到），他接过海滩上的部队的指挥权，并开始向内陆运动。

许布纳将军和他的参谋人员上岸后，他们径直前往圣洛朗冲沟去寻找已被攻克的德军永备发射点，而那里正被怀曼将军用作第1师的临时指挥所。鉴于敌人不断轰炸海滩，将这个永备发射点作为师部是一个明智的选择，但许布纳的参谋长斯坦诺普·梅森上校却并不想这样。根据第1师在西西里岛登陆作战方面的经验，梅森预计德国空军会在夜幕降临前开始轰炸登陆舰队，如果这种情况发生，那么海滩可能不会是一个师部有效开展其工作的好地方。得到许布纳的批准，梅森在距离悬崖线半英里（约合800米）之外的圣洛朗以东400码（约合366米）的果园里选择了一处作为其师指挥所。如果德国空军确实会在当晚露面，梅森认为果园应该是许布纳指挥该步兵师正常运转的一个更加安全和隐蔽的地方。

许布纳的随行人员艰难地沿着圣洛朗出口道路上行，于晚8:00之前的某个时间到达了梅森所指定的果园区域，并建立了"战斗一师"的神经中枢。无线电台和有线电话交换机的操作员迅速忙碌起来，为许布纳提供了他所需要的安全通信，以便其进行各种决策，并向其上司杰罗将军准确描述奥马哈海滩局势。

如果许布纳希望与中士的战争保持同步，那么这里就很合适。德军炮火弹幕经常迫使参谋人员寻找掩护，后来他们开始在地上尽可能地深挖散

兵坑。此外，当许布纳一行人抵达时，美军步兵正在向位于附近的圣洛朗及其周围区域敌据点发动进攻，偶尔会传来刺耳的交火声，这种环境几乎不可能让将军静下心来为赢得胜利而进行审慎的思考。这并不是该师的参谋人员所期望的进入诺曼底战场的方式，但是"教练"必须在这里出现。这是不平凡的一天，士兵们必须见到他们的将军。

在许布纳抵达之前，奥马哈海滩上军衔最高的不是怀曼，而是第29师师长查尔斯·格哈特少将。被29师官兵昵称为"查理叔叔"的他已经与其参谋人员乘护航驱逐舰"马洛伊"号（Maloy）渡过了英吉利海峡，并以最快的速度搭上了一艘驶向海滩的海军登陆艇。他于下午4:45在维耶维尔海滩出口附近登陆，并且很快在越过海滩约200码（约合183米）处靠近冲沟东侧的一个废弃采石场中建立了师指挥所。

格哈特可能有点太急于上岸了，因为当他建立指挥所时，除了他的参谋人员外，他对海滩上其他任何一名第29师的官兵均没有指挥权。让"查理叔叔"不太高兴的是，所有在D日登陆奥马哈海滩的第29师官兵都处于许布纳的指挥下，这种安排将一直持续到第5军军长杰罗将军认为时机合适时将其终止，并重新将第29师部队交由格哈特负责为止——据推测这会发生在6月7日的某个时候。然而格哈特等不了那么久。

本杰明·塔利上校
第5军，分管作战计划的副参谋长

格哈特将军和我打赌说，他会先于我在诺曼底登陆。在D+1日0930时左右由杰罗将军主持的一次第5军简报会上，我见到了他。简报会在一个碎石坑（采石场）中举行，此处位于距离维耶维尔冲沟脚下的德军永备发射点约200码（约合183米）的道路上方。他问我是何时登陆的，我告诉他是在（D日）1300时后不久。他说："你赢了！"

塔克·欧文（Tucker Irvin）中尉
来自第29师师部情报处（G-2），1944年6月17日

我们登上维耶维尔出口，并在一个可以俯瞰海滩的斜坡顶部的采石场中设立了第29师指挥所，我们没有遭遇到有组织的抵抗。尽管先遣梯队（科塔将军及其参谋部）本应在维耶维尔另一侧的树林中展开工作，但是师部主体没有与他们取得联系，因此临时指挥部就建立在采石场上。晚上10:00左右，与先遣梯队建立了无线电联系，[6月7日]凌晨2:00左右，科塔造访了采石场。决定等到[早上]让先遣梯队加入正规的师指挥所。此举在黎明后进行。

或许格哈特是一个没有部队可指挥的将军，但是这并没有阻止他下达命令。为了做好杰罗将军于6月7日正式启用第29师的准备，格哈特希望与第1师建立稳定的联系。但是许布纳在哪里？没有人知道，所以格哈特派出他的一位联络官詹姆斯·巴拉德（James Ballard）上尉去寻找第1师的指挥所。巴拉德的工作并不容易。

詹姆斯·巴拉德上尉
第29步兵师作战与训练处，联络官，1944年7月

我要求一名志愿者与我同行，助理作战士官特德·约瑟夫斯（Ted Josephs）上士立即站了出来……夜已深，然而滨海维耶维尔的大部分区域仍被熊熊燃烧的烈火所笼罩。我们偷偷摸上了通往维耶维尔的道路，并在构成市镇中心的小十字路口向左转。这就让我们走上了向东通往圣洛朗的路……我猜我们走了大概有一个半小时[行程800码（约合732米）左右]——当时应该是接近晚上10:00[由于晚上11:00左右才完全天黑，所以那肯定是在晚上10:00之后]。然后我突然看到，有个人卧在我几乎触手可及的地方。他立刻跳起来向右侧疾跑了一小段距离。我马上就听

到了尖锐的口哨声，一排子弹朝我们的方向飞来。几乎同时，有 3 个人向我走来。我俯卧在马路边缘。然而，路面上的光线很暗，而正向我走来的人的侧影在夜色背景下特别显眼。我扑倒在地，弄丢了我的卡宾枪，于是我本能地抽出我的手枪并在极近距离上连开数枪。有两个人大叫并倒地。我不知道第三个人是什么情况。一切都发生得如此之快。我向右后方猛跑了一段距离，在一片野地里找到掩护以便让我可以整理我的思绪。我与约瑟夫斯失散，我当时以为他不是牺牲就是被俘……我尽快返回到了采石场，发现那里的临时指挥部已经与第 1 师经由海滩①建立了通信联系。黎明时分，我临时征用了一辆坦克，出发沿着通往圣洛朗的公路寻找约瑟夫斯上士。我行进了 1 英里（约合 1.6 千米）左右，约瑟夫斯上士从一条沟渠中跳出来朝我欢呼。我有生以来从来没有见到谁像这次这么高兴。

格哈特在第29师中对纪律的严格执行颇具传奇色彩，他很快就证明了他不会因为战斗正在进行而放松对维持"蓝与灰"师的军容风纪所做的努力。按照第29师内部流传的说法，当"查理叔叔"坐在采石场中的一个"C- 口粮"箱子上研读诺曼底区域地图时，他发现有一名士兵吃完橙子直接把皮扔在了地上，对格哈特挑剔的性格来说这简直忍无可忍。于是他冲向那位不幸的美国大兵，斥责他为何要违反第29师严格的卫生守则。

在第二次世界大战中，美国陆军军一级指挥官从前线发号施令并非其职责所在，但是，如果杰罗将军希望在 D 日随同许布纳和格哈特一起上岸，并在奥马哈狭长的滩头堡建立第5军军部，那么他就需要这样做。在6月6日夜间，奥马哈海滩上几乎没有任何地方可以免受德国炮火袭扰。尽管如此，杰罗还是决心在夜幕降临前在陆地上建立一个第5军的指挥所。鉴于 D

---

① 译注：应指架设有线电话线路。

日美军战场通信的中断，"安肯"号上的第5军参谋部无法获得战事进展的准确描述，所以杰罗将军认为，唯一审慎的行动方案就是亲自到现场了解情况并与他的主要下属进行面对面的交流。那个在当日早晨被斯波尔丁少尉的乘舟组所攻克的位于圣洛朗冲沟以东悬崖上的德军坚固堡垒可以作为其落脚点。此地以迷宫般的战壕和掩蔽部为特色，可以为参谋人员的工作和休息提供一个相对安全的场所。

罗伯特·普拉特中校
第5军作战与训练处（G-3）助理处长

杰罗将军决定，一旦混乱状况有所缓解，军部就立即进入。尽管风急浪高换乘困难，我们还是于1900时左右搭乘登陆艇离开了"安肯"号。海军少将［霍尔］提供了运兵船的卸货梯，这样将军就不用通过吊货网爬到登陆艇上了。大约一半的人员登上颠簸的登陆艇后，突如其来的一个大浪将船撞到梯子上，然后梯子的底部直接被撞没了……为了保持平衡，将军本人也必须通过吊货网爬到登陆艇内。对于某些人来说这很困难。前往海滩的通道湿滑且不平坦，在穿过了现在已经不起作用的障碍物以及众多扭曲的残骸后，我们于2030时上岸。杰罗将军颇为骄傲地被塔利上校亲自指挥的一台推土机抬上岸。他直接踏上了坚实的陆地，我们其余人则在齐膝深的水里穿行，并在此过程中全身湿透……军部指挥所位于一条狭窄的德军战壕当中，它是沿着通向圣洛朗附近海滩的一条干谷的军事防界线进行构筑的（20年后它依旧在那里，它前方是美军公墓）。这个高级指挥分队位于很靠近内陆区域的一个用圆木加固的掩蔽部中。我们其余人都进入了战壕中的掩蔽部。我安装好G-3地图板，并尝试绘制当前的态势图。由于只有很少的准确信息，因此这一想法难以实现。然后乐子来了，有一个潜伏在我们前方田野中的蛛网型散兵坑中的狙击手开始朝地图板的顶部射击，因为那块板有一部分露在战壕外面。一些携带地雷探测器的工兵将其赶走，我们周遭又回归了平静。那个德军狙击手的使命就是战至最后一枪一弹并杀死尽可能多的敌军。

在这一天中的大部分时间里，持续的无线电故障以及海滩上各舰炮火力控制组人员的大量死伤使海军方面无法准确了解登陆行动的进展。敌方阵地明显处于活跃状态时，海军对奥马哈海滩上的火力支援通常是准确的，且对地面部队具有重要的价值，对于作为奥马哈海滩主要出口的5条冲沟及其周边地带来说尤为如此。但是在某些情况下，海军火力更多的是制造障碍而非提供帮助，高级将领的到来也并没有立即解决这个问题。由于几乎完全无法与岸上的海军校射员进行通信（校射员的工作是保持作战部队与支援舰只之间的无线电联络），美国海军缺乏己方部队所处方位的实时情报，因此，在确定炮击目标时火力支援舰只偶尔也会依赖舰上的目视观察，甚至是缺乏可靠根据的道听途说。有时获得的情报相当不准确，结果就是美军会遭到己方海军舰炮的误击。

威廉·马歇尔（William Marshall）海军少校
第36驱逐舰分队指挥官，D日行动报告，1944年6月

在这一阶段，各驱逐舰在火力支援方面的潜力甚至尚未被利用到百分之二十以上。驱逐舰与海滩之间没有任何通信联络，在许多情况下无法向原本应该射击的目标开火，或者是因为不知道己方部队的位置而不敢开火……它们无所事事地卧在距离海滩几百码远的海面上，眼睁睁地看着我们的部队、坦克、登陆艇和机动车辆遭到猛烈炮击却无法提供支援，这是最令人恼火和沮丧的。

然而，有时即便是缺乏判明敌军抵抗巢穴存在的确凿证据，驱逐舰也

会朝假想中的目标开火。对于近海水域舰只上的水兵而言，视线越过悬崖之后，极目所及之处，除了维耶维尔、圣洛朗和科勒维尔的教堂尖顶以外什么都看不到。此外，除非他们可以通过无线电与前线的美国海军校射员取得联系，否则考虑到战场态势的高度流动性，炮弹很有可能会落到自己人头上。傍晚时分，来自第16步兵团由道森率领的G连实际占领了科勒维尔的一部分时，有一艘驱逐舰炮轰了科勒维尔。同样的，第116步兵团和游骑兵部队首次占领维耶维尔4个多小时后，海军的一次炮击摧毁了维耶维尔教堂，原因是它被认为容留了一个敌军观察哨。

美国海军"哈丁"号驱逐舰
乔治·帕尔默海军少校，作战日志，1944年6月6日，1350时

接收自538号步兵登陆艇（LCI-538）的目视讯号……"来自海岸勤务队的信息：'相信教堂尖塔会成为敌人的观察所。你能打掉它吗？'"然后我们问："是哪个教堂？"步兵登陆艇的回应是："维耶维尔教堂。"然后我们又反问道："你们所说的难道不是在科勒维尔的教堂吗？"步兵登陆艇那边的回复是："休斯敦中校说不是。"[厄尔·休斯敦（Earl Houston）中校指挥第348工兵营，该营在下午登陆以协助打通科勒维尔冲沟。]然后，我们又问步兵登陆艇那边："你方从何处获得此信息？"他们的回复是："来自休斯敦中校。""哈丁"号驱逐舰随后向"O"部队前方观察员分队指挥官[CFOFO]呼叫，报告了上述向教堂开火的请求。前方观察员分队指挥官（CFOFO）在大约5分钟后回复说，已准许向教堂实施1分钟的炮击，并进一步指出该镇已经进行过火力打击，因此投放的弹药不得超过1分钟的耗用量。1413时，我们在3200码（约合2926米）的射程上展开炮击，完全摧毁了教堂。共消耗了40发炮弹，每发炮弹都落在了目标上。游骑兵部队的里德少校后来对此予以证实，即该目标共包含4挺敌机枪，它们已被完全消灭。[第2和第5游骑兵

营的战士们——他们是奥马哈海滩上仅有的游骑兵部队——并没有一个"里德"少校，第116步兵团中也没有这个人。]

大约中午的某个时候，有一艘美国海军驱逐舰上的水手在维耶维尔冲沟正西边的悬崖脚下观察到了一支规模不小的部队。他们是谁？在近2英里（约合3.2千米）的距离上，即使使用双筒望远镜也分辨不出。但是，鉴于他们所处位置接近维耶维尔冲沟及附近的敌永备发射点（大多数仍处于活跃状态），因此推断他们肯定是德国人。

事实并非如此。上午7:00后不久，3艘皇家海军的突击登陆艇将来自第116团第1营的一个指挥分队送上了海滩的这一区域。该分队的成员——包括营长约翰·梅特卡夫中校和副营长托马斯·达拉斯（Thomas Dallas）少校——在穿越海滩抵达悬崖底部的途中伤亡惨重。在这里，在上午剩下的时间和下午的多数时候，他们仍然被德军火力死死压制着，敌火力似乎同时来自数个不同的方向。

第29师第116步兵团第1营
美国陆军军史部门，对托马斯·达拉斯少校的访谈，1944年9月

上午晚些时候，曾用炮火轰击我军右翼远处作战分队的那艘驱逐舰又开始将炮弹投放到达拉斯他们的位置上，炮击一直保持到下午晚些时候。达拉斯少校施放了橙色烟幕弹。然后，驱逐舰又向烟幕方向发射了几发炮弹。这些人用他们各自携带的手帕制作了几组信号旗，然后疯狂地朝驱逐舰的方向摇动，信号旗的含义是："我们是美国人。停止射击。"[第1营通信主任罗伯特·哈克特（Robert Hackett）中尉知晓如何发送旗语信号，他也执行了发送信号的任务。]然后收到了舰上的闪光信号灯所发出的讯息："向美国人投降。"根据达拉斯的说法，这场悲喜剧贯穿了D日的大部分时间，结果，当天下午驱逐舰火力误击

所造成的人员损失要大于敌人造成的损失。

第1步兵师师部

美国运兵船"安肯"号，第5军作战与训练处（G–3）的作战电文日记，1944年6月6日，1448时

　　来自第116团1营：海军正在炮击我方"绿D"海滩。立即停火。海滩上有我军部队。

托马斯·达拉斯少校

第29师第116步兵团1营副营长，致电爱德华·吉林（Edward Gearing）中尉，1944年6月6日，1300时

　　该死的，告诉那些狗崽子停止开火！

力破铁壁

　　泰勒上校宣称，美国人只有"把人力物力不断投送到海滩上直到打破僵局"，才能在奥马哈海滩上取得胜利，这是迄今为止针对盟军登陆作战计划的众多评估中最准确的一个。到6月6日傍晚，美国人确实向海滩上投送了很多"人力"和"物力"，并且无可否认德国人的防线已开始瓦解。没错，大量的敌间接火力仍在沙滩上肆虐，但是任何继续抵抗奥马哈区域不断扩张的滩头堡的敌军士兵，其最可能的结局不是被俘就是死亡。

　　许布纳将军接到消息，称按照原定计划于D日在奥马哈海滩登陆的5个美军步兵团中的最后一个已搭乘12艘步兵登陆艇于下午6:30左右抵达科勒维尔冲沟脚下并开始下船，此时他对滩头堡安全的担心才终于得到了缓解。这是一支由近2500名生力军所组成的完整部队，不仅确保了许布纳将军取得D日作战的胜利，而且还可以让第1师马不停蹄地在6月7日继续展开进攻。

第26团奉命要在清理海滩区域后朝东南方向的巴约镇推进，但是该团登陆时执行此命令已经太迟了。此外，第16步兵团在最初波次登陆时所遭受的重创改变了一切，迫使杰罗和许布纳在6月6日夜间迅速制定了全新的6月7日作战计划。但是首先第26团必须设法上岸——而导致这项任务出乎意料地令人不快的原因并非仅仅是敌军猛烈的炮火。登陆行动中最糟糕的场景可能就是分布在浅水浪区和海滩上的数百具尸体，其中大多数尸体的左肩上都佩戴有"大红一师"的标志。第1师的众多阵亡者似乎向第26步兵团的战友们发出了无声的信号：不要小看敌人——取得最后的胜利还有很长的路要走。

德里尔·丹尼尔（Derrill Daniel）中校
第1师第26步兵团第2营营长

我们都相当放松，因为我们知道我们不会被安排到突击波次上。我营曾在奥兰（Oran）[阿尔及利亚]和杰拉（Gela）[西西里岛]作为最初波次的突击部队，现在我们是后续波次的预备队。当你知道自己不会随第一批登陆船只在敌海岸防御区抢滩时，你会大大地松一口气……我还记得那些携带重机枪和迫击炮的个头不高的小伙子（似乎携带这些东西的总是些小个子）在沿着步兵登陆艇的舷梯入水时，海水还只没到他们的腰部位置，而当他们向海滩行进并越过一个沙洲后，海水一下子没过了他们的头顶。然而大多数人还是在不丢弃装备的情况下抵达了岸上。他们显然是很想上岸……我匆忙率领全营离开海滩，并将兵力展开前去攻击我们被告知的集结点[科勒维尔]——显然它仍然在德国人的手中……刚刚展开对村庄的攻击，我们就接到命令返回海滩，并向西推进1500码（约合1372米）至E-1出口，然后在那里将有进一步的命令下达。很是用了一些时间才召回了发起攻击的各连队（当然，无线电在那时候不起作用）。最终，大约在2300时，该营进入了E-1

冲沟离海滩约 1000 码（约合 914 米）的集结区。在那里，我们被指定为师预备队，甚至整个第 5 军都把我们当作唯一尚未投入作战的营。

约翰·塞茨（John Seitz）上校
第 1 师第 26 步兵团团长，1944 年 6 月 16 日

第 26 步兵团于 D 日冒着大炮与迫击炮的火力在指定海滩上岸。鉴于第 1 师所属各登陆海滩上异常强大的抵抗力量所导致的局面，就我团而言，原先第 1 师制定的计划已告作废，有一个营［第 1 营］奉命沿滨海公路直接东行，以清除位于师作战区域最左翼的科勒维尔与贝桑港的敌守军。我团的另一个营［第 3 营］奉命进入师防区的右翼，以封堵此处可能存在严重漏洞的地点。该营占据的阵地有效地确保了海滩上唯一可用的出口。剩下的一个营［第 2 营］奉命作为师预备队，做好了向师属防区任何受威胁的地点实施运动的准备。D 日午夜确认我团已就位且组织良好。

罗伯特·布里奇斯（Robert Bridges）上尉
第 1 师第 26 步兵团 D 连连长，1949 年 5 月 30 日

就我所能确认的情况，我们于 1800 时后不久在"红 E"滩和"绿 F"滩的边界附近登陆……我架设了机枪，并命令随我一同登陆的第 1 排展开作战队形，以保护仍在登陆的连队其他人员。来自我们前方高地上的狙击手火力决定了必须采取这一步骤。我营营长弗朗西斯·默多克（Francis Murdock）中校搭乘同一艘步兵登陆艇登陆，现在他与他的营士官长和营指挥分队中的其他人一起出现了。他让我带领 D 连前去增援在科勒维尔陷入大麻烦的第 16 步兵团 2 营……威廉·休姆（William Hume）中尉［D 连副连长］随后带着由沃尔特·史蒂文斯（Walter Stevens）中尉率领的最后一个排赶了过来……我对他宣布了作战命令，然后我转身走

开。就在这时，针对我军地域的猛烈炮击开始，第一发炮弹的破片将我击伤。炮击停止后，休姆中尉丧生，另有包括营士官长在内的数人受伤。炮弹冲击波将我抛到了一个烈火肆虐过的地下室，我发现自己动弹不得，于是我首先呼唤休姆中尉，然后又是史蒂文斯中尉。[史蒂文斯]告诉我比尔（比尔是威廉的昵称）死了，所以我把我所知晓的连队人员和武器的实力（包括弹药）等情况告诉了他，并告知了我刚刚接收到的命令：沿着我们正以两路纵队行进的路线前往科勒维尔。

在 D 日行动中，日照是促使美国努力纠正实施之初即已宣告崩溃的入侵计划的众多关键因素之一。美国人在 6 月 6 日利用了超过 17 个小时的白昼时间，在奥马哈海滩上建立了一支庞大的部队——大致相当于两个多步兵师的规模。与之相比，德国最高司令部在诺曼底地区的战略预备队很少，几乎没有可用的预备队能够在当日夜幕降临之前抵达奥马哈海滩。可以肯定的是，奥马哈海滩上的德国岸防部队进行了艰苦的战斗，但是由于缺乏大规模的增援部队，他们早晚会被打垮——正如泰勒上校所断言的那样。

但是，为了打垮敌军，他们付出了很多的努力。对于任何在清晨奥马哈海滩的登陆行动中幸存下来的美国人来说，这一天仿佛永远不会结束。然而，太阳将预示着疯狂即将结束，因为西方的落日在血腥的海滩上投下了被拉长的阴影，突如其来的寒意在周遭弥漫，令许多士兵瑟瑟发抖。幸存者将会在以后整理他关于 D 日的模糊记忆，而那肯定会让他铭记终生。但是 D 日幸存者的余生又还有多长？鉴于奥马哈海滩上生命损失惨重，而通往胜利的道路又过分漫长，所以在那天晚上，在滩头堡的最前沿，肯定会有许多美国大兵在扪心自问，他们是否还能活着见到下一次日落。

第十四章
停止即死亡

陆军中最危险的工作

参与第二次世界大战的美国大兵常说，士兵最好的朋友是训练有素的医护兵。在奥马哈海滩上，美国军医和医护兵有很多机会练习自己的技艺，但是在敌人眼皮底下实施急救处理——尽管《日内瓦公约》明令禁止以医护人员为打击目标——却并非有益健康之举。如果医护人员自己出现伤亡，那么谁来照顾他们呢？

在像奥马哈那样狭窄的海滩阵地上，医护兵和军医发现几乎不可能遵循陆军标准的战地医疗救护的惯常做法。正常情况下，医务人员的主要任务是维持伤兵的生命，直到他们可以被安全地运送到附近的救护站，并最终被运送到有医生实施正规治疗的医院。但是奥马哈海滩则完全不同。在登陆行动头几个小时中，美军方面蒙受的伤亡甚至十倍于海滩上实际可用的医护人员数量。此外，几乎每个被视为前线急救站的潜在地点都遭到了敌人的火力袭击。由于担架员的伤亡和担架本身的匮乏，将伤员运送到救助站无论如何都是行不通的。但是，即使有足够的人员和装备来移动伤员，敌军火力也会让这种尝试变成自杀之举。至于在科勒维尔、圣洛朗和维耶维尔等地的内陆区域作战中受伤的美军官兵，由于美军未能在 D 日上午打通奥马哈的五道冲沟，这意味着海滩与内陆之间的通道必须经过悬崖区域，而其陡峭的斜坡对于移动伤员几乎是不可能的。

军事医学中的一个基本事实是，受伤的士兵得不到可靠医疗护理的时间越长，他死亡的概率就越大。但是奥马哈海滩上没有战地医院。与他们最接近的是前线救护所，但是他们所要完成的工作已令他们喘不过气来。没错，海上的军舰和运输船都有诊所和病室，但是如何将伤员转移到那些舰船上呢？在敌火力覆盖的海滩开阔地上转移数百名伤员几乎是不可能的。从海军登陆艇的艇组成员的角度来看，他们所接到的命令中对于运送伤员只字未提，遵守严格的时间表至关重要。未能按时完成任务可能会造成毁灭性后果。此外，拥挤而简陋的小型登陆艇一次只能容纳为数不多的几组担架伤员，在返回运输船的两小时的旅程中，船员很难提供足够的医疗护理。尽管在某些情况下，将重伤员后送到运输船的病床上是挽救其生命的唯一方法，但从海上大规模运输海滩伤员并不是一个现实的选择。在奥马哈登陆的策划过程中，没有人会预料到卫生部队将不得不应付如此多的伤员。

唯一的选择是将伤员拖到悬崖脚下的某个地方，在那里，他们至少能最大限度避免敌火力的射击，并获得最基本的医疗护理，然后尽量保持乐观心态。如果伤员能够坚持下来，那么等到海滩被巩固的时候，就可以为他们提供更可靠的医疗护理。但是许多人无法坚持下去，到第二天，他们将不用再由医生照顾，而是变成了坟墓登记人员的工作对象。

第1师第16步兵团，团指挥部

部队日志，1944年6月6日，2300时

[查尔斯·]特格特迈尔少校[卫生分队指挥官]致菲基上校：我们无法后送任何我方人员。海滩上没有后送设施，我们必须做些什么。

查尔斯·特格特迈尔少校

第16步兵团卫生分队指挥官，1944年6月24日报告

登陆船艇在最初 24 小时内只为疏散海滩伤员做了很有限的工作。诸如军医外科辅助队之类的医疗单位在没有任何医疗设备、担架、毯子和担架员的时候被过早地送到岸上。在进攻海滩的最初 12 小时内，所有卫生工作的重点应放在疏散和后送（利用担架和车辆）以及急救处理上。收容连不应该全员安排到同一艘船上，即便无法安排 3 艘船，他们至少也应该被分配到两艘登陆艇上。这一群体遭受的严重损失导致在最需要他们时他们却无法发挥应有的作用。必须以某种方式将担架员、担架和毯子等储备物尽早送到岸上，以迅速弥补最初波次中的损失。[最后，]《日内瓦公约》根本没有得到遵守。我方有许多卫生兵因敌军蓄意射击而负伤。白色袖章吸引了敌火力。登上登陆艇的收容连人员均佩戴红十字臂章，他们所遭到的敌直接火力打击超过其他任何一艘登陆船艇。自从在沙滩上登陆以来，狙击手的火力已经杀伤了数名卫生兵。为履行《日内瓦公约》义务而佩戴的臂章让连队卫生兵的工作成为陆军中最危险的一种。

查尔斯·霍纳中校
第1师第16步兵团第3营指挥官

正常的伤亡比应在 1[阵亡]：7[负伤] 左右，[在 D 日，] 是 1：1。原因就是这些人离开船艇或穿过海滩时被击中……[医务人员] 无法找到他们。结果，本来有机会生还的人却死了。我营有位连长在那里躺了将近 24 个小时，结果他失去了一只脚。如果我们能让他接受良好的医护处理，我们也许可以让他不用截肢。

查尔斯·克拉克（Charles Clark）上尉
第1师第16步兵团指挥连，1944年6月30日

总的来说，海军方面的配合相当棒。但是，登陆行动有一个痛心

之处应引起小型船艇指挥员的注意。在许多情况下，他们无视岸上陆海军军官的命令，拒绝在其船艇上搭载伤员。有好几次，当艇长收回跳板（舷梯）驶向深海时，伤员已经被抬到距离他们只有几英尺远的深水区。在 D+1 日的海滩上，有许多美国士兵和水兵因为小型登陆船艇拒绝将他们后送而死去，如果登陆艇艇员冒着危险再多等待几秒钟，就将挽救许多其他人的生命。

约瑟夫·谢利上尉
第29师第104卫生营 B 连军医

我带领我的人上了岸，并命令他们完全照我做的去做。我们招致了敌机枪火力，幸好它的射界极其有限，所以我们在没有人员伤亡的情况下抵达了道路旁边的鹅卵石堤墙。我卧倒在一位被击中腹部的中尉旁边，有一颗子弹穿过他的钢盔并从他的头皮上擦了过去。我给他包扎好伤口，然后开始环顾四周。当我抬起头时，他说："医生，如果我是你，就不会这样做。我的头盔刚才就是那样才被子弹击中的。"

连（二级）士官长赫伯特·戈德堡（Herbert Goldberg）
第1师第16步兵团医疗分队，作战日志，1945年7月14日

1900 时清点了人数，在团救护所共有 80 名伤员。团部人员为那些自己无力进行土工作业的人挖掘了许多散兵坑。在 80 名伤员中，有 5 名伤势很重，尽管进行了输血并有毯子御寒，但其中 3 人还是在当夜因休克和（伤口）暴露而死亡。第 26 步兵团第 3 营营长 [约翰·] 科利（John Corley）中校经过救护所并询问情况如何。有人告诉他需要毯子。一小时后，救护所里摆放了 100 条毯子。科利中校从他手下士兵的铺盖卷里拿走了很多毯子。

杰克·谢伊中尉

第29师师长科塔准将的随从参谋，1944年11月

从海滩上和悬崖前方区域所收容的阵亡者和垂死的士兵已被疏散到了海滨步行道那里。我们注意到医护人员处理与照料伤者的设施有限，他们主要是借助手头上微不足道的物资实施救护，并尽可能合理地在病患们中间进行分配。这包括从死者身上拿走毯子，然后将它盖到伤员身上，以保护他们免受夜间寒气的侵袭。一些伤员在海滨步行道附近的沙土中挖出浅坑，以躲避仍会落到海滩上的敌炮火力的伤害……有一些伤员已经死亡，倒在了他们挖出的浅浅的"坟墓"中。有一辆使用"猫眼灯"（cat-eye lights）的救护车正在有条不紊地搭救仍然活着的伤员，并将他们带到位于维耶维尔出口的坦克障碍墙废墟附近的一个公共收容点。那里有一个救护小组照看他们的伤员，并准备好将他们从海上进行后送。

威廉·格尔尼科（William Gniecko）中尉

第29师第29军需补给连

1944年3月，我被任命为该师的坟墓登记管理军官。我在D+1日返回指挥所时，我从格哈特将军那里接到的第一个命令就是清理海滩上的尸体。我发动了从事坟墓登记工作的小伙子们与海滩上的所有闲杂人等来提供帮助。第一座公墓位于海滩和悬崖之间。尽管有炮击，还有轻武器火力，但工作还是在迅速进行。我们使用一台推土机，在海滩附近埋葬了456名军人。

在薄暮中漫游

在奥马哈海滩，夜幕的降临并没有带来宁静，因为黑暗为孤立无缘的德国守军提供了一个逃脱美国人不断收紧的滩头堡的压迫的机会。到D日黄昏时分，登陆行动策划者们所希望的在首日结束前达成一条齐整连续的前线的目标远未实现。实际上，美国人只控制了他们目前所立足的土地以及手榴弹投掷范围内的区域。当晚，在整个海滩上的大部分区域，美国大兵惊奇地发现敌人不但会在前方出现，也同样会从他们的身后冒出来。这种变幻无常的局面令交战双方人员只能稍微打个盹。何况，由于肾上腺素太高，诺曼底之夜又如此短暂，无论如何也不可能睡个好觉。

在滩头堡的东翼，德国人设法在科勒维尔镇大部和附近的小村庄卡堡坚持了一整天的时间。结果，德国人仍然控制着从科勒维尔通往大海的重要海滩出口，在肃清顽敌之前，没有任何美国车辆可以经此路线进抵海滨公路。对于德国人来说，这是某种程度上的胜利，但是第1师从科勒维尔两翼向内陆的渗透行动几乎切断了他们的后路。美军兵力远超幸存的德国守军，他们似乎在第二天就能将后者全歼。

在战争中，几乎没有任何一种因素会比意识到自己被包围时能更快地改变士兵们的心态。在6月6日晚间得出此结论的科勒维尔敌守军面临着一个艰难的选择。有若干好斗的德国军人决定次日早晨与对手一决雌雄，不论发生何种情况；但更多的人在日落时分出发，经过迷宫般的树篱地带向南撤退，以期在以后重新投入作战。但是，很多敌军部队不想再参与希特勒的战争。有52名躲藏在卡堡的特别厌战的德军掷弹兵被米兰德一等兵——会说德语的美军战俘，他在 D 日下午率领第16步兵团的一个巡逻小分队进入了卡堡——说服，并确信投降是他们唯一的选择，所以他们准备在拂晓时分前去美军那里缴枪。如果德国人在美国人当天早晨首次抢滩时如此顺服该有多好……

第1师第18步兵团第2营
D 日战斗后报告，1944年7月

　　连队沿着［科勒维尔］以南的东西向公路进入了阵地。F 连在最东

边，G 连在中央，E 连很快跟上并出现在西翼，那里是与第 16 步兵团第 2 营的结合部。第 18 步兵团第 3 营出现在晚些时候。此处在地图上是一道山脊，但这里是完全平坦的地形，被茂密的树篱分割成小块田地和果园，我们并没有在前方发现敌人，但有大批敌军位于我方阵地和科勒维尔之间的后方。我们经常与小股敌军爆发小规模的冲突。就在天黑前不久，F 连后撤到 G 连北边。这在科勒维尔及其南部地区的敌人周围构造了一个三角形的盒子。整个晚上，企图逃脱的敌人与我军进行了多次小规模交火。到次日早上，所有 3 个步兵连都开始解决包围圈中的抵抗力量，到 0900 时，已经抓获了 160 多名俘虏，并击毙了约 50 名敌军。其他试图逃脱的敌人则由第 16 步兵团和第 26 步兵团负责处理。

第1师第16步兵团第1营
D 日战斗后报告，1944 年 7 月 4 日

整个晚上，位于右翼的 B 连几乎一直在与敌交火。夜间，各巡逻队与第 16 步兵团第 2 营和第 18 步兵团第 2 营保持联络。巡逻队无法与右翼的第 116 步兵团取得联系。

第1师第16步兵团 L 连
美国陆军军史部门，对 L 连多位士兵的访谈，1944 年 7 月

马林契奇（Marincic）中尉带领的一支巡逻队 [从大阿莫] 被派出前去侦察卡堡。它在途中遭遇猛烈抵抗，无法突入该镇。[克洛维斯 ·] 马杜（Clovis Madoux）上士在此行动中阵亡。在 2100 时，连队主力跟随在 [约翰 ·] 沃罗兹比特（John Worozbyt）技术军士率领的一支掩护巡逻队的后面，在大阿莫西南 600 码（约合 549 米）处的果园区域占据了防御阵地，其任务是保护部队的右翼。当晚与敌军小股渗透

部队遭遇，次日黎明将敌军赶走。在我们阵地后方，小群敌军正被第 5 小队的人肃清。

日落时分在滩头堡中央地区出现的混乱局面也是科勒维尔的情况的写照。自从下午晚些时候以来，位于圣洛朗西部一个难啃的德军坚固支撑点一直在阻止第29师第115步兵团的推进，但是第115团第1营和第2营围绕其南部边缘区域展开机动并几乎将其包围。此外，美国方面从悬崖向内陆地区的渗透扩张也使若干德国守军被困在勒穆兰冲沟的海岸工事中。就像在科勒维尔一样，这里的德国人也面临着黯淡的前景：他们要么在敌我力量悬殊的情况下作战，要么尝试逃跑，要么就放下他们的武器投降。

午夜之前不久，第115团第1营失去了它的营长理查德·布拉特中校。在围绕圣洛朗进行侧翼包抄运动之后，布拉特中校命令他的属下在距离城镇南部约三分之一英里（约合537米）处的错综复杂的树篱地带过夜。德军似乎无处不在，对于美国大兵来说不幸的是，敌人以某种不可思议的方法判定了第1营的准确位置，并在晚上11:30施放了迫击炮弹幕射击，这让布拉特的士兵们对德国军事实力有了第一次直观的认识。布拉特中校被炮弹击倒时，他正与第110野战炮兵营地联络官赫伯特·马丁（Herbert Martin）中尉并肩而行。

约翰·胡珀（John Hooper）一等兵
第29师第115步兵团第1营指挥连

　　天色已暗，我们休息了几分钟。营长上前向我们的中尉表示，他正在寻找一个部署重火器连[D 连]迫击炮的位置。在搜寻附近的田野时，他们穿过了树篱上的一个缺口，随即德军迫击炮炮弹开始落在布拉特中校和迫击炮分队所在的区域。这一区域必定处于德国人的监视之下。中校受了致命伤。

E. J. 哈米尔一等兵
第29师第115步兵团 D 连

我们 D 连的指挥所和营部以及救护站位于同一道树篱中……夜幕降临，各步兵连又向前穿过了几片田野。我们挖了很深的散兵坑。当晚的交火实在太过炽烈，就如7月4日的独立日庆典一般热闹……A 连在福尔米尼公路上遇到了一个路障。我们的传令兵来到连部并告知我们连长 [乔治.] 纳布（George Nabb）上尉说，布拉特中校身负重伤，现在正在急救站……纳布上尉去急救站见了他。一块炮弹破片击中了他的右耳上边并进入他的头部。纳布上尉告诉我，布拉特中校希望他的下属先得到治疗，这是一位优秀的西点军官肯定会说的话。他的伤势比原先想象的还要严重，所以医护人员（在一个护卫小队的陪同下）将他送回海滩再通过船只返回英国，后来我们得知他死在了船上。

劳里·布鲁克斯（Lowry Brooks）上士
第29师第115步兵团第1营指挥连

布拉特中校受伤时，我们营的军医诺弗尔. 卡特上尉决定，必须将中校尽快撤往海滩。布拉特和卡特关系亲密，卡特医生选择作为一名担架员陪同他前往海滩，尽管这通常是医疗分队中列兵的职责。返回海滩需要走很长的路程，而搬运布拉特中校也并非易事。后来我们发现布拉特中校不幸去世，他们把他葬在了英格兰。

理查德·丘奇菲尔德·布拉特（Richard Churchfield Blatt）中校
在西点军校1933年年鉴《榴弹炮》中的传记题词

如果可能的话，一个"西点人"不仅仅是大学毕业生，也不仅仅是军官和绅士。在众多铸造性的影响中，学术部门的影响占据了上风。在学员生涯的这一主要阶段，迪克. 布拉特站在最前列。他不是作为奖学金获得者，也不是作为可以轻松完成学业的天才，而是作为一名走过异常艰难的道路到达终点的勇士，他所取得的成就，要比那些展示其衣领上添加的一对星饰的优等生大得多。这是一份由"西点人"发出的声明，同时也是只有"西点人"才能理解和属于"西点人"的声明。

在海滩西侧的维耶维尔，黄昏时分的美德两军的阵线要比在奥马哈海滩其他地区的更加清晰。坎汉上校至少设法在该地区建立了一条类似防线的东西，它沿着维耶维尔的南侧和西侧构成了一道弧型，执行防御任务的包括游骑兵部队、他本人麾下的第1营和第2营的残部，以及第121工兵营的单位。但是坎汉上校担心美军在这一区域的兵员匮乏将会招致敌人的反击，而敌人正是以反击战术而闻名。正常情况下，坎汉上校会指挥3000多名官兵，而游骑兵和工程兵分队的加强应该使这一数字超过4000。但是到D日太阳落山时，坎汉上校在维耶维尔及其周边地区能够确认其下落的兵力还不到这一数字的四分之一。"石墙旅"的其余部队在哪里？坎汉上校不知道，但是当晚他决定把他们都找出来，直到那个时候，在其直接控制下的各单位仍将坚守他们的既有阵地。由于坎汉上校的决定，失望的游骑兵战士们不得不推迟与鲁德尔中校所率的兄弟部队的会合时间，而后者正被围困在奥克角。

托马斯·豪伊少校
第29师第116步兵团作战训练科科长，1944年6月9日

通过第743坦克营的一部无线电台，联络官［琼斯中尉］与［詹姆斯.］辛克（James Sink）上尉领导的［第116团］团部通信分队的幸存人员进行了通话，据了解，第2营和第3营在穿越海滩时在敌火力下伤亡惨重，他们现正在圣洛朗与勒穆兰附近处于防御态势……团长［坎汉上校］就定在次日早晨0600时左右将团部分队撤回圣洛朗，召集第2营和第3营的部队向内陆我团的目标推进。

第16团3营
大阿莫
至贝桑港
卡堡
第18团P营
F-1冲沟
第336工程兵营
第26团1营
科勒维尔
第16团1营
E-3冲沟
教堂
第16
团2营
第20工兵营 +
第37工兵营 +
第348工兵营
第2步兵团 1815
时刻
第18团1营
第18团3营
第1工兵营 +
第37工兵营 +
第149工兵营
第26团2营
第5军军部
第1师指挥部
圣洛朗
第26团3营
E-1冲沟
教堂
第115团3营
布拉特
阵亡之处
第115团1营
第116团2营
第116团1营
第20工兵营 + 第112工兵营
勒穆兰
D-3冲沟
第115团2营
瓦屈埃维尔
至邮科米伐
第29师指挥阶
维耶维尔
教堂
第116团2营
第121工兵营
奥梅尔农场
圣塞泽尔庄园
第116团的1营
第2师骑
兵营 C 连
D-1冲沟
第5游骑兵营
第121工程兵营
沃米基尔角
帅英
至奥克米伐
卢维埃
德军抵抗巢穴
D 日结束时
的美军单位
美军工程兵清
理各滩出口

约翰·罗恩上尉

第5游骑兵营，指挥连连长

在组织好防御并设置岗哨之后，我命令战士们掘壕据守。就在那一刻，我发现了我在当天犯下的最严重的错误。我把我的土工作业工具都落在［皇家海军］的"鲍德温亲王"号（Prince Baudouin）（运兵船）上了！有几名士兵自愿为我挖一个散兵坑，但是不要，我不愿意让别人代劳。我把钢盔当成刮刀刨地，但在经年累月形成的硬质黏土层上仅制造了一两道刮痕。夜幕降临，我必须做点什么。在我尝试挖掘掩体的庭院中央的某个地方，我发现了一个干草堆。干草堆会很暖和，晚上的天气很冷，感觉都要结冰了。干草还会稍微减缓弹片的速度，那为什么不用它呢？我扒开一些干草，躺在上面，然后又把干草盖在身上。很暖和。我是个城市小伙子，而不是一个乡下男孩，所以我不知道干草堆和肥料堆之间的区别。当我躺下时瞬间明白了二者的区别。仿佛法国境内的每一种咬人的虫子都在我旁边，足足有数百只。我立马跳了起来。

第2游骑兵营C连

C连战史，《"查理"区的苦战》，1945年

来自纽约长岛"佛洛拉公园"区的威廉·林赛（William Lindsay）中士，他所在的一座混凝土永备发射点被两发炮弹直接命中。结果，林赛中士磕掉了一颗牙，还被剧烈的冲击弄得晕头转向。白天，林赛中士有三次几乎从悬崖上掉下去；而那天晚上，他指责第29师有个上校偷了他的步枪——彼时他的步枪就挂在他自己的肩上。

罗伯特·普洛格中校

第29师第121战斗工兵营，营长

我们炸毁维耶维尔冲沟前面的那堵巨墙后，［约翰·］希克曼和我

尾声。D+1日（6月7日）E-1冲沟附近奥马哈海滩的景象。在沙滩上至少可以看到两具美军士兵的尸体。左下方可以看到在鹅卵石堤顶部有一道敌军布设的密集铁丝网带。近岸浪区中明显可见有许多德国海滩障碍物。（美国陆军通信兵部队，国家档案馆）

设法沿着出口上行，穿过冲沟区域，抵达了沃米瑟尔庄园［实际上是奥梅尔农场，但在陆军地图上被错误地标记为"沃米瑟尔庄园"］。建筑物靠近内陆一侧有被遗弃的德军战壕，我方有一些工兵已经聚在那里。然后我返回冲沟，并向采石场中的第29师师部的格哈特将军报告。后来，天色渐暗，我在距离庄园不远的田野中遇到了第5军工兵部队的副长官。他"以某种方式"获得了两瓶"卡尔瓦多斯"酒［一种诺曼底地区特有的烈性苹果白兰地］，并怂恿我尝一口。我喝了一点酒——我承认这有点不光彩。我们聊了大约半小时。那时天已经黑了，但我并没有睡意。

罗科·拉索二等兵
第29师第116步兵团F连

科塔将军安排［路易斯·］西蒙斯（Louis Simmons）驻留在一座［毗邻

维耶维尔教堂的]公墓中,在那里我们挖掘了一个双人掩体。借助我们的"巴祖卡"火箭筒,我们可以为其他单位提供支援,以防德国坦克的突然袭击。那天晚上,我们从来没有想过要确定我们的方位和识别周遭的环境。夜幕降临时,我们周围的阴影开始移动。我们真的很担心,不断地设想着德军士兵会以怎样的方式朝我们袭来。我们试图轮流睡觉,但即使疲惫到极点,也不足以压制住我们的恐惧。第二天早晨,我们意识到,阴影是公墓中靠近我们散兵坑的两棵树所造成的。那天晚上我们学到了一个教训:下一次掘壕据守时,我们要在天黑之前检查周围的环境,以充分了解周围的地形地物特征。

约瑟夫·翁德尔(Joseph Ondre)中尉
第743坦克营A连,1944年10月

A连的所有坦克各拖着一辆满载弹药的装甲拖车。但是在海滩上遭遇到的抵抗要求我们抛弃其中一些拖车。实际上只有6辆拖车抵达我们当晚到达的宿营地。每辆拖车中都载有230发75毫米炮弹。登陆时我们总共有约51辆坦克,但是只有约30辆坦克离开海滩。第743营的所有坦克都通过维耶维尔出口离开了海滩。那天晚上,我们试图重组部队,但是伤亡人数,特别是军官的伤亡比例很高,所以很难建立正常的组织架构。营长约翰·厄珀姆中校受伤,而在B连的5名军官中有4人被杀。在D日傍晚之前,我们[沿冲沟上行并穿过维耶维尔]进入临时集结区,走入一个设置有环形防御的宿营地。在这里,我们得到了弹药与汽油的补给,为外围防线提供支持,并等待后续的命令。

无论是拥有钢铁般意志的老兵,还是新兵菜鸟,他们都在奥马哈海滩度过了令人不安的第一夜。天黑后,几乎所有在树篱地带移动的物体都成了美军射击的目标。但是前线到底在哪里?似乎没人知道。最谨慎的做法是尽可能找到一个安全地点,挖一个掩体,然后在里面静坐到天亮。

杰克·谢伊中尉

第29师师长科塔准将的随从参谋，1944年11月

D日深夜和D+1日凌晨，很明显，由于登陆部队很多士兵胡乱开火，第1师和第29师的许多单位之间都出现了小规模的误击事件。科塔将军和第1师的成员都认为，许多所谓的"狙击手"火力（据说是来自敌人）均源于此。实际上我军步兵在这一地区很少发现敌军。

约翰·库珀中校

第29师第110野战炮兵营营长

天黑时，我就待在圣洛朗镇外，与洛乌·史密斯（Lou Smith）中校 [第115步兵团副团长] 在一起。我们发现我们经过了一条狭窄的战壕，实际上可能只不过是路边的排水沟，于是决定在这里休息一下。第二天我们需要保持警惕，我们躺在壕沟中面对面地交谈。只要我说话，我就感觉还好，一旦停止说话，我就像秋风中的落叶抖个不停。

瞬间铸就永恒

没有人幻想对奥马哈海滩的进攻会得到无懈可击的执行。但是，那些在6月6日晚间获得喘息之机，从而得以思考当日经历的美军官兵们，一定会为预期和现实之间的巨大差异感到惊讶。从一开始所有的事情就都脱离了正轨。布莱德雷曾许诺过的由第8航空军著名的B–24"解放者"轰炸机群担任主角的"地球上最宏大的表演"从未实现；突击行动之前由海军实施的火箭弹弹幕打击根本就没有落到敌坚固要塞的周围；德国岸防部队的兵力要比预计的多得多，而且兵员素质也比预计的更高；双重驱动（两栖）坦克和两栖卡车在尝试执行其预定任务时沉入海中的数量太过惊人；登陆艇的行动延迟并且偏离目标。

有许多棒小伙阵亡或负伤。确切数字无人知晓，在登陆行动后的几周

内没有人能确定准确的人员伤亡数字。在夜幕降临时，奥马哈海滩的局面过于混乱，以至于无法进行仔细的记录。无数士兵在大海或在近岸浪区中死去，尸骨无存。其他阵亡者则倒在偏僻的低堑路和人迹罕至的树篱地带中，短时间内难以被发现。还有一些被炸成了碎片，无法确认其身份。伤员们则散布在海滩上、内陆农场中和返回英国的盟军船只里。颇为困惑的各连队的连军士长（first sergeant）们在提交他们 D 日之后的首份晨报时肯定会以怀疑的态度大摇其头：人都在哪里？

第5军最初提交的报告则大肆夸大了人员伤亡。6月8日提交给杰罗将军的一份报告显示，第29师第116步兵团的伤亡总数为49名军官和2733名士兵——这一数字如果准确的话，已接近于其核定兵力的90%。如果人员伤亡如此巨大，"石墙旅"又如何继续向内陆推进并进攻圣洛？对于杰罗将军而言幸运的是，伤亡数字虽大，但远远没有达到这种程度。

美国陆军军史部门

D 日伤亡报告，1944年11月

D 日的人员伤亡从未正式公布。由于报告叙述混乱且缺少第一手记录，因此总数可能无法得知。大多数参战单位都是从 6 月 6 日起以周为单位，或者以整个 6 月为单位上报损失情况，因此无法获得（D 日的）准确数据。让事情进一步复杂的是，第一批报告中将突击部队的各乘舟组、各连和各营因彼此失去联络而导致的"失踪"也列入了其中，从而夸大了实际损失数字。

查尔斯·坎汉上校

第116步兵团 D 日初次进攻行动摘要，1944年6月15日

对我团在最初的海滩突击行动中所遭受的人员伤亡的最接近事实的保守估计是，在全团实际于 D 日登陆的约180名军官和3100名士兵中，有70名军官和900名士兵损失……这一数字是在原本失散或者失踪的单位归队后得出的。

尘埃落定后，美国陆军战史研究者在战后立即着手准备有关登陆战役的正式记录，他们推翻了已被接受的有关奥马哈海滩伤亡人数的说辞，并对登陆行动的相关文件资料进行重新审查以获得更细的估计数据。

查尔斯·泰勒中校
美国陆军军史部门，《奥马哈海滩》，1945年9月

D日的单位日志必然是不完整或者零散的，人员和物资损失无法通过精确记载加以确定。最初估计的人员伤亡数字很高，而且有相当比例的"失踪"人员是因为有若干乘舟组与其连队一度失联——有时甚至持续2—3天的时间——这些单位中的所有士兵均被列为"损失"导致的。根据后来基于归队情况而进行的更正，第5军的人员损失约为3000人死亡、负伤和失踪。两个参与进攻的团级战斗队（第16步兵团和第116步兵团）各损失约1000人。

戈登·哈里森
美国陆军军史办公室主任，《穿越海峡攻击》（Cross-Channel Attack）一书，1950年10月

[6月6日，]第5军损失为约2000人阵亡、负伤和失踪。[哈里森用下面的段落为这句话做了注解：]坦率地说，这是基于各种不同日期和来自不同指挥部的估算所得出的一种猜测，并未达成共识。根据陆军目前的伤亡上报系统，不太可能获得按部队区分的准确的D日损失数字。

　　然而，很大程度上，获取准确的数字是可能的，经过对相关文件重新审视得出一个不容忽视的结论：泰勒和哈里森大大低估了实际的伤亡数字。根据对参与进攻作战的每个陆军、海军和航空兵单位的战斗后报告与部队战史的详细复核，得出了有关奥马哈海滩登陆行动中死亡、负伤和失踪人数的更切合实际的估算数据：于 D 日当天参加行动的共计约3.5万名官兵中，约有4700人的损失——总伤亡率超过了13%。在进攻发起后第一个小时上岸的大多数部队的平均伤亡率可能接近该数字的3倍，在少数案例中（最著名的是第116步兵团 A 连），人员损失率甚至还要更高。但是，由于各单位记录的不准确，几乎不可能精确判定在4700名伤亡人员中有多少是当场死亡，有多少是后来因伤死亡，或者是失踪并在数月后被宣布死亡。但实际上我们可以肯定的是，在奥马哈海滩上的进攻方所遭受的全部人员伤亡中，阵亡或者后来因伤死亡的军人所占的比例要明显高于第二次世界大战期间美国军队在欧洲所参与的任何其他一场战役。

直到记录时间的最末一个音节

　　如此可怕的损失为我们证实，1944年6月6日在奥马哈海滩所进行的长达18小时的战斗，的确是美国陆军在第二次世界大战中代价最为高昂的"最长的一天"。在皇家海军大力协助下的美国人是无可否认的最后赢家，因为尽管有希特勒号称坚不可摧的"大西洋铁壁"，同盟国还是在 D 日结束前成功地向奥马哈海滩输送了一支规模庞大的美军地面部队。只要德国人没有将那支部队赶入海中，那么在6月6日之后就几乎没有什么可担心的了，因为这场战役赢定了。盟军高层希望将奥马哈海滩以及盟军在 D 日夺取的其他4个滩头堡作为其在欧洲大陆的立足点，进而发动一场迫使纳粹德国在一年之内屈膝投降的摧枯拉朽的大战役。马歇尔将军于1942年5月29日向聚集在运动场更衣室中的西点军校毕业生所发表的讲话中承诺的在法国发动的"大规模攻势"终于实现了。

　　6月7日，战端再起，此后，奥马哈海滩就永远属于这一时代了。历史学家们需要从汗牛充栋的资料库中筛选出有用的证据，以确认美军的登陆行动为何以悲剧开端，却以凯旋胜利告终。证据指出了美国取得成功的四个主要因素：德国方面被打了个措手不及、美国方面投入了压倒性的力量、美国士兵为此任务做好了充分的准备，以及德军海岸防线尚未完成。

　　如果这四个因素中有一个在 D 日不成立，那么美国的胜利就会变得更加困难重重；如果有两个或两个以上不成立，那么奥马哈登陆战就很可能会失败。

　　将"尼普顿"行动登陆地点的秘密保守如此长的时间真是一项了不起的成就，也是盟军在 D 日取得成功的基础。如果德国人提前一周甚至哪怕几天知晓盟军的"入侵"地点，他们就可以极大地增强特定地域的防御能力。在奥马哈海滩，德国方面可能会将守军兵力增加一倍或者两倍，鉴于其永备工事所具备的固有实力，此举将产生决定性的后果。

　　此外，布莱德雷将军和杰罗将军因坚持了一个至关重要的原则而备受称赞，即第5军必须在 D 日夜幕降临前将尽可能多的部队投入奥马哈海滩。如果布莱德雷和杰罗将黎明之后登陆前的轰炸行动延长一小时或更长时间，那么原本可以于6月6日在奥马哈上岸的部队人数将大大减少，而或许更重要的是，这些部队所拥有的用来完成其艰巨任务的白昼时间也会缩减。这一因素很关键。然而，对短暂而错漏百出的海空军火力准备完全未能实现其预定目标的诸多猜测，却让其真正用意显得黯然失色。第16步兵团的泰勒上校正确地评估了奥马哈登陆计划的基本面：第5军将向敌防线上不断投入部队，直至裂痕出现并扩大——而实际情况也正是如此。

　　敌军的最终崩溃是由于美国方面压倒性的数量优势和对进攻部队特别有效的训练。威灵顿公爵在滑铁卢战役中的胜利，正如他曾经说过的那样，也许是在"伊顿公学的运动场上"（on the playing fields of Eton）赢得的，杰罗将军在奥马哈海滩的胜利也正是在德文郡突击训练中心的训练场上取得的。

但是，即使考虑到美国方面在数量和训练方面的优势，为奥马哈登陆制定计划也是一项艰巨的任务。德国的海岸防御很强，要在面对这些坚固防线的情况下直接从海上成功输送登陆部队，需要进行周密的策划和创造性的攻击战法，否则加里波利战役的悲剧很可能会重演。但是假使隆美尔如愿以偿，那么敌人在奥马哈海滩的防御能力可能比实际强大得多，如果这种情况出现，杰罗将军在将他的部队从英国运送到诺曼底海岸，然后再登上海滩，接着再穿过海滩向内陆移动等过程中将会面临若干几乎无法克服的难题。德国人在英吉利海峡撒布的水压水雷可能会对进攻编队造成重大损失；纵深更大的海滩障碍带和更有效的布雷，即使在退潮时，舵手驾艇前往海滩也将面临难度更高的挑战；在鹅卵石堤墙顶部布设更多的和更为错综复杂的带刺铁丝网，以及在冲沟和悬崖陡坡上设置雷场，将减缓或者完全阻挡住美军步兵向内陆地区的移动。

回顾过去，鉴于美国方面的人力和物力的压倒性优势，人们习惯上往往将美国在奥马哈海滩的胜利视为必然。然而并不是。只有经过高强度的训练和精妙的计划，以及完善的欺敌手段才能取得成功——而且幸运的是敌人并未以同等旺盛的精力准备防御。登陆行动的许多方面都出现了严重错误，但是一线官兵所采取的自发性的补救措施，再加上尽管原计划存在缺陷但仍坚决贯彻任务目标的坚定决心，将那些错误逐一克服。有好多好小伙为之流血牺牲，但最终计划还是奏效了。

对于D日在奥马哈海滩上登陆的士兵来说，这就是一个战场。但是，对于在随后数周中经由此地前往前线的大批部队来说，它还是一个具有几乎难以想象的吞吐能力的补给基地。甚至在完全清除海滩上的敌人之前，美国军队便开始以最终可与美国本土最大港口相媲美的运转速度卸载奥马哈区域中的作战物资。这一重要职能持续至1944年11月，直到欧洲大陆上的几个大型港口解放，使奥马哈海滩无须继续扮演后勤枢组的角色为止。

然而，在战争的宏伟蓝图中，这就是美军为了赢得奥马哈海滩而流血牺牲的根本原因，因为如果没有安全的补给基地，那么美英两国就无法指望展开他们旨在击败纳粹德国而进行的无情的军事行动。盟军在 D 日开辟的 5 个滩头堡是向西北欧地区输送维系战争的军事物资的众多进入点中的第一批。从 D 日开始的涓涓细流，很快就会变成希特勒的破旧战争机器所无法抵挡的、由大量人员物资组成的滚滚洪流。

但是战争远没有结束，它还会持续多久也是未知数。但无论如何，D 日之后，美国人、英国人和加拿大人发现，他们对欧洲战争将以同盟国的彻底胜利而告终这一前景更容易表现出乐观情绪，甚至肯定。毫无疑问，振奋人心的是，人们意识到战争的黑暗岁月已经过去，战争的结束已经不再遥遥无期。

乔治·马歇尔将军
美国陆军总参谋长，致电罗斯福总统，1944 年 6 月 14 日

艾森豪威尔和他的参谋人员都非常冷静且充满自信，他们正以最高的效率从事一项令人难以置信的庞大、繁杂的重要事务。我想我们已经将这些野蛮人逼上了悬崖边缘，而俄国的攻势所引起的全面崩溃将使他们堕入万劫不复的深渊。将会经历艰苦的战斗，敌人将抓住一切机会展开他们驾轻就熟的反击，但我认为他们面临的前景极为黯淡。

然而，从经历过奥马哈海滩大屠杀的"孤独的幸存者"的角度来看，这次胜利并没有带来多少满足感。什么样的军事目标值得付出如此代价？即使是如同伯里克利（Pericles）或林肯那样善于雄辩的人也只能尽其所能地解释为何所有这一切必须发生。但是这一次却没有这样的人来进行类似的解读，而且还要等到多年以后才会出现类似的场景：当一位奥马哈老兵承认"我当时在场"时，会引来听众们崇敬的目光，以及有关"当时到底发生了什么"的询问。当然，用言语并不足以描述所有的细节，除了亲历者，没有人能够理解，那些活下来讲述其旧日往事的人有多么幸运。

奥马哈海滩上的每位 D 日幸存者都目睹了可怕的景象，那就像黑色裹尸布一样在他们的脑海中挥之不去。多年以后，即使是有关炮弹爆炸或者子弹呼啸的片刻闪回，也可能会给他们带来战栗、痛苦或绝望：令人痛不欲生的创伤、亲密战友的死亡和耳畔挥之不去的呼喊。将军或者政客的任何说辞都无法将那些根植于脑海深处的念头抹去。在奥马哈海滩上登陆的大多数士兵并不是英雄——那些真正的英雄十有八九已经牺牲。但年复一年，对奥马哈海滩的回忆的凝重沉思也变得越来越强烈：在这样的一场大屠杀中，为何单单我活了下来而其他许多人却没有？

乌戈·詹尼尼（Ugo Giannini）一等兵
第29师第29宪兵排，1944年6月7日

我从滨海维耶维尔的残垣断壁间沿着原路返回。我缓步移动，拖着我不甘的灵魂，强迫它呼吸死亡的气息。我独自一人寻找我的战友们，昨天上午（或者是许多年前？）有 37 个人被扔上了岸。我走走停停，总会碰到明显的战争印记。它将把我们带向何方？我想要忘记这一切，我想要停止思考和感受。我想休息一下或者哪怕直接死去。薄薄的一层白泥（在湿透的地方仍然呈深棕色）糊在我的腿上、靴子上和手上。是的，它肯定也在我的身体里面。

悉尼·宾厄姆少校
第29师第116步兵团第2营营长，1947年1月11日

每一项成就都是由真正的战斗英雄所领导的小分队完成的。他们中的大多数人都牺牲了，很少有人获得勋章，主要是因为现场没有人幸存下来讲述他们的事迹。他们倒在海滩后面的雷场中，倒在崖顶的树篱周围，当然，他们的尸体也堆积在海滩上。

"明显的战争印记。"D+1日（6月7日），一名死去的美军士兵倒在退潮的奥马哈海滩上。在他旁边，一个敌海滩障碍物半埋在沙地里。这张照片的拍摄地点是在维耶维尔冲沟和勒穆兰冲沟之间，这里是第116步兵团C连和第5游骑兵营的上岸地点。（美国陆军通信兵部队，国家档案馆）

但是历史至少可以提供一点慰藉，说服我们这一切都不是毫无意义的。丘吉尔曾警告说，我们为之奋斗的这场战争，是为了防止文明坠入"新的黑暗时代的深渊"（the abyss of a new Dark Age），布痕瓦尔德（Buchenwald）、贝尔根·贝尔森（Bergen-Belsen）、达豪（Dachau）和"最终解决方案"（the Final Solution）证明了他的正确性。D日是20世纪的《伊利亚特》中决定性的一章，当世上没有人可以宣布"我当时在场"时，讲故事的人将以荷马的方式让昔日战士的传奇继续流传下去，一如特洛伊海岸上的英雄传说。只要还有人缅怀他们的先辈，并致力于其先辈为之奋斗的自由事业，那么D日的史诗就能得以记忆、讲述和流传。

他们就在那里。他们并肩作战，让世界变得更加美好。

约瑟夫·道森上尉

第1师第16步兵团 G 连连长，1944 年 6 月 16 日

我亲爱的家人

请务必原谅我此前没有寄给你们详细的信函，因为发生了一些事情，让我没有足够的时间整理我的想法并把它们写下来。但是，我的"V 式航邮"① 应该已经把一切平安的消息告诉了你们，这当然是最重要的。现在我的轻度失能症恢复得很好，基本没有再受其困扰，因此我又能和我的士兵们待在一起了，我感到很高兴。一个人若非有幸成为世界上最优秀的一群士兵中的一员，那么他永远无法体会到那种与地球上最杰出的一群人为伍的感觉……我想要说的是，美国士兵所表现出的坚韧不拔的精神与英雄主义已远远超出了履行职责的合理要求。没有谁能与之媲美，在过去的短短数日里，大家都意识到了这些人真正的伟大。我之所以这样说，是因为我有幸成为一个独一无二的团队中的一员，对于所有那些见证或知晓其是如何坚定不移地通过最高考验的人而言，她已经成了一个铸就伟大的象征。原谅我必须保守秘密而不能透露更多，但是有上帝明鉴，我连队弟兄们曾经积极地生活，勇敢地战斗，光荣地牺牲……所有这一切又使我回到了当下，回到了法国土地上的这片苹果树间，战争的交响乐环绕在我四周，我发现了我人生中从未获得过的内心和灵魂的安宁与平静，因为，我在这里，与上帝所造就的最勇敢、最优秀和最伟大的一群人在一起。在这一切结束之前，我要让你们知道我真实的想法：这个连队就是我的生命。愿上帝保佑我们大家。

乔

---

① 译注："V 式航邮"（V-mail）指的是美国战时海外军人所收发的邮件，为减少信件的重量和体积，将信件摄成微缩照片，用航空邮寄，至目的地放大后再寄送的一种军用邮政手段。

第29师老兵协会

第29师老兵协会仪式章程序言

为了使我们珍视的友谊永存，为了保持永不言败的精神，为了颂扬我们中间牺牲的勇士，并且为将第29师在第二次世界大战中的光荣战史继续呈现在我国人民的面前。

德怀特·艾森豪威尔将军

盟国远征军最高司令官，于伦敦市政厅的讲话，1945年7月12日

当追随者的鲜血和战友们的牺牲为一个人赢得了赞誉，那么谦逊就是他必备的美德之一。

附录1
盟军在奥马哈海滩的伤亡

单位番号	阵亡	负伤	失踪	合计
第1步兵师				
第16步兵团	86	528	357	971
第18步兵团	12	147	45	204
第1战斗工兵营	4	27	6	37
第1宪兵排	1	22	0	23
第7野战炮兵营	4	14	3	21
第1步兵师指挥连	0	2	0	2
第32野战炮兵营				28[a]
第1卫生营				c.40[b]
第26步兵团				c.20[b]
总计 第1步兵师				1346[b]
第29步兵师				
第116步兵团	247	576	184	1007
第115步兵团	33	68	2	103
第121战斗工兵营	18	31	31	80
第111野战炮兵营	17	26	4	47
第104卫生营	2	8	10	20
第29步兵师指挥连	0	1	0	1
第175步兵团	1	0	0	1
第29侦察连	3	0	0	3
第29宪兵连				c.10[b]
总计 第29步兵师				1272
第5军 / 第1集团军各单位				
第2和第5游骑兵连	96	183	32	311[c]
第146战斗工兵营	84	112	0	196
第299战斗工兵营	71	c.75	0	c.146[d]
第112战斗工兵营	8	30	0	38
第20战斗工兵营	3	10	0	13
第37战斗工兵营				82[a]
第336战斗工兵营				30[a]
第348战斗工兵营				21[a]
第149战斗工兵营				c.50[b]
第149战斗工兵营				c.45[b]

单位番号	阵亡	负伤	失踪	合计
第397高炮营	17	71	32	120
第467高炮营	8	31	0	39
第197高炮营	5	12	0	17
第81化学迫击炮营	10	20	0	30
第741坦克营	c.45	c.60	0	c.105[b]
第743坦克营				c.70[b]
第745坦克营	1	0	0	1
第61通信营	1	3	0	4[e]
第5和第6特种工程旅				c.250[f]
总计 第5军/第1集团军各单位				1568
美国海军/海岸警卫队和英国皇家海军				
海军战斗爆破队	24	32	15	71
第6海军海滩勤务营	22	77	0	99
第7海军海滩勤务营	19	10	0	29
美国海军/美国海岸警卫队登陆艇艇员				c.280[b]
皇家海军登陆艇艇员				c.30[b]
舰炮火力岸上控制组				c.15[b]
总计 海军/海岸警卫队				539
第8航空军				
第2轰炸机师	10	0	0	10
共计	10	0	0	10
总计				4720

注释

a 呈报数字只有伤亡总计。单位日志记录中并未区分阵亡、负伤和失踪。

b 所示数字是基于官方单位记录的近似伤亡数字，其中并未区分阵亡、负伤和失踪人员。

c 所示数字包括6月7日所遭受的人员伤亡，还包括鲁德尔部的游骑兵在奥克角的人员伤亡。

d 第299工兵营B连在犹他海滩登陆。所示的第299营伤亡人员数据可能包括了在犹他海滩的B连。

e 所示的伤亡数字来自由B. B. 塔利上校所指挥的搭乘两辆两栖卡车的24人分遣队。塔利和他的下属们通过无线电向"安肯"号指挥船上的杰罗将军报告了他们对海滩战况的观察。

f 在奥马哈海滩登陆的所有第5和第6特种工程旅的所示伤亡总数均为近似值。上述清单针对各工兵营提供了单独的伤亡数据总计。在此伤亡总数中，还包括了特种工程师旅中的其他兵种单位，如通信兵、宪兵、补给、医疗、运输（两栖卡车）和军械等辅助分队的伤亡。配属特种工程旅的美国海军部队未计入这一伤亡总计当中。

附录2
为奥马哈海滩作战而授予的荣誉勋章和杰出服务十字勋章列表

荣誉勋章是授予美国武装部队成员的最高等级的军事勋章。美国陆军版本的荣誉勋章是根据美国国会决议于1862年设立的，后来得到了林肯总统的批准，以表彰那些"在英勇作战以及其他体现军人特质的方面表现最为突出的"武装部队官兵。

为了表彰1944年6月6日在奥马哈海滩上的英雄壮举，美国陆军向第1步兵师的3位军人颁发了荣誉勋章。其中有两枚勋章是追授的。以下根据勋章授发顺序列出相应的嘉奖令文字。

卡尔顿·巴雷特二等兵
第1师第18步兵团指挥连，一般命令，1944年10月2日

为表彰该员在1944年6月6日法国滨海圣洛朗周边地区的战斗中表现出的甘愿以生命为代价且超越其职责范畴的勇敢无畏的精神，特授予此勋章。D日上午，巴雷特二等兵冒着极其猛烈的敌火力登陆，并在齐颈深的海水中涉水上岸。他不顾个人安危一次又一次地返回到近岸浪区，协助在其中挣扎的战友们免遭溺水的厄运。巴雷特二等兵暴露在登陆区域密集的轻武器弹幕和倾泻而至的迫击炮火力下，他凭借着坚决果断的行动，将大量伤员搬运到近岸处停泊的一艘后送船上，从而挽救了许多生命。除了担任向导之外，他还在敌火力肆虐的整个海滩区域执行调度工作。他帮助伤员，安抚受到惊吓的人。他在战场上的巨大压力下成了一名领导者。他的冷静与果敢，以及长时间在面临生命危险的情况下奋不顾身的勇气，对他的战友们产生了不可估量的积极影响，并且是美国陆军至高无上的传统的完美体现。

五级技术员约翰·平德
第1师第16步兵团指挥连，一般命令，1945年1月4日（追授）

为表彰该员1944年6月6日在法国滨海科勒维尔周边地区的战斗中表现出的甘愿以生命为代价且超越其职责范畴的勇敢无畏的非凡精神，特授予此勋章。在D日，五级技术员平德在致使其所在的登陆艇人员遭受严重伤亡的毁灭性敌机枪与大炮火力下，于离岸边100码（约合91米）处登陆。他携带一台至关重要的无线电台，在齐腰深的水中向岸上艰难前进。离开登陆艇不久，他就被敌火力击中并身负重伤。但平德并未停止行动。他把无线电台送到了岸上。五级技术员平德不愿在海滩上寻求掩蔽，也没有接受任何医疗救治。尽管由于失血和剧烈疼痛而变得十分虚弱，但他还是三度进入了敌火力肆虐的近岸浪区以抢救通信设备。他回收了许多重要的零件和设备，包括另一部可用的无线电台。在第三次抢救行动中他再次被击中，他的腿部被机枪子弹射伤。这位英勇的士兵仍然没有停下来休息或者接受医疗护理。他仍暴露在敌人逐渐减弱但仍然猛烈的炮火之下，协助在海滩上建立了至关重要的无线电联络通道。这位在战场上忙碌不休的大无畏的士兵在第三次中弹时不幸身亡。五级技术员平德凭借其不屈不挠的个人英雄主义精神，给予受其帮助的同僚以极大的鼓舞。

吉米·W.蒙蒂思中尉
第1师第16步兵团L连，一般命令，1945年3月29日（追授）

为表彰该员1944年6月6日在法国滨海科勒维尔周边地区的战斗中表现出的甘愿以生命为代价且超越其职责范畴的勇敢无畏的非凡精神，特授予此勋章。蒙蒂思中尉随最初突击波次冒着敌军的猛烈火力在法国海岸登陆。他毫不顾及个人安危，不断在沙滩上四处移动，以组织人员发动进一步的攻击。随后他率部发起突击，他们越过一道狭窄的沙堤，冲过一片开阔地，然后移动到了一段相对安全的悬崖后面。在穿过田野沿原路返回海滩的途中，他来到了两辆在敌猛烈的炮兵与机枪火力下舱门紧闭且失去观瞄能力的我军坦克那里。完全暴露在密集火力下的蒙蒂思中尉徒步引领坦克穿过雷区并进入射击位置。在他的指引下，有好几个敌军据点被消灭。随后他又回到连队中，并率部攻占了山上一个对登陆部队威胁很大的德军据点。之后，蒙蒂思中尉在敌军轮番的凶猛冲击下在这一新占领的阵地上组织防御，他继续无视个人安危，在敌密集火力下多次穿越两三百码宽的开阔地带以加强防线各处的联系。当蒙蒂思和他的单位遭遇敌军合围时，他在率领部队突围的过程中不幸被敌火力击中身亡。蒙蒂思中尉在战斗中所表现出来的英勇无畏的精神和卓越的领导能力是我们学习的榜样。

在美国陆军中，杰出服务十字勋章（DSC）是仅次于荣誉勋章的最高荣誉。在第一次世界大战期间的美国远征军总司令潘兴将军的提议下，威尔逊总统于1918年1月设立了该项荣誉。

美国陆军为奥马哈海滩上参战美国军人的壮举共颁发了153枚杰出服务十字勋章。授勋人员名单及其所属单位（如果已知）在下表中按字母顺序列出。有一些D日行动的杰出服务十字勋章授予了在奥马哈海滩以西4英里（约合6.4千米）处的奥克角作战行动中表现英勇的第2游骑兵营官兵，他们的名字也包括在此列表中。此外，还有一些杰出服务十字勋章，其授予对象是前去为受困于奥克角狭窄滩头堡的鲁德尔所率的游骑兵部队解围而从奥马哈海滩向西推进的第116步兵团和游骑兵单位的官兵。该行动发生于6月7日和8日，在此期间立功并被授予杰出服务十字勋章的人员也包含在以下列表中。

安德森氏	少尉	（威廉）	第146战斗工兵营
安克氏	少尉	（伦纳德）	第116步兵团
阿普尔比氏	四级技术员	（斯坦利）	第16步兵团
阿尔梅利诺氏	上尉	（约翰）	第16步兵团
阿姆斯特朗氏	技术军士	（教名缩写为"L"）	第116步兵团
阿诺德氏	上尉	（埃德加）	第2游骑兵营
奥斯汀氏	五级技术员	（比利）	第146战斗工兵营
巴伯氏	一等兵	（亚历山大）	第5游骑兵营
比弗斯氏	中尉	（哈罗德）	第743坦克营
拜特勒氏	上尉	（肯尼思）	第58装甲野战炮兵营
贝尔彻氏	中士	（朱利叶斯）	第2游骑兵营
贝尔蒙特氏	上士	（加伊）	第2游骑兵营
本氏	技术中士	（威廉）	第16步兵团
本尼特氏	中校	（唐纳德）	第62装甲野战炮兵营
本顿氏	上士	（约翰）	步兵部队（未指明所属单位）
伯科威茨氏	一等兵	（亨利）	第16步兵团
宾厄姆氏	少校	（悉尼）	第116步兵团
布洛氏	中尉	（肯尼思）	第16步兵团
鲍恩氏	一等兵	（乔治）	第16步兵团
布里格斯氏	上尉	（维克托）	第16步兵团
布施伦氏	中士	（阿瑟）	第16步兵团
坎汉氏	上校	（查尔斯）	第116步兵团
卡瓦列雷氏	二等兵	（彼得）	第16步兵团
克拉克氏	上士	（菲利普）	第16步兵团
克拉克氏	五级技术员	（雷克斯）	第2游骑兵营
克拉克氏	二等兵	（詹姆斯）	第116步兵团
科夫曼氏	上士	（拉尔夫）	第116步兵团
克尔森氏	中士	（克拉伦斯）	第16步兵团
科尔韦尔氏	上士	（柯蒂斯）	第16步兵团
科塔氏	准将	（诺曼）	第29师
科特氏	上尉	（约翰）	第116步兵团
考特尼氏	中士	（威廉）	第2游骑兵营
卡特勒氏	中尉	（罗伯特）	第16步兵团
道森氏	中尉	（弗朗西斯）	第5游骑兵营
道森氏	上尉	（约瑟夫）	第16步兵团
狄龙氏	中尉	（威廉）	第16步兵团
多克氏	四级技术员	（洛厄尔）	第7野战炮兵营
达夫氏	二等兵	（文顿）	第37工兵营
德雷埃尔氏	一等兵	（威廉）	第2游骑兵营
埃尔德氏	上尉	（耐德）	第743坦克营
埃利斯氏	技术中士	（卡尔文）	第16步兵团
弗格森氏	少尉	（福雷斯特）	第116步兵团

菲茨西蒙斯氏	连（二级）军士长	（劳伦斯）	第16步兵团
弗赖尔氏	二等兵	（吉布森）	第16步兵团
加拉格尔氏	一等兵	（理查德）	第16步兵团
吉林氏	中尉	（爱德华）	第116步兵团
吉布斯氏	中校	（乔治）	第7野战炮兵营
贾尔斯氏	中尉	（卡尔）	第16步兵团
戈兰森氏	上尉	（拉尔夫）	第2游骑兵营
格雷戈里氏	中尉	（约瑟夫）	第146工兵营
格里芬氏	一等兵	（约翰）	第16步兵团
哈比卜氏	中士	（乔治）	第741坦克营
霍尔氏	一等兵	（亨利）	第397高炮营
哈格罗夫氏	中尉	（罗伯特）	第116步兵团
希南氏	一等兵	（约翰）	第146工兵营
希克斯氏	中校	（赫伯特）	第16步兵团
艾斯利氏	中校	（卡尔）	第146工兵营
詹姆斯氏	中士	（西奥多）	第2游骑兵营
詹金斯氏	上士	（弗洛伊德）	步兵部队（未指明所属单位）
朱伊特氏	少校	（米尔顿）	第299工兵营
约翰逊氏	中士	（登齐尔）	第5游骑兵营
琼斯氏	一等兵	（阿龙）	第16步兵团
琼斯氏	中尉	（亨利）	步兵部队（未指明所属单位）
凯哈利氏	中尉	（威廉）	第146工兵营
克希纳氏	少尉	（乔治）	第2游骑兵营
基德韦尔氏	二等兵	（肯尼思）	第81化学迫击炮营
莱西氏	中尉	随军牧师（约瑟夫）	第5游骑兵营
兰特曼氏	中尉	（雷蒙德）	第146工兵营
洛迈尔氏	连（二级）军士长	（伦纳德）	第2游骑兵营
洛弗尔氏	中士	（沃登）	第165通信兵照相连
麦康奇氏	中尉	（霍华德）	第18步兵团
曼斯菲尔德氏	上士	（保罗）	第16步兵团
马斯尼氏	上尉	（奥托）	第2游骑兵营
麦克利耶氏	少尉	（阿特伍德）	第16步兵团
麦基西克氏	五级技术员	（霍华德）	第5游骑兵营
麦克拉伦氏	二等兵	（唐纳德）	第81化学迫击炮营
梅伦蒂诺氏	上尉	（托马斯）	第16步兵团
穆迪氏	中尉	（威廉）	第2游骑兵营
穆迪氏	中士	（威利）	第5游骑兵营
莫尔斯氏	少尉	（维恩）	第116步兵团
马林斯氏	中校	（桑顿）	第111野战炮兵营
尼科利氏	中士	（雷蒙德）	第81化学迫击炮营
奥布赖恩氏	上尉	（托马斯）	第16步兵团
奥尼尔氏	中校	（约翰）	特种工程兵特遣队

奥恩多夫氏	中士	（道格拉斯）	第116步兵团
帕纳斯氏	中尉	（詹姆斯）	第81化学迫击炮营
保利尼氏	一等兵	（卡米卢斯）	第18步兵团
帕克氏	二等兵	（约瑟夫）	第16步兵团
帕克氏	中尉	（查尔斯）	第5游骑兵营
帕特森氏	中士	（利曼）	第116步兵团
彭氏	上尉	（詹姆斯）	第16步兵团
佩里氏	上尉	（埃德温）	第299工兵营
彼得森氏	上士	（热拉尔）	第743坦克营
彼得森氏	中士	（肯尼思）	第16步兵团
彼得森氏	一等兵	（维克托）	第16步兵团
菲利普氏	上尉	（沃德拉）	第743坦克营
波特氏	二等兵	（本顿）	第81化学迫击炮营
普雷斯利氏	连（二级）军士长	（威廉）	第116步兵团
普罗菲特氏	技术中士	（卡尔）	第116步兵团
雷德福氏	上士	（戴维）	第16步兵团
理查兹氏	少校	（威廉）	第122工兵营
里士满氏	上尉	（金博尔）	第16步兵团
里格斯氏	一等兵	（威廉）	第116步兵团
里特氏	上士	（奥扎尔斯）	第116步兵团
罗奇氏	技术中士	（约翰）	第116步兵团
罗伯茨氏	少尉	（埃斯克尔）	第146工兵营
罗宾逊氏	中尉	（詹姆斯）	第16步兵团
罗杰斯氏	一等兵	（托马斯）	步兵部队（未指明所属单位）
罗杰斯氏	技术中士	（霍华德）	第116步兵团
罗森氏	一等兵	（桑福德）	第16步兵团
罗斯氏	中尉	（罗伯特）	第37工兵营
罗斯氏	少尉	（韦斯利）	第146工兵营
鲁德氏	中校	（詹姆斯）	第2游骑兵营
鲁尼氏	中尉	（迈克尔）	第58装甲野战炮兵营
萨维诺氏	五级技术员	（费利斯）	第81化学迫击炮营
施奈德氏	上士	（乔治）	工程兵部队（未指明所属单位）
施奈德氏	中校	（马克斯）	第5游骑兵营
舒尔氏	一等兵	（柯蒂斯）	第146工兵营
塞蒂内里氏	上尉	（约翰）	第16步兵团
谢弗氏	五级技术员	（爱德华）	第348工兵营
谢尔比氏	中尉	（约翰）	第16步兵团
欣德勒氏	四级技术员	（埃尔默）	第116步兵团
休梅克氏	二等兵	（威廉）	第37工兵营
肖特氏	上士	（保罗）	第16步兵团
斯卡格斯氏	中校	（罗伯特）	第741坦克营

斯穆利克氏	四级技术员	（博利克）	第741坦克营
斯波尔丁氏	少尉	（约翰）	第16步兵团
斯普劳尔氏	上尉	（阿奇博尔德）	第116步兵团
斯蒂芬斯氏	一等兵	（奥托）	第2游骑兵营
斯托克韦尔氏	上士	（利沃德）	第16步兵团
斯特雷奇克氏	技术中士	（菲利普）	第16步兵团
斯特罗伊尼氏	上士	（雷蒙德）	第16步兵团
沙利文氏	少校	（理查德）	第5游骑兵营
斯维尼氏	一等兵	（劳伦斯）	第741坦克营
塔利氏	上校	（本杰明）	第5军
泰勒氏	上校	（乔治）	第16步兵团
泰勒氏	少尉	（沃尔特）	第116步兵团
特格特迈尔氏	少校	（查尔斯）	第16步兵团
汤普森氏	上校	（保罗）	第6特种工程旅
塔克氏	二等兵	（艾伯特）	第146工兵营
厄珀姆氏	中校	（约翰）	第743坦克营
凡德福尔特氏	少尉	（利奥）	第116步兵团
华盛顿氏	少校	（威廉）	第16步兵团
韦尔斯氏	上士	（詹姆斯）	第16步兵团
怀特氏	技术中士	（约翰）	第2游骑兵营
惠廷顿氏	上尉	（乔治）	第5游骑兵营
威尔克氏	一等兵	（西奥多）	第16步兵团
威廉斯氏	中尉	（艾尔弗雷德）	步兵部队（未指明所属单位）
威廉斯氏	中尉	（威廉）	第116步兵团
伍德沃德氏	上尉	（罗伯特）	第7野战炮兵营
沃普斯基氏	上尉	（爱德华）	第16步兵团
怀曼氏	准将	（威拉德）	第1步兵师
桑托氏	中尉	（福雷斯特）	第116步兵团

　　在第二次世界大战中，美国陆军对非凡的英勇壮举的表彰，需要经过一个复杂而漫长的评估过程。对于被认为有资格向其颁发荣誉勋章或者杰出服务十字勋章的军人来说，他所在的部队必须向上级总部（通常是该部队所属的军或集团军司令部）提交精心准备的申请文件。该文件需要包含相关行动的细节，并包括尽可能多的目击其英勇壮举的士兵的书面陈述。为了支持一个军事单位对向某位候选人颁发荣誉勋章或杰出服务十字

勋章所提出的申请，呈交书面文件是至关重要的：由3名高级军官组成的委员会将对收集到的行动细节以及目击者叙述进行全面审查，最终他们将以一致或者多数表决的方式，决定该单位的授勋申请是否被批准或降为次一等的勋章。

在奥马哈海滩上因英勇作战而获颁杰出服务十字勋章的153人中，有几个案例实际上原本申请的是（国会）荣誉勋章，结果在经过三人评审委员会的投票后，被降级为杰出服务十字勋章。不错，如果没有艾森豪威尔将军的亲自干预，只会有两名军人（而非三位）因其在奥马哈海滩上的英勇表现而被授予英勇勋章。评审委员会起初建议将为第16步兵团L连的吉米·蒙蒂思中尉申请的荣誉勋章降级为其杰出服务十字勋章，但在D日近6个月之后，来自艾克本人的一份支持为蒙蒂思颁发荣誉勋章的手令让争议尘埃落定。

至于为什么在像奥马哈海滩这样激烈和重要的作战之后只有3项提名申请以获颁荣誉勋章而告终，而且这些勋章获得者全都来自第1步兵师，其原因人们只能加以推测。按照对每项授勋申请进行审查的军官委员会的说法，也许只有这三次所涉及的行动才能满足（颁发荣誉勋章所规定的）明确要求，即"该员在行动中甘冒生命危险，且具有超越其职责范畴的勇敢无畏的杰出表现"。然而我们可以推断，对于D日之前曾在地中海战场参与过两次大型战役的第1步兵师来说，他们可谓是久经战阵，与第一次上战场的新部队相比，他们对军事荣誉的申请和颁发流程更为熟悉。奥马哈登陆行动结束后，"战斗第一"的总部人员非常清楚该怎么做才能让其士兵在D日所表现出的超凡勇气获得官方认可，并以高超的职业素养投入到相关工作当中。结果，该师仅6月6日的行动就获得了3枚荣誉勋章和53枚杰出服务十字勋章。第1师所获得的这53枚D日杰出服务十字勋章占第二次世界大战期间美国陆军颁发的此类勋章总数的1%以上。

相比之下，参加奥马哈登陆的大多数其他单位所提出的授勋诉求却少得多。例如，作为"战斗一师"在奥马哈进攻中的搭档的第29师中并没有任何官兵获得荣誉勋章，而该师所获得的杰出服务十字勋章也只有第1师约一半（27枚），尽管两个师的实际参战人数大致相等。实际上，这种情况一直持续到欧洲战场战事结束为止：在欧洲战场，美国陆军共向第1师颁发了约4300枚银星勋章以及更高等级的军事勋章，而第29师所获得的同类勋章却只有877枚——尽管第29师在欧洲战场的伤亡总人数（超过5000人）要多于第1师，而且两者参战的时间段也基本相同。

然而，在第29师中至少有一个人在奥马哈海滩上的种种表现完全有资格获得荣誉勋章，然而他却从未得到提名，这一点颇令人意外。很多目击者的陈述（在本书中仅包含其中一小部分）无可辩驳地证实了第29师副师长诺曼·科塔准将在D日行动中所屡屡表现出来的超乎寻常的英雄壮举，正是他，在促使D日上午8时许在奥马哈海滩西部区域登陆的第一波攻击部队摆脱当时所面临的看似无解的致命局面时发挥了重要作用。科塔准将在鼓励士兵们离开海滩并攀越陡崖的过程中做出了重要贡献，并为最终攻占维耶维尔和打通维耶维尔冲沟拉开了帷幕，这当然满足了荣誉勋章的颁发要求"该员在行动中甘冒生命危险，且具有超越其职责范畴的勇敢无畏的杰出表现"。尽管有大量证据证实了科塔准将的杰出表现，但他并未获得荣誉勋章，而只获得了杰出服务十字勋章。

为了评估有关诺曼底作战行动的授勋诉求而设立的军官委员会可能持有一个共识，即原则上不考虑为陆军上校以及更高级别的军官授予比杰出服务十字勋章等级更高的嘉奖，并将荣誉勋章的颁发对象限定为需在一段时间内持续留在前线履行职责的军官和士兵。这样一种论点也可以解释为何军方未向第16步兵团团长乔治·泰勒上校授予荣誉勋章，他在D日的英勇之举与科塔准将在相邻海滩区域的所作所为大致相同，并且也取得了同样积极的成果。上述原则的唯一例外是第4步兵师副师长小西奥多·罗斯福准将（前美国总统西奥多·罗斯福之子），他因在D日犹他海滩的行动而于1944年9月获颁荣誉勋章。这项荣誉是追授的，因为小罗斯福在同年7月因心脏病去世。

无可辩驳的事实表明，在D日的大部分时间里，有更多的高阶军官活跃在奥马哈海滩上。每一个人，从将军到普通士兵，每时每刻都面对着同样的危险，而所谓的安全指挥所——上校和将军们可以在其中审慎冷静地考虑下一步的行动，并有携带急件的传令兵们进进出出，在前线和"后方"之间穿梭——在D日海滩上的任何地方都不存在。可想而知，在D日的奥马哈海滩，科塔和泰勒并非是在履行寻常意义上的高级指挥官的职责，而是作为事实上的连排级指挥官而存在——而此类角色本应由年龄仅为他们一半的青年军官扮演。无论如何，科塔和泰勒在D日的非凡表现为登陆行动的最终成功做出了巨大贡献。

美国陆军真的应该认真考虑，是否可以把科塔将军和泰勒上校的杰出服务十字勋章升级为荣誉勋章。在今天，认真回顾60年走过的历程，人们越来越意识到，奥马哈海滩的登陆行动是一场对美国战略决心的关键性检验，也可以说是第二次世界大战中最具决定性的时刻之一。科塔准将和泰勒上校在1944年6月6日的奥马哈海滩上取得的卓越成就提醒人们，军事领导能力——及适时、专业和大胆地运用——是取得战争胜利的关键。今天，他们的所作所为值得得到更广泛的认可和感谢，因为没有他们，奥马哈登陆行动的最终结局可能会大不相同。

一个感恩的国家必须铭记他们的贡献。

附录3
美国陆海军在奥马哈海滩的首波登陆部队名单

以下为1944年6月6日从进攻发起时刻（H–Hour，即上午6:30）起在奥马哈海滩登陆的最初突击波次的各陆海军单位名单。

第741坦克营
罗伯特·斯卡格斯中校

A连（16辆坦克、8辆坦克推土机，由8艘装甲型坦克登陆艇搭载）：塞西尔·托马斯（Cecil Thomas）上尉

B连（16辆两栖坦克，由4艘坦克登陆艇搭载）：詹姆斯·桑顿上尉

C连（16辆两栖坦克，由4艘坦克登陆艇搭载）：查尔斯·扬上尉

第743坦克营
约翰·厄珀姆中校

A连（16辆坦克、8辆坦克推土机，由8艘装甲型坦克登陆艇搭载）：沃德拉·菲利普斯（Vodra Philips）上尉

B连（16辆两栖坦克，由4艘坦克登陆艇搭载）：查尔斯·埃姆卡上尉

C连（16辆两栖坦克，由4艘坦克登陆艇搭载）：耐德·埃尔德上尉

第1步兵师第16步兵团
乔治·泰勒上校

团部：

副团长：约翰·马修斯中校

人事科（S–1）：威廉·弗里德曼上尉

情报科（S-2）：约翰·劳滕（John Lauten）少校

作战科（S-3）：卡尔·普利特少校

后勤科（S-4）：洛迈尔·古德弗雷（Leonard Godfray）少校

团医官：查尔斯·特格特迈尔少校

第1营（由美国海岸警卫队"塞缪尔 – 蔡斯"号运兵船搭载）

埃德蒙·德里斯克尔中校

A 连：詹姆斯·彭斯上尉

B 连：托马斯·梅伦蒂诺（Thomas Merendino）上尉

C 连：维克托·布里格斯（Victor Briggs）上尉

D 连：波利多尔·戴恩上尉

第2营（由"昂里科"号运兵船搭载）

赫伯特·希克斯（Herbert Hicks）中校

E 连：爱德华·沃曾斯基上尉

F 连：约翰·芬克（John Finke）上尉

G 连：约瑟夫·道森上尉

H 连：罗伯特·欧文（Robert Irvine）上尉

第3营〔由"帝国标枪"号运兵船（英国皇家海军舰船）〕搭载

查尔斯·霍纳中校

I 连：金博尔·里士满上尉

K 连：安东尼·普鲁斯奈尔上尉

L 连：约翰·阿尔梅利诺上尉

M 连：埃米尔·埃德蒙兹上尉

第29步兵师第116步兵团

查尔斯·坎汉上校

团部：

　　副团长：哈罗德·卡斯尔中校

　　人事科（S-1）：莫里斯·恩斯特上尉

　　情报科（S-2）：阿斯伯里·杰克逊少校

　　作战科（S-3）：托马斯·豪伊少校

　　后勤科（S-4）：约翰·索斯少校

　　团医官：米勒德·巴克利少校

第1营〔由"帝国标枪"号运兵船（英国皇家海军舰船）〕搭载

约翰·梅特卡夫中校

　　A 连：泰勒·费勒斯上尉

　　B 连：埃托雷·扎帕科斯塔上尉

　　C 连：贝蒂尔·霍克斯上尉

　　D 连：瓦尔特·席林上尉

第2营（由美国海军"托马斯·杰斐逊"号运兵船搭载）

悉尼·宾厄姆少校

　　E 连：劳伦斯·马迪尔上尉

　　F 连：威廉·卡拉汉上尉

　　G 连：埃克尔斯·斯科特上尉

　　H 连：乔治·博伊德上尉

第3营（由美国海军"查尔斯 – 卡罗尔"号运兵船搭载）

劳伦斯·米克斯中校

I 连：米夫林·克洛上尉

K 连：威廉·平利上尉

L 连：查尔斯·伊斯特上尉

M 连：查尔斯·伊斯特上尉

第2游骑兵营 C 连

拉尔夫·戈兰森上尉

（由英国皇家海军"查尔斯王子"号运兵船搭载）

第1排：威廉·穆迪中尉

第2排：悉尼·萨洛蒙中尉

第146战斗工兵营

卡尔·艾斯利中校

各间隙地突破小队

第1小队：凯哈利中尉

第2小队：安德森中尉

第3小队：席尔中尉

第4小队：夏夫利中尉

第5小队：考德威尔中尉

第6小队：罗伯茨中尉

第7小队：巴塞洛缪中尉

第8小队：罗斯中尉

第9小队：兰特曼中尉

第10小队：格雷戈里中尉

A 小队：迈耶中尉

B 小队：罗林斯中尉

C 小队：拉滕德烈斯中尉

D 小队：特雷舍尔中尉

第299战斗工兵营

米尔顿·朱伊特少校

各间隙地突破小队

第11小队：曼尼科上尉

第12小队：J. 伍德中尉

第13小队：巴彻勒中尉

第14小队：P. 伍德中尉

第15小队：麦圭尔中尉

第16小队：霍布森中尉

E 小队：多纳霍中尉

F 小队：佩里上尉

G 小队：吕尔斯上士

H 小队：邦廷上尉

美国海军，各"海军战斗爆破队"

约瑟夫·吉本斯海军少校

第11海军战斗爆破队：弗里曼海军军士长（配属工兵第1小队）

第24海军战斗爆破队：卡尔弗海军中尉（配属工兵第2小队）

第27海军战斗爆破队：霍尔特曼海军中尉（配属工兵第3小队）

第41海军战斗爆破队：尼科尔斯海军中尉（配属工兵第4小队）

第42海军战斗爆破队：汤普森海军准尉（配属工兵第5小队）

第43海军战斗爆破队：詹金斯海军中尉（配属工兵第6小队）

第140海军战斗爆破队：希尔海军准尉（配属工兵第7小队）

第137海军战斗爆破队：布利恩海军少尉（配属工兵第8小队）

第44海军战斗爆破队：雷纳海军准尉（配属工兵第9小队）

第45海军战斗爆破队：卡尔诺夫斯基海军少尉（配属工兵第10小队）

第46海军战斗爆破队：巴塞尔海军少尉（配属工兵第11小队）

第22海军战斗爆破队：库珀海军上尉（配属工兵第12小队）

第23海军战斗爆破队：维特尔海军中尉（配属工兵第13小队）

第141海军战斗爆破队：古安洛克海军少尉（配属工兵第14小队）

第138海军战斗爆破队：艾伦海军少尉（配属工兵第15小队）

美国陆海军在奥马哈海滩的首波登陆部队

第142海军战斗爆破队：斯托金海军少尉（配属工兵16小队）

第133海军战斗爆破队：米彻尔海军少尉（配属工兵 A 小队）

第130海军战斗爆破队：钱尼海军少尉（配属工兵 B 小队）

第128海军战斗爆破队：杜克特海军少尉（配属工兵 D 小队）

第131海军战斗爆破队：英曼海军少尉（配属工兵 F 小队）

第129海军战斗爆破队：彼得森海军少尉（配属工兵 H 小队）

附录4
第16步兵团和第116步兵团的突击舟艇分队的标准编制

来自第16步兵团和第116步兵团的部队组成了奥马哈海滩的初始突击波次，他们由美国海军、海岸警卫队的"车辆及人员登陆艇"或者英国皇家海军"突击登陆艇"输送到海岸上。通常，每艘登陆艇均会搭载一个由31人组成的乘舟组，其构成如下：

一名乘舟组组长（由少尉或中尉军官充当）
* 配备M–1卡宾枪和SCR–536型背负式步话机（walkie–talkie）

一名乘舟组副组长（由技术中士或上士充当）
* 配备M–1"加兰德"半自动步枪

一个五人步枪组
* 每人均配备M–1"加兰德"半自动步枪
* 其中两人携带爆破筒

一个4人铁丝网破障组
* 每人均配备M–1"加兰德"步枪和铁丝剪
* 其中两人携带爆破筒

两个两人勃朗宁自动步枪（BAR）小组
* 两人配备勃朗宁自动步枪
* 两人配备M–1"加兰德"步枪并携带勃朗宁自动步枪的备用弹药

一个四人迫击炮组
* 一人携带60迫击炮并配备M–1911"柯尔特"手枪（.45口径）
* 三人配备M–1卡宾枪并携带迫击炮弹药

两个两人"巴祖卡"反坦克小组
* 两人均携带"巴祖卡"火箭筒并配备M–1卡宾枪
* 两人配备M–1"加兰德"步枪并携带备用火箭弹

一个两人火焰喷射器小组

- 一人携带火焰喷射器并配备 M-1911 "柯尔特" 手枪（.45口径）

- 一人配备 M-1 "加兰德" 步枪，并携带压缩氮气罐[①]和额外的燃料

一个五人爆破组

- 每人均配备 M-1 "加兰德" 半自动步枪

- 导爆索、TNT、炸药包/杆头装药、雷管和起爆器等器材，在组员中间分配并携带

一名卫生员（有的乘舟组没有此人员配置）

- 携带卫生器材包

- 无武装

乘舟组组长与他的五人步枪组在登陆艇载员舱的最前面。副组长和5人爆破组及卫生员（如果有的话）一起留在载员舱的尾部。在搭载一个完整的步兵连或者重火器连的6—7艘登陆艇中，其中有一艘还会附带搭载连长（通常是上尉军衔）和他的无线电操作员，他们携带的是 SCR-300 型背负式无线电台。

上述乘舟组的组织架构仅仅是步兵连的典型配置。重火器连（即美国陆军步兵团中的 D 连、H 连和 M 连）采用了不同的编组方法，其用重机枪小队代替了步兵连中的 BAR 战斗组，用重型迫击炮小队代替了反坦克火箭筒组和火焰喷射器组。

除了31名陆军官兵外，每艘登陆艇还载有4名（有时是3名）海军人员：

一位舵手（艇长）

- 在"车辆及人员登陆艇"上，从位于船尾左舷侧的一个暴露工

---

① 译注：用作火焰喷射器工作时的推进剂。

位上操纵船只

· 在"突击登陆艇"上，从位于船首的装甲驾驶舱中操纵船只

一名艏部水手

· 站在登陆艇舱前部，以打开和关闭船首跳板（以及"突击登陆艇"上的装甲门）

· 协助从运兵船的吊艇架上施放和回收登陆艇

· 有时会由担任"三号"或"六号"艇波指挥官的海军军官代替

一名艉部水手（英国皇家海军中的对应说法为"sternsheetsman"）

· 立于船尾处，必要时操纵机枪射击

· 协助从运兵船的吊艇架上施放和回收登陆艇

· 有时会由艇波指挥官所在登陆艇上的无线电操作员（英国皇家海军中是"通信员"）代替

一名机械技师〔在"英国皇家海军"中为"司炉"（stoker）一职〕

· 在船尾的发动机舱中执行轮机勤务，从外面看不到他

附录5
第16步兵团和第116步兵团的舟艇分队指挥官的制服与装备

第16步兵团和第116步兵团的乘舟组组长（通常是少尉或中尉军衔）在D日的标准制服和装备如下所示（所有制服均已做过防化处理，以防止敌化学毒剂透过织物渗入皮肤）：

制服

羊毛内裤（长）

羊毛外裤

羊毛内衣

法兰绒衬衫

吊裤带

羊毛袜

绑腿

作战靴（有时着伞兵靴）

野战夹克

战术背心（配有子弹袋和背包）

钢盔（配有伪装网和内衬）

两个袖章（用于化学毒剂侦测）

身份识别牌（"狗牌"）

装备

配有卡宾枪和手枪用子弹袋的手枪背带

带保护套的土工作业工具

M–1型卡宾枪

配有皮质枪套的 M–1911（.45口径）手枪

手榴弹

SCR–536型背负式步话机

带型浮囊（保持三分之一充气状态）

地图囊

双筒望远镜（配望远镜盒）

防毒面具（配防毒面具盒）

急救包

战壕格斗刀

水壶（配有小饮水杯）

餐具

罗盘

毛毯

雨衣

3份 K 口粮

3份 D 口粮

注释

为了详细讲述有关奥马哈海滩登陆行动的完整故事，我努力从尽可能接近于1944年6月6日的文献记录中提取原始资料。基于我个人对此类材料的收集和整理（这是一项已持续超过25年的不间断的研究工作），甚至在开始撰写手稿之前，我就已经知晓，与登陆行动有关的大多数细节通常都会以一种极为严谨的方式被包含于可以通过合众国的公共档案库获得的各种部队日志、战斗后报告、战后访谈录、书信、美国陆军的授勋嘉奖令，以及战后编写的部队战史（由参与者亲自执笔）中。不错，对于任何认真严谨的奥马哈作战研究人员来说，构成挑战的不是缺乏第一手来源的信息，而是如何用相对有限的时间来检视和分析这场登陆行动所制造的大量文字材料。登陆行动的真相就在那些文件中的某些地方，然而要破译真相却是一项艰巨的任务。

在D日过后的数十年里，通过第二手资料来源和老兵回忆录收集的信息也在本书的成书过程中为我提供了相当有用的帮助，但我倾向于仅在原始资料来源可以被证实的情况下使用此类信息。作为一条准则，相关文字叙述出现的时间距离D日越近，我就认为越可信。然而，这并不是说原始档案记录涵盖了奥马哈登陆行动的每一个细节。事情并非如此。在奥马哈战役的时间轴上，存在几个原始资料来源所无法填补的明显空白。例如，于进攻发起时刻在"绿D"滩登陆的第116步兵团A连的悲剧故事曾被再三加以转述，但却很少有文献记录能够准确地呈现该连的命运，因为当时的在场者几乎无人幸免于难，也几乎没有任何目击者留下了对历史学家有价值的第一手叙述资料，因此，在第二手资料来源中，有关 A 连登陆的情况充斥着不实描述，而那些以存在缺陷的叙事资料为基础展开研究的历史学家则将谬误继续流传了下去。

但是，20 世纪 90 年代后期有几位皇家海军的老兵站出来提供了他们的 D 日行动回忆录，奥马哈海滩作战的撰史工作因此出现了根本性的转变。第 116 步兵团第 1 营的大多数人员是由英国登陆船艇送上岸的，但是美国历史学家在此前却从未与皇家海军的老兵进行过接触，没有借助他们的回忆来勾画出 1944 年 6 月 6 日上午 6:30 发生在"绿 D"滩的事件详情。其中一位老兵，吉米·格林海军中尉，是最后几个见到活着的 A 连连长泰勒·费勒斯上尉的现场目击者之一。格林提供的第一手叙述具有无可估量的价值，因为这是 55 年以来的第一次，A 连刚登上海滩时的细节终于大白于世。

总而言之，我知道构建有关奥马哈登陆的准确且完整的历史无法一蹴而就。简单来说，有太多的文献资料需要仔细研读，有太多的叙事记录需要整理，更不用说还有新的资料有待发掘和判断。我下定决心，只有当我收集并加以分类的文献资料足以支持我再现 D 日奥马哈海滩上的数百起重大事件之后，我才会开始动笔写作。此外，我想一部作品的诞生将是一种"边干边学"的体验，我是对的。这项工作类似于启动一个巨型拼图游戏。一开始几乎无法进行下去，因为手头的信息素材是如此之多，并且每个信息碎片都必须与其他的碎片完美地拼合在一起。但是当我拼凑起来的部分越多，历史谜题就愈加清晰。所有的碎片都拼装完成后，出现了一幅更广阔的历史图景，而由众多故事组成的宏大叙事，融合在有史以来的一个最具决定性的军事行动的更大构架当中。

本书的许多原始资料都可以在位于马里兰大学帕克分校的"国家档案和记录管理局"（NARA）找到。但是，由于奥马哈登陆作战是陆军、海军和航空兵的一次实现特定军事目标的协同行动，因此部分仅限于某军兵种的信息存放于那些军兵种各自的历史资料库中。塞缪尔·埃利奥特·莫里森（Samuel Eliot Morison）为撰写《对法国和德国的进攻》（The Invasion of France and Germany）（《第二次世界大战美国海军作战史》第11卷）而做的研究笔记可以在位于华盛顿海军工厂的海军历史中心作战档案处找到。在同样位于华盛顿特区的博林空军基地的美国空军历史办公室，我查阅了与奥马哈登陆有关的第8航空军的任务命令和行动报告。位于宾夕法尼亚州卡莱尔兵营的美国陆军军事历史研究所拥有大量珍贵的部队战史文献（有的甚至是以连级单位为主角），它们是由各部队成员在1945年5月胜利日过后于占领德国期间编撰完成的——当时对战争仍然历历在目。

简而言之，可能有人穷其一生来搜集和阅读与奥马哈海滩相关的档案文件，却仍然无法明了登陆行动的完整故事。我相信，在存放D日原始文献的各个军事档案馆的书橱深处，还有很多东西有待发掘，并且在未来的几十年中，那些愿意在这上面花时间的人肯定会发掘出新的资料。

任何第二次世界大战的战史作者都应该意识到，他或她是生活在一个多么幸运的时代，因为他们可以直接与战役的亲历者取得联系，并获取其对那些重大历史事件的珍贵记忆。如果世上没有这样的人，历史学家的任务无疑将变得更为复杂。在年度老兵聚会上，我发现了数百个与奥马哈海滩有关的棘手历史难题的答案，其中很多单凭常规研究手段根本无法得出结论。老兵聚会始终是我年度研究之旅的重头戏。

但是，对于二战历史学家来说，过去十年中对研究工作起最大作用的就是互联网的发展。我一直非常好奇，想要知道通过电子邮件到底能找到多少位亲历过第二次世界大战的老兵。他们应用新技术的意愿，使我的工作比我在1988年撰写《越过滩头堡》（Beyond the Beachhead）时（当时几乎没有二战老兵使用互联网）轻松很多（当然，我那时也不用互联网）。有时候，棘手的历史问题的答案会通过电子邮件如此迅速地传给我，以至于我不禁想到是否会有这么一天（可能就是在不久的将来），历史学家根本不需要离开他的书桌，就能完成一部关于一场伟大战役的信史巨著。

有一天，我需要查找第741坦克营中的一名坦克驾驶员的名字。感谢阿尔·海因策尔曼（Al Heintzleman）和他创办的第741坦克营的网站，经过十分钟的查询，我直接从阿尔那里得到了答案（此后不久我收到了阿尔的来信，随函还附上了阿尔所著的有关第741坦克营战史的亲笔签名本）。在我所有的奥马哈研究中，有这么一位孤胆英雄，我既没有遇到过认识他的人，在我的众多通信对象中也没有人知道他，此人就是D日第16步兵团的荣誉勋章获得者吉米·蒙蒂思中尉，但是，就在我第一次在互联网上发起搜索，试图找到这样的人之后的24小时内，我就收到了来自约翰·斯威尼（John Sweeney）的电子邮件，约翰·斯威尼不但和蒙特斯中尉有私交，而且在奥马哈登陆时就与他在同一艘突击登陆艇上。有如此之多的关于奥马哈的历史问题的答复是通过互联网传递的，我发现很难想象在有电子邮件之前的日子里我是如何进行第二次世界大战的历史研究的。我们要充分意识到，网络空间对研究工作的提升不仅仅是在速度方面，更重要的是，以前实际上无法获得的大量新的历史信息，现在已经摆在了作者们的手边。

在位于阿森斯的俄亥俄大学图书馆的"科尔内留斯·瑞安二战文件纪念馆藏"中，可以找到大量独一无二和值得关注的D日老兵回忆录。这些汗牛充栋的文件包括了瑞安在编撰其D日经典历史著作《最长的一天》（1959年第一版）时所搜集的研究素材。在20世纪50年代中期，瑞安向D日交战双方的老兵群体发放了数千份调查问卷，馆藏中也包括了他多年来收到的回复邮件，并按国籍和所属单位进行了分类。而当他们填写瑞安的调查问卷时，那些曾在奥马哈海滩上登陆的老兵仍然年轻，因为D日才过去十几年。瑞安是最早研究D日老兵亲身经历的历史学家之一，他们对登陆行动的个人体验有时相当坦诚。实际上，所有D日历史学家都必须对科尔内留斯·瑞安早先的努力成果表示极大的感谢。

对于本书绝大部分篇幅都是从同盟国的角度来讲述奥马哈海滩的故事这一点，我并没有多少遗憾。让人意外的是，除了以德军高层视角展开叙事的众多资料以外，来自 D 日当天在岸防工事里操纵枪炮的德军士兵对奥马哈战役的叙述却相当稀少。而且那些资料有许多只是泛泛而谈，无法像盟军方面的叙事那样精确地符合6月6日的时间线。德方缺乏战斗亲历者叙述是因为 D 日在奥马哈防御工事中战斗的德国士兵相对较少，而且其中很大一部分都没能从美军的猛烈攻势中幸存下来。许多德方的幸存者根本不愿意为希特勒卖命，他们对自己在奥马哈海滩的战斗经历并没有多少讲述的意愿，在以后的岁月中就更不愿意回想那段过往的创伤记忆了。"历史是由胜利者书写的"，这是一条亘古不变的公理。也许奥马哈海滩证明了大多数失败者根本无力书写历史。

以下部分提供了本书所引用的所有第一手资料和单位记录的来源。引文提供了报告的创建者、报告开头的前几个单词以及相应的引文出处。我把我从中提取写作素材的档案库和其他资料来源做如下的缩写：

AC： 作者收录

ACAR： 作者收录，档案记录，原始存放地点未知

ACUM： 作者收录，参战老兵未出版的手稿

AOR： 美国陆军作战记录（来自美国国家档案馆，记录组407）

CA： 与作者的往来书信

CI： 战地采访文件（来自美国国家档案馆，记录组407）

CMH： 军事历史中心，华盛顿特区麦克奈尔堡

DDE： 德怀特·D. 艾森豪威尔图书馆，堪萨斯州阿比林

DDEP： 德怀特·D. 艾森豪威尔文件，约翰–霍普金斯大学出版社

FB： 本宁堡步兵学校图书馆，佐治亚州本宁堡

FDM： 位于伊利诺伊州惠顿市坎蒂尼的"罗伯特·R. 麦考密克上校研究中心"的第1师博物馆

FRA ： "第5团军械库"，马里兰州国民警卫队博物馆，马里
兰州巴尔的摩

FRUS ： 美国对外关系文件集，开罗会议和德黑兰会议

GCM ： 乔治·C.马歇尔基金会，弗吉尼亚州列克星敦

GCMP ： 乔治·卡特利特·马歇尔文件，约翰－霍普金斯大学出版社

HI ： 医院采访文件（来自美国国家档案馆，记录组407）

IA ： 作者访谈

MHI ： 军事历史研究所，宾夕法尼亚州卡莱尔兵营

NA ： 国家档案和记录管理局，2号馆，马里兰大学帕克分校

NHC ： 海军历史中心，作战档案处，华盛顿特区华盛顿海军工厂

OUCR ： 科尔内留斯·瑞安二战文件纪念馆藏，"曼恩档案与特别文
献中心"，俄亥俄州大学奥尔登图书馆，俄亥俄州阿森斯

PIP ： 进攻前作战计划文件（来自美国国家档案馆，记录组407）

SIX ： 第16团协会，马里兰州华盛顿堡

SUR ： 二战研究，军事历史研究所，宾夕法尼亚州卡莱尔兵营

TWN ： 二十九师人（第29师协会通讯）

USAF ： 美国空军历史部，博林空军基地，华盛顿特区

USCG ： 美国海岸警卫队历史文献办公室，华盛顿特区

USNA ： 二战中的美国海军管理机构：诺曼底战役（第5卷）

VMI ： 弗吉尼亚军事学院图书馆，弗吉尼亚州列克星敦

WWW ： 互联网站点

另外以下缩写也会用到：

AAA ： 高炮营

AF ： 航空军

CMB ： 化学迫击炮营

CP：　　　（陆）军

DSC：　　杰出服务十字勋章

ECB：　　战斗工兵营

ESB：　　特种工程旅

FAB：　　野战炮兵营

ID：　　　步兵师

IR：　　　步兵团

MH：　　荣誉勋章

NBB：　　海军海滩勤务营

PG：　　（航空兵）照相侦察大队

RB：　　　游骑兵营

RG：　　　国家档案馆记录组

TB：　　　坦克营

TF：　　　特遣部队

TRG：　　战术侦察大队

USMA：　美国军事学院（西点军校）

USN：　　美国海军

第一章 开始的结束

我军将在法国登陆

艾森豪威尔，职业生涯：1940年，艾森豪威尔（Eisenhower）担任华盛顿州刘易斯堡第 15 步兵团的副团长兼第 1 营营长。**亚历山大**(Alexander),*mentally and physically*,亚历山大写给蒙哥马利的书信，于1943年 3月 29日 ,引自 Hamilton,*Master of the Battlefield*,p.212。**马歇尔**（Marshall）, *had the U.S.initiated*,福雷斯特·波格（Forrest Pogue）对马歇尔的专访，1956年 11月 15日 ,GCM.**马歇尔** ,*once said that*,福雷斯特·波格对马歇尔的专访，1956年 10月 5日，GCM.**马歇尔** ,*This struggle will*,GCMP,vol.3,pp.212－14.

这行不通

丘吉尔（Churchill）,*While I was always willing*,来自 Churchill,*The Second World War*,p.429。**布鲁克**（Brooke）,*Well there it is*,NA,RG 331,Box 56,由摩根(Morgan)在给盟军最高司令部总参谋部人员的一次训话中加以引用，1943年4月17日。**摩根**, *I am to plan nothing less*,NA,RG 331,Box 56,在给盟军最高司令部总参谋部人员的一次训话中加以引用，1943年4月17日。**摩根**, *Essentially what we are trying*,CMH,History of COSSAC,p.6.**摩根** ,*The Pas de Calais is*,MHI,Arthur Nevins Papers.**摩根**, *I have come to the conclusion*,MHI,Arthur Nevins Papers.**卡尔瓦多斯**（Calvados）, 另有理论称，该名称源自拉丁语"calva dorsa"，即"荒凉的山丘"之意。**斯大林**（Stalin）,*We Russians believe*,FRUS Cairo and Tehran,pp.497－506.**罗斯福**（Roosevelt）,*The immediate appointment*,信件原文在 Eisenhower,Crusade in Europe,p.208.中出现。**马歇尔** ,*Consider only Overlord*,GCMP,vol.4,p.445.**艾森豪威尔** ,*I have now had*,DDEP,The War Years,vol.3,p.1673.

第二章 现实主义，而非悲观主义

一位名叫"杰"的男人

杰罗（**Gerow**），*In my opinion*,VMI,Gerow file.艾森豪威尔，*I am quite well*,DDEP,*The War Years*,vol.1,p.566.罗伯茨（Roberts），*Gerow expected a lot*,MHI,J.Milnor Roberts Papers.艾森豪威尔，*I can never get over*,VMI,Gerow file.布彻（Butcher），*Gee said he wasn't pessimistic*,Butcher,*My Three Years with Eisenhower*,p.530.德黑兰会议（**Tehran Conference**），*General Marshall said*,FRUS,Cairo and Tehran,pp.527–28.克里勒（Crerar），*Although at the time*,引自 Stacey,*Six Years of War*,p.402.在参与迪耶普突袭战的6100名盟军官兵中，有近5000名加拿大军人，其余的来自英国，还有少量的美国陆军游骑兵和自由法国的"哥曼德"突击队员。杰罗,*The whole success*,NA,RG 407 PIP,V CP.杰罗，*The thing that concerns me*,NA,RG 407,Box 24309.蔡斯（Chase），*This was approximately*,Bass,*Spirits of the Sand*,p.47.汤普森（Thompson），*Engineers had a great deal*,Conference,Fort Belvoir,VA,*Engineers in the Normandy Invasion*.杰罗,*The plan of the V Corps*,NA,RG 407 PIP,V CP.

没有无法完成的任务

梅森（**Mason**），*Sincerity just oozed*,FDM,Mason file.本段落最后一句话（*Huebner had the Godgiven*）引自 Rogers,*A Study of Leadership in the 1st Infantry Division in WWII*,p.84.许布纳（Huebner），*Somebody in this Division*,FDM,由梅森引述。安德鲁斯（Andrus），*Training and planning*,引自 Rogers,pp.65–66.杭施特费尔（Hangsterfer），*Some of our catchwords*,"W集团"①纪念 D日20周年电台广播节目，1964年6月艾森豪威尔，*You are one of the finest*,引自 Clay,*Blood and Sacrifice*,p.203.宾厄姆（Bingham），*The*

---

① 译注：Group W，即"西屋广播公司"（Westinghouse Broadcasting Company），为西屋公司的广播事业部门。

men of the 116th,与作者的往来书信，1987年4月8日。里特（Ritter），*I don't think there ever*，"W集团"纪念 D日20周年电台广播节目，1964年6月格哈特（Gerhardt），*For a new outfit*,NA,RG 319,CMH 工作底稿，*Cross Channel Attack* 函件。卡特（Carter），*We realize that*,Walter Carter,*Elmer Norval Carter: A Profile*,ACUM.帕克（Parker），*I was driven*,Parker,ACUM.杰罗，*You have been selected*,Ross,*146th Engineer Combat Battalion.*

第三章　欧罗巴堡垒

处处设防等于不设防

希特勒（Hitler），*Most dangerous for us*,NA,RG 319,CMH 工作底稿,*Cross Channel Attack* 函件。隆美尔（Rommel），*You know*,Bayerlein,Liddell–Hart,*The Rommel Papers*,pp.451–52.约德尔（Jodl），*My most profound*,Wilmot,*The Struggle for Europe*,p.160.希特勒 ,*For the last two and one-half*,Harrison,*Cross Channel Attack*,pp.464–67.（盟国远征军）最高司令部（Supreme Headquarters），*Germany's only hope*,NA,RG 331,SHAEF Papers,Box 58.隆美尔（Rommel），*The enemy most likely*,FRA,Atlantic Wall Inspection Report.冯·伦德施泰特（von Rundstedt），*Rommel was a brave man*,Liddell–Hart,*The German Generals Talk*,pp.228,234.施佩尔（Speer），*Given the great length*,Speer,*Inside the Third Reich*,pp.352–53.冯·施韦彭伯格（von Schweppenburg），*The Atlantic Wall*,NA,RG 338,MS B–720.隆美尔 ,*If in spite of the enemy's*,Liddell–Hart,*The Rommel Papers*,p.468.

盖世功业，敢叫天公折服！

副标题来自雪莱诗作《奥西曼达斯》日本驻柏林武官（Japanese Attaché），*Since his inspection*,Hinsley,*British Intelligence in the Second World War*,vol.3,part 2,pp.787–92.第5军（V Corps），*The concave* shape,MHI,*Intelligence Operations of the V Corps in Europe*,p.23.**隆美尔**,*Minefields will contain*,FRA,Atlantic Wall Inspection Report.**塔利**（Talley），*In addition to the minefields*,NA,RG 319,CMH 工作底稿,*Cross Channel Attack* 函件。**隆美尔**,*Here and there*,FRA,Atlantic Wall Inspection Report.《**陆军论坛**》（Army Talks）,*They would like for you to think*,MHI,Charles Corlett Papers.《**特别战术研究**》（Special Tactical Study），*Troops employed in coastal defenses*,FRA.

有人误入歧途

副标题来自丁尼生（Tennyson）的诗作《轻骑兵的冲锋》（The *Charge of the Light Brigade*）。16/1,*From one of the first*,NA,RG 407AOR,1 ID. **海因策**（Heintze），*These Frenchmen*,TWN,7/02.**齐格尔曼**（Ziegelmann）,*It became generally*,NA,RG 319,MS B-432. **第5军**，*Probable enemy action*,NA,RG 407 PIP,V CP.**迪克森**（Dickson），*was transmitted to V Corps*,Dickson,*G-2 Journal*. **第21集团军群**（21ˢᵗ Army Group），*For some time now*,Hinsley,*British Intelligence in the Second World War*,vol.3,part 2,p.842.

第四章 勇者得天助

大自然母亲的战士

奥马哈海滩（Omaha Beach），*Natural Conditions*,NA,RG 38,TF 122. **杰罗**,*Objectives*,NA,RG 407 PIP,V CP.

少年老成

霍尔（Hall），*Several subordinate*,NA,RG 38.**第9航空军**（Ninth AF），*P-38s had been chosen*,GCM,*Report of Ninth Air Force Operations on D-Day*,p.29.**特伦内拉**（Terranella），*We all felt we had*,ACAR.**布赖恩**（Bryan），*The ship was crowded*,NA,RG 407 HI.《**陆军论坛**》,*As you move onward*,MHI,Charles Corlett

Papers.**卡特**，*Well,the further,*Carter,*Elmer Norval Carter: A Profile,*by Walter Carter,ACUM.**布尔**（Bour），*Personally the one thing,*OUCR,Box 11,Folder 13.**刘易斯**（Lewis），*At about 1700,*USCG,Website,www.uscg.mil.**霍尔**，*Having participated in,*OUCR,Box 15,Folder 33.**扫雷行动，背景：**NHC,USNA,p.433；另，NHC,S. E.Morison Papers,参见莫里森（Morison）在筹备其著作《对法国和德国的进攻》（*The Invasion of France and Germany*）时所使用的由 E.麦克伊瑟龙上尉（Capt. E.McEathron）撰写的关于"尼普顿行动"中的美国扫雷舰艇方面的文章。**斯塔克**（Stark），*In order to assure,*NHC,USNA,p.439.**《特别战术研究》**,*Mines were laid,*FRA.**希特勒**，The Commander-in-Chief,*Transcripts of Führer Conferences on Matters Dealing with the German Navy,*由美国海军情报局根据1945年于德国坦巴赫发现的德国海军档案中的原始版本翻译所得。缩微胶卷副本存放在位于北卡罗来纳州教堂山（Chapel Hill）的北卡州立大学。**柯克**（Kirk），*It can be said,*NA,RG 38,TF 122 Action Report.

编年史中的短暂时刻

拉姆齐（Ramsay），*It was always,*NHC,引自 USNA,p.516.**奥马哈海滩离岸流**（Omaha Beach Offshore Currents），*Offshore Currents,*NA,RG 38,TF 122 专述。**克鲁克**（Crook），*The PCs'job,*Stillwell,*Assault on Normandy,*pp.64 - 65. **奥马哈地图**（Omaha Map），*Note to coxswain,*FRA.**第67战术侦察大队**（67 TRG），*What is believed,*USAF,67 TRG files.**第10照相侦察大队**（10 PG），*Heading the list,*USAF,10 PG files.**第10照相侦察大队**（10 PG），*Port-en-Bessin to,*USAF,10 PG files.**齐格尔曼**（Ziegelmann），*I must say,*NA,RG 319,MS B-433.**席林**（Schilling），*This is the Real McCoy,*Slaughter,*Wartime Memories,*ACUM.**普拉特**（Pratt），*The picture of,*MHI,Robert Pratt Papers.**莫利亚**（Moglia），*Some were convinced,*OUCR,Box 12,Folder 12.McClintock,I slept for,OUCR,Box 18,Folder 20.**斯波尔丁**（Spalding），*We cheered each* *other,*OUCR,Box 12,Folder 40.斯蒂文斯（Stevens），*Ray said he wasn't,*IA.

第五章　地球上最宏大的表演

陷入火海的海滩

布莱德雷（Bradley），*The attack will,*NA,RG 407,Box 24309. 联合作战司令部（Combined Operations HQ），*The lesson of greatest importance,* 引自 Stacey,Six Years of War,p.399. 第**5**军，*Every house,*NA,RG 407 PIP,V CP. 布彻，*Gerow seemed,*Butcher,*My Three Years with Eisenhower,*p.530. 宾厄姆（Bingham），*General Omar Bradley,*CA,4/8/87. 谢罗德（Sherrod），*The facts were cruel,*Sherrod,Tarawa,p.162. 霍尔，*In general it is believed,*NA,RG 38. 威洛伦（Willow Run），*500 B-24s per month,*Davis,*FDR: The War President,*p.615. 第**8**航空军（Eighth AF），*Heavy bomber operations,*GCM,*8th AF Tactical Operations in Support of Landings in Normandy,*pp.1－5. 斯帕茨（Spaatz），*The weather here,* 引自 Davis,*Carl A.Spaatz and the Air War in Europe,*pp.305－6. 史密斯（Smith），*I explained,* 美国空军，史密斯口述历史访谈，1976年6月，pp.89－90. 第**5**军，*Details of bombing,*NA,RG 407 PIP,V CP. 第**8**航空军,Col.De Russey,NA,CMH 工作底稿，*Cross Channel Attack* 函件。**100磅航空炸弹**（100–Pound Bombs）关于其攻击效率问题，参见 McFarland,*America's Pursuit of Precision Bombing,*pp.169,224－25. 第**8**航空军，*The probability that,*GCM,*8th AF Tactical Operations in Support of Landings in Normandy,*pp.1－5.

来自海上的雷霆

"O"部队（Force O），海军炮击集群，FRA，"O"部队作战序列。普拉特，*Around us the vaporous,*MHI,Robert Pratt Papers.希肯（Hicken），*We went right in front,*CA,2003. 怀特黑德（Whitehead），*We headed for the beach,* 引自 Wilson,D–Day,p.208. 麦克纳布（McNabb），*There were a number,*NA,RG 407

HI. 美国海军"得克萨斯"号战列舰（USS Texas），NA,RG 38. 美国海军"多伊尔"号驱逐舰（USS Doyle），*Commenced indirect fire,* 引自 Kirkland,*Destroyers at Normandy,* 序言。默多克（Murdoch），*As we went toward,*FRA,Joseph Ewing research files.

最妙的策划常常都会落空

副标题来自彭斯的诗作《致老鼠 》。**第96作战联队**（96 Wing），*Greatest possible care,*美国空军，第96作战联队，第81号作战指令（USAF,96 Combat Wing F.O.81.）。**第8航空军** ，*It was deemed,*GCM,*8th AF Tactical Operations in Support of Landings in Normandy.***第8航空军** ,*Safety features represented,*GCM,*8th AF Tactical Operations in Support of Landings in Normandy,*pp.1－5.阿德里（Ardery），*We were briefed,*Ardery,*Bomber Pilot,*p.206.**第96作战联队** ,*Single aircraft,*USAF,美国空军，第96作战联队，第81号作战指令。**未具名的飞行员** (Anonymous Airman),*Who could think of food,*WWW,John Howland,*Pathfinders and the 8th Air Force,*www.381st.org.波尔金（Polking），*We were together,*美国空军，第14作战联队，1944年6月任务讲评。吉尔伯特（Gilbert），*The B-17,*WWW,www.b24.net,G.哈顿（G.Hatton)对吉尔伯特所进行的访谈，1989年9月16日。**第20作战联队**（20 Wing），*Flights will depart,*美国空军第20作战联队，第127号作战指令（USAF,20th Combat Wing F.O.127.）。吉布森（Gibson），*You can envision,*"W集团 "纪念 D日20周年电台广播节目，1964年6月。**约翰逊**（Johnson），*I thought our plan,*美国空军，第14作战联队，1944年6月任务讲评（约翰逊将军因在对普洛耶什蒂的远程轰炸行动中的杰出表现而被授予国会荣誉勋章 ）。**阿德里**，*I called the bombardier,*Ardery,*Bomber Pilot,*p.209.**布莱德雷**，*In bombing through the overcoat,*Bradley,*A Soldier's Story,*p.268.**萨宾**（Sabin），*In the midst,*Stillwell,*Assault on Normandy,*p.59.

第六章 孤注一掷

一种被称为"双重驱动"的装置

杰罗，*I don't know,*NA,RG 407,Box 24309.邓肯（Duncan），*The following are limitations,*NA,RG 407,Box 24377.罗克韦尔（Rockwell），*I should like,*NA,RG 407,Box 24377.斯莱奇（Sledge），*I recall the complete,*OUCR,Box 12,Folder 39."O"部队，*Weather permitting,*"O"部队"尼普顿行动"指令（Force O Operations Neptune orders），NA,RG 38.第741坦克营（741 TB），*You are 5,500 yards,*MHI,Robert Rowe Papers,USN.梅特卡夫（Metcalfe),*The tank corps men,*MHI,Robert Rowe Papers,USN.第741坦克营（741 TB），约进攻发起时刻前60分钟（H-60），NA AOR,741 TB.（桑顿上尉于1944年9月阵亡。）巴里（Barry），*No signal was received,*MHI,Robert Rowe Papers,USN.邓肯，*Any Force 4 sea,*TWN,致通讯主编的信函。罗克韦尔，*It was apparent,*NA,RG 38.拉根（Ragan），*I saw the yellow flags,*Heintzleman,*The Story of Vitamin Baker,*p.24.哈基（Harkey），*I am not proud,*MHI,Robert Rowe Papers,USN.

去那里，再一次

萨宾，*As we were behind,*NA,RG 38.萨宾，*During the approach,*NA,RG 38.希肯，*On Dog Green,*CA,2003.考夫曼（Kaufmann），*While on the beach,*WWW,Kaufmann,*LCT(A)s at Normandy on D-Day.*库克（Cook），*After beaching,*MHI,Robert Rowe Papers,USN.怀特（White），*We beached a little,*MHI,Robert Rowe Papers,LCT reports.费尔（Fair），*The ramp was dropped,*NA,RG 407,Box 16703,741 TB.(费尔上士后来在战斗中牺牲。)席勒（Schiller），*Lt.Gaetera Barcelona's tank,*NA,RG 407,Box 16703,741 TB.第743坦克营（743 TB），*The LCT on the extreme right,*NA,RG 407 AOR,743 TB.贾维斯（Jarvis），*When we first came,*OUCR,Box 18,Folder 13.

第七章 重大时刻

登陆艇上的关键人物

　　格林（Green），*It was approaching*,Green,*D-Day Experiences*,ACUM. 格林的真实名字（教名）是"乔治"。"吉米"是皇家海军所特有的对某艘舰只或者其他海军组织中的二把手军官（如大副）的昵称，"吉米一号"（Jimmy the One)。**麦考密克**（McCormick），*Going into shore*,OUCR,Box 12. **斯波尔丁**，*The Navy had been*,MHI,Robert Rowe collection,Box 24.（由福雷斯特·波格中士对斯波尔丁进行了采访。）**戈兰森**（Goranson），*I was fortunate*, 与 K. 埃尔斯比（K.Elsby）的往来信件，2000年2月19日。在陆军地图上，该地点被命名为"佩尔塞激流角"（Pointe et Raz de laPercée），其中"Raz"在法语中指"强烈的近岸海流"。"尼普顿"命令中曾指出，在佩尔塞角有一个可被当作显著地标的德军瞭望塔，但敌人在 D 日约两周之前拆除了此瞭望塔。**鲁德尔**（Rudder），*You have the toughest*,MHI, 与戈兰森的访谈，Robert Rowe collection.**戈拉斯**（Golas），Gee fellas,MHI,*The 2nd Ranger Battalion: Roughing It with Charlie*,p.26. **戈兰森**, *I told the men*, 与 K. 埃尔斯比（K.Elsby）的往来信件，2000年2月19日。**萨洛蒙**（Salomon），*After going*, 与 K. 埃尔斯比（K.Elsby）的往来信件，2000/1/21。**诺伊斯**（Noyes),*We went out*,OUCR,Box 10,Folder 14. **斯蒂芬斯**（Stephens），*Proceeding across*,NA,RG 338, 第1集团军功勋册（First Army Awards）。**戈兰森**，*After we had crossed*, 与 K. 埃尔斯比（K.Elsby）的往来信件，2000年2月19日。

费勒斯上尉的小伙子们

　　格林，*As we neared*,Green,*D-Day Experiences*,ACUM.**费勒斯**（Fellers），*I am beginning*,引自 Geroux, "The Suicide Wave,"《里士满时代快报》（Richmond Times–Dispatch）。**申克**（Schenk），*All that will save us*,Geroux, "The Suicide Wave,"《里士满时代快报》（Richmond Times–

Dispatch)。**巴恩斯**（ Barnes ），*I had heard,*Barnes,*Fragments of My Life,*p.65.
第29师116团 A连（ A/116/29 ），*Lt.Edward Tidrick,*FRA,**第29步兵师小组讲评笔记**（ 29 ID Group Critique Notes. ）**第29师116团 A连**（ A/116/29 ），*A medical boat team,* FRA,**第29步兵师小组讲评笔记**（ 29 ID Group Critique Notes. ）有关布里登（ Breeden ）的信息来自于 Baumgarten,*Eyewitness on Omaha Beach.*第29侦察连的若干成员也登上了南斯（ Nance ）所在的突击登陆艇，其中3人阵亡。**埃尔默·赖特**（ Elmere Wright ），棒球明星：TWN,Rowell,William.*The 116th's Plymouth Yankees: 1943 ETO World Series Champions,*3/99,p.27.第116步兵团棒球队有3名成员在奥马哈海滩阵亡：赖特，来自 A连的技术中士弗兰克·德雷珀，以及来自 F连的一等兵路易斯·阿尔贝里戈。有评论员认为他们三人是该棒球队最优秀的球员。另，IA,雷·南斯（ Ray Nance ）2003年8月4日。**贝福德通讯**（ Bedford Bulletin ），*The war was brought,* "The War Comes Closer,"《贝福德每周通讯》（ Bedford Bulletin Weekly ），1944年7月20日，p.6.

吾曹此地长埋，幸未辱命

标题来自于西摩尼德斯（ Simonides ）的墓志铭，"去吧，告诉斯巴达人……"，有评论者认为它是"凡人所述最高贵的话语"。**罗伯逊**（ Robertson ），*Most of my boat team,*CA,1991.**布鲁诺**（ Bruno ），*We didn't expect,*FRA, 第29步兵师小组讲评笔记（ 29 ID Group Critique Notes ）。**拉索**（ Russo ），*We landed in three,*Russo,*My Memories of WWII,*ACUM.**罗伯逊** ,*I went in,*CA,1984.**拉索**,*I looked to my right,*Russo,*My Memories of WWII,*ACUM.**卡拉汉**（ Callahan ），*I went in,*OUCR,Box 6,Folder 10.**费廷格尔**（ Fettinger ），*The men were standing,*FRA, **第29步兵师小组讲评笔记**（ 29 ID Group Critique Notes ）。**拉索**， *In a little while,*Russo,*My Memories of WWII,*ACUM.

第三波抵达

泰勒（Taylor），*There will be lots*,ACAR.第**1**师第**16**团第**3**营（3/16/1），*The alert company commander*,NA,RG 407 CI,1 ID.第**1**师第**16**团第**3**营（3/16/1），*The Company L*,NA,RG 407 CI,1 ID.斯维尼（Sweeney），*All of a sudden*,CA,2003.

持续推进

副标题来自第116步兵团的箴言，"永远向前"（"Ever Forward"）。**沃曾斯基**（Wozenski），*Nearing the shore*,OUCR,Box 12,Folder 55. **菲茨西蒙斯**（Fitzsimmons），*The men kept yelling*,NA,RG 407 CI,1 ID.**麦考密克**（McCormick），*One of our BAR*,OUCR,Box 12.**第1师16团 F 连**（F/16/1），*The 5th section*,NA,RG 407 CI,1 ID. **沃曾斯基**,*The boats were hurriedly*,OUCR,Box 12,Folder 55. **第29师116团 E 连**（E/116/29），*The company* CO,FRA,第29步兵师 小组讲评笔记（29 ID Group Critique Notes）。**史密斯**（Smith），*I remember debarking*,ACUM. **第1师16团 E 连**（E/16/1），*Streczyk's section*,NA,RG 407 CI,1 ID. **斯波尔丁**,*Sgt.Streczyk and the medic*,MHI,Robert Rowe collection,Box 24；由波格（Pogue）进行的采访。

第八章 扫清通路

时间紧迫

杰罗,*I am rather disturbed*,NA,RG 407 PIP,V CP.**基恩**（Kean），*I have your letter*,NA,RG 407 PIP,V CP.**第5军司令部**（HQ V CP），*It was agreed*,NA,RG 407 PIP,V CP.**麦克多诺**（McDonough），*Army objections raised*,NA,RG 407 PIP,V CP.**尼普顿行动**（Operation Neptune），*Sixteen gap assault teams*,NA,RG 407 PIP,V CP.**第1步兵师师部**（HQ 1 ID），*Fundamentally each gap*,Ross,*146th Engineer Combat Battalion*,附录1（Appendix 1）。**比戈 –尼普顿奥马哈海滩地**

图（Bigot-Neptune Omaha Beach Map），*Underwater obstacles*,NA,RG 331,盟国远征军最高司令部情报处，诺曼底海滩情报（SHAEF G-2,Normandy beach intelligence）。朱伊特（Jewett），*Each demolition man*,OUCR,Box 18,Folder 14.罗斯（Ross），*The wooden obstacles*,Ross,*146th Engineer Combat Battalion*,p.20.希肯，*Heads failed*,CA,2001.第229战斗工兵营（299 ECB），*Part of the LCT*,NA,RG 407 AOR,Box 18664,299 ECB.

风暴突至

罗斯，*Our LCM crew*,Ross,*146th Engineer Combat Battalion*,p.24.第299战斗工兵营（299 ECB),*Team 11*,NA,RG 407 AOR,Box 18664,299 ECB.第146战斗工兵营（146 ECB），*The team touched down*,Ross,*146th Engineer Combat Battalion*,p.39.第299战斗工兵营（299 ECB），*The ramp dropped*,NA,RG 407,Entry 427,Box 24238.赫尔伯特（Hurlbut），*Everything's nice and quiet*,WWW,由阿龙·埃尔森（Aaron Elson）进行的访谈，1998年，www.tankbooks.com.第146战斗工兵营（146 ECB），*Team C*,Ross,*146th Engineer Combat Battalion*,p.42.卡尔诺夫斯基（Karnowski），*Lt. Gregory*,TWN,来自 T. Chatas 的信件，引自 Dwyer,"The D-Day Demolitioneers," *Washington Times*.第146战斗工兵营（146 ECB），*The operation*,Ross,*146th Engineer Combat Battalion*,p.37.霍尔（Hall），*How do we get*,引自 Godson,*Viking of Assault*,p.131.

衣领上的城堡标志

普洛格（Ploger），*I suppose that*,IA,9/6/98.茨维塔诺维奇（Cvitanovitch），*Most of the boys*,OUCR,Box 6,Folder 2.加拉（Gara），*Our mission*,在弗吉尼亚州贝尔维尔堡（Fort Belvoir,VA）举行的会议，*Engineers in the Normandy Invasion*。尼普顿（Neptune），*Establish and operate*,引自在弗吉尼亚州贝尔维尔堡（Fort Belvoir,VA）举行的会议，VA,*Engineers in the*

Normandy Invasion。**汤普森**（Thompson），*A unit getting a new*，在弗吉尼亚州贝尔维尔堡（Fort Belvoir,VA）举行的会议，*Engineers in the Normandy Invasion*。**第149战斗工兵营**，*The operation was not*，NA,RG 407AOR.**第6海军海滩勤务营**（6 NBB),*The 6th NBB's job was to*,NA,RG 407AOR.**第37战斗工兵营**（37 ECB），*The mission of*,NA,RG 407 AOR.

第九章　弹如雨下

只有"88炮"才会如此凶狠

　　萨莱斯（Sales），*I was the radio operator*,与 K.埃尔斯比（K.Elsby）的往来信件，2000年。**第29师第116团第1营指挥连**（HQ/1/116/29），与诺林（Nowlin）的通讯，FRA，第29步兵师小组讲评笔记（29 ID Group Critique Notes）。**科贝**（Kobe），*I was with the mortar*,CA,7/4/89.**斯劳特**（Slaughter），*I didn't care*,Slaughter,*Wartime Memories*,ACUM.**麦克纳布**（McNabb），*I could see pretty clearly*,NA,RG 407 HI.**宾厄姆**，*On the way in*,信件，于1947年1月11日。

你们在步兵中间做什么？

　　副标题来自格伦·米勒 (Glenn Miller)的 AAF乐队单曲，由弗兰克·罗瑟（Frank Loesser）所作。**第1师第16团 H连**（H/16/1），*The company reached*,NA,RG 407 CI,1 ID.**迪里**（Deery），*In the LCA*,OUCR,Box 11,Folder 28.拉丁文诗句来自贺拉斯的讽刺诗集，Book I,Satire IV,Lines 103－5.译文由芝加哥大学语言学院的安东尼·布奇尼博士（Dr.Anthony Buccini）授权提供。**弗雷泽**（Fraser），*At about 0400*,McPherson,*A History of the Royal Navy and Royal Marine Minor Landing Craft Flotillas in WWII*,ACUM.**约瑟夫**（Joseph),*The day after*,OUCR,Box 11,Folder 46.**布尔**,*Our LCVP ramp*,OUCR,Box 11,Folder 13.**霍尔**,*The beach was in*,SIX,Hall,A Memoir of WWII,p.18.**第16步兵团前进指挥所**

（Advance CP,16th Infantry），*The Advance CP*,MHI,Robert Rowe Papers,1 ID.**塔利**，*I explained to my men*,Talley,*D-Day Plus 10 Years*,ACUM；以及 CA,7/3/87。**第1师第16团 G连**（G/16/1），*The water was still*,NA,RG 407 CI,1 ID.

赞美上帝

希肯，*We managed to pull*,CA,2003.**霍克斯**（Hawks），*Everything went according to plan*,NA,RG 407 HI.(霍克斯上尉后来在战斗中牺牲。)**第29师第116团 C连**（C/116/29），*As the boat neared*,NA,RG 407 CI,29 ID,由谢伊中尉所做的采访。**波雷尼亚克**（Polyniak），*With all the training*,CA,1999.**罗恩**（Raaen），*Ranger Force C*,CA,1/30/03.**第2游骑兵营 A连和 B连**（A&B/2 RB），*As a Company A LCA*,NA,RG 407 CI,5 RB,由查尔斯·泰勒中校（Lt.Col.Charles Taylor）所做的采访。**阿诺德**（Arnold），*After reaching the edge*,OUCR,Box 10,Folder 17.**埃德林**（Edlin），Sgt.Klaus,OUCR,Box 10,Folder 25.**爱泼斯坦**（Epstein），*I was shoulder-to-shoulder*,CA,2/4/03.**罗恩**，*Waves lashed at us*,Raaen,*The 5th Rangers Have Landed Intact*,ACUM.**伯克**（Burke），*We were lying*,OUCR,Box 10,Folder 21.**帕克**（Parker），*The coxswain*,Parker,ACUM.**罗恩**，*This was our Ranger chaplain*,Raaen,*The Story of Father Lacy*,ACUM.

"糟透了的民间产物"

利布林（Liebling），*The crews probably*,由 *The New Yorker* 于1944年7月1日首次出版，*Cross-Channel Trip*.**维恩**（Vyn），*Upon approach to Dog White*,USCG,WWW,www.uscg. mil, *Coast Guard History*.**沃克**（Walker），*The skipper of LCI-91*, Walker, *With the Stonewallers*, ACUM. **刘易斯**，*Tracer shells*, USCG, WWW, www.uscg.mil, *Coast Guard History*.**谢泼德**（Shepard），*Ahead of us*,USCG,WWW,www.uscg.mil,*Coast Guard History*.

考验军人精神的时刻

格罗斯曼（Grossman），*I had a very fatalistic,*Grossman,*Forty Days in France,*ACUM.**米克斯**（Meeks），*I had my hand,*TWN,11/92,p.14.**第29师第116团 K连**（K/116/29），*The company was to come,*FRA,第29步兵师 小组讲评笔记（29 ID Group Critique Notes）。**布兰汉姆**（Branham），*We had a little Italian,*IA,1991.**第29师第116团 M连**（M/116/29），*Company M came ashore,*FRA,第29步兵师 小组讲评笔记（29 ID Group Critique Notes）。**安德森**（Anderson），*Morale was terrific,*OUCR,Box 6,Folder 4.**狄龙**（Dillon），*We were to land,*Dillon,*Pearl Harbor to Normandy and Beyond,*ACUM.**第1师第16团第1营指挥连**（HQ/1/16/1），*The forward CP,*NA,RG 407 CI,1 ID.**亚当斯**（Adams），*As we approached,*Stillwell,*Assault on Normandy,*pp.72－73.**比奇**（Beach），*Boats were lowered,*NA,RG 407 CI,1 ID.**福利**（Foley），*As Pvt.Carlton Barrett,*引自 Barrett MH file,NA,RG 338,第1集团军功勋册。**蒙塔古**（Montague），*The low silhouette,*NA,RG 407 AOR.

第十章　前进或死亡

一位被称作"荷兰人"的将军

谢伊（Shea），*Moderate small arms,*NA,RG 407 CI,29 ID,Box 24034.（谢伊写过两篇关于他在担任科塔将军副官时的经历的文章。后一篇 [1944年11月成稿]在本书中有所引用）。**巴克利**（Buckley），*When I got up,*Slaughter,*Wartime Memories,*ACUM.**豪伊**（Howie），*It was the consensus,*FRA,*Summary of Actions 116th Infantry in Initial Assault.*（豪伊于1944年7月17日阵亡）。**谢伊**（Shea），*In each of the bays,*NA,RG 407 CI,29 ID,Box 24034.**比德尔**（Bedell），*Cota was waving,*NA,RG 407 CI,29 ID.（谢伊中尉离开第29师并成为美国陆军军史部门的一位军官后，他进行了此次采访。）**休塞尔**（Huesser），*Cota came up to us,*NA,RG 407 CI,29 ID.**赫林**（Herring），*Before Cota reached Schneider,*引自 Raaen,*Landed Intact,*p.29,ACUM.**沙利文**（Sullivan），*The* *activities of Gen.Cota*,OUCR,Box 10,Folder 54.罗恩（Raaen）,*As I got ready*,Raaen,*Landed Intact*,ACUM.科塔（Cota）,*I well remember*,AC,信件承蒙约翰·罗恩提供。

第三帝国的不速之客

迪里（Deery）,*Sergeant Ken Finn*,OUCR,Box 11,Folder 28.第1师16团团部（HQ/16/1）,*Col.Taylor came in*,NA,RG 407 CI,1 ID.弗里德曼（Friedman）,*Col.Taylor then commanding*,OUCR,Box 11,Folder 35.泰勒（Taylor）,*Col. George A.Taylor*,NA,RG 338,第1集团军功勋册。米肖（Michaud）,*While participating*,引自 Pinder MH file,NA,RG 338,第1集团军功勋册。

肩膀上的天使

斯波尔丁（Spalding）, *Sgt.Fred Bisco kept saying*, MHI, Robert Rowe collection，Box 24；由波格进行的采访。斯波尔丁（Spalding）,*At this point*,MHI,Robert Rowe collection,Box 24；由波格进行的采访。第1师第16团 G 连（G/16/1）,*A minefield lay behind*,NA,RG 407 CI,1 ID.内伯（Neighbor）, *We soon discovered*,TWN,Neighbor,*One Man's War Story*,3/95,p.21.沃曾斯基（Wozenski）, *In climbing the bluff*,OUCR,Box 12,Folder 55.赫尔曼（Herman）, *Capt.James Pence stood up*,OUCR,Box 11,Folder 38.狄龙（Dillon）,*As we got to the top*,Dillon,*Pearl Harbor to Normandy and Beyond*,ACUM.史密斯（Smith）, *The only thing that got us*,NA,RG 407 CI,1 ID.第1师第16团第1营（1/16/1）,*A Company was on the right*,NA,RG 407 CI,1 ID.

孤军立奇功

第1师16团L连（L/16/1）,*The assault on the beach*,NA,RG 407 CI,1 ID.马丁（Martin）,*When the troops were pinned*,引自 Monteith MH file,NA,RG

338,第1集团军功勋册。**第1师第16团 L连**（L/16/1），*The sections attacking*,NA,RG 407 CI,1 ID.**第741坦克营**（741 TB）,*0830 hours*,NA,RG 407AOR,741 TB.**美国海军"多伊尔"号驱逐舰**（USS Doyle），*Stopped 800 yards*,引自 Kirkland,Destroyers at Normandy,p.50.**斯特罗伊尼**（Strojny），*I saw that our sector*,OUCR,Box 12,Folder 41.**第1师第16团 F连**（F/16/1），*Sgt. Strojny took up*,NA,RG 407 CI,1 ID.**第1师第16团 F连**（F/16/1），*Seeing the pillbox in flames*,NA,RG 407 CI,1 ID.

射击场上的鸭子

萨洛蒙（Salomon），*I ran a short distance*,与 K.埃尔斯比（K.Elsby）的往来信件，2000年1月21日。**第2游骑兵营 C连**（C/2 RB），*Separated from*,NA,RG 407 CI,5 RB,由泰勒进行的访谈。**第2游骑兵营 C连**（C/2 RB），*On the other side*,MHI,*The 2nd Ranger Battalion: Roughing It with Charlie*,p.27.**第29师第116团 B连**（B/116/29），*The beach was strewn*,FRA,第29步兵师小组讲评笔记（29 ID Group Critique Notes）。

在上坡的小径上

谢伊（Shea），*Cota had found*,NA CI，RG 407,29 ID，Box 24034.**第29师 第116团 C连**（C/116/29），*To the right of the company*,FRA,第29步兵师小组讲评笔记（29 ID Group Critique Notes）。**谢伊**（Shea），*The first soldier to go*,NA,RG 407 CI,29 ID,Box 24034.**普洛格**（Ploger），*While I was walking*,CA,4/7/00.**波雷尼亚克**（Polyniak），*Our boat team*,CA,2/17/03.**第29师第116团 C连**（C/116/29），*Company C slipped through*,NA,RG 407 CI,29 ID,由谢伊中尉所做的采访。**霍克斯**（Hawks），*One thing happened*,NA,RG 407 HI,July 1944.**谢伊**（Shea），*Our CP was scattered*,NA,RG 407 CI,29 ID,Box 24034.

游骑兵，打前锋！

第2游骑兵营 A连（A/2 RB），*Put in charge*,NA,RG 407 CI,2 RB,由泰勒进行的访谈。埃德林（Edlin），*It seemed to me*,OUCR,Box 10,Folder 25.第2游骑兵营 A连（A/2 RB），*White found Ray*,NA,RG 407 CI,2 RB,由泰勒进行的访谈。与怀特和雷一起爬上陡崖的其他游骑兵的名单由罗伯特·埃德林提供。埃德林（Edlin），*The bravest men I ever saw*,CA,7/21/03.第2游骑兵营 A连（A/2 RB），*The plan had been*,NA,RG 407 CI,2 RB,由泰勒进行的访谈。第29师116团 D连（D/116/29），*Morse and his men*,NA,RG 407 CI,29 ID,由谢伊中尉所做的采访。罗恩（Raaen），*Not ten yards to my right*,Raaen,*Landed Intact*,ACUM. 第5游骑兵营（5 RB），*Capt.Edward Luther of E Company*,NA,RG 407 CI,2 RB,由泰勒进行的访谈。罗恩（Raaen），*By now Col.Schneider*,Raaen,*Landed Intact*,ACUM.罗恩（Raaen），*The advance had slowed*,Raaen,*Landed Intact*,ACUM.

他们还没有开打哩

宾厄姆（Bingham），*An impression*,CA,4/8/87.布什（Bush），*The men were beat up*,FRA,第29步兵师小组讲评笔记（29 ID Group Critique Notes）。第29师第116团第2营（2/116/29），*At the patch of shingle*,NA,RG 407 CI,29 ID,由波格所做的访谈。第29师第111野战炮兵营（111 FA/29），*Capt.Richard Bush*,FRA,第29步兵师小组讲评笔记（29 ID Group Critique Notes）。汤普森（Thompson），*The attack on a vital*,NA,RG 338,第1集团军功勋册。宾厄姆（Bingham），*The ground floor*,OUCR,由瑞安所做的采访，1958年4月7日 ,Box 6,Folder 8.汤普森（Thompson），*A couple of weeks*,在弗吉尼亚州贝尔维尔堡举行的会议 „*Engineers in the Normandy Invasion.*第29师第116团 L连（L/116/29），*On getting to the shingle*,FRA,第29步兵师小组讲评笔记（29 ID Group Critique Notes）。史密斯（Smith），*I started up the bluff*,FB,史密斯专著（Smith monograph），*Operations* *of 3/116 on Omaha Beach*.格罗斯曼（Grossman），*The bluff was booby-trapped*,Grossman,*Forty Days in France*,ACUM.布兰汉姆（Branham），*I carried an M-1*,IA,1991.米克斯（Meeks），*My command group*,TWN,11/92,p.14.**第29师116团 I连**（I/116/29），*Sgt.Vincent Corsini found*,FRA,第29步兵师小组讲评笔记（29 ID Group Critique Notes）。

第十一章　全员皆为步兵

时间紧迫

布莱德雷（Bradley），*I reluctantly contemplated*,Bradley,*A Soldier's Story*,p.271.无名氏（Anonymous），*Early reports received*,NA,RG 319,CMH 工作底稿，*Cross Channel Attack* 函件。普拉特（Pratt），*Col.Talley*,MHI,Robert Pratt Papers.许布纳（Huebner），*As far as the 116th*,FDM,由《桥头堡哨兵》通讯所做的专访，1964年夏。[①]普利特（Plitt），*The most outstanding*,NA,RG 407 AOR,1 ID.马林斯（Mullins），*To hell with*,FRA,第29步兵师 小组讲评笔记（29 ID Group Critique Notes）。

失却灵魂的军团

欣策（Hintze），*The CP/Fire Direction*,ACUM.希克曼（Hickman），*In the hold of*,TWN,7/98.**第81化学迫击炮营**（81 CMB），*Company A in support*,NA,RG 407 AOR,81 CMB.**第397高炮营**（397 AAA），*At 0645 we saw*,NA,RG 407AOR,Box 17097,397AAA.**第197高炮营**（197 AAA），*The 197th learned*,NA,RG 407 AOR,197 AAA.弗格森（Ferguson），*Lt.Ferguson reached*,NA,RG 338,第1集团军功勋册。谢利（Shelley），*I met Lt.Forest Ferguson*,CA,4/18/89.**第743坦克营**（743 TB），*In the D-Day plan*,MHI,*Move Out,Verify*,pp.26‐27.斯卡格斯

---

① 译注：《桥头堡哨兵》（Bridgehead Sentinel)是第1步兵师老兵协会刊发的内部通讯。

（Skaggs），*The government paid*,引自 Captain Deery,NA,RG 407 CI,1 ID.金（King）,*At about 10:00*,NA,RG 319,CMH 工作底稿，*Cross Channel Attack* 函件。

我们进入战场

怀特黑德（Whitehead），*I lay on the beach*, Knickerbocker, *Danger Forward*, pp.212 – 13.斯波尔丁（Spalding）,*We were now in*,MHI,Robert Rowe collection,Box 24；由波格所做的采访。

死去的医护兵无法拯救生命

第1师第18团第2营（2/18/1），*After passing*,NA,RG 407 AOR,1 ID.阿尔戈（Argo）,*Suddenly all hell*,WWW,*Argo D-Day memoirs*,www.jun6dday.com. **第1师第18团第2营**（2/18/1），*The beach shingle*,NA,RG 407AOR,1 ID.吉布斯（Gibbs）,*Displaying superb courage*,NA,RG 338,第1集团军功勋册。阿尔瓦雷斯（Alvarez）,*Someone pointed out*,MHI,1 ID SUR.美国海军"弗兰克福"号驱逐舰（USS Frankford）,*Fire was commenced*,引自 Kirkland,*Destroyers at Normandy*,p.50.霍费尔（Hoffer）,*From our defiladed*,NA,RG 407 AOR,741 TB.费尔（Fair）,*I noticed the tide*,NA,RG 407 AOR,741 TB.**第467高炮营**（467 AAA）,*An M15 halftrack*,NA,RG 407 AOR,Box 17202,467 AAA.塔利（Talley）, *It is suggested*,NA,RG 319,CMH 工作底稿，*Cross Channel Attack* 函件。**第1战斗工兵营**（1 ECB）,*Slowly the enemy*,MHI,*Eight Stars to Victory*,p.63.**第741坦克营**（741 TB）,*Ordered by Headquarters*,NA,RG 407 AOR,741 TB.

灰色死亡地带的公民

副标题来自沙逊（Sassoon）的诗作《梦想家》。威尔奇（Wilch）,*I want to go*,CA,5/9/91.**第5军司令部**（HQ V CP）,*Land 115th RCT*,NA,RG 407 AOR,V CP.**第1师师部**（HQ 1 ID）,*From Commanding General* (both 1131 and

1146 entries),OUCR,Box 11,Folder 1.**赖特**（Wright）,*As we approached*,ACAR.
库珀（Cooper）,*I was on LCI-411*,IA,1987.**特伦内拉**（Terranella）,*Just as we dropped*,ACAR.**扎尔法斯**（Zarfass）,*As I took my first step*,Binkoski,*The 115th Infantry Regiment in WWII*,p.17.**克拉克**（Clark）,*A floating body*,ACAR.
埃克特（Eckert）,*I would have qualified*,IA,1991.**亨利**（Henry）,*We were in the center*,TWN,Henry,*LCIs and the 115th*,7/00.**库珀**（Cooper）,*We found a hole*,IA,1987.**埃克特**（Eckert）,*There was a path*,IA,1991.**第1师第18团第2营**（2/18/1）,*The battalion went*,NA,RG 407 AOR,1 ID.**麦格雷戈**（McGregor）,*The 1st Battalion*,NA,RG 407 AOR,1 ID.**古尔卡**（Gurka）,*The 3rd Battalion*,NA,RG 407 AOR,1 ID.

被诅咒的军团

　　副标题来自于吉卜林（Kipling）的《军营歌谣》（*Barrack Room Ballads*）。
格尔克（Gercke）,*A narrow path*,写给斯特里姆劳少校的书信，NA,RG 407.
谢伊（Shea）,*From a point just below*,NA,RG 407 CI,29 ID,Box 24034.

第十二章　越过海滩

你如何区分男人和男孩

　　齐格尔曼（Ziegelmann）,*Shortly after 8:00 A.M.I succeeded*,NA,RG 319,MS B–432.**第29师第116团 C连**（C/116/29）,*1st Lt.Robert Bedell*,NA,RG 407 CI,29 ID,谢伊所进行的访谈。**第29师第116团 C连**（C/116/29）,*While in the town*,FRA,第29步兵师 小组讲评笔记（29 ID Group Critique Notes）。**第5游骑兵营**（5 RB）,*When Col.Schneider*,NA,RG 407 CI,5 RB,由泰勒进行的访谈。**第29师第116团 C连**（C/116/29）,*Cota had seen the column*,NA,RG 407 CI,29 ID,由谢伊进行的访谈。**第5游骑兵营**（5 RB）,*Company B now started*,NA,RG 407 CI,5 RB,由泰勒进行的访谈。

那么就由你去找出原因吧

豪伊（Howie），*Communications were completely*,FRA,*Summary of Actions 116th Infantry in Initial Assault*.霍克斯（Hawks），*We tried to crack*,NA,RG 407 HI.Weast,*Next to an orchard*,OUCR,Box 10,Folder 37.桑希尔（Thornhill），*West of Vierville we lost*,OUCR,Box 10,Folder 33.麦卡利斯特（MacAllister），*I proceeded into Vierville*,CA,3/21/00.谢伊（Shea），*For the past 25*,NA,RG 407 CI,29 ID,Box 24034.科伊克（Coiker），*On the plateau*,ACAR.美国海军"麦考克"号驱逐舰（USS McCook），*Commenced firing*,引自 Kirkland,*Destroyers at Normandy*,p.55.美国海军"汤普森"号驱逐舰（USS Thompson），*Commenced demolition*,引自 Kirkland,*Destroyers at Normandy*,p.55.第1师师部（HQ 1 ID），*From Dog Green*,OUCR,Box 11,Folder 1.谢伊（Shea），*Keep a sharp eye*,NA,RG 407 CI,29 ID,Box 24034.麦卡利斯特（MacAllister），*On the way down*,CA,3/21/00.谢伊（Shea），*Reaching the promenade*,NA,RG 407 CI,29 ID,Box 24034.

杀戮狂热

第29师第116团 B连（B/116/29），*At the chateau*,FRA,第29步兵师小组讲评笔记（29 ID Group Critique Notes）。第5游骑兵营 A连（A/5 RB），*It was evident*,NA,RG 407 CI,5 RB,由泰勒所做的访谈。帕克（Parker），*When I first arrived*,Parker,ACUM.

欢迎来到法国

华盛顿（Washington），*I can remember*,SIX,专访，1984年4月29日。道森（Dawson），*As I ran out*,SIX,专访,1984年4月29日。第1师第16团 G连（G/16/1），*The 1st section*,NA,RG 407 CI,1 ID.沃曾斯基（Wozenski），*Two skeleton sections*,NA,RG 407 CI,1 ID.斯波尔丁（Spalding），*In the middle of the afternoon*,OUCR,Box 12,Folder 40.比德（Bieder），*We finally found*,WWW,*Men of the 16th Infantry*,www.warchronicle.com,与戴维·阿伦德（David Allender）的访谈。**第1师第16团第1营**（1/16/1），*1330 hours found*,NA,RG 407 CI,1 ID.富尔克（Fulk），*Lt.Brown*,NA,RG 407 AOR,1 ID.**第1师第18团第2营**（2/18/1），*The battalion moved*,NA,RG 407AOR,1 ID.美国海军"哈丁"号驱逐舰（USS Harding），*Received orders to*,引自 Kirkland,*Destroyers at Normandy*,p.61；又 WWW,Benson-Livermore class destroyers website,"哈丁"号驱逐舰行动报告和作战日志。**华盛顿**（Washington）,*I actually thought*,OUCR,Box 12,Folder 50.道森（Dawson）,*At 4:00*,FDM,由约翰·沃陶（John Votaw）进行的采访记录的誊本，1991年4月16日。皮尔克（Pilck），*When we were near*,MHI,1 ID SUR.布赖恩（Bryant），*We didn't know*,NHC,与 S.E.Morison的访谈，Morison Papers.斯塔克（Stark），*Every firing ship*,NHC,USNA,p.470.（**英国**）**海军部委员会**（Board of Admiralty），*It must be appreciated*,NA,RG 331,Entry 23,SHAEF Papers,Box 43.

真是一个好小伙

琼斯（Jones），*In that sector*,引自 Monteith MH file,NA,RG 338,第1集团军功勋册。马丁（Martin），*When Lt.Monteith*,引自 Monteith file,NA,RG 338,第1集团军功勋册。**沃罗兹比特**（Worozbyt），*Shortly before my platoon*,OUCR,Box 12,Folder 54.史密斯（Smith），*Gen.Eisenhower*,引自 Monteith file,NA,RG 338,第1集团军功勋册。艾森豪威尔（Eisenhower），*Bedell*,引自 Monteith file,NA,RG 338,第1集团军功勋册。**第1师第16团第3营**（3/16/1），*Capt. Richmond*,NA,RG 407 CI,1 ID.里士满（Richmond），*Without hesitation*,NA,RG 338,第1集团军功勋册。

你所拥有的只有当下

副标题来自惠蒂埃（Whittier）的诗作《我和我的灵魂》（*My Soul and I*）。谢伊（Shea），*Most of the enemy fire*,NA,RG 407 CI,29 ID,Box 24034.**第29师第116团L连**（L/116/29），*Lt.Donald Anderson*,FRA,第29步兵师小组讲评笔记（29 ID Group Critique Notes）。**安德森**（Anderson），*I was shot*,OUCR,Box 6,Folder 4.**第29师第116团I连**（I/116/29），*At the top*,NA,RG 407 CI,29 ID,由泰勒主持的面谈。**第29师第116团 L连** (L/116/29),*Company L spent*,NA,RG 407 CI,29 ID,由泰勒主持的面谈。**麦格拉思**（McGrath），*When L Company*,FRA,第29步兵师小组讲评笔记（29 ID Group Critique Notes）。**格罗斯曼**（Grossman），*We were pinned*,Grossman,*Forty Days in France*,ACUM.**加西亚**（Garcia），*With PFC Armand Berthiaume*,TWN,7/95.**美国海军"汤普森"号驱逐舰**（USS Thompson），*Rocket guns*,引自 Kirkland,*Destroyers at Normandy*,p.54.

你是否准备好了面对这一切？

威尔奇（Wilch），*Company E was*,CA,5/9/91.**第29师第115团**（115/29），*St. Laurent was a mass*,Binkoski,*The 115th Infantry Regiment in WWII*,p.19.**菲利普斯**（Phillips），*It struck me*,OUCR,Box 6,Folder 44.**麦格拉思**（McGrath），*With me was a captain*,FRA,第29步兵师小组讲评笔记（29 ID Group Critique Notes）。**凯泽**（Kaiser），*T/5 Walter Brown*,Binkoski,*The 115th Infantry*,p.23.**第29师第115团**（115/29），*When the 2nd Battalion*,Binkoski,*The 115th Infantry*,p.21.**第741坦克营**（741 TB），*One headquarters tank*,NA,RG 407 AOR,741 TB.**谢伊**（Shea），*A sergeant of the 115th*,NA,RG 407 CI,29 ID,Box 24034.**第58野战炮兵团**（58 AFA），*By 1830 hours*,MHI,*The 58th Armored Field Artillery Battalion in WWII*.**库珀**（Cooper），*At about 9:00*,IA,1987.**怀曼**（Wyman），*To Gen.Huebner*,OUCR,Box 11,Folder 1.

第十三章 不畏牺牲

屏息静待命运的安排

副标题来自朗费罗（Longfellow）的诗作《巨轮的建造 》（*The Building of the Ship*）。巴赫（Bach），1215 hours，引自 Shea，NA，RG 407 CI，29 ID，Box 24034.塔利（Talley），*We walked up the beach*，Talley，*D-Day Plus 10 Years*，ACUM; CA，7/3/87.塔利（Talley），*To Gen.Gerow*，CA，7/3/87.谢伊（Shea），*Cota turned*，NA，RG 407 CI，29 ID，Box 24034.普洛格（Ploger），*Word reached me*，CA，4/7/00.第149战斗工兵营（149 ECB），*Clearing up of the beach*，NA，RG 407 AOR，149 ECB.麦格拉思（McGrath），*At 2030*，FRA，29 ID第29步兵师小组讲评笔记（29 ID Group Critique Notes）。卡拉汉（Callahan），*An Engineer Special Brigade*，OUCR，Box 6，Folder 10.蒙塔古（Montague），*On the beach*，NA，RG 407 AOR，37 ECB.蒙塔古（Montague），*Capt.Louis Drnovich*，NA，RG 407 AOR，37 ECB.第5特种工程旅第348营（348/5 ESB），*Work on E-3 began*，NA，RG 407 AOR，348 ECB.第5特种工程旅第336营（336/5 ESB），*There was no attempt*，NA，RG 407 AOR，336 ECB.第5特种工程旅第336营（336/5 ESB），*The 336th began*，NA，RG 407AOR，336 ECB.第5特种工程旅第336营（336/5 ESB），*Two tanks blew their tracks*，NA，RG 407 AOR，336 ECB.

被称为"教练"的将军

"O"部队（Force O），*1715 hours*，FRA.第1师师部（HQ 1 ID），*The Division command post*，OUCR，Box 11，Folder 1.普拉特（Pratt），*It seemed that*，MHI，Robert Pratt Papers.克鲁克（Crook），*In the late afternoon*，Stillwell，*Assault on Normandy*，p.67.塔利（Talley），*Gen.Gerhardt made*，CA，6/15/87.欧文（Irvin），*We met no organized*，FRA.巴拉德（Ballard），*I asked for a volunteer*，FRA.普拉特（Pratt），*Gen.Gerow decided*，MHI，Robert Pratt Papers.马歇尔（Marshall），*The support of destroyers*，引自 Fraser，*Operation*

Report Neptune: Provisional Engineer Special Brigade Group,p.93.美国海军"哈丁 "号驱逐舰（**USS Harding**）,*Received visual message*,引自 Kirkland,*Destroyers at Normandy*,p.60；另 www.geocities.com/bristolclass/hardingrep.html,一个有关"本森 –利弗莫尔 "级驱逐舰的网站,"哈丁 "号驱逐舰行动报告。**第29师第116团第1营**（1/116/29）,*In the late morning*,FRA,第29步兵师 小组讲评笔记（29 ID Group Critique Notes）。**第1步兵师师部**（HQ 1 ID）,*From 1st Battalion*,OUCR,Box 11,Folder 1.**达拉斯**（Dallas）,*Goddamn it*,OUCR,Box 6.

力破铁壁

丹尼尔（Daniel）,*We were pretty relaxed*,OUCR,Box 11,Folder 27；另, *Just after the attack*,MHI,1 ID SUR.**塞茨**（Seitz）,*The 26th Infantry*,NA,RG 407 CI,1 ID.**布里奇斯**（Bridges）,*We landed very soon*,NA,RG 319,CMH 工作底稿, *Omaha Beachhead* 通讯。

第十四章 停止即死亡

陆军中最危险的工作

第1师第16团团部（HQ/16/1）,*From Maj.Tegtmeyer*,DDE,WWW,www. eisenhower.utexas.edu.**特格特迈尔**（Tegtmeyer）,*The landing craft*,NA,RG 407 AOR,1 ID.**霍纳**（Horner）,The casualty ratio,SIX,1984年4月29日的访谈。**克拉克**（Clark）,*On the whole*,FRA,*Comments and Criticisms of Operation Neptune.***谢利**（Shelley）,*I led my men*,CA,4/18/89.**戈德堡**（Goldberg）,*At 1900*,NA,RG 407 AOR,1 ID.**谢伊**（Shea）,*The dead and dying*,NA,RG 407 CI,29 ID,Box 24034.**格尔尼科**（Gniecko）,*I was appointed*,AC,给罗伯特·M. 米勒（Robert M.Miller）的书信,1990年9月2日。

在薄暮中漫游

副标题来自H. 劳德（Harry Lauder)的歌曲。**第1师第18团第2营**（2/18/1），*Companies went into*,NA,RG 407 AOR,1 ID.**第1师16团1营**（1/16/1），*During the night*,NA,RG 407 CI,1 ID.**第1师16团 L连**（L/16/1），*A patrol under Lt.Marincic*,NA,RG 407 CI,1 ID.**胡珀**（Hooper），*It was getting close*,Hooper,*Recollections of an Infantryman*,ACUM.**哈米尔**（Hamill），*Our Company D*,Hamill,*A Combat Infantryman's Experiences*,ACUM.**布鲁克斯**（Brooks），*When Col.Blatt was wounded*,IA,9/97.**布拉特**（Blatt），*A West Pointer is*,USMA Library.**豪伊**（Howie），*Through a radio*,FRA,*Summary of Actions 116th Infantry in Initial Assault*.**罗恩**（Raaen），*After organizing our defense*,Raaen,*Landed Intact*,ACUM.**第2游骑兵营 C连**（C/2 RB），*T/Sgt. William Lindsay*,MHI,*The 2nd Ranger Battalion: Roughing It with Charlie*,p.29.**普洛格**（Ploger），*After we blew up*,IA,9/6/98.**拉索**（Russo），*Gen.Cota put Simmons*,Russo,*My Memories of WWII*,ACUM.**翁德尔**（Ondre），*All the tanks*,引自谢伊的报告 ,NA,RG 407 CI,29 ID,Box 24034.**谢伊**（Shea），*Throughout the hours*,NA,RG 407 CI,29 ID,Box 24034.**库珀**（Cooper），*When darkness set in*,IA,1987.

瞬间铸就永恒

副标题来自勃朗宁（Browning）的诗作《最后一次相伴骑行 》（*The Last Ride Together*）。**美国陆军**（U.S.Army），*Casualties for D-Day*,NA,RG 319,CMH 工作底稿 ,*Omaha Beachhead* 函件。**坎汉**（Canham），*The closest estimate*,FRA,*Summary of Actions 116th Infantry in Initial Assault*.**泰勒**（Taylor）， *Unit records for D-Day*,Taylor,*Omaha Beachhead*,pp.108 - 9.**哈里森**（Harrison），*The V Corps losses*,Harrison,*Cross Channel Attack*,p.330.

直到记录时间的最末一个音节

副标题来自于莎士比亚戏剧《麦克白》第5幕。**马歇尔**（Marshall），*Eisenhower and his staff*,GCMP,vol.4,p.480.**詹尼尼**（Giannini）,*I retraced my way,*CA,向玛克欣·詹尼尼（Maxine Giannini）致谢。**宾厄姆**（Bingham）,*Everything that was done,*1947年1月11日之书信，AC.**道森**（Dawson）,*My Dearest Family,*FDM,Dawson files.**第29师**（29th Division）,*To perpetuate,*TWN.**艾森豪威尔**（Eisenhower）,*Humility must always,*Bartlett,*Familiar Quotations,*14th ed.,p.1016.**罗斯福**（Roosevelt）,*O Lord give us faith,*WWW,富兰克林·D.罗斯福总统图书及博物馆（Franklin D.Roosevelt Presidential Library and Museum）,www.fdrlibrary.marist.edu/audio.html.

参考书目

Ardery,Philip.*Bomber Pilot*.Lexington: University Press of KY,1978.

Balkoski,Joseph.*Beyond the Beachhead: The 29th Infantry Division in Normandy*.Harrisburg,PA: Stackpole Books,1989.

——.*The Maryland National Guard: A History of Maryland's Military Forces*.Baltimore: Maryland National Guard,1992.

Barnes,John.*Fragments of My Life: With Company A,116th Infantry Regiment*.Holland Patent,NY: JAM Publications,2000.

Bass,Richard.*The Brigades of Neptune: U.S.Army Engineer Special Brigades in Normandy*.Exeter: Lee Publishing,1994.

——.*Spirits of the Sand: A History of the U.S.Army Assault Training Center*. Exeter: Lee Publishing,1991.

Baumgarten,Harold.*Eyewitness on Omaha Beach*.Jacksonville,FL: Halrit,2000.

Bennett,Donald.*Honor Untarnished: A West Point Graduate's Memoir of World War II*.NewYork: Doherty Associates,2003.

Bennett,Ralph.*Ultra in the West: The Normandy Campaign of 1944–45*. NewYork: Scribner's,1979.

Berger,Sid.*Breaching Fortress Europe: The Story of U.S.Engineers in Normandy on D-Day*.Dubuque,IA: Kendall Hunt,1994.

Bernage,Georges.*Omaha Beach*.Bayeux,France: Heimdal,2001.

Binkoski,Joseph,and Arthur Plaut.*The 115th Infantry in WWII*. Washington,DC:Infantry Journal Press,1948.

Bland,Larry,ed.George C.Marshall: Interviews and Reminiscences for *Forrest C.Pogue*.Lexington,KY:George C.Marshall Foundation,1996.

——,ed.*The Papers of George Catlett Marshall*,vols.3 and 4.Baltimore: Johns Hopkins,1991.

Bradley,Omar.*A Soldier's Story*.NewYork: Henry Holt,1951.

Bradley,Omar,with Clay Blair.*A General's Life*.New York:Simon and Schuster,1983.

Butcher,Harry.*My Three Years with Eisenhower*.New York:Simon and Schuster,1946.

Cawthon,Charles.*Other Clay*.Niwot,CO: University Press of CO,1990.

Chandler,Alfred,ed.*The Papers of Dwight David Eisenhower:The War Years*. Baltimore:Johns Hopkins,1970.

Chandler,David,and James Collins,eds.*The D-Day Encyclopedia*.New York:Simon and Schuster,1994.

Churchill,Winston.*The Second World War*.New York: Time,Inc.,1959.

Clay,Steven.*Blood and Sacrifice:The History of the 16th Infantry Regiment from the Civil War Through the Gulf War*.Chicago:Cantigny 1st Division Foundation,2001.

——.*Roll of Honor: 16th Infantry Regiment Casualties,1862–1991*.Chicago: Cantigny 1st Division Foundation,2001.

Cochrane,Robert.*"The Story of the 29th Division,"*Baltimore Sun,April-May 1945.

Cooper,John.*The History of the 110th Field Artillery*.Baltimore:Maryland

Historical Society,1953.

Craven,Wesley,and James Cate.*The Army Air Forces in WWII.*Vol.3,*Europe: Argument to V-E Day.*Chicago: University of Chicago,1951.

Daniel,Derrill.*Landings at Oran,Gela,and Omaha Beaches: An Infantry Battalion CO's Observations.*Privately published,1950.Copy at MHI.

Davis,Kenneth.FDR: The War President,1940–1943.NewYork:Random House,2000.

Davis,Richard.*Carl A.Spaatz and the Air War in Europe.*Washington,DC:Center for Air Force History,1993.

Delve,Ken.*D-Day: The Air Battle.*London:Arms and Armour,1994.

Dickson,Benjamin.*G-2 Journal: From Algiers to the Elbe.*Privately published: USMA Library,Special Collections.

Ehrman,John.*Grand Strategy,*vol.5.London: HMSO,1956.

Eisenhower,Dwight.*Crusade in Europe.*NewYork: Doubleday,1948.

Elliott,Peter.*Allied Minesweeping in WWII.*Annapolis,MD:Naval Institute Press,1979.

ETO Observers Board.*Observations on the Invasion of France and Fall of Cherbourg,Report 23,1944.*Copy at MHI.

Eubank,Keith.*Summit at Tehran: The Untold Story.*New York:Morrow,1985.

Ewing,Joseph.*Twenty-Nine Let's Go!*Washington,DC:Infantry Journal Press,1948.

Fane,Francis,and Don Moore.The Naked Warriors:The Story of the U.S.Navy's Frogmen.Annapolis,MD:U.S.Naval Institute,1995.

Fifth (V) Corps.*V Corps Operations in the ETO,*1945.Copy at MHI.

——.*Intelligence Operations of the V Corps in Europe.*Copy at MHI.

Folkestad,William.*The View from the Turret:The 743rd Tank Battaalion*

*During WWII.*Shippensburg,PA: Burd Street,1996.

Frank,Stanley."First Stop—Omaha Beach."*Saturday Evening Post*,June 1945.

Fraser,Ian.*Operation Report Neptune:Provisional Engineer Special Brigade Group.*Historical Division,U.S.Army,September 1944.Copy at CMH.

Freeman,Roger.The Mighty Eighth.London: Cassell,2000.

——.*The Mighty Eighth War Manual.*London: Cassell,2001.

Gawne,Jonathan.*Spearheading D-Day.*Paris: Histoire & Collections,1998.

Geroux,William."Sacrifice," *Richmond Times-Dispatch*,May 28,2000.

——."The Suicide Wave," *Richmond Times-Dispatch*,June 2001.

Godson,Susan.*Viking of Assault: Admiral John L.Hall and Amphibious Warfare.*Washington,DC: University Press of America,1982.

Hamilton,*Nigel.Master of the Battlefield: Monty's War Years,1942–1944.* NewYork: McGraw Hill,1983.

Harris,Sir Arthur.*Despatch on War Operations.*London: Cass,1995.

Harrison,Gordon.*Cross Channel Attack.*Washington,DC:Chief of Military History,1951.

Heintzleman,Al,ed.*The 741st Tank Battalion.*Privately published,1982.

Hinsley,F.H.et al.*British Intelligence in the Second World War*,vol.3,pt.2.London: HMSO,1984.

Institut Geographique National.*Pointe du Hoc—Omaha Beach.*1:25,000 Serie Bleu map,Paris: IGN,2000.

Isby,David,ed.*Fighting the Invasion: The German Army at D-Day.* London:Greenhill,2000.

Jackson,W.G.F.*Overlord: Normandy*,1944.Newark:University of Delaware,1978.

Kirkland,William.Destroyers at Normandy:Naval Gunfire Support at Omaha Beach.Washington,DC: Naval Historical Foundation,1994.

Knickerbocker,H.R.,et al.Danger Forward:The Story of the First Division in WWII.Atlanta: Albert Love,1947.

Lewis,Adrian.*Omaha Beach: A Flawed Victory.*Chapel Hill:University of of NC,2001.

Liddell-Hart,B.H.,ed.*The German Generals Talk.*New York:Morrow,1948.

——.*The Rommel Papers.*NewYork: Harcourt,Brace,1953.

Liebling,A.J."Cross-Channel Trip," *New Yorker,*July 1,8,and 15,1944.

McDonald,JoAnna.*The Faces of D-Day.*Redondo Beach CA:Rank and File,2000.

McFarland,Stephen.*America's Pursuit of Precision Bombing,1910–1945.* Washington,DC: Smithsonian,1995.

McPherson,Donald.*A History of the Royal Navy and Royal Marine Minor Landing Craft Flotillas in WWII.*Unpublished manuscript,author's collection.

Morgan,Sir Frederick.*Overture to Overlord.*NewYork: Doubleday,1950.

Morison,Samuel E.*The Invasion of France and Germany,1944–1945.* Boston:Little Brown,1962.

Parrish,Thomas.*Roosevelt and Marshall: Partners in Politics and War.* NewYork:Morrow,1989.

Pogue,Forrest.*George C.Marshall: Ordeal and Hope,1939–1942.*New York:Penguin,1993.

——.*George C.Marshall: Organizer of Victory,1943–1945.* NewYork:Penguin,1993.

——.*Pogue's War: Diaries of a WWII Combat Historian.* Lexington,KY:University Press of KY,2001.

——.*The Supreme Command.*Washington,DC:Chief of Military History,1954.

Price,Scott.*The U.S.Coast Guard at Normandy.*U.S.Coast Guard Historian's Office Website,www.uscg.mil,2003.

Rogers,Robert.*A Study of Leadership in the 1st Infantry Division in WWII:Terry Allen and Clarence Huebner.*Privately published,1965.Copy at MHI.

Ross,Wesley.*The 146th Engineer Combat Battalion: Essayons.*Privately published,2000.

Ryan,Cornelius.*The Longest Day.*NewYork: Simon and Schuster,1959.

Sherrod,Robert.*Tarawa.*NewYork: Pocket Books,1944.

Speer,Albert.*Inside the Third Reich.*NewYork: Macmillan,1970.

Stacey,C.P.*Six Years of War:Official History of the Canadian Army in the Second World War,vol.1.*Ottawa,Ontario: Queen's Printer,1955.

Stanton,Shelby.*WWII Order of Battle.*NewYork: Galahad,1984.

Stillwell,Paul.*Assault on Normandy: First-Person Accounts from the Sea Services.*Annapolis,MD:U.S.Naval Institute,1994.

Sullivan,John.*Overlord's Eagles:Operations of the U.S.Army Air Forces in the Invasion of Normandy in World War II.*London: McFarland,1997.

Taylor,Charles.*Omaha Beachhead.*Washington,DC:Center of Military History,1984.

Thompson,Paul."D-Day on Omaha Beach." *Infantry Journal,*June 1945.

Twenty-Ninth Infantry Division.*Group Critique Notes:Combat Interviews with Members of 116th Infantry.*France: 29th Division HQ,1944.

U.S.Army Air Force.*The Effectiveness of 3rd Phase Tactical Air Operations in the ETO,5 May 1944–8 May 1945.*Germany: AAF Evaluation Board,August 1945.

U.S.Coast Guard.*The Coast Guard at War*,vol.11.Washington,DC:U.S.Coast Guard,1946.

美国国务院.*Foreign Relations of the U.S.,Diplomatic Papers: The Conferences at Cairo and Teheran,1943*.Washington,DC: GPO,1961.

美 国 海 军 .U.S.Naval Administration in WWII,The Invasion of Normandy,vol.5.Washington,DC:U.S.Navy,1945.

Walker,Robert.*With the Stonewallers*.Privately published,1997.

Wilmot,Chester.*The Struggle for Europe*.London: Collins,1952.

Wilson,Theodore,ed.*D-Day,1944*.Abilene: University Press of KS,1994.

致谢

　　很久以前，我最喜欢的一位教授给我提供了一些建议。这位年迈的教育家是一个彬彬有礼且很有修养的匈牙利移民，他告诉我说，任何希望有杰出成就的历史学家的首要特点就是具备倾听的能力。这些充满智慧的简单话语在当时就令我有茅塞顿开之感。现在，33年过去了，它们仍然对我的工作和研究具有重要的指导意义。

　　正如约翰·多恩（John Donne）所写的，没有人是一座孤岛，历史学家当然也不是。历史的最终目的就是忠实地解读过去的人类活动，如果没有与参与过那些事件的亲历者进行交流，或者没有充分理解以前曾对那些主题进行过探索的人的著作，那么谁也无法很好地完成这一看似简单明了的任务。对于那些致力于D日研究的历史学家来说，幸运的是，我们生活在一个可以兼顾两者的时代。如果就像我的老教授所说的那样，历史研究的进步是基于倾听，那么我真的是很幸运，因为在为读者们讲述奥马哈海滩的故事时，我曾经认真地倾听和学习过，既向经历过那一切的参战军人，也向对该事件细节进行过调查研究的历史学家。

　　要不是美国陆军在1944年夏明智地安排了战史研究小分队来收集相关的部队报告并与大量参战官兵进行面谈，那么我们今天对D日行动的看法将会完全不同，而且准确性也将大大降低。小分队中最有名的是三个人：前哈佛大学历史教授查尔斯·泰勒中校、曾担任科塔将军随从参谋并参加过奥马哈登陆作战的杰克·谢伊中尉，以及后来以乔治·C.马歇尔的四卷本辉煌传记的作者而声名大噪的福雷斯特·波格（Forrest Pogue）中士。我对这些先生在战地采访中所做的手写记录材料可以说是了如指掌——有些采访是在登陆行动几周之后在前线附近进行的——以至于我能够逐渐辨认出他们偶尔潦草模糊难以辨识的字迹（这是相当幸运的，因为很显然他们都不会在笔记上注明自己的名字）。然而，我从未有过与泰勒或谢伊会面的好运，但是在我职业生涯中最精彩的闪光点之一就是曾在一次陆军战史会议上与波格进行过广泛的交谈。在此期间，他生动地讲述了他采访作为本书主要人物之一的悉尼·宾厄姆少校时的情景：他在前线的一个掩体中，将雨披搭在他们的头顶上，以防止雨水滴落到波格的笔记本上。我对泰勒、谢伊和波格亏欠甚多。

同样，今天所有的D日历史学家都必须承认历史巨著《最长的一天》的作者科尔内留斯·瑞安先生所做的工作。瑞安先生不但是一流的历史学家，而且也是一位伟大的作家，他精心保存下了大量的D日采访和文件记录，而所有的资料保存状况都非常好，并在位于阿森斯的俄亥俄大学的奥尔登图书馆的"曼恩档案与特别文献中心"向相关的研究学者开放。感谢瑞安系列馆藏的管理员道格·麦凯布（Doug McCabe）在本书成书过程中所给予的宝贵帮助。

在助我完成该项目的数十位朋友中，我最需要感激的毫无疑问是凯万·埃尔斯比（Kevan Elsby），他是我一位来自英国的忠实的朋友，且同是研究奥马哈海滩的学者。多年以前，我和凯万就达成共识，必须完成一部有关奥马哈海滩登陆战的准确且详尽的著作，我们应该担负起这一使命。从那时起，我们就致力于这项工作，并通过书信和电子邮件频繁地交换各种信息，并就写作问题畅所欲言。然而，当生活中的严酷现实不期而至时，我被打击得萎靡不振，仿佛自己即将被如此庞大的计划所压倒，无法完成这个项目。但是凯万的热情极富感染力，通常，我只需要简单地与他就奥马哈海滩许多鲜为人知的真相进行电子邮件通信，即可重新唤起我对此项工作的信心。

凯万的岳父是吉米·格林，后者曾是英国皇家海军的海军中尉，负责指挥 D 日在"绿 D"滩实施抢滩登陆的第一波登陆艇。过去，奥马哈海滩的故事只以美国的角度讲述，但是幸亏有了凯万先生，英国方面对此所做的重要贡献才得以揭示。D 日在奥马哈海滩或者奥克角登陆的美军游骑兵和第 1 师及第 29 师的许多部队都是搭乘英国登陆艇上岸的。凯万的书信为我们澄清了英国皇家海军将大量美军精锐送上海滩的事实，这给相关的战史研究提供了全新的视角，这对我编撰本书来说是必不可少的支持。

我还要对四位美军上校（现役的和退休的）表达由衷的感谢，他们都为该项目做出了巨大贡献。史蒂夫·克莱（Steve Clay）是《鲜血与牺牲》（Blood and Sacrifice）这部有关第 16 步兵团历史的杰出著作的作者，他借给我的有关 D 日第 16 步兵团的档案记录为本书成书提供了不可估量的帮助。我和史蒂夫还参加了 1999 年美国陆军组织的诺曼底地区参谋骑乘作业，在那次旅行中，我与他进行的讨论弄清楚了有关第 16 步兵团在奥马哈海滩上所扮演的角色的若干问题。汤姆·鲍尔斯（Tom Bowers）引导我接触到了位于马里兰大学帕克分校的国家档案馆中的若干鲜为人知但极具启发性的原始资料，例如编纂成册的笔记，以及在战后岁月中撰写了关于 D 日登陆行动官方战史的美国陆军历史学者的往来书信。罗杰·西里洛（Roger Cirillo）是研究关于第二次世界大战欧洲战场的美国陆军这一主题的世界领先的专家之一，他非常热心地对我的手稿进行了审阅，并提出了宝贵的修改建议。军事历史中心的马克·里尔登（Mark Reardon）——开创性的著作《莫尔坦的胜利》（Victory at Mortain）的作者——也有同样的善举，而且他还为我在本宁堡找到并复印了几本重要的专题作品，它们由奥马哈老兵所著并已经成为高级步兵军官课程的一部分。

我还必须感谢《D 日先锋》（Spearheading D–Day）这部著作的作者乔恩·高

恩（Jon Gawne），他提供的大量珍藏的奥马哈历史照片为本书成书提供了关键性的贡献。国家档案馆现代军事记录资料库的负责人蒂姆·嫩宁格（Tim Nenninger）在追查重要的奥马哈文件方面提供了必不可少的帮助，同样提供帮助的还有位于宾夕法尼亚州卡莱尔兵营的美国陆军军事历史研究所的理查德·萨默斯（Richard Sommers）博士和戴维·基奥（David Keough），以及位于伊利诺伊州惠顿市第1师博物馆"罗伯特－麦考密克研究中心"的安德鲁·伍兹（Andrew Woods）。

其他在本书成书过程中为我提供一臂之力的有：美国海军学院的保罗·史迪威（Paul Stillwell）和佩姬·伍尔德里奇（Peggy Wooldridge）、美国军事学院图书馆的苏珊·林特尔曼（Susan Lintelmann）、安东尼·布奇尼（Anthony Buccin）博士《第二次世界大战的皇家海军史》（Royal Marine Minor Landing Craft Flotillas in World War II）和《皇家海军小型登陆船艇分遣队》（A History of the Royal Navy）的作者唐纳德·麦克弗森（Donald McPherson）、斯图尔特·布赖恩（Stewart Bryant）、玛克欣·詹尼尼（Maxine Giannini）、柯特·维克里（Curt Vickery）、鲍勃·马劳尔（Bob Mullauer）、劳伦特·勒菲弗（Laurent Lefebvre）、沃尔特·卡特（Walter Carter）、戴维·阿伦德（David Allender）、李·罗林森（Lee Rawlinson）、阿龙·埃尔森（Aaron Elson）、亚当·布赖恩（Adam Bryant）、道格·惠特利（Doug Whatley），以及第29步兵师的前任师长 H. 史蒂文·布卢姆（H. Steven Blum）。

在过去20年里我曾与之通信并且当面交谈过的奥马哈老兵中，大多数现已不在人世，对此我深感悲痛。我将我的上一本书《越过滩头堡》献给 D 日行动中的第29师第110野战炮兵营营长约翰·P. 库珀，尽管我在开始写作本书时库珀将军已经过世，但是在20世纪80年代中，我曾与他进行过多次关于 D 日的访谈，那对我了解奥马哈海滩的种种事件具有不可估量的帮助。对第116步兵团第2营营长悉尼·V. 宾厄姆来说，情况也是如此。宾厄姆在《越过滩头堡》一书出版数年后去世，但是过去的多年中，当我向他咨询他在奥马哈海滩的作战经历时，他的亲切和友善令我永远不会忘记。我非常怀念这两位老先生。

　　还有许多老兵对本书的成书提供了十分慷慨的帮助，以至于我必须在此段落中单独表示感谢。我向约翰·罗恩少将（已退役）深深地致以诚挚的感谢，他在 D 日是第 5 游骑兵营指挥连连长，我要感谢他对奥马哈海滩登陆行动所拥有的广博知识，以及在过去数年中为我耐心且彻底地解答了我通过电子邮件发送给他的数以百计的有关 D 日的问题。我的大型"罗恩"（Raaen）文件中包括我收集到的与奥马哈海滩有关的往来信件，里面常常包含着我在撰写本书时所遇到的各种令人困惑的问题的答案。

　　美国海军第 2227 号装甲型坦克登陆艇 [LCT(A)–2227] 指挥官维克托·希肯是在 D 日首波登陆奥马哈海滩的盟军登陆船艇之一，他在此项目中为我持续不断地提供灵感。维克托是一位杰出的历史学家，他是经典著作《美国内战中的伊利诺伊州》（Illinois in the Civil War）的作者，作为 D 日行动的参与者和专业的历史学家，他为我提供了宝贵的见解，我很荣幸他能成为我的朋友。

　　第 121 战斗工兵营营长罗伯特·普洛格向我提供了与奥马哈海滩工兵作业有关的大量信息，对此我感激不尽。然而，普洛格将军并没有活着看到这本书出版。他的儿子和儿媳在"9.11"恐怖袭击中丧生，在美国历史上那个惨痛的日子过后不久，他本人也撒手人寰。但是，普洛格为我军在奥马哈海滩上取得胜利所做的贡献永远值得铭记。

　　来自第 741 坦克营的阿尔·海因策尔曼为所有与奥马哈海滩坦克作战有关的问题提供了慷慨的帮助。来自第 146 工兵营的韦斯·罗斯（Wes Ross）曾在 D 日作战中亲身参与了极其危险的工兵爆破作业，他为我解答了这方面的所有问题。前二战轰炸机飞行员卡尔·科利尔（Cal Collier）（他也是著名的军事历史学家）和 B–17"探路者"导航员约翰·霍兰德（John Howland）热心地为我提供了许多与 D 日飞行任务有关的有用信息。已故的拉里·诺埃尔（Larry Noel）在奥马哈登陆时担任一艘坦克登陆艇的艇长，我在宾夕法尼亚州费尔菲尔德居住时他曾是我的邻居，他数次光临我家，提供了有关 D 日坦克登陆艇行动的有特别价值的材料。

我还要感谢前游骑兵队员拉尔夫·戈兰森（Ralph Goranson）、鲍勃·埃德林（Bob Edlin）、悉尼·萨洛蒙（Sidney Salomon）、汤姆·赫林（Tom Herring）、赫布·爱泼斯坦（Herb Epstein）、查尔斯·帕克（Charles Parker）和弗兰克·索斯（Frank South），感谢他们为该项目做出的重大贡献。这些人正是科塔准将的那个名扬四海的指令"游骑兵，打前锋"的第一批执行者，今天，"游骑兵，打前锋"已经成为美国陆军游骑兵部队的座右铭，这是从奥马哈海滩的前辈们那里继承下来的永恒不变的信条。杰克·斯维尼（Jack Sweeney）是第16步兵团 L 连的资深老兵，他与我通过电邮往来提供了许多有关他的 D 日经历的信息，对此我深表感激。杰克曾与第1师荣誉勋章获得者吉米·蒙蒂思并肩作战，他对蒙蒂思的评价很具启发性。

二战历史力作《29师，我们出发！》（29 Let's Go！）的作者乔·尤因（Joe Ewing）非常愿意利用各种机会与我讨论历史研究的秘密，我永远都不会忘记他所给予的帮助。在发霉的旧纸箱中搜寻历史资料并不常会遇到惊喜，但是当我们在巴尔的摩"第5团军械库"的杂物堆最深处的一个小型提箱里找到了乔·尤因中尉的二战个人日记，并在近50年后将此宝贵纪念品物归原主时，那无疑是一个值得记忆的闪亮时刻。我也非常感激来自皇家海军后备志愿部队的艇波指挥官吉米·格林，是他将第116步兵团 A 连送上了岸，并致力于揭示奥马哈登陆行动的真相。

我一直很荣幸，1989年《越过滩头堡》出版后我能成为 D 日第116步兵团 D 连老兵鲍勃·斯劳特（Bob Slaughter）的朋友，他是第一个提议设立国家 D 日纪念馆的人。该纪念馆是2001年6月由乔治·W. 布什总统在弗吉尼亚州贝德福德所设立的，但我记得鲍勃在十多年前就曾热烈地谈论过此事，当时那只不过是在他眼中闪现的一个幻象。然而，没有鲍勃，幻象永远不会成为现实。鲍勃认真地阅读了我的手稿，并提供了许多合理的建议。

哈罗德·鲍姆加腾（Harold Baumgarten）、瓦尔特·比德（Walter

Bieder）、约瑟夫·宾科斯基（Joseph Binkoski）、费利克斯·布兰汉姆（Felix Branham）、劳里·布鲁克斯（Lowry Brooks）、奥古斯特·布鲁诺（August Bruno）、托马斯·卡德瓦拉德（Thomas Cadwalader）、文森特·迪加埃塔诺（Vincent Digaetano）、瓦尔特·埃克特（Walter Eckert）、诺曼·格罗斯曼（Norman Grossman）、E. J. 哈米尔（E. J. Hamill）、约翰·希克曼（John Hickman）、约翰·胡珀（John Hooper）、查克·赫尔伯特（Chuck Hurlbut）、小迈克·因德里萨诺（Mike Ingrisano，Jr.）、乔治·科贝（George Kobe）、约翰·麦卡利斯特（John MacAllister）、罗伯特·M. 米勒（Robert M. Miller）、雷·南斯（Ray Nance）、查克·内伯（Chuck Neighbor）、阿瑟·普劳特（Arthur Plaut）、约翰·波雷尼亚克（John Polyniak）、约翰·罗伯逊（John Robertson）、沃尔特·罗森布拉姆（Walter Rosenblum）、罗科·拉索（Rocco Russo）、鲍勃·萨莱斯（Bob Sales）、墨菲·斯科特（Murphy Scott）、约瑟夫·谢利（Joseph Shelley）、罗伊·史蒂文斯（Roy Stevens）、本杰明·B. 塔利（Benjamin B. Talley）、罗伯特·沃克（Robert Walker）和弗兰克·沃里诺维奇（Frank Warynovic），所有这些 D 日老兵都在本书的成书过程中做出了显著的贡献，在此将我深深的感激之情献给所有人。

在斯塔克波尔出版社（Stackpole Books），我要感谢朱迪思·施内勒（Judith Schnell）和利·安·贝里（Leigh Ann Berry) 多年以来的坚定支持与鼓励；我还要感谢主编克里斯·埃文斯（Chris Evans）说服我现在动笔的时机已到——在我思考和求证十多年之后。另外，在斯塔克波尔出版社，副主编戴夫·赖施（Dave Reisch）和美工温迪·雷诺兹（Wendy Reynolds）也为本项目的完成贡献良多。

然后我要感谢我的家人：我的妻子乔伊斯（Joyce）、我的女儿利娅（Leah）和埃玛（Emma）。感谢你们无私的支持与理解，让我有一种永不消退的热情来确保这个世界不会将之遗忘。

就像那首众所周知的二战歌曲中所唱的那样：祝福所有人。

THE ARDENNES
HITLER'S WINTER OFFENSIVE

从专业军事角度论述阿登战役的全景式新作

◆ **非传统美军视角！** 本书立场公正，客观分析参战军队成败得失

◆ **新发现引人注目！** 重新考证各次交战中双方人员、装甲实力，填补国内同量级作品空白

◆ **信息量令人心惊！** 进程、人物、战术、装备巨细无遗，近300幅许多之前未曾发表的照片

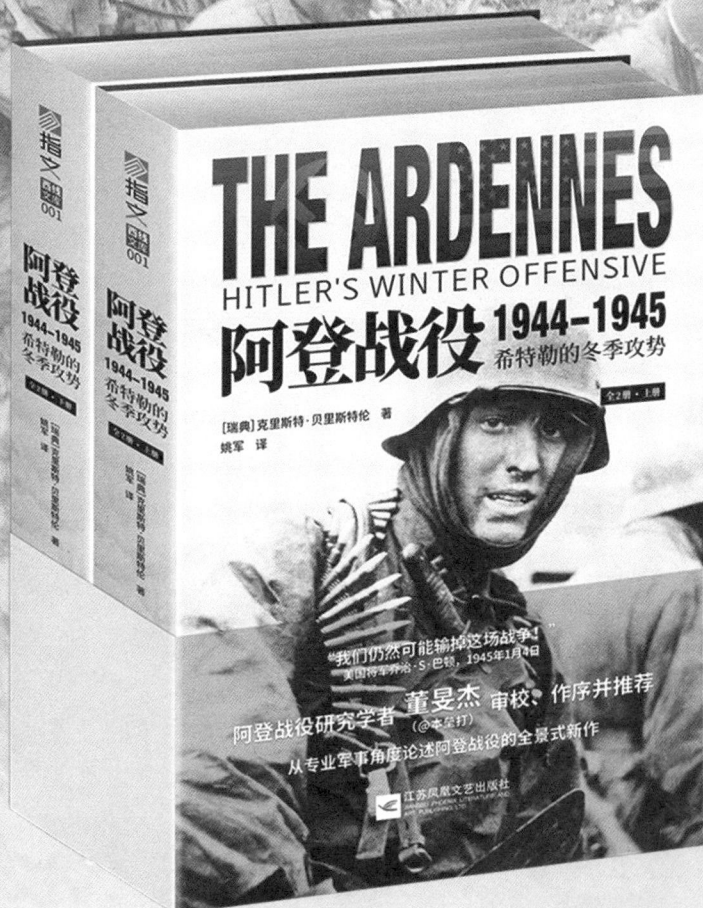

THE ARDENNES
HITLER'S WINTER OFFENSIVE

阿登战役 1944-1945
希特勒的冬季攻势

全2册·上册

[瑞典]克里斯特·贝里斯特伦 著

姚军 译

"我们仍然可能输掉这场战争！"
——美国将军乔治·S·巴顿，1945年1月4日

阿登战役研究学者 董旻杰 (@本至打) 审校、作序并推荐

从专业军事角度论述阿登战役的全景式新作

江苏凤凰文艺出版社
JIANGSU PHOENIX LITERATURE AND

闪击战：从头说起

BLITZKRIEG：FROM THE GROUND UP

一部"闪击战"的详解史

以与众不同的视角重新解读二战德军的 **神话与现实**

带你重新认识威瑟堡行动、"巴巴罗萨"行动、纳尔维克的伞降、维亚济马的包围；
为你另类解读斯蒂恩之战、让布卢之战、索日河之战、乌格勒斯之战
......

指文
战略战术
010

闪击战：从头说起

闪击战：从头说起

BLITZKRIEG：FROM THE GROUND UP

[瑞典]
尼克拉斯·泽特林（Niklas Zetterling） 著
冬初阳 译

凤凰涅槃，浴火重生！苏联红军怎样从失败走向胜利？

愈战愈疲，步履维艰！美英盟军为何由胜利陷入僵局？

戴维·格兰茨作序推荐

东西两线进军德国的精彩复盘

苏联红军和美英盟军战役法的透彻解读

FROM VICTORY TO STALEMATE

从胜利
到僵局

1944年夏季德的
决定性与
非决定性战役

[英] C.J. 迪克 著　郭伟强 译

FROM DEFEAT TO VICTORY

从失败
到胜利

1944年夏季德战的
决定性与
非决定性战役

[英] C.J. 迪克 著　小小冰人 译